百濟土器 東아시아 交叉編年 硏究

土田 純子 _ 츠치다 준코(Junko Tsuchida)

1979年 日本 岐阜縣 生

■ 學 歷
2001年 京都橘女子大學 文化財學科 考古學專攻 卒業
2004年 忠南大學校 大學院 考古學科 碩士課程 卒業
2013年 忠南大學校 大學院 考古學科 博士課程 卒業

■ 職 歷
2004~2013年 忠南大學校 百濟研究所 客員研究員
2008~2012年 高麗大學校 考古美術史學科, 忠南大學校 考古學科 等 講師
現在 高麗大學校 考古美術史學科 助教授

■ 論 文
2004, 「百濟 有蓋三足器의 編年 研究」, 『韓國考古學報』 52, 韓國考古學會.
2005, 「百濟 短頸瓶 研究」, 『百濟研究』 42, 忠南大學校百濟研究所.
2006, 「百濟 平底外反口緣短頸壺 및 小形平底短頸壺의 變遷考」, 『韓國上古史學報』 51, 韓國上古史學會.
2007, 「大田 鷄足山城의 築造背景에 대한 考察」, 『百濟研究』 45, 忠南大學校百濟研究所.
2008, 「大田鷄足山城貯水池の構造についての考察」, 『大阪府立狹山池博物館研究報告』 5, 大阪府立狹山池博物館.
2009, 「泗沘樣式土器에서 보이는 高句麗土器의 影響에 대한 검토」, 『韓國考古學報』 72, 韓國考古學會.
2011, 「日本 出土 百濟(系)土器: 出現과 變遷」, 『百濟研究』 54, 忠南大學校百濟研究所.
2012, 「百濟遺蹟 出土 中國 瓷器에 대한 傳世論 檢討 -中·日의 事例와 關聯하여-」, 『韓國考古學報』 82, 韓國考古學會.
2013, 「馬韓·百濟地域 出土 炊事容器 變遷考」, 『百濟研究』 58, 忠南大學校百濟研究所.
2014, The New Research of Baekje Pottery in East Asia: A Chronological Approach, *Ancient Cultures of Mongolia and Balkalian Siberia* T2: 176~180. 그 외 다수.

한국고고환경연구소 학술총서 15
百濟土器 東아시아 交叉編年 研究 백제토기 동아시아 교차편년 연구

초판인쇄일 2014년 12월 15일
초판발행일 2014년 12월 17일
지 은 이 土田 純子
발 행 인 김선경
책 임 편 집 김윤희, 김소라
발 행 처 서경문화사
        주소 : 서울시 종로구 이화장길 70-14(동숭동) 105호
        전화 : 743-8203, 8205 / 팩스 : 743-8210
        메일 : sk8203@chol.com
등 록 번 호 제300-1994-41호
ISBN 978-89-6062-135-0 93910

정가 29,000원

百濟土器 東아시아 交叉編年 硏究

土田 純子 著

서경문화사

　한국에서 본격적으로 한반도 고고학을 공부하기 시작한지 13년이 되었다. 그동안 한국에서 공부해온 일본인 유학생 중에서 가장 오랜 기간 체류하고 있는 셈이다.

　나와 한국의 첫 인연은 1995년도로 거슬러 올라간다. 고등학교 수학여행 2박 3일의 일정 중 마포구에 있는 서울여자고등학교 학생들과 교류를 가졌다. 그 때 나와 짝꿍이 된 친구에게 크리스마스 카드를 보낸 이래 그 친구와의 특별한 인연은 지금도 계속되고 있다. 두 번째 인연은 대학교의 한국인 유학생들이었다. 중학교 시절부터 고고학 연구자가 장래희망이었던 나는 소원대로 원하는 학과에 들어갔으나 전공을 살린 취업은 극히 어렵다는 현실에 부딪쳤다. 하지만 항상 밝고 긍정적인 사고로 일본인 학생보다 열정적으로 공부를 하는 한국인 유학생들과 인연을 맺으면서 관심이 있었던 한국어 공부를 시작하게 되었다.

　1999년 대학교 3학년 시절에 나는 충남대학교 어학당과 고고학과의 수업을 들으면서 잠시 유학생활을 가졌다. 유학하기 전 조금이라도 한국 고고학 전공생들의 수준을 따라가려고 『한국고고학개설』(故 金元龍 선생님 저)과 관심 분야였던 백제 산성 관련 논문들을 빌려 탐독했다. 그 때 한 페이지를 이해하기 위해 한일사전을 펼쳐들고 3~4시간을 악전고투한 노력이 없었다면 나는 지금 이 자리에 없었을 것이다. 충남대학교 고고학과는 선사시대와 역사시대 뿐만 아니라 중국이나 일본, 미국 등 세계의 고고학을 마음껏 배울 수 있어 고고학도에게 있어서는 더할 나위 없이 훌륭한 환경이었다.

　좋은 기억으로 남아있던 차에, 그것이 인연이 되어서 2001년에는 충남대학교 대학원에 정식으로 진학하게 되었다. 나의 전공을 백제토기로 삼게 된 계기는 바로 입학한 해 1학기에 청강한 朴淳發 선생님의 '백제고고학' 수업이었다. 각자 선택한 백제토기 기종을 실제로 분석하여 편년을 제시하는 발표에서 선생님께서는 "토기를 형식분류를 할 줄 알면 기타 유물, 유구의 분석도 잘 할 수 있다", "토기는 시기(구석기시대는 제외)와 유적의 제한 없이 출토되는 유물"이라고 말씀하셨다.

유적 및 유구의 시기를 결정할 때 가장 보편적인 유물인 토기의 중요성을 알게 되었다. 또한 실제로 현장에서 토기의 시기를 바로 비정하시는 선생님처럼 고고학에서 필요로 하는 연구자가 되고 싶었고, 지금도 그 생각에는 변함이 없다.

나는 2004년 2월에 석사학위논문『百濟 土器의 編年 硏究 -三足器 · 高杯 · 뚜껑을 중심으로-』를 제출하기 한 달 전부터 2013년 2월 말까지 충남대학교 백제연구소 객원연구원으로 임명되어 학술행사, 학술지『百濟硏究』발간 등의 업무를 주로 담당하였다. 한국 생활 중 무려 9년이나 백제연구소와 함께 했을 만큼 거기서 쌓은 경험들은 무엇과도 바꿀 수 없을 정도로 소중한 것이 되었다. 또한 부모님으로부터 경제적으로 독립한 것도 이때부터였다. 나를 대한민국 사회의 일원으로 만들어주신 張寅成 전 소장님께 감사의 말씀을 드리고자 한다.

박사과정을 수료한 1년 후인 2008년도부터는 시간 강사를 해왔다. 아직 배울 것이 많은 내가 학생을 가르친다는 것에 대해 부담이 있었지만 나 역시도 학생들과 함께 배운다는 마음으로 수업에 임하려 노력했다. 강의를 통해 한국어 실력은 물론이고 여간해서는 동요하지 않는 자세를 키울 수 있었다. 더 없이 부족한 나에게 강의의 기회를 주신 고려대학교, 충남대학교, 충북대학교, 한국전통문화대학교의 모든 선생님들께 감사드린다. 이처럼 박사과정 입학에서 졸업까지 8년이라는 시간이 소요되었지만 백제연구소의 업무와 강의는 박사학위논문 작성에 있어서도 필요한 과정들이었다.

이 책의 근간이 된 박사학위논문이 작성되기까지 지도교수이신 朴淳發 선생님을 비롯해 李康承, 朴洋震, 禹在柄, 兪鏞郁 선생님께서도 따스한 배려와 많은 가르침을 주셨다. 이에 고개 숙여 깊이 감사드린다. 또한 전북대학교 金洛中, 한국전통문화대학교 徐賢珠 선생님께서는 학위논문 심사시 매우 중요한 교시를 주셨다. 지면을 빌어 감사드린다. 그리고 처음 유학생활을 시작했을 때부터 공부와 학교생활에 적용할 수 있도록 도움과 격려를 아낌없이 주신 李亨源, 鄭鍾兌, 李晟準, 羅建柱, 丘冀鍾, 柳昌善, 李宰旭, 李眅燮, 金美京 선배, 나를 누나(언니)로 따라주고 항상 큰 힘이 되준 崔卿煥, 金希中, 崔哲愍, 朴美羅, 朴恩仙, 趙容一, 廉多忍, 韓禮智 후배에게 진심으로 감사의 뜻을 전하고 싶다. 그 밖에 일본의 지도교수님이신 猪熊兼勝 선생님, 박사과정 동기인 韓志仙 선생님을 비롯해 張寅成 · 金仁淑 부부, 金武重, 朴宰用, 徐源赫, 李義之 · 李東夙 부부, 酒井清治, 一瀨和夫, 松永悅枝 선생님께 공사 할 것 없이 많은 도움을 받았다. 깊은 감사의 마음을 전하고 싶다. 감사의 인사를 뜻대로 올리자면 할애된 지면이 차고 넘칠 지경이다. 나의 한국 생활을 도와주신 모든 분들께 깊이 감사드린다.

나는 11년 동안 있었던 모교를 떠나 현재 고려대학교 고고미술사학과 전임 조교수로 재직 중이다. 한국인 연구자도 취업하기 쉽지 않은 상황인데도 불구하고 외국인인 나에게 일할 터를 제공해주신 李弘鍾 선생님께 감사드린다. 강의와 연구 활동에 전념하여 이 은혜에 보답할 수 있도록 노력하겠다.

　　또한 바쁘신 와중에도 책의 문장을 꼼꼼히 읽고 교정해주신 崔鍾澤 선생님, 金希中·廉多忍 후배, 司空正吉 학생에게 감사의 말씀을 드리고자 한다.

　　이와 같이 나는 많은 분들의 따뜻한 손길에 의지해왔고, 그 분들과의 인연이 없었다면 지금의 나는 존재하지 않았을 것이다. 앞으로도 一期一會의 인연에 감사하면서 연구 활동과 일에 매진하고자 한다.

　　마지막으로 나를 늘 그림자처럼 응원해주시고 정신적인 힘이 되어 주시는 90세가 넘으신 (외)할머니들, 부모님, 여동생 가족, 남동생 가족, 친족들, 일본 친구들에게 이 책을 바치겠다.

　　＊ 본 책은 서암학술장학재단(2005.9~2007.8)의 국내 박사과정 대학원생 지원 장학금에 의한 연구 성과를 포함하고 있다. 또한 책 간행시 한국고고환경연구소에서의 지원을 받았다. 도움을 주신 이홍종 소장님과 관계자 선생님들께 감사드린다.

2014年 12月

土田 純子

I. 序論

유적의 성격에 가장 구애받지 않고 보편적이며 출토량도 많은 고고학 유물이 바로 토기이다. 그리고 토기에서 추출 가능한 정보 중 가장 명확한 것은 아마 시간성일 것이다. 이에는 문양, 기형, 태토, 제작기법, 소성 온도, 출토 층위 등을 통해 제작시기를 비정할 수 있기 때문이다.

본 연구의 목적은 백제라는 공동체가 제작한 토기의 시간성을 밝히는 것에 있다. 이는 고고학이 지향해야 할 사회, 경제, 문화에 대한 이해를 시간적·공간적으로 분명히 하기 위한 기초 작업이라 할 수 있다.

고고학의 일반적인 연대결정법에는 상대연대법과 절대연대법이 있다(Colin Renfrew, Paul G. Bahn 2007, p.121). 상대연대법은 각 고고자료의 新舊를 알아보기 위해 상대적인 위치를 설정하는 방법을 말한다. 구체적으로는 층위학적 방법, 유물의 재질, 형상, 장식 등의 여러 특징을 통해 분류된 型式을 이용해 시간적 또는 분포상의 위치관계 등을 상정하는 형식학적 방법, 지역 간의 공반사례를 검토하는 광역대비(교차편년) 등이 있다(白井克也 2006).

이러한 형식 간의 선후관계에 대한 명확한 연대를 알아보기 위해서 절대연대법이 필요하게 된다. 절대연대법에는 각종의 자연과학적 방법뿐만 아니라 기년명 자료, 이와 공반되거나 같은 층위에서 발견된 자료도 들어간다(齋藤

忠 1998). 이처럼 기년명이 명기되거나 기년명을 추정할 수 있는 자료를 고고
학에서는 역연대 자료라 한다. 역연대는 절대연대 및 실연대와 同義며, 역연
대 자료를 추적하여 이때까지 밝혀진 상대연대와 비교 조합함으로써 더욱 상
세한 연대를 규명할 수 있게 된다.

  그 밖에 역연대 비정에는 사료대비연대가 있다. 이는 문자로 쓰여진 정보에
의해, 역사기록의 흐름 속에 고고학 자료를 평가하는 것이며, 한중일 역사시
대 역연대 비정의 주류를 점하고 있는 방법이다. 사료대비연대는 첫 번째 기
년명 자료, 두 번째 천도·영역변화에 의한 방법, 세 번째 대세론에 의한 방법
이 있다. 사료의 조작이나 임의의 해석이 적을수록 정확도가 높기 때문에 첫
번째 방법이 가장 우선되어야 한다. 상대연대법은 고고학적 조사나 연구의 기
초가 되는 것이지만 어디까지나 선후관계를 결정짓는 것이기 때문에 문자자
료가 있는 역사시대에는 특히 절대연대로 근접시키려는 노력이 필요하다. 물
론 고고학 자료의 편년을 위해서는 먼저 상대편년의 구축이 가장 중요하다.
이를 위해 우선 첫 번째 방법을 이용해 시간적인 기준점을 결정하고 두 번째
방법으로 전후 순서를 설정해야 할 것이다(白井克也 2006).

  이상의 전제들을 감안한 본 연구를 한 마디로 요약하면 백제토기의 각 기
종에 대한 상대편년에서 기준이 될 수 있는 다양한 연대결정자료를 대입시켜
보다 안정적인 백제토기 편년을 수립하는 것이다. 이를 위해 각 장에서 다룰
과제는 다음과 같다.

  제Ⅱ장에서는 백제토기 편년 연구의 현상과 과제에 대해 살펴본다. 이에 앞
서 우선 백제토기의 정의와 연구대상 범위·시기를 제시할 필요가 있을 것이
다. 그 다음 백제토기 편년 연구의 현황과 거기서 도출되는 문제점을 파악한
다. 마지막은 백제토기의 편년체계 수립을 위한 교차편년자료로서 백제유적
출토 중국 陶瓷器들이 가지는 유용성을 타진하는 것이다. 즉 백제유적 출토
중국 도자기가 傳世기간에 대한 고려 없이 백제 고고학의 교차편년자료로 활
용될 수 있는지에 대해 검토할 필요가 있다. 현재 한국 고고학계에서는 전세
를 감안하지 않는 입장과 일부 인정하는 입장이 대립하고 있다. 이에 고대 중
국과 일본의 전세 사례를 살핀 후 백제인들이 중국 도자기에 대해 가졌을 태

도나 인식을 검토하겠다.

　제Ⅲ장에서는 백제토기의 상대편년에서 가장 중요한 각 형식의 선후관계를 알아보기 위해 연대결정자료를 선정·정리하고 이들에 대한 연대관을 검토한다. 백제 고고학의 교차편년자료로서 가장 가치가 높은 자료는 바로 제Ⅱ장에서 검토한 중국 도자기들이다. 백제유적에서 지금까지 확인된 중국 도자기는 약 250점이다. 그 수량은 백제 고고학의 교차편년자료로 충분히 활용될 수 있는 규모이다. 따라서 첫 번째로 백제유적 출토 중국 도자기를 집성한 후 중국 본토 기년명 무덤 출토품과 교차편년을 하고자 한다. 두 번째로 유효한 교차편년자료는 왜(계) 유물이다. 주지하는 바와 같이 일본에는 오랜 기간 다듬어진 세밀한 편년이 있기 때문에 왜(계) 유물과 백제토기의 교차편년이 충분히 가능하다. 특히 일본 출토 백제(계) 토기의 경우 출토량이 비교적 많기 때문에 須惠器와의 공반관계를 통해 기형의 형식학적 변화도 감지할 수 있을 것으로 기대된다. 또한 백제유적 출토 왜(계) 유물의 경우 그 대상으로 須惠器(系), 갑주, 철촉 등을 들 수 있다. 이러한 백제유적 출토 왜(계) 유물과 일본 출토품의 비교를 통해 공반된 백제토기의 시기 비정을 할 수 있다. 세 번째는 백제유적 출토 신라·가야(계) 토기와 신라·가야유적 출토 백제(계) 토기에 대한 교차편년이다. 신라·가야토기에 대해서는 연구자마다 편년차가 있어 중국 출토 기년명 자료에 비해 다소 활용도가 떨어지는 것은 분명하다. 그러나 백제토기 편년에 대한 보완자료로서 해당 사례를 종합하고, 각 지역에서 진행된 기왕의 편년관과 대비하는 일은 백제토기의 편년체계가 아직 완벽하게 수립되지 않은 현시점에서 편년 근거의 간극을 좁혀 향후 편년의 근간이 될 수 있다는 점에서 매우 중요한 기초 작업이라 할 수 있다. 교차편년에서 얻은 연대에 따라 나열한 백제토기의 시간적 순서를 통해 백제토기의 형식학적 변천을 파악함은 물론, 기존의 백제토기 연구 성과와도 어느 정도 일치함을 확인할 수 있을 것이다.

　제Ⅳ장에서는 백제 국가 성립 이전 단계에 출현했으나 이후 백제토기의 주요 기종의 하나로서 생활유적은 물론 분묘유적에서도 확인되는 취사용 토기, 백제 국가 형성기에 출현한 한성양식토기와 사비기에 고구려토기의 영향으로 새로 등장한 사비양식토기의 성립 및 전개에 대해 언급하고자 한다. 취사용 토기인 심발형토기, 장란형토기, 시루는 그동안의 형식학적 분류 방법을 보완하는 수단으로 후술할 백제토기와 공반된 연대결정자료를 활용한 연대관을 반영하여 토기의 변천 양상을 조금 더 세밀하게 살펴보고자 한다. 한성양식토기는 직구광견호, 직구단경호, 고배, 삼족토기, 단경병, 광구장경호의 형식학적 변천을 파악한 후 제Ⅲ장의 연대결정자료 및 공반토기를 대입해 백제토기 편년의 중심축을 설정해보고자 한다. 백제토기의 출현은 한강유역에서 백제의 국가 형성 시점을 말해주는 기준이 되고 있는 만큼 형식학적 변천과 연대결정자료를 통해서 산출한 상한연대는 그 의미가 남다를 것으로 여겨진다. 또한 사비양식토기인 전달린토기, 대상파수부자배기, 대상파수부호에 대한 상대편년안을 수립한 후 사비양식토기에서 보이는 고구려토기의 영향에 대해 살펴보겠다. 고구려적 요소들은 사비기 전체기간에 걸쳐 지속되면서 이전의 한성기 및 웅진기의 토기와 구별되는 새로운 양식으로 발현되었다. 이는 '사비양식' 백제토기라 불리고 있는데 여기에서는 사비양식토기에서 관찰되는 고구려적 요소와 그 성립배경에 대해 검토해보고자 한다.

Ⅱ. 百濟土器 編年 硏究의 現況과 課題 : 方法論과 觀點

1. 百濟土器의 定義와 硏究의 時空間的 範圍

1) 定義

백제토기란 한반도 삼국시대에 백제 사람들이 만들어 쓰던 토기라 할 수 있다. 여기에서 백제란 역사적인 정치체의 이름인데, 그 정치·사회적 발전단계는 국가수준을 의미한다. 즉 백제토기는 국가단계의 정치체로서 백제에서 제작·사용된 토기들을 말한다(박순발 2006, p.27).

국가단계의 백제를 보여주는 고고학적 현상으로는 大形 封墳을 가진 墳墓와 城郭의 출현, 특정 토기양식의 형성 및 분포라는 3가지 지표로 설명되어 왔다(朴淳發 1998, pp.172~174; 2001a, pp.252~253). 구체적으로는 黑色磨硏土器로 대표되는 새로운 夢村類型 토기양식의 형성, 정치엘리트 집단의 집중을 반영하는 서울 石村洞·可樂洞古墳群의 대형분, 그리고 서울 夢村土城이나 風納土城과 같은 성곽의 출현으로 나타났으며, 그 시점은 이 3가지 고고학적 지표가 일치하는 기원후 3세기 중후반 무렵이다. 그 시기는 출토 중국

陶瓷器와의 교차편년 또는 중국 도자기를 모방한 새로운 기종의 출현으로 비정되었다. 이에 대한 박순발의 일련의 연구는 백제토기 편년 연구의 기본적인 틀로서 이후 연구에 많은 영향을 주었다.

서울 풍납토성 경당지구에 대한 조사 성과를 따른다면 백제토기 출현기의 기종 구성에 고배, 삼족토기, 꼭지가 달린 뚜껑이 포함되어 있지 않았음이 확실하다(權五榮 2011). 즉 출현할 당시부터 백제토기의 모든 기종은 구비되어 있었던 것이 아니다. 이는 2011년 서울 풍납토성의 동성벽 발굴조사결과에서도 알 수 있다(국립문화재연구소 2011). 성벽 축조 이전[1]의 지반(구지표면)에는 백제토기가 없었지만 풍납토성 성벽의 마지막 형태이자, 고구려에 의해 함락될 때까지 활용되었을 최종 성벽 속에서는 유개 고배, 유개 반, 파배 등이 출토되었다. 백제토기의 주요 기종이 완비되었던 때는 백제토기가 최초로 한강유역에 출현했던 시점보다는 늦었던 것이 분명하다.

백제의 국가 성립기에 등장했던 일련의 그릇들 중에는 표면을 매끄럽게 문질러 광택이 나도록 한 '黑色磨硏土器'가 있다(박순발 2006, p.57). 그 제작 의도에 대해 고구려토기나 낙랑토기에 기원을 둔 견해(金元龍 1986, p.175)와 당시 귀하게 여겼던 칠기의 재질감을 토기로 번안하려 했다는 의견(朴淳發 2001a, p.111), 백제의 생산품이 아니라 외부에서 유입됐던 것으로 해석(李南奭 2001)하는 등 다양하다.

이와 관련하여 새로 나타난 기종들을 기술적 유형의 관점에서 보면 흑색마연토기, 회색연질토기, 회청색경질토기 등 3가지로 분류할 수 있다(朴淳發 2001a, p.104). 이 중 회색연질토기는 원삼국시대의 회흑색무문양토기와 거의 같은 기술이 적용되었지만 흑색마연토기와 회청색경질토기의 제작법은 백제토기에서 새롭게 등장한 유형이다. 회청색경질토기는 회색연질토기의 후

---

1) 성벽의 축조를 위해 기초공사를 실시한 구간(기초공사구간)에서 수습된 목재시료의 방사성탄소연대측정(3건) 결과 결합연대(측정된 각 시료의 절대연대들을 통계학적으로 결합한 연대)가 기원후 235~260년 또는 290~325년으로 산출되었다. 이 결과는 이번 조사지점의 성벽이 3세기부터 4세기를 전후한 기간 내에 처음으로 축조되었을 가능성이 높다는 사실을 뒷받침해주는 것이다.

속유형으로서 시간이 지날수록 그 비중은 커졌다.

백제토기에 대해 한반도 중부지방의 여러 토기 형식 모집단 가운데 한성지역을 중핵으로 반복적으로 함께 발견되는 토기 형식들의 다중배열조합을 '百濟土器 漢城複合'이라 규정하기도 한다(김성남 2004). 그리고 이 '한성복합'을 구성하는 형식의 토기들 가운데 새로 출현하여 차후 주변지역으로 확산되는, 한성복합의 지리범위 내에서 고유한 형식의 토기들만을 포괄하여 '漢城樣式土器'라 지칭하며(김성남 2004), 삼족토기, 고배, 직구단경호, 광구장경호, 단경병, 개배 등이 주를 이룬다. 한성양식 백제토기의 기본 구성은 웅진기·사비기까지 계속되나 사비기에는 고구려토기에 기원을 둔 새로운 기종들이 출현하기 시작했는데, 이는 한성양식 백제토기와 상당히 다르므로 '泗沘樣式百濟土器'로 명명되고 있다(朴淳發 2005a).

2) 時空間的 範圍

이 책에서 취급하는 시간적 범위는 원삼국시대 토기와 전혀 다른 새로운 기종이 한강유역에 출현했던 시점부터 백제가 羅唐聯合軍에 의해 멸망했을 때까지이다. 백제토기의 출현시점에 대해서는 3세기 중후반으로 보는 의견이 지배적이지만 4세기 이후로 내려야 한다는 견해가 새로 제기되고 있다. 백제토기 출현시점은 이 연구를 통해 밝혀야 할 문제이다. 따라서 이 책에서는 출현시점에 구애받지 않고 원삼국시대 토기와 전혀 다른 새로운 기종을 백제토기로 간주하여 연구대상으로 삼았다.[2]

연구대상인 백제토기의 공간적 범위는 백제의 영역과도 어느 정도 부합될 것이다. 그러나 고구려, 신라, 가야와의 관계 속에서 백제의 영토는 유동적이었다. 백제의 최대 북경은 黃海北道 禮成江 상류지역(강종원 2012, p.62)으

---

2) IV장에서 다룰 취사용 토기는 백제 성립 이전에 출현하지만 이후 백제토기의 주요 기종의 하나로서 생활유적은 물론 분묘유적에서도 확인되기 때문에 이 역시 백제토기의 범주에 포함시킨다.

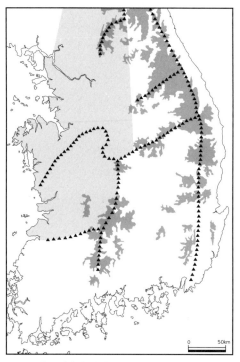

도 1 연구대상인 백제토기 출토 범위(1/5,000,000)

로 추정된다. 남쪽으로는 웅진기 이후 백제의 적극적인 남방정책이 구현되면서 6세기 전반경 마침내 영산강유역이 백제의 직접 지배하에 편제되었다(박순발 2000a · 2000b). 실제로 서울대학교박물관에서 소장 중인 黃海北道 黃州郡 土城里 출토로 알려진 백제토기 수십 점은 백제의 영역 또는 영향력이 황해도 일대까지 이르렀음을 알 수 있게 하는 실물자료이다[3](崔鍾澤 1990). 동경의 북쪽은 강원도 華川原川里遺蹟으로 보아 北漢江 상류역, 原州 法泉里古墳群의 입지로 보아 蟾江 중상류역으로 설정할 수 있다. 동경의 남쪽은 俗離山에서 德裕山으로 이어지는 산줄기를 경계로 삼을 수 있다.

남북 분단 상황으로 인해 이 책에서 다루는 백제토기의 북계는 자동적으로 臨津江流域, 남계는 盧嶺山脈 이북이다(도 1).[4] 노령산맥 이남에는 榮山江 수계가 형성되어 있다. 영산강유역은 馬韓故地 가운데 가장 늦게 백제에 편입된 지역

---

3) 『三國史記』 近仇首王 卽位年條(375년)에는 水谷城의 서북쪽까지 근구수왕이 진격한 후 그곳에 돌을 쌓아 표시를 남겼다는 내용이 있다. 수곡성은 황해북도 新溪 부근으로 비정되고 있다(李丙燾 1976, p.509). 수곡성의 서북지역이 구체적으로 어디를 가리키는지 알 수 없기 때문에 황주 출토 백제토기의 존재를 주목하게 된다. 황주는 新溪의 서북방에 위치하고 있을 뿐만 아니라 당시 백제의 진격로에 위치했을 가능성이 높은 곳이다. 수곡성 서북지역을 황주 일대로 비정한다면, 이곳에 백제의 영향력이 일시 미쳤으나 지속적이지 않았다는 것으로 이해할 수 있다(강종원 2012, p.59).

4) 도면의 산맥 위치는 국토연구원에서 발간된 산맥지도(김영표 외 2004)를 참고로 1차 산맥(신생대 제3기 비대칭적 요곡운동으로 형성-고도가 높고 연속적인 험한 산지), 2차 산맥(대보 조산 운동으로 형성된 동서 방향의 산지가 2차적으로 차별 침식을 받은 산지-고도가 낮고, 불연속적인 구릉성 산지)까지를 표시한 것이다.

이다. 때문에 영산강유역 고고학 자료의 일부는 백제, 가야 등 주변의 영향을 바탕으로 독특한 특징을 가지게 되었으며(徐賢珠 2006), 따라서 이 책에서는 영산강유역 출토 토기는 제외한다.

2. 百濟土器 編年 硏究의 現況과 問題點

1) 硏究現況과 動向

백제토기에 대한 체계적인 연구는 1955년 藤澤一夫에 의해 광복 전의 여러 자료들이 정리되면서부터 시작되었다. 그는 경기도·충청도 출토 자료들을 중심으로 우선 소성의 차이에 따라 크게 軟質土器(赤色酸化焰燒成), 瓦質土器(灰色軟質土器), 硬質土器(灰色硬質土器)로 나눈 뒤, 다시 기형별로 열거하며 설명하였다. 백제토기에 대한 최초의 종합적인 연구라는 점 이외에도 토기의 질이라는 기술적 속성을 우선적으로 고려한 뒤 다시 세부적으로 기형 등의 형태적 속성을 다루었기 때문에 세련된 방법론이었다고 평가할 수 있다.

1979년에 들어 小田富士雄, 安承周 등에 의해 당시까지의 백제토기 자료가 정리되었다. 小田富士雄(1979a)은 백제의 천도라는 역사적 사실을 근거로 하여 전기(한성시대), 중기(웅진시대), 후기(사비시대)로 나눈 뒤, 이러한 시기적인 개념을 지역과 결부시켜 漢城地域(전기), 錦江地域(중기), 全羅道地域(후기)으로 구분하여 각 지역별로 백제토기의 내용을 서술하였다. 그의 토기 분류는 기본적으로 藤澤一夫와 동일하지만 시간적인 의미를 내포하고 있는 지역군으로 묶어 백제토기에 대한 편년적 고찰을 시도했던 점에서 차이를 보인다. 安承周(1979)는 충남과 전북 출토품들을 대상으로 기종별로 분류 및 정리한 다음 이를 호의 형식분류에 의한 편년과 결부시켜 백제토기를 제Ⅰ·Ⅱ기로 구분하였다. 제Ⅰ기는 기원후 2~5세기 말로 비정하고 토기의 양상은 卵形壺 및 그와 공반된 각 기종으로 파악하였다. 제Ⅱ기는 6세기 초~백제 말까지로 편년하고 토기의 내용은 廣肩形壺, 三足土器, 施釉器 등의 출현 및 그와 공반된 기종으로 설정했다. 安承周의 연구는 小田富士雄처럼 출토지역을 곧바로 토기의 편년적 개념으로 연결하지 않고 호의 형식분류를 기준으로 채택한 점에서 좀 더 진보된 연구방법이었다.

백제지역에서의 본격적인 발굴조사로 자료가 축적되기 이전에 발표된『百濟土器 變遷過程의 研究』(柳奇成 1984)는 백제토기 변천을 다룬 최초의 석사학위논문이 되었다. 柳奇成은 그의 논문에서 시기를 2 · 3세기, 4세기, 5세기, 6세기, 7세기로 나누어 기종뿐만 아니라 문양, 형태 등 세부적인 속성에 대한 구체적인 변천을 제시하였다. 뿐만 아니라 일부 백제토기는 중국의 토기제작 기술을 수용해서 출현하였다는 선견적 견해와 중국 唐의 開元通寶를 통해 공반된 백제토기 호의 제작시기를 621년 이후로 보았다. 이는 바로 이 책에서 필자가 실현하려는 교차편년 연구와 동일한 방법론이다.

1980년대에 들어 한강유역의 초기 백제지역에 대한 활발한 발굴조사가 진행됨에 따라 새로운 자료를 활용한 연구가 가능해졌다. 당시 백제토기 편년의 근간은 서울 몽촌토성 출토품으로 구성되어 있다고 해도 과언이 아니다.

朴淳發(1989)은 본인이 직접 발굴조사한 몽촌토성의 유물들을 중심으로 위계적 분류체계를 적용하여 夢村類型을 추출한 뒤 다시 기종을 나타내는 類들로 세분하였다. 나아가 이를 동일기종 안에서의 제작시기 또는 제작지역의 차이를 반영하는 것으로 생각되는 기형으로 구분하여 몽촌토성 출토 토기들의 변천을 알아보았다. 몽촌유형을 토기 질의 차이를 기준으로 회색연질토기 기종군과 회청색경질토기 기종군으로 나누고, 전자는 몽촌 I 기, 후자는 몽촌 II기로 각각 명명하였다. 몽촌 I 기의 시작을 몽촌토성에서의 西晉 錢文陶器 片을 증거로 삼아 3세기 말~4세기 초 무렵으로 설정하였다. 몽촌 I 기와 몽촌 II기의 분기점, 즉 몽촌 I 기의 하한과 몽촌 II기의 상한에 대해서는 原州 法泉 里古墳群 2호분 일괄유물을 근거로 들었다. 이곳에서 출토된 몽촌유형 직구단경호가 회색연질이면서 견부에 사격자문이 시문된 소형이라는 특징이 회청색경질 직구단경호의 특징과 가까우므로 이를 몽촌 I 기와 II기의 과도기적 단계로 보았다. 그리고 이 직구단경호의 절대연대이자 몽촌 I 기와 II기의 분기점을 공반된 東晉製 靑瓷 羊形器를 통해 잠정적으로 4세기 중엽경으로 비정하였다. 몽촌Ⅱ기의 하한에 대해서는 몽촌토성에서 확인된 고구려토기로 미루어 보아 5세기 중엽 이후로 설정했다. 이는 고구려와 백제를 둘러싼 역사적인 맥락을 참고하여 백제 남천의 원인이 된 고구려 세력의 남하와 결부한 것이다. 이와 같이 기종별로 실시한 체계적인 분석과 중국 도자기와의 교차편년을 통해 백제토기의 상한연대와 연질에서 경질로의 이행 시점을 비정한 것은 이후 백제토기 연구에 있어서 중요한 발판이 되었다. 이후 그는 백제토기를 국가단계의 정치체로 발전된 백제에서 제작했던 토기로 정의하고, 몽촌Ⅰ기와 몽촌Ⅱ기를 각각 한성백제Ⅰ기와 한성백제Ⅱ기로 대체하였다(박순발 1992). 또한 백제토기의 출현시기를 토기(직구단경호) 어깨부분의 '陰刻紋樣'을 통해서 추정하였다. 직구단경호와 같은 토기에 시문된 견부 문양대가 중국 삼국 말~서진대에 걸쳐 越窯에서 생산된 靑瓷의 여러 기종에 새겨진 것들과 매우 흡사하다는 점을 들어 서진과의 교류가 활발했던 3세기 후반경으로 수정하였다(朴淳發 1998, pp.71~73; 2001a, pp.107~109). 또한 당시까지 조사된 자료들을 정리한 후 몽촌유형의 기술적 유형을 크게 3가지로 분류하여 흑색마연토기→회색연질토기→회청색경질토기 순으로 출현한 것으로 보고 흑색마연토기의 등장을 백제토기의 시발점으로 삼았다.

최근 논고에서 박순발(2013)은 백제토기의 성립시점을 백제의 국가 성립시점인 250~300년 사이에 해당됨을 재확인하고 이를 '成立期' 또는 '早期'로 부를 것을 제안하였다. 이 성립기 토기상의 대표적인 기종으로는 승문계 심발형토기, 흑색마연토기 직구광견호 등이 해당된다.

몽촌토성 출토품의 해석에서 박순발의 견해와 대조를 이루는 것은 定森秀夫(1989)와 白井克也(1992)의 연구이다. 定森秀夫는 한강유역 백제토기를 몽촌토성Ⅰ단계, 몽촌토성Ⅱ단계, 몽촌토성Ⅲ단계로 구분하였는데 각 단계의 절대연대 비정에서 박순발과 큰 차이를 보인다. 몽촌토성Ⅰ단계는 제2호 토광묘 출토품을 근거로 5세기 후반경, 몽촌토성Ⅱ단계는 고구려토기와 공반되는 단계로서 87-2호 주거지 출토 대가야계 뚜껑을 근거로 5세기 말~6세기 초, 몽촌토성Ⅲ단계는 6세기 중엽경의 신라토기 출현시점을 하한으로 삼아 6세기 전반경이라 주장하였다. 그가 몽촌토성 출토 토기의 사용시기를 늦추어 보았던 이유는 제2호 토광묘를 무덤으로 인식했기 때문이다. 이에 대해 박순발(2001a, pp.122~123)은 제2호 토광묘를 부장 양상이 무덤에서 보편적으로 관찰되는 것과는 다른 제의 관련 유구로 보고 연대관 재고의 필요성을 언급했다. 白井克也는 한강유역 백제토기(직구단경호, 삼족토기, 고배)를 분류한 후 기종 간의 형식학적 관계와 공반관계를 통해 8개 형식을 설정하였다. 몽촌토성 출토 토기를 定森秀夫와 같이 몽촌 I 식, 몽촌 II 식, 몽촌 III 식으로 구분하여 몽촌 I 식의 상한은 475년을 포함한 5세기 후반, 몽촌 II 식과 몽촌 III 식의 하한은 6세기 전반대로 비정했다. 그의 해석은 백제토기가 한강유역에서 475년 한성 함락 이후부터 551년 한성 수복 때까지 고구려의 지배 아래에서 줄곧 사용되었다는 의미를 내포하고 있다. 그는 토기와 정치사를 안이하게 결부하는 태도를 경고했다. 즉 지배자의 이동·교체에도 불구하고 직접적인 생산자는 이동성이 적었다는 것이다. 그런데 백제를 상징하는 고유 기종인 삼족토기, 고배 등의 생산을 고구려가 용납했을지 등의 의문이 남는다. 定森秀夫와 白井克也의 편년관의 타당성 여부는 필자가 이 책에서 진행할 연대결정자료를 이용한 백제토기의 편년에서 검토할 것이다.

2000년대에 들어서는 한강유역뿐만 아니라 중서부지역 주요 고분군 출토 백제토기에 대한 편년이 이루어졌다(成正鏞 2000a; 김성남 2001). 특히 金成南은 중부지역 3~4세기대 분묘유적 출토 토기의 기종 및 型을 기준으로 발생순서배열법에 의한 유적별 상대편년을 시도하였다. 그리고 몽촌토성 발굴 이래 1990년대 말부터 진행되고 있는 일련의 풍납토성 발굴조사 출토품들은 보다 세밀한 편년의 가능성을 열어주었다(韓志仙 2005). 김성남(2003·2004)은 박순발이 설정한 한성백제 I 기를 한성백제 I -1기와 I -2기로, 한성백제 II 기를 한성백제 II -1기, II -2기, II -3기로 세분하였다. 특히 3세기 후반에 해당하는 한성백제 I -1기를 유개 고배와 삼족토기가 출현하기 전 흑색마연 무문양토기와 접시, 직구광견호, 무뉴식 뚜껑 등의 신기종이 등장한 시기로 규정하였다.[5] 韓志仙(2003·2005)은 한성백제 I 기를 다시 한성백제 I -1기

---

5) 김성남(2014)은 서울 풍납토성 자료가 그간 많이 증가한 것을 들어 2004년에 발표한 논

와 Ⅰ-2기로 세분하였지만, 한성백제Ⅱ기는 박순발의 시기 구분을 따랐다. 한성백제Ⅰ-1기의 절대연대는 풍납토성 경당지구 101호 유구와 같은 시기로 보고된 196호 유구 출토 중국제 시유도기로 미루어 보아 3세기 후반경으로 추정하였다. 또한 유개 고배, 삼족토기의 출현을 한성백제Ⅰ-2기로 보는 등 기종 출현시기에서는 김성남의 편년과 차이를 보였다. 이처럼 유구와 기종의 선후관계에 다소 차이가 있더라도 한성기 백제토기의 상한과 하한, 한성백제 Ⅰ기와 Ⅱ기의 분기점은 기존의 연구와 같다. 하지만 각 분기에 대한 절대연대의 근거가 명확하지 않았다는 것은 문제로 삼을 수 있다.

한편 한성기만이 아니라 사비기의 토기 편년(金鍾萬 2004·2012a)도 2000년 이후 활발하게 이루어졌다. 흥미로운 점은 사비기 백제토기들에서 고구려적 요소가 많이 관찰된다는 것이다(權五榮 1991; 金容民 1998; 朴永民 2002; 山本孝文 2005a; 朴淳發 2005a). 따라서 사비기 백제토기의 편년에는 고구려 토기에 대한 이해와 역사적 해석이 가미될 필요가 있다.

그 밖에 개별 기종 또는 유적·유구를 단위로 한 백제토기의 편년이 이루어져 왔다. 개별 기종에 대한 편년의 사례로는 三足土器(尹煥·姜熙天 1995; 姜元杓 2001; 朴淳發 2003; 土田純子 2004a·2004b; 朴普鉉 2011), 高杯(土田純子 2004a·2005a; 申鍾國 2011), 短頸瓶(土田純子 2005b; 池珉周 2006; 卞熙燮 2013), 蓋(朴淳發 1999; 金斗權 2003; 土田純子 2004a), 直口短頸壺(朴淳發 2003; 金朝允 2010; 김은혜 2014), 各種 壺(土田純子 2006; 朴智殷 2007; 全東賢 2010; 趙龍鎬 2011; 徐賢珠 2012), 盌(徐賢珠 2010; 朴淳發·李亨源 2011; 韓志仙 2011), 蓋杯(朴淳發 1999), 器臺(나혜림 2011; 한지선·이명희 2012; 이건용 2014), 把杯(尹大植 2004; 朴淳發 2006), 廣口短頸壺(盒)·洗(辛閏政 2012; 李在珍 2012), 臺附杯(金鍾萬 2012b), 深鉢形土器(朴淳

문을 보완하였는데 그 내용을 정리하면 다음과 같다. 한성Ⅰ-1기(251~300년)는 흑색마연토기·난형호 등이, 한성Ⅰ-2기(301~350년)는 유뉴 뚜껑·삼각공 시루 등이, 한성Ⅱ-1기(351~400년)는 유개고배·개배·세·유개삼족기류 등이, 한성Ⅱ-2기(401~450년)는 유견호(평견호)·구형병이, 한성Ⅱ-3기(451~475년)는 배부병이 출현하는 단계로 설정하였다.

發 2001b; 김진홍 2008; 全東賢 2010; 土田純子 2013b), 甑(吳厚培 2002 ·
2003; 朴敬信 2003 · 2004; 鄭鍾兌 2006; 全東賢 2010; 金大元 2013; 土田純
子 2013b), 長卵形土器(鄭鍾兌 2006; 김진홍 2008; 全東賢 2010; 土田純子
2013b), 硯(山本孝文 2003a), 臺附盌(山本孝文 2005a), 자배기(李在珍 2012)
에 대한 연구들이 있다. 개별 유적을 단위로 한 백제토기 편년6)으로는 華川
原川里遺蹟(韓志仙 2013a), 서울 夢村土城(朴淳發 1989; 林永珍 1996), 서
울 石村洞古墳群(林永珍 1996), 河南 渼沙里遺蹟(金武重 1994), 利川 雪峰山
城(方瑠梨 2001), 燕岐 松院里遺蹟(趙銀夏 2010), 天安 龍院里古墳群(李賢淑
2011), 淸州 新鳳洞古墳群(韓志仙 2012), 舒川 鳳仙里遺蹟(김재현 2011), 烏
山 水淸洞古墳群(薛銀珠 2012a · 2012b), 洪城 神衿城(成正鏞 1994) 등을,
각 유구에서 출토된 백제토기에 대한 검토로는 住居址(申鍾國 2002; 趙詳紀
2006; 韓志仙 2013b), 墳墓(李文炯 2001; 金殷卿 2008; 玉昌旻 2010; 金鍾萬
2013), 城郭(韓濬伶 2002; 한준영 2003) 등을 들 수 있다. 또한 개별 기종 또
는 유적 · 유구를 단위로 한 편년뿐만 아니라 지역(유역) 단위로 토기 문화상
의 변화를 이해하려는 연구(趙詳紀 2014; 韓濬伶 2014)가 발표되었다. 이는
고고 자료의 축적으로 지역 집단의 성격과 관련된 다양한 논의가 가능해진
결과로 해석된다.

　박순발의 연구 이래 백제토기의 주요 기종을 편년한 金鍾萬(2007 · 2012a)
의 연구를 살펴볼 필요가 있다. 그는 한성기를 Ⅰ·Ⅱ·Ⅲ기로, 웅진기를 Ⅰ·Ⅱ
기로, 사비기를 Ⅰ·Ⅱ·Ⅲ기로 세분하였다. 한성Ⅰ기를 백제토기가 등장한 3세
기 후엽경에서 신기종이 속출한 4세기 전후 이전까지로 규정한 대목은 다른
연구들과 유사하다. 또한 한성Ⅱ기는 이전에 없었던 고배 · 삼족토기와 같은
배류가 출현한 단계로 4세기 전후반부터 4세기 말까지라고 보았다. 이는 김
성남(2004) 편년안의 한성백제Ⅱ-1기와 거의 같다. 한성Ⅲ기는 백제의 영역
확장과 함께 신기종과 전통기종이 남하했던 단계로, 병류와 횡병류 등의 기

---

6)　발굴보고서의 고찰부분에서 출토 토기에 대한 자세한 분석과 편년을 제시한 것도 있으
　　나 여기에서는 논문에서 다룬 것들만을 언급한다.

종이 추가되는 시기이며 5세기 초엽부터 웅진으로 천도하는 475년까지로 설정했다. 웅진Ⅰ기는 백제토기 자체가 감소하면서 기형의 변화가 엿보이는 시기로 이해되고, 웅진Ⅱ기는 중국과의 문화교류가 활발히 진행되면서 남북조의 새로운 문물이 유입되고 일본과도 견고한 교류가 이루어진 백제토기 확정기라고 하였다. 한편 사비Ⅰ기는 웅진기의 기종을 그대로 사용하면서 주변국에서 이입된 기형을 백제화하는 과도기적인 단계로 6세기 중엽경까지로 보았다. 사비Ⅱ기는 백제화가 꾸준히 진행되면서 토기의 고급화를 실현하는 기간으로 시기는 6세기 말까지, 사비Ⅲ기는 생활용기가 보편화되는 시기로서 남부지방에 이르기까지 통일된 기종이 등장하는 단계이다. 그 시기는 7세기 중엽까지라고 보았다. 그의 편년안은 기존의 한성기 백제토기 연구와는 다른 시각을 제시했다는 점에서 높은 평가를 받을 수 있을 것이다. 하지만 여전히 형식학적인 방법론을 선후관계 설정의 최우선 기준으로 둔 점이 한계로 판단된다.

한편, 국립문화재연구소 고고연구실 · 보존과학연구실(2011)에서는 『한성지역 백제토기 분류표준화 방안연구』를 발간했다. 이 연구에서는 한성기 백제토기 기종을 분류하고 각 기종에 대한 분석을 실시한 것으로서, 유적(풍납토성 중심) 내 층위분석과 유적 간의 교차편년 등의 방법을 동원하여 개별 기종에 대한 변천과정 및 발전양상을 파악하고 편년안을 수립하였다. 하지만 풍납토성의 층위분석을 편년에 활용하려는 시도는 좋았으나 층위에 대한 구체적인 시간성의 제시가 부족하였다. 따라서 각 기종에 대한 편년과 전체 편년표에서도 보완이 필요하다. 또한 한성지역의 백제토기를 5개의 분기로 나누었으나 분기점에 대한 설명, 연대가 결여되어 있는 점에서도 아쉬움이 남는다.

이를 보완한 글은 『한성지역 백제토기 분류표준화 방안연구』의 책임연구원이었던 한지선(2013b)에 의해 발표되었다. 그녀는 한강유역 취락유적의 주거지와 출토 토기의 분석을 통해 한성백제기를 총 4기(Ⅰ기는 3세기 말~4세기 초, Ⅱ기는 4세기 전반~후반, Ⅲ기는 4세기 말~5세기 전반, Ⅳ기는 5세기 전중반~475년)로 구분하였는데 그 시기 비정의 기준을 외래계 유물로 삼은 점은 이 책에서 피력할 필자의 의도와 같다. 또한 2004년부터 2011년까지 8년에 걸쳐 서울 풍납동 197번지(구미래마을) 일대에 대한 최종 발굴조사보고서인『風納土城 XV』(2013)의 고찰에서도 한지선의 편년관이 채택되어 있다.

한편 기존의 백제토기 연대관에 파문을 일으킨 연구가 발표되었다. 金一圭(2007a·2007b)는 기존의 중국 도자기 기년명 자료를 근거로 한 상한연대 적용이 아닌 유구의 폐기연대에 주목하고 백제토기와 공반된 타 지역 생산품을 살펴 교차연대를 설정했다. 구체적으로 그는 서울 몽촌토성 제3호 저장공에서 출토된 4세기대의 靑瓷 四耳壺 구연부편이 일본 TK23型式期(5세기 후반대)의 須惠器 杯와 공반된 사례를 들어 전세를 고려하지 않을 수 없다고 지적했다. 즉 중국 도자기의 연대로 백제토기의 연대를 곧바로 비정하는 것에는 재고의 여지가 있다는 것이었다. 이처럼 도자기와 공반유물 사이에 벌어진 수십 년~수백 년의 시간차가 바로 중국 도자기 전세론의 근거가 되고 있으며, 이에 동조하는 연구자들이 적지 않다(李庚美 2010; 李泰昊 2011). 이와 관련하여 백제토기의 출현시기를 4세기 이후(權五榮 2011), 4세기 중엽(김일규 2007a·2007b), 5세기 전반의 늦은 시점(이성주 2011)으로 보는 주장이 제기되었다. 김일규는 직구단경호의 등장시점에 대해 서울 가락동 2호분 직구광견호와 공반된 이중구연호가 부산 동래패총 F피트 8층 출토 일본 土師器와 함께 수습된 점을 감안하여 4세기 2/4분기 이전을 상회할 수 없다는 주장을 제기하였다. 그러나 가락동 2호분 출토품을 초현형식으로 이해한 이유에 대한 설명이 없기 때문에, 백제토기의 출현은 4세기 2/4분기 이후라는 그의 설명을 선뜻 납득하기 어려운 점이 있다.

이렇듯 백제토기의 출현시점에 대해서는 기존의 3세기 중후반에서 4, 5세기대로 대폭 하향시킨 논문들이 잇따라 발표되었다. 하지만 이에 대한 반론(박순발 2012)도 제기되고 있다. 박순발은 초현기의 백제토기로 간주되는 직구광견호, 직구단경호의 견부 문양대는 서진과 관련된 산물이라 밝히고, 풍납토성 경당지구 196호 화재 주거지에서 출토된 성립기의 흑색마연 직구광견호의 시기를 공반된 중국 전문도기를 통해 대략 3세기 4/4분기 무렵으로 잠정하였다.

한편 고구려가 한성을 함락시킨 475년은 그동안 한성기와 웅진기를 나누는 기준점이자 백제 고고학의 절대연대 설정의 기준으로 사용되어 왔다. 이에 대해 475년이라는 연대는 한성기 백제의 고고자료에 대한 절대 기준이 될 수 없다는 반론도 있다(김일규 2007a · 2007b · 2012b · 2014a). 이 문제에 대해서는 이미 상세한 반박이 이루어진 바(權五榮 2011)가 있으며 필자도 공감하는 바이다.

2) 問題點과 課題

연구자에 따라 백제토기의 시기 비정에 차이를 보이는 것은 편년의 기준이 되는 절대연대자료의 제시와 검토가 충분히 이루어지지 않았던 것에 이유가 있다. 때로는 절대연대자료라 하더라도 다른 의견을 가진 연구자들이 자료의 성격상 편년의 기준이 될 수 없다고 지적하기도 한다. 그 좋은 사례가 바로 백제유적 출토 중국 도자기들이다. 중국의 기년명 무덤에서 출토된 것과의 교차편년을 통해 제작연대에 대한 접근이 가능하기 때문에 백제 고고학의 연대결정자료로서 이용할 수 있다는 입장과 물품의 傳世를 일부 인정하는 입장이 상존하고 있다. 이는 백제토기의 편년에서 가장 논란이 되고 있는 부분이라고 해도 과언이 아니다.

중국 도자기를 연대결정자료로 이용할 수 있다는 측에는 박순발(2005b)과 성정용(2006 · 2010) 등이 있다. 박순발은 백제가 중국과의 잦은 접촉을 통해 실용성이 높은 도자기들을 주로 수입했기 때문에 전세를 특별히 고려하지 않아도 된다는 입장에 서 있으며, 성정용은 중국 도자기들과 공반된 금공제품이나 마구의 형식변화가 중국의 기년명 무덤 출토품들과 상당 부분이 일치한다는 연구결과를 제시하였다. 한편 중국 도자기의 상한연대로 유구와 출토품의 연대를 비정하는 방법의 위험성을 제기한 연구자는 김일규(2007a · 2007b), 이경미(2010), 이태호(2011) 등이다. 김일규는 중국 도자기와 공반된 유물들(須惠器, 馬具 등)을 검토한 결과, 짧게는 20년, 길게는 100년 이상의 시간차가 확인되므로 중국 도자기 수입 후 부장될 때까지의 전세를 고려해야 한다고 주장한다.

과연 백제유적 출토 중국 도자기들이 백제 고고학의 편년체계 수립을 위한 안정적인 교차편년자료로 사용될 수 있을까? 백제 고고학의 편년체계 수립을 위한 교차편년자료로서 백제유적 출토 중국 도자기들이 가지는 효용성을 타진하는 것이 우선되어야 한다.

또 자료의 성격상 연대결정자료의 기준이 될 수 없는 것으로 금속제품을 들 수 있다. 중국 도자기의 전세를 인정하는 입장에서는 대부분 마구, 금동관모 등의 편년을 이용하고 있다. 금속제품은 토기에 비해 수량이 적기 때문에 토기처럼 세밀한 분기설정이 어려운데다가 금속제품의 편년체계에서도 결국 토기의 편년을 참고하고 있다. 그 토기의 편년이라는 것도 상대편년만큼 안정적이지만 내세우는 절대연대의 근거는 기년명 자료와 공반된 백제토기보다 신뢰할 수 있다고 하기 어렵다. 따라서 토기의 편년에서 금속제품이 연대결정자료의 중심축이 될 수는 없고 다만 편년을 재확인하는 보충자료로 이용되는 것이 타당하다. 그렇다면 금속제품 이외에 백제토기 편년의 연대결정자료로 이용할 수 있는 자료는 무엇일까? 중국 도자기를 제외하면 일본 출토 백제(계) 토기, 백제유적 출토 왜(계) 유물, 신라 · 가야(계) 토기, 신라 · 가야유적 출토 백제(계) 토기 등을 들 수 있다.

일본은 오랜 기간의 연구 덕에 정밀한 편년이 수립되어 있기 때문에 일본의 토기와 공반된 백제(계) 토기는 백제유적 출토 백제토기와 교차편년이 가능하다. 또한 출토량이 비교적 많은 기종이라면 공반된 須惠器를 활용하여 선후관계와 기형의 형식학적 변화가 파악될 수 있다.

백제유적 출토 왜(계) 유물로는 須惠器(系), 갑주, 철촉 등을 들 수 있다. 백제유적 출토 왜(계) 유물과 일본 출토품의 교차편년을 통해 공반된 백제토기의 시기 비정이 가능하게 된다.

마지막은 백제유적 출토 신라 · 가야(계) 토기와 신라 · 가야유적 출토 백제(계) 토기에 대한 교차편년이다. 신라 · 가야토기의 편년에는 연구자마다 시간차가 있기 때문에 어떤 연구자의 편년관을 채택하는지에 따라 교차편년 결과도 달라질 것이다. 따라서 영남지역의 연대관을 백제 고고학의 편년에 적용할 때에는 각 연구자가 기준으로 두고 있는 자료가 과연 신라 · 가야토기 편년체계 속에서 유효한 연대자료인지 따져 볼 필요가 있다.

이와 관련해서 전세론을 지지하는 연구자들은 가야의 마구 편년에 의거하여 전세 여부를 결정짓는 때가 있다. 이는 영남지역의 연대관에 백제유적 출토 물질자료를 대입하는 방법이다. 그러나 연대결정자료가 부족한 백제 고고학 편년에 대한 보완자료로서 이들을 종합하고, 각 지역에서 진행된 기왕의 편년관과 대비해보는 일은 백제토기의 편년체계가 완전히 수립되지 않은 현 시점에서 의미 있다고 할 수 있을 것이다. 또한 백제 고고학과 신라·가야 고고학의 연대관에 간극이 있다면 이를 절충하는 작업이 필요한데 이를 수행하기 위해서는 백제유적 출토 연대결정자료들을 수집하고 충분히 검토하는 것이 우선이라고 생각한다. 형식학적으로 설정된 선후관계의 근거를 보완함으로서 토기 편년의 정확성에 더욱 힘을 실을 수 있을 것이다.

마지막으로 사비양식토기의 출현시기와 배경에 대해서도 이미 많은 선행 연구가 발표된 바 있으나 더 정밀한 토기 관찰을 통해 과연 백제토기에 어떠한 고구려적 요소가 반영되었는지를 규명해야 할 것이다. 더불어 사비양식토기의 성립과 배경에 대해서도 보다 주목할 필요가 있다.

이상 백제토기 편년 연구의 현황과 문제점들을 구체적으로 살펴보았다. 다음은 백제 고고학의 절대연대자료로 활용되어 온 중국 도자기가 과연 전세품이었는지에 대해 검토할 차례이다. 이와 함께 고대 중국과 일본의 전세 사례를 살피고 백제인들이 중국 도자기에 대해 가졌을 태도나 인식을 추론해 보겠다.

3. 交叉編年과 傳世問題

1) 問題의 所在

과연 백제유적 출토 중국 陶瓷器[7]들은 백제 고고학의 편년체제 수립을 위

---

7) 같은 '자기'라도 한자의 표기에 따라 '瓷器'와 '磁器'로 구분되며 현재 瓷器, 磁器, 陶磁器, 陶瓷器 등 연구자에 따라 표현하는 방법이 가지각색이다. 그 중 磁器는 磁土라는 돌

한 안정적인 교차편년자료로 사용될 수 있을까? 앞에서 자세히 언급한 바와 같이 한국 고고학계에서는 상반된 입장들이 대립하고 있다. 傳世를 부정하는 박순발(2005b)은 중국과의 잦은 접촉을 통해 백제에서는 실용성이 매우 높은 자기들을 수입했기 때문에 전세기간을 특별히 고려하지 않아도 된다는 입장에 서 있으며, 성정용(2006 · 2010)은 중국 자기들과 공반된 금공제품이나 마구의 형식변화가 중국의 기년명 무덤 출토품들과 상당 부분 일치한다고 주장한다.

한편 중국 자기의 상한연대로 유구와 공반유물의 연대를 비정하는 방법에 대해 문제를 제기한 연구자는 김일규(2007a · 2007b), 이경미(2010), 이태호(2011)이다. 김일규는 중국 자기와 공반된 유물들(須惠器, 마구 등)을 검토한 결과 짧게는 20년, 길게는 100년 이상의 시간차를 감지하고 중국 자기의 수입 후 부장될 때까지의 전세를 고려해야 한다고 주장하였다. 이경미는 慶州 皇南大塚 北墳 출토 黑褐釉兩耳壺를 박순발(2005b)의 주장대로 전세를 인정하지 않고 4세기 3/4분기로 편년한다면 삼국시대 고분 편년 전체를 재조정해야 하는 난제가 발생한다는 점과 함께, 4세기대의 전형적인 三燕式 鐎斗가 신라 적석목곽분의 최후기 무덤인 경주 飾履塚에 부장된 사실을 들어 백제유적 출토 중국 문물의 전세를 인정했다. 그는 가야 마구의 연구 성과에 기초하여 公州 水村里遺蹟 Ⅱ지점 1호 토광목곽묘 출토품을 5세기 4/4분기로, 같은 유적의 같은 지점 4호 횡혈식석실분 출토품을 5세기 말엽이나 6세기 초로 설정하였다. 특히 동일한 문양구성을 가진 熊本縣 江田船山古墳, 慶州 壺杅塚, 飾履塚, 吉林省 集安市 通溝 四神塚 출토 금동관모와 견주어 수촌리 4호 횡혈식석실분을 6세기 초의 무덤으로 보았다. 이태호는 삼국시대 고분 출토 유물 중 瓷器, 鐎斗, 鼎, 鍑, 銅鏡 등 다양한 유물에서 전세가 확인된다고 했다. 그 역시 가야 마구의 연대관을 원용하여 天安 龍院里古墳群 9호 석곽묘, 공주 수촌리

의 분말로 제작한 것을 말하며 중국에서는 북송시대에 그 제작기법이 완성되었다고 한다. 이와 구별하기 위해서 본문 중에서는 錢文陶器, 施釉陶器, 靑瓷를 포함한 陶瓷器라는 용어를 사용하고자 한다. 그러나 일반적으로 전세품으로 거론되는 것은 靑瓷이기 때문에 이 절에서는 자기라는 용어를 사용하겠다.

유적 Ⅱ지점 1호와 4호, 原州 法泉里古墳群 2호분 파괴석실 출토 자기를 전세품의 예로 들었다.

그런데 전세를 인정하는 연구들에서 간취되는 가장 큰 문제는 전세에 대한 개념을 제시하지 않은 채 사용한 것이다. 일본 고고학에서는 일반적으로 어떤 물건을 "제작 후 1대 이상 사용(小林行雄 1959)"하거나 "세대를 넘어 계속 사용 또는 보관하는 것(岩永省三 2003)"을 전세라 규정하고 있으나 한국 고고학계에서는 제작에서 부장까지의 일정 기간을 어림잡을 때에도 '전세'라는 용어를 남용하는 등 아직은 엄밀하고 보편적인 정의를 수립하지 못한 상태이다(諫早直人 2009).

본 절에서는 전세를 "과거의 어느 기간 동안 제작 후 한 세대 이상 장기간에 걸쳐 사용한 행위"로 규정하고,[8] 고대 중국과 일본의 전세품을 살핀 후 과연 백제인들이 중국 자기를 전세의 대상으로 간주했을지 검토해 보겠다.

2) 中國과 日本 事例에서 본 傳世의 意義

중국에는 鏡, 銅錢, 鐵劍, 기타 청동기 제품, 印章 등을 전세했던 사례가 있다.[9] 그 중 거울과 동전의 전세는 일일이 헤아릴 수 없을 정도로 많다. 제작 후 1세대 이상에 걸쳐 사용되거나 보관 후 매장된 진짜 전세품과 간접적 · 직접적인 도굴품이 다시 매납되는 두 가지 양상을 확인할 수 있다. 殷代의 銅器 2점이 한참 후에야 부장된 일에 대해서 夏鼐(1954)는 옛 사람 중에서도 골동품을 좋아하는 자가 있어 수집품을 자기의 무덤에 넣곤 했다고 설명했다. 고대에는 특이한 청동기의 발견을 국가의 중대사로 간주한 일도 있었다. 前漢

---

8) 전세에는 두 가지 종류가 있다. 첫째는 과거의 특정 시점 즉 전세의 출발점에서 오늘날까지 물려 내려온 것이고, 둘째는 과거의 특정 시점에 전세가 종료된 것이다. 후자는 부장품 등으로 매납된 후 근래에 발굴(발견)을 통해 드러난 사례를 포함한다(關野雄 1983).

9) 필자의 논고(2012a)에서 중국과 일본의 전세 사례들에 대한 구체적인 설명을 언급한 바 있음.

武帝는 기원전 116년 오늘날의 山西省 汾河遺蹟에서 찾은 청동 鼎 1점을 신이하게 여겨 연호를 元鼎으로 고쳤다(리쉐친 2005, p.73). 후대의 통치자들 역시 청동기를 상서로운 상징으로 생각했다. 황실에서는 지방의 관리들이 바친 청동기를 특별한 宗廟인 太室에 보관했다. 사서에는 이 사건이 길한 징조, 즉 '符瑞'로 특필되어 있다(리쉐친 2005, p.73). 은대의 동기뿐만 아니라 전한 묘에서 수습된 西周代의 동기들도 청동기에 독특한 감흥을 느낀 당시 사람들에 의해 도굴되었다가 한참 후에 다시 땅 속에 묻힌 게 아닐까 판단한다.

河南省 安陽市 殷墟와 왕궁유적에서는 궁 내에 건립된 종묘 건축물 좌우의 교장갱(窖藏) 혹은 지하갱에 은왕실의 기물들이 보관되었다(鄭振香 1988). 주대의 사람들은 왕실의 珍品을 수장하는 장소를 따로 마련하여 이를 '天府' 혹은 '玉府'라 칭하였다.[10] 한대에 건립된 '天祿', '石渠', '蘭臺' 등도 실제로는 황실의 도서관·문물관이었으며 고대 武庫 역시 문물을 저장했던 장소이다.[11] 『晉書』에는 西晉 元康五年(295년), 洛陽城의 武庫에 불이 나서 당시 전세되어 오던 보물과 漢高斬蛇劍, 王莽頭, 孔子履 등이 모두 소실되었다는 기록이 있다.[12] 이처럼 중국 고대 왕조들은 진품을 수장하기 위한 장소를 따로 마련하였다. 그곳에는 전대 또는 전전대의 유물들도 보관되어 있었다.

이와 같이 고대 중국인들이 옛 물건을 소장했던 경위는 첫째 '子子孫孫永保之'라 하여 의도적으로 전세한 것, 둘째 국가의 멸망을 계기로 산재·유출된 보물을 취한 것, 셋째 도굴품을 소장한 것으로 나눌 수 있다.

한편, 일본에는 鏡, 鐵鏃, 鐵劍, 小札, 馬具, 玉 등을 전세했던 사례가 있다. 중국에서와 마찬가지로 일본 古墳時代에도 거울은 전세의 대상이었다. 또한 彌生時代 전세행위의 가능성에 대해서는 전세경론 비판자들도 인정하고 있다

---

10) 『周禮』「天府掌祖廟之守藏」, 「凡國之玉鎭寶藏焉」, 「玉府掌王之金玉玩好兵器凡良貨賄之藏」

11) 『後漢書』卷四十上·班彪列傳第三十上「…又有天祿·石渠 典籍之府 命夫諄誨故老 名儒師傅 講論乎六藝 稽合乎同異」
『後漢書』卷二十七·宣張二王杜郭吳承鄭趙列傳第十七「前書曰 御史中丞 秦官 秩千石 在殿中蘭臺 掌圖籍秘書 外督部刺史 內領侍御史 糾察百寮」

12) 『晉書』「累代之寶及漢高斬蛇劍 王莽頭 孔子履等盡焚焉」

(寺澤薫 2005). 이처럼 여러 기물 중 古墳時代 출토 거울의 전세만큼은 어느 정도 확실하고 보편적인 것이었으며,[13] 이러한 거울들은 집단과 개인 양쪽에 귀속되어 있었다(森下章司 2005).

　무기나 무구 등 신체에 착장하여 위세를 높이는 기물은 개인에 대한 귀속성이 강하기 때문에 전세품이 될 여지는 높지 않았을 것이지만(森下章司 1998), 일본의 경우 철촉, 철검, 갑옷, 마구 등에서 드물긴 해도 전세품을 찾아볼 수 있다. 그러나 철촉을 제외하고는 모두 寶器의 성격을 가졌다.

　전세가 확실해 보이는 사례들만 모아놓고 판단한다면, 중국과 일본에서 전세가 발생한 사회적 배경에 대해 다음과 같이 분류할 수 있다. 첫 번째 일본 彌生時代와 같이 집단 중심 가치관이 강했던 사회에서는 구성원 공동 소유의 물건을 전세했다. 두 번째 중국 전국시대 이후에는 고도의 통치체제와 위계질서가 확립된 사회에서도 높은 가치를 인정받는 기물을 전세시켰다. 하지만 이러한 전세의 대부분은 개인의 취향이나 소집단 내의 규약에 의해 이루어졌으며, 사회적으로 전세행위를 강제했던 정황은 어디에서도 찾아보기 어렵다. 이상 두 가지는 전세품이 그 사회 속에서 처음부터 대다수가 인정하는 귀중품이었다는 공통점을 가진다. 마지막 세 번째는 보관 기간이 길어지면서 스며든 역사성이 거꾸로 물건의 가치를 끌어올린 사례이다. 일본 奈良縣 東大寺 正倉院 소장품 중 문방구나 농공구는 도무지 위세품으로는 생각할 수 없는 것들이다. 그러나 천황가의 전용 창고라는 특별한 공간에서 장기간 수장되어 오면서, 유구한 역사성을 인정받고 급기야 위세품으로서의 자격을 취득하였으며, 시간이 지날수록 전세의 당위성이 더욱 증대되었을 것이다.[14]

---

13) 森下章司(1998)는 귀중품을 계속 보유하려는 작용력과 전세를 중단시키려는 작용력을 가정했다. 강한 보유력이 작용한 결과인 전세는 그 물품이 집단에 귀속되어 있었음을 가리킨다. 즉 집단은 전세에 대한 강한 전통과 규제를 유지해갔다. 반대로 물품이 개인의 소유가 되어갈수록 보유력을 중단시키려는 힘이 증가했다. 완전한 사적인 보유가 실현되면 물건을 다음 세대로 전할 가능성이 거의 사라지고 전세가 발생할 확률은 떨어진다. 기본적으로 많은 거울들이 약간의 장기보유를 포함해서 큰 시간차를 두지 않고 개인의 무덤에 부장되면서, 최종적으로는 개인 소유 경향이 집단 귀속 경향보다 우세해졌다.

14) 기물의 전세가 발생하는 요인으로 森下章司(1998)는 두 가지를 거론했다. 하나는 기물

이상과 같이 고대 동아시아의 주요 축을 담당했던 중국과 일본에서 어떨 때 전세행위가 나타났는지를 정리해보았다. 이제 다시 백제로 눈을 돌려 보자. 백제유적 출토품 중 전세품으로서 특히 주목 받고 있는 기물은 바로 중국 자기이다. 연구자들의 편년에 따라 한 세기의 시차까지 벌어지곤 하는 백제유적 중국 자기는 과연 전세품이었을까? 중국과 일본의 세 가지 전세 사례를 염두에 두며 본격적으로 이 문제를 검토해 보기로 한다.

3) 百濟遺蹟 出土 中國 瓷器 傳世論 檢討

(1) 傳世 支持論에 대한 檢討

백제유적 출토 중국 자기를 전세품으로 보는 주장에 대해 구체적으로 살펴보겠다. 김일규(2007a · 2007b)는 가장 큰 시간차를 가진 것으로 原州 法泉里 古墳群 2호분 출토품과 서울 夢村土城 제3호 저장공 출토품을 들었다. 법천리고분군 2호분 출토 直口短頸壺는 烏山 水淸洞古墳群 4지점 14호 목곽묘 출토 직구단경호(5세기 1/4분기)보다 후행하기 때문에 靑瓷 羊形器의 연대를 4세기 중엽으로 편년하는 것을 재고해야 한다는 주장이다. 또한 서울 몽촌토성 제3호 저장공 출토 4세기대의 靑瓷 四耳壺 구연부편이 일본 TK23型式期(5세기 후엽)의 須惠器 杯와 공반되는 사례를 들어 전세를 고려하지 않을 수 없다고 지적하였다.[15] 자기와 공반유물 사이에 벌어진 약 100년 내외의 시간차가 바로 중국 자기 전세론의 근거이다.

자체의 가치에 관한 것으로, 즉 희귀품이나 제기이다. 일반적으로 전세품을 연상하면 바로 이것으로, 중국과 일본에서 거울을 전세한 요인도 이것이 보물이자 귀중품이었기 때문이다. 필자는 이것을 사회적 배경이라는 관점에서 2가지로 나누었다. 다른 하나는 기물의 취급방법이나 보관 환경에서 구할 수 있다. 이것이 전세의 발생에서 본질적인 문제일 수도 있다. 예를 들어 일본 正倉院 소장의 농공구와 문방구 등이 이에 해당될 것으로 생각한다. 이와 같은 일상용품은 正倉院이라는 특별한 보관 환경에서 實器化된 것이다.

15) 김일규의 서울 몽촌토성 제3호 저장공에 대한 해석은 이미 성정용(2010)이 비판적인 견해를 제시한 바 있다.

하지만 법천리고분군 2호분의 직구단경호가 수청동고분군 4지점 14호 목곽묘[16]의 직구단경호보다 후행했는지 백제토기 편년 안에서의 형식학적 검토가 충분하지 못했고, 일본 須惠器 편년과도 큰 격차를 보이고 있는 영남지역의 고고학 자료를 백제 고고학 자료의 교차편년자료로 삼는 것도 문제가 있다.

한편 이태호는 天安 龍院里古墳群 9호 석곽묘, 公州 水村里遺蹟 Ⅱ지점 1호 토광목곽묘, 같은 유적의 같은 지점 4호 횡혈식석실분 출토 鐙子와 가야 마구를 비교하여 자기의 전세를 주장했다. 그러나 다른 연구(諫早直人 2009)에 따르면 용원리고분군 9호 석곽묘 출토 등자는 4세기 말~5세기 초, 수촌리 유적 1호 부장 등자는 5세기 전엽, 같은 유적의 4호 출토 등자는 5세기 후엽(475년 이전)으로 편년되어 있어서 가야 마구를 원용한 연구와는 상당한 격차가 있다.

이들은 공통적으로 원주 법천리고분군 2호분 출토 자기 또한 전세품으로 보고 있다. 무덤의 변천에서 2호분이 1호분보다 선행한 유구임은 발굴보고자(宋義政 · 尹炯元 2000)뿐만 아니라 많은 연구자들도 인정하고 있다. 이태호는 1호분 출토 등자를 5세기 중엽 대가야권의 중심지 고분 출토품과 동일형식으로 판단하고 2호분은 5세기 초엽으로 설정했다.[17] 諫早直人(2009)의 연구에 따르면 1호분 출토 등자는 5세기 전엽으로 비정되기 때문에 2호분은 늦어도 5세기 전엽 이전의 무덤임이 분명하다. 이러한 견해 차이는 앞에서 언급하였듯이 주로 영남지역의 연대관을 백제 물질자료에 그대로 적용시키는 방법에서 비롯한 것이다.

또한 전세 지지론은 대부분 공반된 철제품의 연대로 전세 여부를 결정하고 있다. 반면 일본의 경우 공반된 토기의 형식을 통해 전세 여부를 판단하고 있다. 전세 지지론자들의 연구방법은 고고학 편년의 지표인 토기의 편년을 무시

---

16) 수청동고분군 4지점 14호 목곽묘에서 직구단경호와 공반된 마구의 시간적 위치에 대해 김일규(2007a)는 釜山 福泉洞古墳群 10호분, 慶州 皇南洞古墳群 109호 3 · 4곽, 好太王(412년 몰)의 무덤으로 추정되는 太王陵 출토품과 비교하여 5세기 전반으로 보았다.

17) 가야 마구의 편년에 의거하여 전세 여부를 가름한 이경미의 논고도 위와 같은 지적을 하고 있다.

하고 토기보다는 존속하는 형식이 긴 철기로 전세 여부를 논의하고 있다. 이러한 전세 지지론자들의 연구방법을 적용한다면 자기뿐만 아니라 토기에도 전세가 존재할 수도 있는 중대한 문제점을 안게 된다. 앞에서 검토하였듯이 일본에서는 일부 철제품에 전세가 확인되고 있지만, 과연 철제품이 전세의 여부를 결정지을 수 있을 정도로 고고학 편년의 지표로 삼을 수 있을지 의문이 든다. 필자는 일본의 경우와 같이 토기의 형식학적인 방법을 통해 공반된 유물의 전세 여부를 결정해야 한다고 생각한다.

이제 다음에서는 중국 자기 전세 지지자들이 근거로 삼은 백제 마구의 편년에서 전세를 인정할 만큼의 시기차가 있는지 검토할 필요가 있을 것이다.

(2) 共伴遺物의 竝行關係로 본 傳世論

중국 자기와 공반된 마구의 편년에 대한 병행관계를 〈도 2〉[18]로 정리했다. 백제유적 출토 중국 자기의 연대에 관해서는 후술할 필자의 연대관[19]을 바탕으로 하였으며, 마구의 연대에 대해서는 諫早直人(2009)과[20] 권도희(2012)의 연구를 참고하였다. 그 결과 중국 기년명 무덤 출토 자기의 제작연대와 마구의 형식변화 순서는 대체로 일치하지만 그렇지 않은 기물도 있었다. 公州 水村里遺蹟 Ⅱ지점 4호 횡혈식석실분 출토 자기(도 2-3)의 제작연대는 5세기 2/4분기인데 비해 공반 마구(도 2-9)는 5세기 2/4분기 늦은 시점~475년에 해당[21]한다. 이는 거의 비슷하거나 길게는 약 30~40년의 시기차가 있는

---

18) 도면은 諫早直人(2009)의 중국 자기와 등자의 공반관계(도 85)에서 아이디어를 얻어 작성한 것이다.

19) 필자는 100년을 4분하여 1/4분기, 2/4분기, 3/4분기, 4/4분기로 명기하거나 100년을 3분하여 전엽, 중엽, 후엽으로 표시한다.

20) 諫早直人의 〈도 85〉는 성정용(2006)의 논문을 참고로 공주 수촌리유적 Ⅱ지점 1호 토광목곽묘 출토 자기를 4세기 중~후엽으로 설정하여 5세기 전엽에 둔 공반 마구와 시간적 차이를 보여주고 있다. 그러나 2010년에 발표된 성정용의 논문에는 수촌리유적 1호 출토 자기를 5세기 초로 수정하였다.

21) 諫早直人은 공주 수촌리유적 Ⅱ지점 4호 횡혈식석실분 출토 마구가 본인이 설정한 백제 Ⅲ단계 후반의 물건이라 언급했다. 백제Ⅲ단계 후반이라는 연대에 대한 설명이 명확하

中國 瓷器　　　　　　　　　　　　　　　馬具

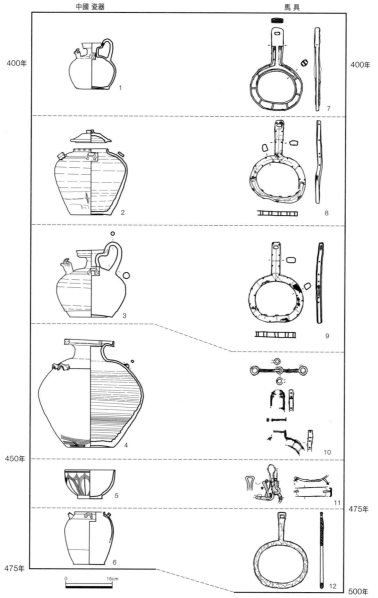

도 2 중국 자기 및 마구 공반유물 편년관 비교도(S=1/12)

1・7. 天安 龍院里古墳群 9號 石槨墓(李南奭 2000), 2・8. 公州 水村里遺蹟 II地點 1號 土壙木槨墓(忠清南道歷史文化研究院 2007a),
3・9. 同遺蹟 同地點 4號 橫穴式石室墳(同上), 4・10. 烏山 水淸洞古墳群 4地點 25號 木棺墓(京畿文化財研究院 2012a), 5・11. 天安
龍院里遺蹟 C地區 1號 橫穴式石室墳(任孝宰 外 2001), 6・12. 益山 笠店里古墳群 1號 橫穴式石室墳(文化財研究所 1989; 筆者實測)

것이다. 益山 笠店里古墳群 1호 횡혈식석실분 출토 자기(도 2-6)의 제작연대는 5세기 3/4~4/4분기인데 비해 마구(도 2-12)·금공품(이한상 2009)은 5세기 4/4분기인 웅진기 이후이다.

이와 같은 불일치 사례에 대해 '전세'로 간주하는 풍조가 있으나 이를 1대 이상 장기간에 걸쳐 보관 및 사용한 행위라 하기에는 문제가 있다. 한 세대를 몇 년으로 규정하느냐에 따라 달라지겠지만 彌生·古墳時代 출토 인골의 연령 분석에서는 老齡의 유골이 壯年에 비해 현저히 적었다. 이 때 장기보유기간이 50년 이상이었다면 확실히 전세품으로 보아도 좋을 것이다(森下章司 1998).[22]

일본의 전세에 대한 연구 성과를 참고했을 때, 중국 자기의 제작연대와 공반된 마구와 금공품의 형식변화 순서에서는 백제유적에서 전세로 인정할 만큼의 시기차는 발견할 수 없다. 일부 중국 자기와 공반유물의 시기차는 전세라기보다는 한 세대를 넘기지 않은 장기 보관물로 볼 수 있다. 이러한 낙차는 중국 자기 입수시기의 미묘한 차이나 피장자의 생전 활동 기간과 관련 있을 것이다(諫早直人 2009). 또한 기년명 자료에만 의존하고 중국 현지 자기들을 아우른 형식학적 검토를 충분히 하지 못한 점도 감안해야 한다.[23]

(3) 傳世論의 淸算

이번에는 전세품으로 거론되고 있는 중국 자기의 기능에 대해서 검토해 보자. 江蘇省 南京市 化纖廠 東晉代 무덤 출토 靑瓷 鷄首壺의 저부에는 "罌主姓

지 않지만 백제III단계를 5세기 전엽~475년에 둔 것을 감안하면 5세기 2/4분기 늦은 시점에서 475년 사이의 어느 시점이라고 생각한다.

22) 이 정도의 시간은 한 세기를 4개 분기로 나누는 현재의 고분 편년에서 2개 이상의 소양식이 소멸하는 시간 폭으로 환산할 수 있을 것이다(森下章司 1998).

23) 기존의 기년명 자료 위주의 연구를 극복하기 위해 六朝時代 鷄首壺를 형식학적으로 검토하여 천안 용원리고분군과 공주 수촌리유적 출토 자기들의 하한을 5세기 전엽까지로 내려 보는 견해(권준현 2011)가 있다. 또한 백제 출토 중국 자기에 대한 중국 학자들의 관심(국립공주박물관 2011)도 점차 고조됨에 따라 이 방면에 대한 연구가 더욱 활성화되리라 기대한다.

黃名齊之"란 명문이 남아있었는데, 계수호는 '罌'으로 불렸고, 그 소유자는 黃齊之였다(朴淳發 2005b; 李暉達 2010). 罌에 대한 설명은 문헌사료에서 찾을 수 있는데, 후한시대 王充의 저서인『論衡·譴告』의 "酒宁罌, 烹肉于鼎"에서 罌이 酒器였음을 알 수 있다(李暉達 2010).[24] 동진시대 賀循은 "其明器, 憑幾一, 酒壺二, …… 三爵三器"라 하여 무덤에 계수호와 같은 주기를 부장한다고 설명했다. 이와 같이 자기 또는 계수호는 일상용품이었다. 문헌사료에서 나타나는 대중국 교섭 시기, 횟수, 간격 등으로 보아 백제의 왕실이나 귀족들이 계수호의 용도를 모르지 않았을 터이므로 육조 고위층의 음다, 음주문화의 수입을 시사하는 것이다(朴淳發 2005b).

이와 관련해 원주 법천리고분군 2호분의 청자 羊形器에 주목할 필요가 있다(門田誠一 1999·2006b). 양형기는 지방에서는 물론, 많은 자기편들이 출토된 바 있는 서울 풍납토성, 몽촌토성에서도 쉽게 찾아볼 수 없는 기종이다. 양형기는 중국 강남문화에서도 토착적 장송의례품인 堆塑穀倉罐[25]과 밀접한 관계를 가진 기물로 추정된다(門田誠一 1999·2006a·2006b). 무덤 속에서 양형기는 영혼의 천도를 돕는 퇴소곡창관과 祭臺의 사이에 놓였다. 장송의례의 장소인 제대 가까이에서 퇴소곡창관과 같은 취급을 받았음에 유의해야 한다. 백제인들은 양형기가 南朝産 귀중품이라는 단순한 이해를 넘어 중국 강남·강동의 재래 장송 풍습을 어느 정도 인식하고 있었을지도 모른다.[26]

---

24) 박순발(2005b)은 朱伯謙(2000)의 논문을 인용하면서 계수호는 茶具 중 하나일 수도 있다고 했는데, 술이든 차든 액체를 담아 따르는 용도였음은 분명하다. 당시 육조의 飮茶, 飮酒 습속이 백제에서도 유행했을 가능성이 있다.

25) 門田誠一(1999·2006a·2006b)은 일본에서의 호칭에 따라 神亭壺라고 부르고 있다. 본고에서는 중국의 일반적 명칭인 堆塑穀倉罐라고 한다(馮先銘 主編 1998). 퇴소곡창관은 호(관)를 기본 기형으로 하고 그 상부에 인물, 동물, 神仙像, 불상과 '天門' 등의 문자를 새긴 건물을 중층적으로 배치한 특징적인 기물이다. 제작시기는 東吳代에서 西晉代까지, 분포지역은 강남을 중심으로 한 일대이다(門田誠一 1999·2006b).

26) 청자 양형기가 무덤에 부장된 사례는 한반도에서는 원주 법천리고분군이 유일하다. 門田誠一(1999·2006b)은 법천리고분군 조영집단들이 독자적으로 중국 강남지역과의 교섭을 꾀한 결과물로 보고 있다. 하지만 양형기가 직구단경호와 공반된 점으로 보아 그 즈음에는 이미 백제의 영역에 속했다고 이해해야 한다. 따라서 법천리고분군 집단들이

중국 자기들이 서울 몽촌토성 저장공, 성벽 토층, 서울 풍납토성 수혈 등에서 파편 상태로 수습되고 있다는 점은 주목할 만하다. 또한 왕도에서 멀리 떨어진 抱川 自作里遺蹟(宋滿榮 外 2004), 洪城 神衿城(李康承 外 1994) 등지의 소비유적에서도 확인된 바 있다.[27] 이처럼 백제 왕실에서 수입 자기에 특별한 관심이나 용도가 있었다고 하더라도 기본적으로는 실용기로 간주됐음을 알 수 있다(門田誠一 1999 · 2006a). 이는 지방 유력자의 무덤으로 추정되는 瑞山 富長里遺蹟 I지역 6호 분구묘 주구에서 青瓷 四耳壺가 깨진 채 발견된 것(忠淸南道歷史文化硏究院 2008b)으로도 충분히 짐작 가능하다. 개인에 대한 귀속성이 강했던 생활용기가 중국에서는 물론이고 백제에서도 전세의 대상이 되지 않았음을 알 수 있다.[28]

당시 백제의 왕족을 포함한 유력자 계층에서는 자기를 보물로 모셔두기는 커녕 진기한 물건이라 여기지도 않았던 것으로 보인다. 그들은 중국 현지에서 자기의 용도가 무엇인지 구체적으로 파악하고 있었을 가능성이 높다. 뿐만 아니라 위진남북조시대 장송의례용 자기에 대한 정보도 어느 정도 가지고 있었기 때문에, 자기가 자자손손 대물림할 물건이 아니라는 것도 꿰뚫어 보고 있었을 것이다. 또한 이를 통해 중국에서 백제로의 반입에는 시기차가 없었음을 알 수 있다. 문헌기록에서도 확인되는 바, 왕족과 유력자들이 남조문화에 대한 憧憬心 또는 이를 넘는 敬畏心을 품고(門田誠一 1999 · 2006a) 중국의 장송문화를 모방하고자 한 노력은 중국 자기의 부장 사례 등에서 십분 짐작할 수 있다.

독자적으로 중국과 교섭했다는 의견은 받아들이기 어렵다.

27) 자기는 아니지만 龍仁 古林洞遺蹟의 주거지와 수혈유구에서는 중국제 黑褐釉陶器도 출토되었다(한신대학교박물관 2009).

28) 물건을 계속 보유하려는 힘과 전세를 정지하려는 힘의 상존에 대해 전술한 바 있다. 일정량의 기물들이 일괄적으로 전세되었다면 집단적인 보유력이 강했다고 볼 수 있다. 즉 귀중품을 부장 · 매납 · 양도 등으로 인해 상실하는 일이 없도록 보유집단 내에 강한 규제력이 작용했을 것이다(森下章司 1998). 반면 부장이나 매납으로 인한 전세의 중단도 동시에 존재했다. 전세의 중단은 귀중품에 대한 집단의 보유력이 약했음을 알 수 있으며, 이는 개인으로의 귀속성이 강했던 것을 나타낸다. 이를 감안하면 백제에서 중국 자기는 개인 소유 성향이 더욱 컸던 것으로 보인다.

4세기 중엽 원주 법천리고분군을 시작으로 5세기대에 집중된 중국 자기의 분여는 수장제 사회의 범위가 확대됨에 따라 고위층 간의 정치적 동맹관계를 유지 및 재확인할 필요가 증대해갔던 당시 상황을 여실히 보여준다. 이는 외래의 귀중한 재화를 분배하는 威信財[29] 시스템(prestige good system)에 해당한다(Friedman, J. and Rowlands, M. 1977; 辻田淳一郎 2006에서 재인용).[30] 이러한 체제가 불필요해진 것은 왕권의 강화와 함께 중앙집권체제를 확고히 하기 위해 관부·관직제도 및 관등제를 확립한 사비천도 이후의 일이다.[31]

이 절에서는 중국과 일본 문물의 전세에 대해 개관한 후 백제유적 출토 중국 자기의 전세성에 대해 검토했다. 물건의 전세는 첫째 사회 공동의 소유물로서 강제될 때, 둘째 개인의 취향이나 소집단의 약속에 의해서, 셋째 내재한 역사성이 전세를 정당화할 때 이루어진다고 보았다.

중국 자기를 사여 받은 지역사회 수장층에서 이를 공동으로 소유했다고 주장하는 연구자는 현재도 거의 없을 것이다. 또한 귀중품을 보관했던 특별한 창고에 대한 고고학적 증거도 아직까지는 보이지 않는다. 한편 출토된 자기들은 대개 실용품이었고, 이와 관련한 문화의 도입도 상정할 수 있다. 또한 마구 편년과 비교해도 전세로 인정할 만큼의 시차는 감지할 수 없었다. 이와 같이

---

29) 백제에서의 전세설의 근거에는 백제인들이 중국 자기를 위신재로서 소중히 다루었으리라는 가정이 깔려있다. 위신재의 정의에 대해, "실생활에는 별 필요가 없지만 사회관계의 유지를 위해 필수적인 생산물"(K. Ekholm 1977; 河野一隆 1998에서 재인용), "일상용품에 비해 접근이나 취득의 기회가 제한되어 높은 희소성을 가지며 사회적 요인에 따라 위신재로 쓰였을 가능성이 높은 제품"(朴淳發 2001a, p.220)이라 할 수 있다. 위신재에는 자체 생산품과 생산이 불가능한 수입품이 있다(河野一隆 1998). 특히 자기는 백제에서 생산할 수 없는 물건이었기 때문에 비생산형 위신재로 분류할 수 있다.

30) 일본에서는 야마토정권이 각지의 수장층과 위신재 시스템을 매개로 관계를 설정한, 불안정하면서도 역동적이었던 시기를 古墳時代 전기~중기(3세기 중엽~5세기대)로 본다(辻田淳一郎 2006).

31) 일본에서는 위신재 시스템에서 탈피하여 중앙집권체제의 인프라가 정비된 때가 古墳時代 후기(5세기 말~6세기대)라 한다. 이것이 율령국가 성립의 단초가 되었다(辻田淳一郎 2006).

백제유적 출토 중국 자기를 전세품으로 보는 견해에는 아직 근거가 부족하다.

중국, 일본에서는 오히려 금속제품의 전세 사례가 더 많은데, 백제를 연구할 때에는 전세품으로서 유독 중국 자기에 집착하게 되는 이유는 무엇일까? 바로 대부분의 전세론 지지자들이 공반된 철제품의 연대로 전세 여부를 결정하고 있기 때문이다. 이는 백제 안에서의 형식학적 검토로 산출한 연대가 아니라, 영남지역의 연대관을 그대로 백제 자료에 대입하는 방법에서 비롯된 것이다. 하지만 각 형식의 존속기간이 철기보다 짧은 토기가 공반유물의 전세 여부를 결정하는 데 더욱 도움이 되리라 생각한다.

재언하지만 중국 본토에서 자기는 전세의 대상이 아니었다. 개인 소유물이었기 때문에 일반적으로 높은 흥미를 자아내지 못했다. 백제유적 출토 자기들은 거의 중국과 같은 시기의 유행품이라 보아도 좋은데, 과연 이러한 수입 자기들은 어떠한 취급을 받았을까?

백제유적에서 자기는 고분 매장주체부의 완형품 외에도 저장공, 성벽 토층, 분구묘 주구 등에서 파편 상태로 수습되고 있다. 이는 백제 왕실에서 수입 자기에 특별히 관심을 두거나 귀하게 사용했어도 기본적으로는 실용기로 간주했을 여지를 보여주는 사실이다. 이와 더불어 그들이 양형기가 남조산 귀중품이라는 단순한 이해를 넘어 중국 강남·강동의 전통적 장송 풍습을 어느 정도 인식하고 있었을 수도 있다.

앞에서 검토한 바와 같이 백제유적 출토 중국 자기는 백제 고고학의 교차 편년자료로 충분히 활용될 수 있으며, 전세를 특별히 고려하지 않아도 좋을 것이다.[32]

물론 자기에 대한 각별한 애호심으로 어느 정도 개별적인 전세가 이루어졌을 가능성도 열어둘 수 있다. 하지만 자기의 전세가 백제 사회 전반에 걸친 일반적 현상이었다고 말하고자 한다면 그에 합당한 논리와 근거가 더욱 필요하지 않을까 생각된다.

---

32) 필자의 논고(2012a) 이후 임영진의 연구(2012)에서도 중국 자기의 전세에 부정적인 입장을 밝히고 있다.

Ⅲ. 百濟土器 主要 年代決定資料

백제토기의 상대편년시 각 형식의 선후관계와 명확한 연대를 알아보기 위해서는 연대결정자료를 선정·정리하고, 이들에 대한 연대관을 검토할 필요가 있다. 백제 고고학의 교차편년자료로서 가장 가치가 높은 문물은 바로 Ⅱ장에서 검토한 중국 자기들이다. 백제유적에서 지금까지 확인된 중국 자기는 약 250점에 달하며,[33] 그 수량은 백제 고고학의 교차편년자료로 충분히 활용될 수 있는 규모이다. 따라서 첫 번째로 백제유적 출토 중국 자기를 집성한 후 중국 본토 기년명 무덤 출토품과 교차편년하고자 한다. 두 번째로 유효한 교차편년자료는 일본 출토 백제(계) 토기이다.[34] 주지하는 바와 같이 일본에는 오랜 기간 다듬어진 세밀한 편년이 있기 때문에 일본 토기(須惠器[35] 등)와 백제토기의 교차편년이 충분히 가능하다. 게다가 출토량이 비교적 많은 백제 기종인 경우 須惠器와의 공반관계를 통해 기형의 형식학적 변화 양상을 파악할 수 있다. 세 번째는 백제유적 출토 왜(계) 유물로 須惠器(系), 갑주, 철촉 등을

---

33) 구체적인 내용은 pp.311~326의 〈표 1〉~〈표 3〉을 참조.
34) 구체적인 내용은 pp.327~340의 〈표 5〉~〈표 19〉를 참조.
35) 일본 須惠器의 편년은 大阪府教育委員會가 발행한 『蔀屋北遺跡Ⅰ』(2010)의 附表 7 須惠器編年對照表와 해당 보고서의 기술을 참고하였다.

들 수 있다.[36) 백제유적 출토 왜(계) 유물과 일본 출토품의 비교를 통해 공반된 백제토기의 시기 비정이 가능하다. 네 번째는 백제유적 출토 신라 · 가야(계) 토기와 신라 · 가야유적 출토 백제(계) 토기에 대한 교차편년이다.[37) 신라 · 가야토기에 대해서는 연구자마다 편년차가 있어 중국 출토 기년명 자료에 비해 다소 활용도가 떨어지는 것은 분명하다. 하지만 백제토기 편년에 대한 보완자료로서 해당 사례를 종합하고, 각 지역에서 진행된 기왕의 편년관과 대비하는 일은 백제토기의 편년체계가 아직 완벽하게 수립되지 않은 현 시점에서 편년 근거의 간극을 좁혀 향후 편년의 근간이 될 수 있다는 점에서 매우 중요한 기초 작업이라 할 수 있다. 또한 교차편년에서 얻은 연대에 따라 나열한 백제토기의 시간적 순서를 통해 백제토기의 형식학적 변천을 파악함은 물론, 기존의 백제토기 연구 성과와도 어느 정도 일치함을 확인할 수 있을 것이다.

1. 中國 陶瓷器[38)와 共伴된 百濟土器

1) 漢城期 遺蹟 出土 中國 陶瓷器

(1) 서울 風納土城 慶堂地區 上層 9號 遺構 平面E 竪穴[39)

9호 수혈에서는 백제토기인 고배, 삼족토기, 뚜껑, 세, 기대, 직구단경호, 광

---

36) 구체적인 내용은 pp.341~344의 〈표 20〉~〈표 23〉을 참조.

37) 구체적인 내용은 pp.345~350의 〈표 24〉 · 〈표 25〉를 참조.

38) 주 7에서도 언급하였듯이 백제유적에서는 錢文陶器, 施釉陶器, 靑瓷 등이 수습되고 있기 때문에 陶瓷器라는 용어를 사용하였으나 본 절에서는 청자, 흑자 등은 모두 瓷器로, 나머지는 陶器로 세분해서 언급하겠다.

39) 9호 수혈 유구는 누차에 걸친 퇴적의 결과물이라 유물의 출토 양상이 매우 복잡하다. 여기에서 거론한 청자 완은 평면E(동서보크 토층도의 16 · 17층, 남북보크 토층도의 28 · 32 · 34층과 관련된 평면)에서 출토되었다.

구단경호, 심발형토기, 시루, 장란형토기 등 다양한 기종과 함께 중국 黑褐釉陶器, 청자 구연부편이 수습되었다(權五榮 外 2004).

출토 청자의 구연부편은 완만히 內彎하고 구순은 둥글다(도 3-1). 보고자는 碗[40](盞)의 기형에 주목하여 서진대(265~316년)의 완과 흡사하다고 하였다.

풍납토성 출토품은 파편이기 때문에 정확한 기형을 알 수 없지만, 일반적으로 당시 燈盞의 口徑이 대략 7~10cm였던 반면 풍납토성 출토품은 14cm여서 등잔이 아닌 완일 가능성이 높다. 하지만 풍납토성 출토품과 비교하기에 적당한 자료가 부족하기 때문에 여기에서는 등잔의 변천도 고려해 시기를 비정하고자 한다.

구연부가 내만한 등잔은 西晉 말(4세기 초)에 나타나 4세기대에 유행했다.

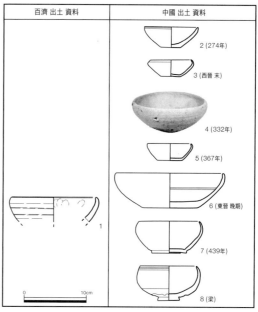

百濟 出土 資料	中國 出土 資料
	2 (274年)
	3 (西晉 末)
	4 (332年)
	5 (367年)
1	6 (東晉 晚期)
	7 (439年)
	8 (梁)

1. 서울 風納土城 慶堂地區 上層 9號 遺構 平面E 竪穴(權五榮 外 2004), 2. 江蘇省 南京市 東善橋 塼室墓(祁海寧 1999), 3. 浙江省 余姚市 湖山鄉 37號墓(魯怒放 2000), 4. 江西省 南昌市 青云譜區 梅湖 1號墓(王上海 外 2008), 5. 江蘇省 南京市 象山王氏 家族墓 9號墓(姜林海·張九文 2000), 6. 江蘇省 南京市 仙鶴山 3號墓(王志高 外 2001), 7. 江蘇省 句容市 春城鎭 袁相村 塼室墓(何漢生·翟中華 2010), 8. 湖南省 長沙市 爛泥山中 7號墓(高至喜 1959)

도 3 백제유적 출토 완(잔)의 시간적 위치

서진 말로 비정되는 浙江省 余姚市 湖山鄉 37호묘 출토품(도 3-3)의 구연부는 '丿' 형태로서 풍납토성 출토품보다 내만도가 크다. 이러한 특징은 江蘇省 南京市 象山王氏 家族墓 9호묘 출토품(도 3-5)까지 이어졌다. 墓誌가 남아 있는 9호묘는 東晉 泰和二年(367년)에 사망한 劉媚子[41]의 무덤이다.

그런데 宋 元嘉十六年(439년)銘의 塼이 수습된 江蘇省 句容市 春城鎭 袁相

---

40) 백제토기인 완(盌)과 구별하기 위해서 중국 자기인 완을 '碗'으로 표기한다.
41) 王建之 아내의 무덤이다.

村 전실묘의 출토품(도 3-7)은 풍납토성 출토품처럼 구연부가 완만히 내만한 형태이다. 참고로 동진 만기(5세기 초)로 비정되는 江蘇省 南京市 仙鶴山 3호 묘 수습품(도 3-6)도 비슷한 구연부를 가졌다.

이와 같이 구연부의 특징을 살펴본 결과 풍납토성 출토품을 5세기 1/4~2/4분기에 두면 적당하리라 생각한다.

(2) 서울 風納土城 慶堂地區 196號 竪穴 倉庫

수혈 창고 안에서 기고 50cm 이상의 시유도기 옹 33점과 흑색마연 직구광 견호(혹은 직구단경호), 뚜껑, 호, 시루, 옹 등의 백제토기가 수습되었다(權五榮 外 2011).

중국 출토 施釉陶器에 대한 연구 성과에 따르면 구연형태는 외반→무경→직립 순서로 변화된다(韓芝守 2010). 196호 수혈 창고 출토품 중에서는 외반, 무경, 직립이 모두 있지만 외반과 직립이 그 중 대부분이다(韓芝守 2010). 또한 33점 중 錢文陶器 옹은 총 5점인데, 일부 전문도기는 구순과 전문 문양 등에서 江蘇省 鎭江 晉陵羅城 城墙 M4 甕棺과의 유사성을 지적받고 있다(韓芝守 2010 · 2011b). 따라서 196호 수혈 창고 출토 시유도기의 제작시점은 3세기 후엽~4세기 전엽으로 볼 수 있다[42](韓芝守 2010 · 2011b).

(3) 서울 風納土城 197番地 라-4號 住居址 攪亂層

출입구가 부가된 呂자형 주거지 내부 바닥에서는 경질무문토기만이, 내부 토에서는 경질무문 완과 뚜껑, 직구단경호 등이, 청자 완은 내부토 상층(교란 층)에서 수습되었다(國立文化財研究所 2013).

청자 완의 구연부 밑에는 2조의 횡침선이 들어간다. 바닥 내면에서는 4개

---

42) 후술하겠지만 박순발(2012)은 196호 수혈 창고 출토 목탄시료의 연대를 감안해 3세기 4/4분기로 보았다.

의 비짐눈흔이 관찰되었다(도 4-1).

기년명 자료 및 비교 자료를 통해 중국 출토 완의 변천을 살펴보면 서진대의 완은 底徑이 매우 좁고 동체부가 부풀어 있는 것이 특징이다. 동진 大興四年(321년)명의 전이 수습된 浙江省 奉化市 白杜鄕 전실묘 출토품(도 4-5)은 서진대와 동진대 완의 중간 형태라 할 수 있다. 또한 4세기 중엽부터는 얕은 통굽이 출현한다.

중국 출토 완의 변천을 살핀 결과 풍납토성 출토품의 전체적인 기형과 구연 형태는 321년의 浙江省 奉化市 白杜鄕 전실묘 출토품과 유사하다.

따라서 풍납토성 197번지 라-4호 주거지 내부 바닥에서 출토된 경질무문토기들은 4세기 전엽 이전의 유물임을 알 수 있다.

(4) 서울 風納土城 197番地 가-1號 竪穴

이 수혈에서는 낙랑계 토기편, 청자 완, 기와편 등이 수습되었다(國立文化財研究所 2012b).

청자 완의 구연부 밑에는 1조의 횡침선이 돌아간다. 바닥 내면에는 5개의 비짐눈흔이, 바닥에는 사절흔이 관찰된다(도 4-3). 한지선(2011)은 한성 백제 완 중에 중국제 청자 완의 모방형이 많은 점을 지적하며 중국 출토 기년명 자료와의 비교를 통해 한성 백제 완의 변천 양상을 살펴보았다. 그 결과 풍납토성 출토 청자 완은 동진 升平元年(357년)에 사망한 李緝(墓主)의 江蘇省 南京市 呂家山 1호묘 출토품(도 4-7)과 같은 시기로 비정하였다.

기년명 자료 및 비교 자료를 통해 중국 출토 완의 변천을 살핀 결과 풍납토성 출토품과 가장 유사한 기형은 한지선의 견해대로 南京市 呂家山 1호묘 출토품이라고 생각한다. 또한 보고자가 동진 중기로 추정한 安徽省 當塗縣 靑山 23호묘 출토품(도 4-8)과도 비교할 수 있다. 그런데 동진 泰和二年(367년)명의 전이 수습된 浙江省 溫州市 甌海區 1호묘 출토품(도 4-9)에서는 기형상의 변화가 관찰된다. 풍납토성 출토품과 비교하면 저부의 형태에 차이가 있고 구경에 비해 杯身이 깊어지는 양상을 확인할 수 있다. 동진 太元十六年(391년)

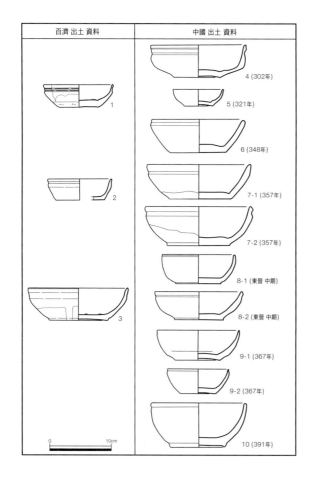

百濟 出土 資料	中國 出土 資料

1 (302年)
5 (321年)
6 (348年)
7-1 (357年)
7-2 (357年)
8-1 (東晉 中期)
8-2 (東晉 中期)
9-1 (367年)
9-2 (367年)
10 (391年)

0   10cm

1. 서울 風納土城 197番地(舊未來마을) 라-4號 住居址 攪亂層(國立文化財研究所 2013), 2. 서울 夢村土城 東北地區 87-1號 貯藏孔 6層(金元龍 外 1987), 3. 서울 風納土城 197番地(舊未來마을) 가-1號 竪穴(國立文化財研究所 2012b; 筆者 一部 修正), 4. 江蘇省 南京市 板橋鎭 石閘湖 塼室墓(南京市文物保管委員會 1965a), 5. 浙江省 奉化市 白杜鄕 塼室墓(傅亦民 2003), 6. 江蘇省 南京市 人臺山 王興之 夫婦墓(南京市文物保管委員會 1965b), 7. 江蘇省 南京市 呂家山 1號墓(王志高 外 2000), 8. 安徽省 當塗縣 靑山 23號墓(王峰 2011), 9. 浙江省 溫州市 甌海區 1號墓(施成哲 2010), 10. 浙江省 慈溪市 窯頭山 22號墓(謝純龍・賀宇宏 1992)

도 4 백제유적 출토 완의 시간적 위치(S=1/6)

명의 전이 수습된 浙江省 慈溪市 窯頭山 22호묘 출토품(도 4-10)에는 저부 중앙을 원형으로 얇게 깎아서 굽의 효과를 노린 듯한 제작기법[43])이 남아 있으며, 구경과 저경의 폭이 근사해진다.

동진대 완의 변천을 감안했을 때 풍납토성 출토 청자 완은 340~360년대의 물건으로 추정된다.

(5) 서울 風納土城 197番地 다-38號 竪穴 甕

수혈 내 대옹 속에서 청자 蓮瓣文 臺附碗이 출토되었다(國立文化財研究所 2012b). 구연부에는 2조의 횡침선이, 아래에는 얇게 부조된 연판문이 있다 (도 5-2). 연판의 가장자리에는 3조의 가는 침선을 돌렸고, 바깥쪽 연판과 안쪽 연판의 침선이 각각 7조씩, 전체 14조의 연판으로 되어 있다. 보고자는 이

---

43) 이 제작기법은 서진대의 南京市 李家山墓에서도 확인된다(南京市博物館 2004, p.88).

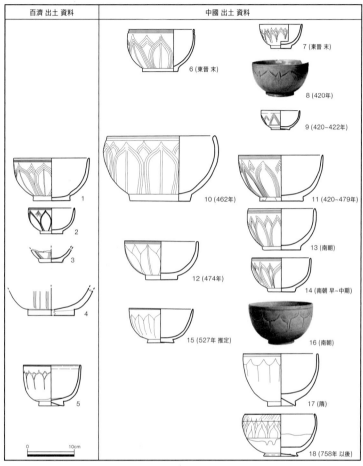

百濟 出土 資料	中國 出土 資料

1. 天安 龍院里遺蹟 C地區 橫穴式石室墳(任孝宰 外 2001), 2. 서울 風納土城 197番地(舊未來마을) 다-38號 竪穴 甕(國立文化財研究所 2012b; 筆者實測), 3. 同土城 197番地(舊未來마을) 나-3號 溝狀遺構(國立文化財研究所 2012a), 4. 扶餘 東南里 523-11番地 一圓 하이마트遺蹟 5層 黃褐色砂質粘土層(沈相六 外 2011; 筆者實測), 5. 扶餘 東南里遺蹟 S1E6 Grid 堆積層 下面(成正鏞 外 2013), 6. 湖北省 巴東縣 東瀼口鎭 3號墓(李桃元 外 2005), 7. 江西省 九江縣 東晉墓(劉曉祥 1997), 8. 浙江省 龍泉市 查田鎭下保村 南朝宋 永初元年墓(蔡鋼鐵 2000), 9. 浙江省 諸暨市 牌頭鎭 2號墓(浙江省文物考古研究所 · 諸暨市博物館 2006), 10. 福建省 政和縣 松源 831號墓(吳玉賢 1986), 11. 湖北省 鄂州市 郭家細灣 8號墓(黃義軍 外 2005), 12. 江蘇省 南京市 太平門外 明曇憘墓(李蔚然 1976), 13. 湖北省 秭歸縣 何家大溝遺蹟 窖藏坑(劉成基 · 馮孟欽 2006), 14. 浙江省 上虞市 牛頭山古墓群 9號墓(浙江省文物考古研究所 2002), 15. 河南省 偃師市 聯體磚廠 2號墓(王竹林 1993), 16. 湖北省 武昌縣 馬坊山 23號墓(中國陶瓷全集編輯委員會 2000a), 17. 江西省 淸江縣 收拾(範鳳妹 · 吳志紅 1984; 中國陶瓷全集編輯委員會 2000b), 18. 廣東省 廣州市 西湖路 光明廣場 唐代 城墻遺蹟(覃杰 2005)

도 5 백제유적 출토 연판문 대부완의 시간적 위치(8 · 16 : 축척 부동, 기타 : S=1/8)

청자 연판문 대부완을 5세기 중엽 劉宋代에 제작된 것으로 보았다.

출토품은 문양구성에서 湖北省 鄂州市 郭家細灣 8호묘 출토품(도 5-11), 湖北省 秭歸縣 何家大溝遺蹟 窖藏坑 출토품(도 5-13), 浙江省 上虞市 牛頭山 古墓群 9호묘 출토품(도 5-14)과 가장 유사하다. 각 보고자에 따르면 湖北省 鄂州市 郭家細灣 8호묘는 유송대, 湖北省 秭歸縣 何家大溝遺蹟 교장갱은 南朝, 浙江省 上虞市 牛頭山古墓群 9호묘는 남조 조기~중기(유송~남제 : 420~502년)에 비정된다. 일단 여기에서는 풍납토성 출토 연판문 완의 시기 비정에 앞서 중국 출토 연판문 완의 변천을 살펴보겠다.

동진 말에 출현한 연판문 완의 문양은 처음부터 잘 정돈되어 있었다. 연판 외곽에 시문한 가느다란 3조의 침선이나 연판의 중앙을 상하로 가르는 2조 또는 1조의 침선은 연판문 완 출현기의 속성이었다. 하지만 5세기 후엽 이후 연판 가장자리의 침선이 퇴화되기 시작하였고, 이후 6세기 전엽에 들어 연판의 윤곽과 중심선을 완과 굽의 경계까지 그려 넣던 행위도 점차 사라졌다. 또한 6세기 중~후엽의 완에서는 연판의 선단이 꽃잎 모양에서 불꽃 모양으로 변화된 양상을 볼 수 있다. 그밖에 점차 구경에 비해 저경이 좁아졌다.

풍납토성 출토 연판문 완은 동진 말의 출토품에 비해 저경이 상대적으로 좁은 인상을 주지만 송 元徽二年(474년)명의 묘지가 나온 江蘇省 南京市 太平門外 明曇憘墓 출토품(도 5-12)보다는 저경이 상대적으로 크기 때문에 5세기 2/4~3/4분기(5세기 중엽) 유송대의 제작품이라 생각된다.

(6) 서울 夢村土城 東北地區 87-1號 貯藏孔 6層

저장공 6층이란 저장공 폐기 후 최초의 퇴적층을 말하는데, 청자 완편이 여기에서 출토되었다(金元龍 外 1987). 이 청자 완편의 구연부 밑에 1조의 횡침선이 돌아간다(도 4-2).

이는 앞에서 검토한 서울 풍납토성 197번지 가-1호 수혈 출토 청자 완처럼 동진 升平元年(357년)명의 묘지가 수습된 江蘇省 南京市 呂家山 1호묘(李緝墓) 출토품(도 4-7)과 같은 시기로 볼 수 있다.

(7) 서울 石村洞古墳群 3號墳 東側 A地域 8號 土壙墓

청자 사이호(도 8-3)는 8호 토광묘 동북쪽 굴광선 밖에서 심발형토기와 함께 출토되었다(金元龍·林永珍 1986). 사이호의 동체부와 사각고리형태의 귀(橋狀耳) 등을 동진 太元十八年(393년)명의 전이 수습된 浙江省 新昌縣 大明市 鎭大聯村 象鼻山 東麓 동진묘 출토품(도 8-13)과 비교하여 4세기 말로 판단한 견해가 있다(成正鏞 2003).

석촌동 출토품과 公州 水村里遺蹟 II지점 1호 토광목곽묘 출토품(도 8-2)을 비교하면 석촌동 출토품이 저경도 작고 어깨도 빈약한 편이다. 이를 통해 석촌동 출토품은 수촌리 출토품보다 나중에 만들어졌지만 益山 笠店里古墳群 1호 횡혈식석실분 출토품(도 8-4)에 비해 앞선 기형임을 알 수 있다. 후술하겠지만 공주 수촌리 출토품은 象鼻山 東麓 동진묘 출토품과 비슷하다. 한편 석촌동 출토품은 江蘇省 鎭江市 陽彭山 1호묘 출토품[44](도 8-14) 또는 송 元嘉十年(433년)명의 전이 수습된 浙江省 溫嶺縣 전실묘의 사이호(도 8-15)와 유사하다.[45]

(8) 原州 法泉里古墳群 2號墳 破壞石室

청자 羊形器가 2호분 파괴석실에서 직구단경호와 심발형토기 등과 함께 수습되었다(宋義政·尹炯元 2000). 청자 양형기는 중국의 삼국~동진대(3세기 1/4분기~420년)에 유행한 제품이다. 법천리 2호분 출토 양형기는 동진 永昌元年(322년)명의 묘지가 수습된 江蘇省 南京市 象山 7호묘 출토품과 닮았다는 지적이 있다(三上次男 1976; 岡內三眞 1983). 그러나 법천리 2호분 제품은

---

44) 江蘇省 鎭江市 陽彭山 1호묘 출토품은 劉建國(1989)에 의해 동진 중기로 비정되어 있다. 필자는 오히려 동진 만기에 해당되는 것으로 생각한다.

45) 8호 토광묘를 포함한 토광목관묘는 적석총 축조 이전에 조성된 것이며 이 토광목관묘의 축조시점을 추정할 수 있다면 적석총의 축조 상한도 어느 정도는 짐작할 수 있을 것이다 (朴淳發 2001a, pp.153~154).

象山 7호묘 출토품보다 형식학적으로 한 단계 늦은 것이어서 그 제작시기를 4세기 중엽경으로 보는 견해가 지배적이다(成正鏞 2003 · 2010).

(9) 烏山 水淸洞古墳群 4地點 25號 木棺墓

직구단경호, 대호, 광구호 등의 백제토기 및 철기 등과 함께 청자 盤口壺가 수습되었다(京畿文化財硏究院 2012a). 이 청자 반구호의 견부에는 가로 방향의 고리 4쌍이 부착되어 있다(도 6-1). 이 청자 반구호의 연대에 대해 김일규(2012b)와 이창엽(2012)은 서진 元康四年(294년)명의 전이 수습된 江蘇省 句容縣 무덤 출토품과 동진 咸和四年(329년)명의 묘지가 수습된 江蘇省 南京市 郭家山 M9(溫嶠墓) 출토품과의 유사성을 지적하고 4세기 초엽으로 상정하였다. 또한 그들은 공반된 직구단경호와 마구,[46] 盛矢具를 5세기 4/4분기(말엽)로 편년하고 반구호를 150년 이상의 전세품이라 주장했다.[47] 李泰昊(2011, p.17)는 이 청자에 대해 동체가 둥근 圓腹形이고 복부의 양감이 풍부하며 귀를 반원형으로 처리한 점을 특징이라 설명했다. 또한 이를 통해 江蘇省 南京市 家山 3호묘 출토품(359년)을 가장 유사한 제품으로 들고 4세기 중엽으로 보았다. 한편 송 永初二年(421년)에 사망한 謝玨의 무덤인 江蘇省 南京市 鐵心橋 司家山 6호 출토품(도 6-5)과의 비교를 통해 4세기 말~5세기 전엽 동진대에 제작된 것이라는 의견도 있다(한지선 · 한지수 2011). 이와 같이 제품의 제작시기에 대해 4세기 초엽, 4세기 중엽, 5세기 전엽으로 크게 엇갈리고 있다.

수청동 출토품의 시기 비정을 위해 중국 출토 반구호의 변천을 염두에 둘 필요가 있다. 〈도 6〉의 기년명 자료 및 비교 자료를 보면 중국 출토 반구호

---

46) 김일규는 마구의 연대를 5세기 4/4분기라 하였으나, 백제유적 출토 마구에 대한 편년 연구에서는 5세기 전엽(권도희 2012)의 제작품으로 보고 있다.

47) 이창엽(2012)은 475년 고구려의 한성 함락으로 인한 백제의 쇠퇴와 졸지에 고구려와 대치하는 변방이 되어버린 상황에서 이전의 백제 중앙과 관련하여 귀중품이었던 중국제 청자가 그 기능을 상실하고 무덤에 부장되어 버린 것으로 상정하였다.

1. 烏山 水淸洞古墳群 4地點 25號 木棺墓(京畿文化財
研究院 2012a), 2. 高敞 鳳德里古墳群 1號墳 4號 竪穴式
石室(馬韓 · 百濟文化研究所 2012), 3. 江蘇省 南京市
北郊 溫嶠墓(華國榮 · 張九文 2002), 4. 江蘇省 南京市
呂家山 李氏 家族墓 2號墓(王志高 外 2000), 5. 江蘇省
南京市 鐵心橋 司家山 6號 謝珫墓(華國榮 · 張九文 1998),
6. 江蘇省 句容市 春城鎭 袁相村 塼室墓(何漢生 · 翟中華
2010), 7. 湖北省 武漢地區 206號墓(王善才 1965), 8. 江
蘇省 南京市 隱龍山 1號墓(王志高 外 2002)

도 6 백제유적 출토 반구호의 시간적 위치(S=1/12)

는 구연부의 내측이 완만하게 곡선을 이루며 내려가다가 나중에는 수평으로 턱이 생기고 경부로 이어지는 방향으로 변화된다. 기형도 球形에서 縱楕圓形으로 바뀌어 갔다.[48] 그 시기는 송 孝建二年(455년)명의 전이 수습된 湖北省 武漢地區 206호묘 출토품(도 6-7)을 통해 알 수 있다. 최대경이 동체부의 상부에서 중앙 사이에 위치하며, 저부가 동체부에 비해 작아지기 때문에 복부가 풍만하다. 또한 끈형태의 귀(紐狀耳)가 아니라 사각고리형태의 귀(橋狀耳)를 어깨에 부착시킨 후에 구멍을 뚫은 것으로 변화했다. 이는 후술할 사이호에서도 같은 양상을 확인할 수 있다.

이상의 변천상을 참고하면 수청동 출토품은 송 永初二年(421년) 江蘇省 南京

---

48) 이는 韋正(2011)의 편년표에서도 확인된다.

市 鐵心橋 司家山 6호묘 출토품(도 6-5) 또는 송 元嘉十六年(439년)명의 전이 수습된 江蘇省 句容市 春城鎭 袁相村 전실묘 출토품(도 6-6)과 비슷하다. 전체적인 기형은 司家山 6호묘 출토품과 유사하나 盤口의 형태는 袁相村 전실묘 출토품과 닮았다. 이 점을 감안하면 수청동 출토품은 5세기 2/4분기에 비정할 수 있다.[49)]

(10) 天安 龍院里古墳群 9號 石槨墓

黑釉 鷄首壺는 직구광견호, 심발형토기, 뚜껑, 호류 등과 함께 수습되었다(李南奭 2000). 보고자는 비교 자료로 興寧二年(364년)명의 전이 수습된 浙江省 杭州市 老和山 동진묘 출토품(浙江省博物館編 2000)과 동진 義熙二年(406년)명의 묘지가 수습된 바 있는 江蘇省 南京市 司家山 謝溫墓 출토품(華國榮 · 張九文 1998)을 들었다. 그 중 老和山 동진묘 출토품과 가깝다고 보아 4세기 후반대로 비정하고, 나아가 용원리유적의 하한을 400년경으로 보았다. 반면 성정용(2003 · 2010)은 오히려 南京市 司家山 謝溫墓 출토품이 鷄首의 벼슬 유무만 다를 뿐, 크기와 풍만한 동체, 약간 들린 바닥면 등에서 더욱 비슷하다며 계수호의 제작시기를 4세기 말로, 석곽묘의 조영시기를 4세기 말~5세기 초 사이로 판단했다. 한편 권준현(2011)은 중국 출토 계수호의 형식학적 분석을 통해 용원리 출토품을 4세기 중엽~5세기 전엽으로 설정하였다. 필자도 4세기 4/4분기~5세기 1/4분기로 비정해두고자 한다.

(11) 天安 龍院里遺蹟 C地區 橫穴式石室墳

심발형토기, 소호 등의 백제토기, 마구류, 무기류 등의 철기류와 함께 청자 연판문 대부완 1점과 청자 대부완 2점이 수습되었다(任孝宰 外 2001).

---

49) 이 연대는 5세기 전엽으로 비정되는 마구의 연대(권도희 2012)와도 부합된다.

① 靑瓷 蓮瓣文 臺附碗

연판문 대부완의 구연부에는 2조의 횡침선이, 그 아래에는 부조된 연판문
이 있다(도 5-1). 연판 가장자리에는 3조의 가는 침선을, 잎 중앙에는 상하로
2조의 가는 침선을 넣었다. 바깥쪽 연판과 안쪽 연판에 각각 8조씩, 전체 16
조의 연판으로 문양이 구성되어 있다.

청자 연판문 대부완에 대해 박순발(2005b)은 일찍이 福建省 政和縣 松源
村 831호묘 출토품(도 5-10)과 비교했다. 松源村 831호묘 출토품은 구순부에
약간의 내경 기미가 있는데 비해 용원리의 출토품은 곧게 처리되어 있다. 그
는 이러한 차이를 약간의 시차로 이해하여 5세기 중엽경으로 비정하였다.

중국 출토 청자 연판문 대부완의 변천을 감안했을 때 송 元徽二年(474년)
명의 묘지가 수습된 江蘇省 南京市 太平門外 明曇憘墓의 출토품(도 5-12) 보
다는 이른 것으로 생각된다.

② 靑瓷 臺附碗

청자 대부완 2점(도 9-2 · 3) 중 1점의 굽은 약간 밖으로 벌어져 있지만, 둘
다 편평하다. 대부완은 기벽이 낮다가 점차 높아졌고, 기벽의 외반도는 차츰
줄어들어 구연단이 수직에 가까워졌다는 지적이 있다(박순발 2005b).

기년명 자료 및 비교 자료를 통해 보면 중국 출토 대부완은 시간의 경과에
따라 구경에 비해 해무리굽의 저경이 현저히 줄어든다. 또한 처음에는 저부에
서 구연부로 이어지는 동체부가 직선적인, 즉 발의 형태에 가까웠는데 시간이
지날수록 풍만한 동체로 바뀐다. 또한 얇고 가늘게 뻗어나간 구연은 남북조시
대 제품의 특징이다(郭菲 2005). 이러한 점을 통해 보면 용원리 출토품은 430
~450년대의 유송 전~중엽의 대부완들과 기형상 가장 유사하다.

따라서 용원리 출토 대부완들은 성정용(2010)의 지적대로 5세기 3/4분기
에 제작되었을 것이다.

(12) 公州 水村里遺蹟 Ⅱ地點 1號 土壙木槨墓

직구단경호, 광구장경호, 심발형토기 등의 백제토기와 함께 청자 유개 사이
호(도 8-2)가 수습되었다(忠淸南道歷史文化研究院 2007a). 이 자기의 시기에
대해 연구자들 사이에 다소 의견 차이가 있다.

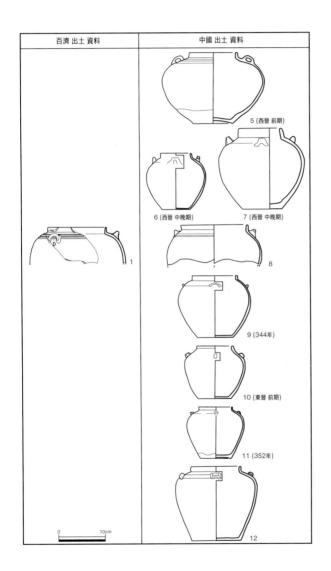

박순발(2005b)은 수촌리 출토품
은 동진 중기 江蘇省 鎭江市 陽彭
山 1호묘 출토품(도 8-14)에 가깝
고 동진 太和四年(369년)명의 전이
수습된 浙江省 杭州市 黃岩縣 秀嶺
水庫 45호묘 출토품(朱伯謙 1958)
은 수촌리 출토품보다 늦은 단계
의 특징을 보이고 있어 4세기 중엽
경으로 비정하였다. 한편 성정용
(2010)은 청자 사이호의 제작 시기
를 4세기 후반으로 비정하였고, 공
반유물이나 부장까지의 시차를 통
해 무덤의 조영시기는 5세기 초로
설정했다.

수촌리 출토품의 시기 비정을 위

1. 서울 夢村土城 第3號 貯藏孔(夢村土城發掘調査團
1985), 5. 浙江省 杭州地區 38號墓(胡維根 1989),
6. 河南省 榮陽市 3號墓(張文霞·張家强 2009), 7. 河
南省 柗縣 果酒廠 2號墓(王文浩 外 2005), 8. 浙江省
慈溪市 上林湖地區 窯址 后段一期(謝純龍 1999),
9. 安徽省 馬鞍山市 林里 1號墓(栗中斌 外 2004),
10. 江蘇省 南京市 衣業大學 塼室墓(朱國平·韓建立
1997), 11. 浙江省 紹興縣 碧波潭 塼室墓(符杏華
1992), 12. 重慶市 忠縣 大墳壩 2號墓(韋正 2005)

도 7 백제유적 출토 사이호의 시간적 위치 1
(S=1/8)

해 중국 출토 사이호 자료들을 살펴보겠다. 〈도 7·8〉의 기년명 자료 및 비교 자료를 보면 중국 출토 사이호는 저경이 최대경보다 좁아지다가 저경이 넓어지는 방향으로 변한다. 동시에 기형이 偏球形에서 구형으로, 다시 종타원형으로 이행한다. 또한 끈형태의 귀(紐狀耳)에서 견부 부착 후 구멍을 뚫는 사각고리 형태의 귀(橋狀耳)로 바뀐다. 최대경도 동체부의 중앙에서 동체부 상부로 이동한다. 발달된 어깨가 시간의 경과에 따라 줄어들고 완만한 곡선형으로 변화된다.

이와 같은 변천상을 참고했을 때 수촌리 출토품은 重慶市 忠縣 大墳壩 2호묘 출토품(도 7-12) 및 浙江省 新昌縣 象鼻山 東麓 동진묘 출토

2. 公州 水村里遺蹟 Ⅱ地點 1號 土壙木槨墓(忠淸南道 歷史文化硏究院 2007a), 3. 서울 石村洞古墳群 3號墳 東側 A地域 8號 土壙墓(金元龍·林永珍 1986), 4. 益山 笠店里古墳群 1號 橫穴式石室墳(文化財硏究所 1989; 筆者實測), 13. 浙江省 新昌縣 大明市 鎭大聯村 象鼻山 東麓 東晉墓(曹錦炎 主編 2008), 14. 江蘇省 鎭江市 陽彤山 1號墓(劉建國 1989), 15. 浙江省 溫嶺縣 塼室墓(中國陶瓷全集編輯委員會 2000a), 16. 浙江省 黃岩縣 秀嶺水庫 37號墓(朱伯謙 1958), 17. 江西省 淸江縣 山前 6號墓(傅冬根 1981), 18. 重慶市 忠縣 大墳壩 3號墓(韋正 2005)

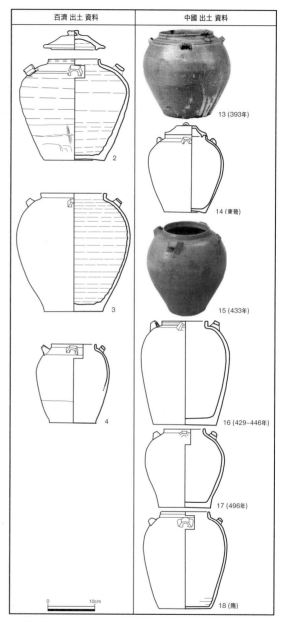

百濟 出土 資料	中國 出土 資料
2	13 (393年)
3	14 (東晉)
	15 (433年)
4	16 (429~446年)
	17 (496年)
	18 (隋)

0 10cm

도 8 백제유적 출토 사이호의 시간적 위치 2(13~15 : 축척 부동, 기타 : S=1/8)

품(도 8-13)과 가장 유사하다. 大墳壩 2호묘 출토 사이호의 시기 비정은 어려우나 공반된 三足硯이 동진 중·만기~남조 초기에 해당하기 때문에(魏揚菁 2008) 대략 같은 시기에 둘 수 있을 것이다. 393년 浙江省 新昌縣 象鼻山 동진묘 출토품은 元嘉十年(433년)명의 전이 수습된 浙江省 溫嶺縣 전실묘 출토품(도 8-15), 무령왕릉 출토 육이호에 비해 귀의 위치가 다소 구연부로부터 떨어져 있다. 만약 이것이 시간성을 반영하는 요소라면 수촌리 출토품과 重慶市 忠縣 大墳壩 2호묘 출토품은 浙江省 溫嶺縣 전실묘 출토품보다 오래된 제품일 것이다. 따라서 수촌리 1호 출토품은 5세기 2/4분기 이전이며 4세기 4/4분기(말)~5세기 1/4분기에 해당되는 것으로 추정된다.

(13) 公州 水村里遺蹟 Ⅱ地點 4號 橫穴式石室墳

Ⅱ지점 4호 횡혈식석실분에서는 직구단경호, 광구장경호, 기대, 직구소호 등의 백제토기와 함께 청자 대부완, 흑유 계수호, 흑유 양이반구호, 전문도기 옹이 수습되었다(忠淸南道歷史文化研究院 2007a). 출토 자기들에 대해 박순발(2005b)은 대체로 4세기 4/4분기의 늦은 시점에서 400년 전후 사이로 비정하였다. 한편 성정용(2010)도 박순발과 같은 시기로 보았으나, 공반유물이나 부장까지의 시차를 감안하여 무덤의 조영시기를 5세기 1/4~2/4분기로 설정했다.

① 靑瓷 臺附碗

이 자료(도 9-1)를 앞에서 검토한 천안 용원리유적 C지구 횡혈식석실분 출토 대부완(도 9-2·3)과 비교할 수 있다. 수촌리 대부완은 용원리유적 출토품보다 이른 것으로 알려진 자료 가운데 동진 義熙二年(406년) 江蘇省 南京市 司家山 謝溫墓 출토품(華國榮·張九文 1998)과 형태적으로 가깝다는 견해(박순발 2005b)가 제시되었다.

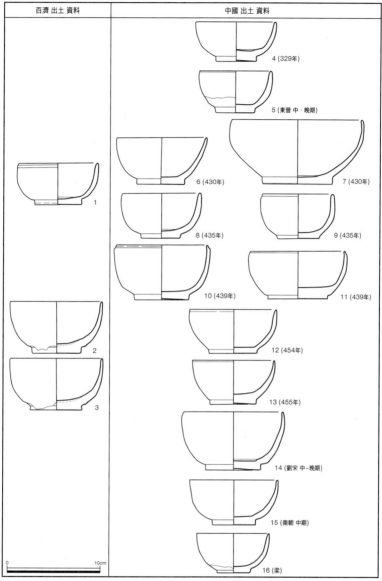

百濟 出土 資料	中國 出土 資料

4 (329年)

5 (東晉 中·晚期)

6 (430年)

7 (430年)

8 (435年)

9 (435年)

10 (439年)

11 (439年)

12 (454年)

13 (455年)

14 (劉宋 中~晚期)

15 (南朝 中期)

16 (梁)

0   10cm

1. 公州 水村里遺蹟 Ⅱ地點 4號 橫穴式石室墳(忠淸南道歷史文化硏究院 2007a), 2·3. 天安 龍院里遺蹟 C地區 橫穴式石室墳(任孝宰 外 2001), 4. 江蘇省 南京市 北郊 溫嶠墓(華國榮·張九文 2002), 5. 江西省 九江縣 東晉墓(劉曉祥 1997), 6·7. 江蘇省 南京市 栖霞區 東楊 坊 1號墓(祁海寧·陳大海 2008), 8·9. 廣東省 新興縣 南朝墓(古遠泉 1990), 10·11. 江蘇省 句容市 春城鎭 袁相村 塼室墓(何漢生·翟中 華 2010), 12. 湖北省 襄樊市 韓崗 24號墓(王志剛 2010), 13. 湖北省 武漢市 206號墓(王善才 1965), 14. 江蘇省 南京市 隱龍山 1號墓(王 志高 外 2002), 15. 安徽省 當塗縣 靑山 24號墓(王峰 2011), 16. 江蘇省 南京市 西善橋 南朝墓(王奇志 1997)

도 9   백제유적 출토 대부완의 시간적 위치 1(5 : 축척 부동, 기타 : S=1/4)

수촌리 출토품은 용원리 출토품에 비해 저경[50]이 다소 넓고 저부에서 구연부로 이어지는 동체부가 직선적이다. 이러한 속성들은 앞에서 검토하였듯이 완의 시간성을 반영하는 중요한 요소이다. 따라서 5세기 3/4분기로 추정되는 용원리 출토품보다 앞선 것임에는 틀림이 없다. 동진대에서 남북조시대 초기에 해당하는 비교 자료가 많지 않아 시기 획정이 어렵지만 동진 중·만기라는 江西省 九江縣 동진묘 출토품(도 9-5)보다는 늦은 것으로 추정된다. 江西省 九江縣 동진묘 출토품은 송 元嘉七年(430년)의 주조 元嘉四銖가 수습된 江蘇省 南京市 栖霞區 東楊坊 1호묘 출토품(도 9-6·7)보다 기벽이 두꺼운데, 이는 동진 말의 연판문 대부완(도 5)에서도 관찰되는 특징이다. 420~422년으로 비정되는 浙江省 渚曁市 牌頭鎭 2호묘 출토품(도 5-9)은 상대적으로 기벽이 얇고 수촌리 출토품과 기형이 유사하다.

이러한 점으로 미루어 볼 때 수촌리 출토 청자들은 5세기 2/4분기에 해당될 것이다.

② 黑釉 鷄首壺

박순발(2005b)은 흑유 계수호의 전반적인 형태는 동진 太和五年(370년)명의 전이 수습된 江蘇省 無錫縣 無錫市 赤墩里 전실묘 출토품(馮普仁·錢宗奎 1985)과 가장 가깝지만 파수의 모양은 동진 義熙十二年(416년) 江蘇省 南京市 司家山 4호묘(謝球夫婦 合葬) 출토품(阮國林·李毅 2000)과 닮았다고 지적하였다. 하지만 수촌리 출토품은 반구 접합부에 龍頭가 없기 때문에 그보다 약간 앞선 것으로 보았다. 알려진 것들 중 용두가 달린 흑갈유 계수호는 동진 義熙二年(406년) 江蘇省 南京市 司家山 謝溫墓 출토품(華國榮·張九文 1998)이 가장 빠르므로 수촌리 계수호는 그 이전 제품인 셈이다. 이런 점에서 박순발(2005b)은 이 흑유 계수호를 4세기 4/4분기의 늦은 시점에서 400년 전후 사이로 비정하고 있다. 반면 권준현(2011)은 중국 출토 계수호의 형식학적 분석을 통해 수촌리 출토품을 4세기 중엽~5세기 전엽으로 설정하였다.

---

50) 굽의 저경/구경에서 산출된 비율로 계산하였다.

1. 公州 水村里遺蹟 Ⅱ地點 4號 橫穴式石室墳(忠淸南道歷史文化硏究院 2007a), 2. 浙江省 杭州市 肖山縣 33號墓(胡維根 1989) 3. 江蘇省 南京市 北郊 溫僑墓(華國榮・張九文 2002), 4. 浙江省 溫州市 甌海區 1號墓(施成哲 2010), 5. 江蘇省 南京市 雨花臺區 警犬硏究所 3號墓(許志强 外 2011), 6. 湖北省 武漢市 207號墓(趙新來 1965)

도 10 백제유적 출토 양이반구호의 시간적 위치

(2 : S=1/8, 3・4 : S=1/10, 기타 : S=1/6)

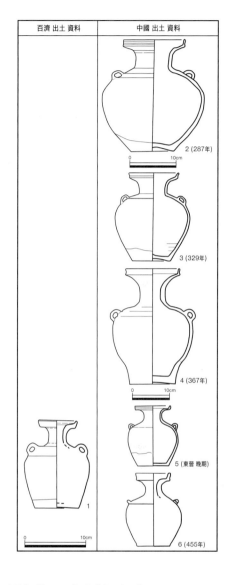

③ 黑釉 兩耳盤口壺

흑유 양이반구호(도 10-1)는 흑유가 시유된 것들 중 동진 興寧二年(364년) 浙江省 杭州市 老和山 동진묘 출토품(浙江省博物館編 2000)과 제일 가깝다는 지적이 있다(박순발 2005b).

老和山 출토품은 최대경이 동체부 밑으로 처져 있고 귀가 달려 있지 않아서 수촌리 출토품과는 적지 않은 차이가 있다. 〈도 10〉의 기년명 자료 및 비교 자료를 보면 양이반구호는 최대경이 동체부 상부에 위치하고 배가 부른 형태에서, 최대경이 동체부 가운데로 이동하고 보다 홀쭉한 모습으로 변해갔다.[51] 또한 최대경에 비해 저경이 현저히 좁다가 시간이 지나면서 저경이 넓어진다. 경부의 지름에서도 시간성이 보인다. 경부의 직경이 구경에 비해 상대적으로 넓다가 차츰 좁아진다. 즉 후대로 갈수록 경부를 더욱 조인 것이다.

따라서 수촌리 출토품은 동진 만기(5세기 1/4~2/4분기)로 비정되는 江蘇

---

51) 중국에서도 필자가 지적한 변천을 인식하고 있다(陳綏祥 2000의 도 70 참조).

省 南京市 雨花臺區 警犬研究所 3호묘 출토품(도 10-5)과 유사하다.

④ 錢文陶器 甕

전문도기 옹은 외반 구연부, 3줄 이상의 전문 문양대, 기형 등으로 보아 서울 석촌동고분군 2호분 주변 출토품과 유사하고, 江蘇省 宜興市 張渚 출토 동진대[52]의 전문도기 옹(賀云翱 外 2008)의 구연형태와도 닮았다(한지선·한지수 2011; 韓芝守 2011a·2011b).

(14) 錦山 水塘里遺蹟 2號 石槨墓

흑유 구연부편(도 11-1)은 고배, 광구호의 백제토기와 함께 출토되었다(忠清南道歷史文化院 2007a).

흑유 구연부편은 구단부를 둥글게 처리한 것이 특징적이다. 이에 대해 박순발(2005b·2007)은 唾壺일 가능성을, 성정용(2010)은 중국에서 흑유로 된 타호의 출토 사례가 거의 없어 기종에 대해서는 검토의 여지가 있다고 지적하였다.

필자도 타호 중에서는 비슷한 자료를 구할 수 없었다. 타호보다는 오히려 長頸瓶 구연형태와 유사하다(도 11-2). 파편이기 때문에 확실하지는 않지만 장경병의 구연부 파편이라고 가정했을 때, 韋正(2011, pp.54~55)의 연구 성과에 따르면 유송 중기(5세기 중엽) 이후 長江 중류지역에서 유례를 찾을 수 있다.

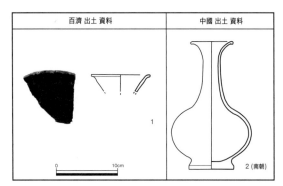

1. 錦山 水塘里遺蹟 2號 石槨墓(忠清南道歷史文化院 2007a; 筆者實測),
2. 福建省 政和縣 松源 833號墓(吳玉賢 1986)

도 11 금산 수당리유적 출토 중국 자기편과 비교 자료
(S=1/6)

---

52) 공반유물을 통해 4세기 후반 이후 동진대에 제작된 것으로 추정하고 있다.

(15) 益山 笠店里古墳群 1號 橫穴式石室墳

광구장경호, 소호, 호 등의 백제토기, 금동신발, 금동관과 함께 4개의 사각 고리형태의 귀(橋狀耳)가 부착된 청자 사이호(도 8-4)가 수습되었다(文化財研究所 1989).

이 석실분의 축조시기에 대해 연구자마다 한성기 말이나 웅진기 초로 입장이 달라 많은 논란을 빚었다. 또한 이 석실분은 지방지배방법과도 결부되어 있다[53](성정용 2003). 定森秀夫(1989)는 福建省 政和縣 松源村 833호묘 출토품(吳玉賢 1986)과 유사하다고 하여 5세기 후엽으로 추정하였으며, 門田誠一(1993)은 이를 토대로 웅진기의 지방지배방법을 구체적으로 논한 바 있다. 성정용(2003)은 定森秀夫의 주장에 대해 송 大明六年(462년)명의 전이 수습된 831호묘 출토품보다 늦은 것인지 불확실할 뿐만 아니라, 오히려 송 元嘉十年(433년) 浙江省 溫嶺縣 전실묘 출토품(도 8-15)과 가깝다고 지적하였다. 하지만 2010년도에 발표한 논문에서 성정용은 5세기 중엽경으로 정정하였다. 한편 李暉達(2010)은 송 元嘉二十四年(447년)명의 전이 수습된 浙江省 黃岩縣 秀嶺水庫 49호묘 출토품(朱伯謙 1958)과의 유사성을 지적하며 입점리 출토품의 사용시기를 5세기 중~후엽으로 판단하였다.

필자도 성정용과 같이 浙江省 溫嶺縣 전실묘 출토품과의 유사성을 인정한다. 또한 429~446년으로 추정되는 浙江省 黃岩縣 秀嶺水庫 37호묘 출토품(도 8-16)과의 공통성도 엿볼 수 있다. 하지만 齊 建武三年(496년)명의 전이 수습된 江西省 淸江縣 山前 6호묘 출토품(도 8-17)은 동체부와 저부 사이의 형태가 입점리 출토품과 다르므로, 입점리 출토품을 5세기 3/4분기에서 5세기 4/4분기 사이에 위치 짓고자 한다.[54]

---

53) 자기의 연대뿐만 아니라 공반유물에 대한 해석에서도 의견 차이를 보이고 있다. 이한상(2009)은 장신구의 형식학적 분석을 통해 익산 입점리고분군 1호를 한성기의 마지막 단계로 설정한 반면 마구의 형식학적 분석을 실시한 諫早直人(2009)은 웅진기 이후로 보았다.

54) 필자는 중국 자기와의 교차편년을 통해 1호 출토품을 5세기 3/4~4/4분기로 비정하였

(16) 高敞 鳳德里古墳群 1號墳 4號 竪穴式石室

개배, 호 등의 백제토기, 倭와 관련지을 수 있는 小壺裝飾有孔廣口壺(子持甕)와 함께 6개의 사각고리형태의 귀(橋狀耳)가 부착된 청자 반구호(도 6-2)가 수습되었다(馬韓·百濟文化研究所 2012).[55]

이는 앞서 수청동 출토품(도 6-1)의 시기 비정에서 살펴본 반구호의 변화 양상을 참고로 한다면 그 시기는 5세기 중엽으로 비정되는 송 孝建二年(455년)명의 전이 수습된 湖北省 武漢地區 206호묘 출토품(도 6-7)과 비교가 가능하다.[56]

2) 熊津·泗沘期 遺蹟 出土 中國 陶瓷器

(1) 扶餘 官北里遺蹟 바地區 1區域 土製導水管 埋立 盛土層

바지구 1구역에서 발견된 토제도수관은 풍화암반층에 매설되어 있었다(國立扶餘文化財研究所 2009b; 南浩鉉 2010). 도수관을 덮고 있는 흙은 소위 '황갈색사질점토'로 이루어진 盛土層이다. 토제도수관은 성토층을 굴광하고 매설한 것이 아니라 기반층인 풍화암반을 파내 설치한 다음 성토와 함께 매립한 것이기 때문에 도수관의 매설시기와 주변 성토층의 조성을 동일 단계로 볼 수 있을 것이다. 토제도수관 매립 성토층에서는 전달린토기, 대부완, 장경병, 접시 등의 백제토기와 청자 호편이 수습되었다(도 12-1). 이 청자 호편이 성토대지 조성시기에 대한 실마리를 제공하고 있어 주목된다.

다. 그러나 중국 자기와 공반된 광구장경호는 후술할 토기의 변천을 통해 볼 때 한성기보다 웅진기에 가까운 특징을 지니고 있다. 따라서 중국 자기와 백제토기 사이에는 다소 시간차가 있을 가능성은 있지만 전세를 인정할만한 격차는 아닌 것으로 생각된다.

55) 4호 석실 출토품 이외에 1호 석실에서는 청자 구연부편, 3호 석실에서는 청자 병편이 수습되었으나 모두 파편이기 때문에 시기 비정에 어려움이 있다.

56) 청자 반구호에 대해 정상기(2013)는 5세기 초로 보고 있어서 필자의 시기 비정과 차이가 있다.

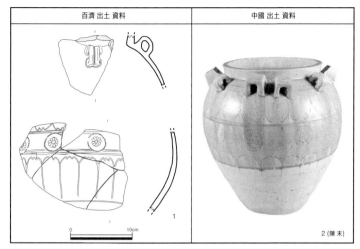

| 百濟 出土 資料 | 中國 出土 資料 |

0   10cm

1. 扶餘 官北里遺蹟 바地區 1區域 土製
導水管 埋立 盛土層(國立扶餘文化財研
究所 2009b; 南浩鉉 2010; 斷面 筆者
實測), 2. 江蘇省 泰州市 泰西鄉 魯莊村
六朝墓(張敏 主編 2008)

도 12 부여 관북리유적 출토 중국 자기편과 비교 자료(1 : S=1/6, 2 : 축척 부동)

관북리 출토품은 허리가 세장하지 않고 풍만하나 동체 복부에 찍힌 연화
문 및 연화문을 두르고 있는 원형점렬문의 형태, 견부 및 복부 아래쪽에 세
로로 나란히 배치되어 있는 연판문의 문양 등을 고려할 때 수대(581~618년)
의 기형보다는 조금 이르다고 판단된다(국립부여문화재연구소 2009b; 南浩
鉉 2010). 구체적으로 江蘇省 泰州市 泰西鄉 魯莊村 육조묘 출토품(도 12-2)
과의 유사성을 지적할 수 있다. 魯莊村 육조묘 출토품과 공반된 太建六銖 錢
은 陳 宣帝 太建十一年(579년)에 주조되기 시작한 것이기 때문에 이 호의 연
대도 진대 말일 것이다(解立新 2008). 따라서 이 호의 연대가 6세기 4/4분기
이전으로 소급되기는 어렵다. 육조묘 출토품의 연대와『三國史記』기사를 고
려할 때 토제도수관의 매설과 주변의 성토대지 조성은 아무리 일러도 6세기
4/4분기에 들어서야 시작되었을 것이다(국립부여문화재연구소 2009b; 南浩
鉉 2010).

    (2) 扶餘 東南里遺蹟 建物 廢棄 後 瓦積層

건물 폐기 후의 와적층에서 뚜껑편 등과 함께 白瓷 구연부편이 수습되었다

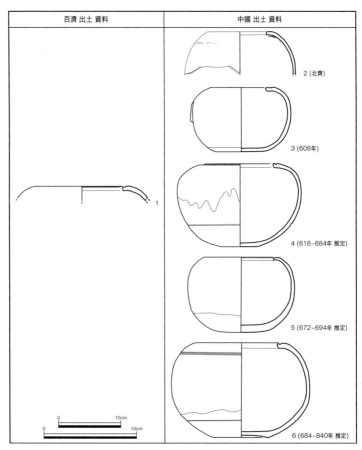

百濟 出土 資料	中國 出土 資料

2 (北齊)

3 (608年)

4 (618~684年 推定)

5 (672~694年 推定)

6 (684~840年 推定)

1. 扶餘 東南里遺蹟 建物 廢棄 後 瓦積層(忠淸南道歷史文化硏究院 2008a), 2. 山西省 朔州市 水泉梁 北齊 壁畵墓 (劉岩 外 2010), 3. 陝西省 西安市 南郊 隋 蘇統師墓(李擧綱 · 袁明 2010), 4. 河南省 鞏義市 黃治窯址 第Ⅱ期(郭木森 外 2007; 奈良文化財硏究所 2010), 5. 河南省 鞏義市 芝田 36號墓(張松林 外 1998), 6. 河南省 鞏義市 黃治窯址 第Ⅲ期(郭木森 外 2007; 奈良文化財硏究所 2010)

도 13 백제유적 출토 발의 시간적 위치(3 : 축척 부동, 5 : S=1/4, 기타 : S=1/6)

(忠淸南道歷史文化硏究院 2008a). 목이 없는 鉢[57]로 추정되는데(도 13-1), 동체에서 크게 내만하여 그대로 구연부로 이어지며, 구순부가 약간 아래를 향

---

57) 중국에서는 이 기종을 甕이라고 부르기도 한다.

해 숙인 인상이다. 구연 부근에는 1조의 횡침선이 돌아간다.

〈도 13〉의 기년명 자료 및 비교 자료를 보면 출토품은 初唐 제품과 비슷하다. 해당 기종의 출현시점을 알 수는 없으나, 北齊 후기(6세기 3/4분기)의 무덤에서 나온 바 있다. 그러나 이 단계 제품에서는 동남리 출토품과의 유사성을 찾을 수 없다. 隋 大業四年(608년)명의 묘지가 수습된 바 있는 陝西省 西安市 南郊의 蘇統師墓 출토 백자 발(도 13-3)은 구순부가 약간 아래로 꺾인 동남리 출토품과 유사하나 보고서의 도면이나 사진에서 구연 부근의 횡침선 유무를 확인할 수 없다. 당 조기(618~684년)로 추정되는 河南省 鞏義市 黃治窯 址 제Ⅱ기 출토품(도 13-4)은 백자는 아니지만 구연 부근의 횡침선과 둥근 어깨가 동남리 출토품과 유사하다. 당 전기~중기(684~840년) 이후의 발에서는 발달한 어깨가 점차 사라지고 최대경이 동체부 상부에서 하부로 이동해갔다.

간략하게 살핀 중국 출토 발의 변천상을 통해 동남리 출토품을 7세기 1/4~3/4분기(7세기 중엽)의 어느 시점에 두고자 한다.

(3) 扶餘 東南里 523-11番地 一圓 하이마트遺蹟 5層 黃褐色砂質粘土層

굽과 동체부의 일부만 남아 있는 청자 대부완편이 수습되었다(沈相六 外 2011). 굽은 바닥을 파내지 않은 평굽 형태이다(도 5-4). 기벽 외면에 2조+1조로 구성된 세로 방향의 침선을 반복하여 넣었다는 보고서 기술이 있는데, 필자의 실견에 의하면 연판문이 음각된 것으로 판단된다.

본 청자편 수습 토층은 부여 관북리유적 등에서 확인되는 성토대지의 토질과 유사하며 인위적으로 쌓은 Block土가 섞여있기도 하다. 그런데 청자편과 같은 층에서는 형식학적으로 가장 늦은 삼족토기와 가장 이른 삼족토기가 함께 나왔다. 만약 유물 수습과정에서 문제가 발생했다면 출토 청자편의 추정연대를 사비기의 대지조성시기와 바로 관련지을 수는 없을 것이다.

파편이지만 출토품의 시기 비정에는 문양 구성이 중요 단서가 될 것이다. 5세기 중엽경으로 추정되는 천안 용원리유적 C지구 횡혈식석실분 출토품(도

5-1)에서는 연판 가장자리에는 3조의 가는 침선을, 잎 중앙에는 상하로 2조의 가는 침선을 넣었다. 그에 비해 부여 동남리 출토품에는 2조의 가는 침선으로 표현된 연판문 잎 중앙에 상하로 1조의 침선이 있다. 앞서 언급했듯 완성형태로 출현했던 문양이 후대로 갈수록 단순해졌다. 따라서 부여 동남리 출토품은 5세기 중엽 이후의 작품이었을 것이다. 또한 北魏 建義元年(527년)의 河南省 洛陽市 元邵墓와 무덤 구조와 부장품이 유사한 河南省 偃師市 聯體磚廠 2호묘 출토품(도 5-15)보다 굽의 형태와 문양의 구성면에서 시기적으로 이르기 때문에 하한은 6세기 2/4분기 이전일 것으로 추정된다. 따라서 이 유물은 사비천도 이전의 수입품일 가능성이 높다.

(4) 洪城 南長里遺蹟 (推定)木槨施設遺構

보고자(朴有貞 2010)는 출토 녹유 대부완이 자토를 사용한 제품임에 주목하여 자체 생산품이 아니라 수입품일 가능성이 높다고 판단하였다(도 14-1). 그러나 남조에서 녹유도기의 생산은 물론 출토 사례도 거의 없다. 보고자는 북제 武平七年(576년) 河南省 蹼陽縣 這河砦村 李云夫婦合葬墓 출토 黃釉約綠彩壺와 같이 녹유 계통 도기들이 북조지역에서 만들어진 예(周到 1964)가 있어 북조와의 관련성을 상정했다.

필자는 대부완의 기형 및 제작기법이 백제의 대부완과 다르다는 점에 주목하였다. 출토된 대부완의 굽 외면은 弧狀으로 둥글게 깎아 회전정면하였기 때문에 중앙부가 깊다. 남장리 출토 대부완과 중국 자료들을 대조한 결과 북조 대부완과의 유사성을 찾을 수 있었다. 그 중 山東省 淄博市 臨淄區 北朝 崔氏墓 출토품은 좋은 비교 대상이다(山東省文物考古研究所 1984). 최씨묘는 묘지로 보아 북위(386~534년), 동위(534~550년), 북제(550~577년)시기에 걸쳐 조영된 가족묘지이다. 최씨묘 출토 대부완들을 묘지의 기년명 순서대로 배열한 〈도 14〉를 살폈을 때 홍성 남장리유적 출토품은 3호묘(崔混墓) 출토품과 상당히 유사하다(도 14-3). 묘지에 적힌 이 무덤의 연대는 538년이다. 525년명(崔鴻)과 536년명(張玉怜)의 묘지가 수습된 1호묘(崔鴻夫婦墓)

(도 14-2) 출토품은 통굽이지
만 杯 모양만큼은 남장리유적
출토품 및 3호묘 출토품과 유
사하다. 565년명의 묘지가 수
습된 5호묘(崔德)(도 14-4)
와 573년명의 묘지가 수습된
12호묘(崔博) 출토 대부완들
(도 14-5)은 구경에 비해 굽
이 현저히 좁아지면서 배신
이 더욱 깊어졌다. 따라서 홍
성 남장리유적 출토품은 6세
기 2/4~3/4분기 사이의 제품
으로 추정한다.

북조에는 시유도기가 중요
한 기물이라는 인식이 있었다
(劉濤·錢國祥 2009). 완, 잔,
호 등 다양한 기종으로 만들
어져 일상생활에서 폭 넓게
유행했다. 북조 만기인 북제
婁睿墓 출토 시유도기는 무려
76점으로, 전체 부장품 중 9%
를 점했다(劉濤·錢國祥 2009).

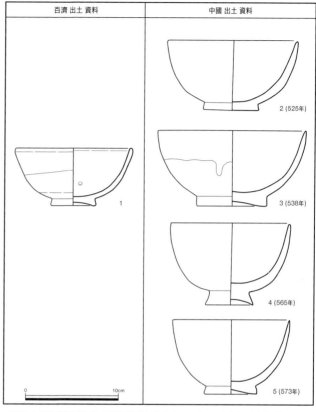

百濟 出土 資料	中國 出土 資料

2 (525년)
3 (538년)
4 (565년)
5 (573년)
1
0   10cm

1. 洪城 南長里遺蹟 (推定)木槨施設遺構(朴有貞 2010), 2. 山東省 淄博市 臨淄區 北
朝 崔氏墓 1號墓(山東省文物考古研究所 1984), 3. 同遺蹟 3號墓(同上), 4. 同遺蹟
5號墓(同上), 5. 同遺蹟 12號墓(同上)

도 14 백제유적 출토 대부완의 시간적 위치 2(S=1/4)

이와 같이 홍성 남장리유적 출토 중국 자기의 시기는 어느 정도 짐작할 수
있었는데, 과연 (추정)목곽시설유구 출토 공반유물들도 6세기 2/4~3/4분기
사이로 비정할 수 있을까? (추정)목곽시설유구 출토 토기 중에는 점열문 대
부완편이 있다. 이 토기의 외면에는 종장연속점선문을 지그재그식으로 시문
했고, 구연부에 2조의 횡침선을 돌렸다. 이러한 대부완은 7세기 후반경에 출

현한 통일신라기의 제품이라고 한다[58](山本孝文 2003b).

그렇다면 (추정)목곽시설유구의 폐기시점은 7세기 후반 이후가 되기 때문에 유구에서 수습된 중국 자기 및 사비양식토기는 폐기 이후 이입된 것으로 이해해야 할 것이다. 따라서 (추정)목곽시설유구 출토품을 중국 자기와의 공반유물로 볼 수는 없다.

3) 中國 陶瓷器와 共伴된 百濟土器의 時間的 位置와 變遷

앞에서 검토한 백제유적 출토 중국 자기의 연대를 정리한 것이 〈표 4〉이다. 이를 통해 중국 자기의 제작시기를 준용한 백제유적의 시간적 순서와, 공반된 금공품이나 마구 등의 형식변화 순서가 대체로 일치함을 확인할 수 있다(성정용 2010). 이로써 백제유적 출토 중국 자기가 연대결정에서 중요한 근거임을 재확인된 셈이다(성정용 2010; 土田純子 2012a).

이번에는 중국 자기들과 공반된 백제토기, 그리고 고분의 조영 순서가 밝혀진 공주 수촌리유적 출토품을 중심으로 백제토기의 시간적 위치와 변천을 살펴보고자 한다.

3세기 4/4분기~4세기 1/4분기로 비정되는 서울 풍납토성 경당지구 196호 수혈 창고에서는 시유도기(도 15-1)와 함께 흑색마연 직구광견호(도 15-2), 뚜껑(도 15-3·4) 등이 수습되었다. 직구광견호의 어깨에는 삼각집선문과 점열문을 시문하였는데, 이 삼각집선문은 서울 풍납토성 경당지구 중층 101호 유구 출토 추정 직구단경호 동체부편(權五榮·韓志仙 2005), 華城 石隅里 먹실유적 6호 주거지 출토 직구단경호(畿甸文化財研究院 2007), 瑞山 富長里遺蹟 Ⅰ지역 백제시대 7호 분구 3호 토광묘 출토 대부직구호(忠淸南道歷史文化研究院 2008b)에서 관찰된다. 이러한 문양대는 영남지역의 爐形土器 어깨에도 시문된 사례가 있다. 노형토기에 삼각집선문을 시문한 사례는 3세기 전엽

---

58) 또한 이 문양은 종장연속 馬蹄形文이 약간 퇴화된 단계인 8세기 전반부터 인화문이 소멸한 9세기 전반까지 사용된 주요한 시문방법이다(宮川禎一 1993).

표 4 백제토기·중국 도자기가 공반된 백제유적에 대한 편년관 비교

編年 基準 / 遺蹟·遺構	金屬 裝身具 李漢祥 (2003·2009)	馬具 諫早直人 (2009)	中國 輸入品 朴淳發 (2005b)	成正鏞 (2010)	林永珍 (2012)	筆者
서울 風納土城 慶堂地區 196號 竪穴 倉庫						3C 4/4~4C 1/4
서울 風納土城 197番地 라-4號 住居址 攪亂層						4C 2/4
서울 風納土城 197番地 가-1號 竪穴						340~360年
서울 夢村土城 東北地區 87-1號 貯藏孔 6層						4C 2/4 後半~ 4C 3/4 前半(4C 中葉)
原州 法泉里古墳群 2號墳 破壞石室			4C 中葉	4C 中葉	4C 中葉 初	4C 2/4 後半~ 4C 3/4 前半(4C 中葉)
天安 龍院里古墳群 9號 石槨墓	4C 末~ 5C 1/4	4C 末~ 5C 初		4C 末~ 5C 初	4C 後葉 初	4C 4/4~5C 1/4
公州 水村里遺蹟 II地點 1號 土壙木槨墓		5C 前~ 中葉	4C 中葉	5C 初	4C 中~ 後葉	4C 4/4~5C 1/4
서울 風納土城 慶堂地區 上層 9號 遺構 平面E 竪穴						5C 1/4~2/4
서울 石村洞 3號墳 東側 A地域 8號 土壙墓					4C 中~ 後葉	5C 2/4
公州 水村里遺蹟 II地點 4號 橫穴式石室墳	5C 2/4	5C~ 475年	4C 4/4~ 400年 前後	5C 1/4~ 2/4	4C 末	5C 2/4
烏山 水淸洞古墳群 4地點 25號 木棺墓					4C 中葉	5C 2/4
서울 風納土城 197番地 다-38號 竪穴 甕						5C 2/4 後半~ 5C 3/4 前半(5C 中葉)
天安 龍院里遺蹟 C地區 橫穴式石室墳			5C 中葉	5C 3/4	5C 中葉 初	5C 3/4
高敞 鳳德里古墳 1號墳 4號 竪穴式石室					5C 中葉	5C 3/4
益山 笠店里古墳群 1號 橫穴式石室墳	5C 4/4	475年~ 5C 末	5C 2/4	5C 3/4	5C 中葉 初	5C 3/4~4/4
錦山 水塘里遺蹟 2號 石槨墓						5C 3/4 以後
扶餘 官北里遺蹟 바地區 1區域 土製導水管 埋立 盛土層						6C 4/4
扶餘 東南里遺蹟 建物 廢棄 後 瓦積層						7C 1/4~3/4

으로 비정된 浦項 玉城里古墳群 나지구 78호분 목곽묘 출토품(嶺南埋藏文化財研究院 1998a), 2세기 후엽~3세기 초로 비정된 蔚山 下垈遺蹟 가지구 43호 목곽묘 출토품(釜山大學校博物館 1997) 등을 들 수 있다. 기존의 편년을 따른다면 백제의 직구광견호에서 관찰되는 삼각집선문의 문양대는 영남지역보다 늦게 출현한 것으로 볼 수 있다. 백제토기에 채택되는 이 문양이 중국 또는 영남지역 어느 쪽에 기인하는지 앞으로 검토할 필요가 있을 것이다. 어쨌든 흑색마연 직구광견호는 늦어도 3세기 4/4분기~4세기 1/4분기에는 출현하여 있었음을 알 수 있는데, 백제토기도 이즈음에 성립한 것으로 추정된다.

또한 직구광견호의 기형에서도 변화가 관찰된다. 이른 시기의 것(도 15-2)은 후행하는 기형(도 15-6·10)에 비해 저부가 상대적으로 좁은 것을 알 수 있다.

풍납토성 경당지구 196호 수혈 창고 출토 뚜껑은 편평한 신부를 지닌 뚜껑이며 한성기의 뚜껑 중에서도 가장 이른 것으로 이해되고 있다(도 15-3·4). 김두권(2003)의 편년에 따르면 무뉴식 편평형 뚜껑은 3세기 중엽~말에 출현한다고 한다. 196호 수혈 창고 출토 뚜껑들은 서울 풍납토성 현대연합부지 가-1호 주거지 출토품(국립문화재연구소 2001)과 같은 유적의 가-3호 주거지 저장공 출토품(국립문화재연구소 2001)과 비교될 수 있다.

직구단경호는 4세기 4/4분기~5세기 1/4분기의 공주 수촌리유적 Ⅱ지점 1호 토광목곽묘(도 15-14), 5세기 1/4~2/4분기의 서울 풍납토성 경당지구 상층 9호 유구 평면E 수혈(도 15-23)과 공주 수촌리유적 Ⅱ지점 3호 석곽묘(도 15-25), 5세기 2/4분기의 공주 수촌리유적 Ⅱ지점 4호 횡혈식석실분(도 16-29·30)과 서울 석촌동고분군 3호분 동쪽 A지역 8호 토광묘(도 16-33), 5세기 2/4~3/4분기[59]로 비정되는 공주 수촌리유적 Ⅱ지점 5호 횡혈식석실분(도 16-46)에서 수습되었다. 직구단경호의 시간성을 잘 반영하는 속성 중에

---

59) 도면에서는 공주 수촌리유적 Ⅱ지점 5호 횡혈식석실분을 5세기 3/4분기로 표시하였으나 5세기 2/4분기의 4호보다 늦게 조영된 것은 틀림이 없으므로 그 시기를 5세기 2/4분기~3/4분기로 보았다.

견부의 문양대가 있다. 기존의 연구 성과(박순발 2006, pp.155~160)에 따르면 한성기에는 2조의 횡침선 내부에 사격자문이나 파상문을 넣은 게 대부분이지만 일부 무문도 존재한다. 〈도 15·16〉에는 격자문(도 16-33), 파상문(도 15-23, 도 16-29), 무문(도 16-30·46)을 확인할 수 있다. 그의 분류에 따르면 파상문은 B, 격자문은 C에 해당되는데 모두 한성기의 문양대임을 알 수 있다.

심발형토기는 4세기 중엽의 승문+횡침선(도 15-7)과 승문 단독(도 15-8) 기종에서 탈피하여 평행문(도 15-21, 도 16-34)이 우세를 점하는 과정을 거친다. 또한 기형 자체도 작아지는 듯하다. 이와 같은 변천은 기존의 연구 성과(박순발 2006, pp.119~122; 국립문화재연구소 고고연구실·보존과학연구실 2011, pp. 241~242)와도 부합된다.

광구장경호는 4세기 4/4분기~5세기 1/4분기에 걸쳐 확인된다(도 15-15·16). 공 모양에 가까운 둥근 몸체에 나팔 모양으로 구연 끝이 바라진 긴 목을 특징으로 하는 이 기종에서는 시간의 경과에 따라 경부의 돌대가 발생하며(도 15-26, 도 16-28), 동체부가 종타원형(도 15-15·16·26, 도 16-47)에서 편구형(도 16-60)으로 변화된다. 또한 둥근 구순(도 15-15)→각진 구순(도 15-26, 도 16-28)→요철형 구순(도 16-47·60)으로 이행한다. 이러한 구연부의 변화(국립문화재연구소 고고연구실·보존과학연구실 2011)는 심발형토기를 비롯한 다른 기종들에서도 관찰된다.

구경이 넓고 깊이가 낮으며, 짧게 직립한 구연에 발달된 어깨를 가진 평저토기인 광구단경호(盒)는 4세기 4/4분기~5세기 1/4분기의 천안 용원리고분군 9호 석곽묘(도 15-11), 5세기 1/4~2/4분기의 서울 풍납토성 경당지구 상층 9호 유구 평면E 수혈(도 15-20·22), 5세기 2/4분기의 공주 수촌리유적 Ⅱ지점 4호 횡혈식석실분(도 16-31)에서 수습되었다. 이 기종은 대체로 마연기법을 결합한 고급품으로서 뚜껑과 함께 쓰인 용기를 말한다(국립문화재연구소 고고연구실·보존과학연구실 2011). 늦은 시기의 광구단경호(도 16-31)는 이른 시기의 것(도 15-11)보다도 기고가 낮은 것을 알 수 있다. 이는 시간의 경과에 따라 광구단경호의 기고가 상대적으로 낮아졌다는 기존의 연구(한지선 2003, p.79)와 부합된다. 또한 흑색마연토기류(도 15-11·22)는 나중에 마연이 없는 경질소성(도 15-20, 도 16-31)으로 바뀐다.

고배는 5세기 1/4~2/4분기의 서울 풍납토성 경당지구 상층 9호 유구 평면 E 수혈(도 15-18·19)과 5세기 2/4~3/4분기의 공주 수촌리유적 Ⅱ지점 5호 횡혈식석실분(도 16-42·43)에서 수습되었다. 5세기 1/4~2/4분기의 고배는 5세기 2/4~3/4분기의 고배보다 상대적으로 배신이 깊고 다리가 짧다. 백제 고배는 시간의 경과에 따라 배신이 얕아지고 다리가 길어지는 경향을 보인다. 또한 5세기 1/4~2/4분기의 뚜껑받침턱에는 돌대가 있기도 하고(도 15-18) 없기도 하지만(도 15-19) 5세기 2/4~3/4분기에서는 돌대가 없는 것(도 16-42·43)이 우세를 점하게 된다. 이처럼 고배의 뚜껑받침턱은 시간성을 반영하는 속성임을 알 수 있다. 이러한 변천상은 기존의 연구 성과(土田純子 2004a, p.98)와도 부합된다.

공주 수촌리유적 Ⅱ지점 3호 석곽묘에서 고사리형태(蕨手形)의 귀가 어깨에 부착된 호가 수습되었다(도 15-24).[60] 이것은 한성 중앙에는 없는 형태로, 현재까지 공주 수촌리유적에서 1점, 燕岐 松院里遺蹟(이홍종 외 2010; 조은하 2010)에서 7점, 燕岐 長在里遺蹟(김영국 외 2013)에서 4점이 수습된 것으로 보아 연기지역의 생산품이 수촌리유적에 반입된 것으로 여겨진다. 그 이유는 연기 송원리유적에서 고사리형태의 파수가 부착된 직구단경소호가 출토되었기 때문이다. 이 유물은 대가야권에서 반입 또는 그 영향으로 제작된 것으로 그 반입 시기는 후술할 대가야 출토 파수부직구단경소호의 교차편년을 참고하면 5세기 2/4~3/4분기 전반으로 비정된다.[61] 고사리형태의 귀(또는 파수)가 부착된 토기는 금강 중류역 물자와 유통을 담당하던 집단이 조영한 고분군으로 평가되는 송원리유적 조영집단과 수촌리유적 조영집단의 상호교류

---

60) 〈도 15〉에는 공주 수촌리유적 Ⅱ지점 3호 석곽묘를 5세기 1/4~2/4분기 사이로 넣었으나 무덤의 조영 순서, 후행하는 4호 횡혈식석실분의 연대, 대가야의 영향으로 제작된 것으로 추정되는 파수부호의 존재로 5세기 2/4분기 전반으로 비정이 가능하다.

61) 보고자(이홍종 외 2010)도 5세기 2/4분기경으로 비정하고 있다.

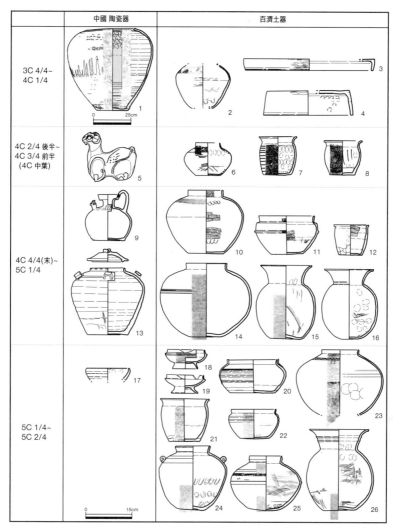

中國 陶瓷器	百濟土器
3C 4/4~ 4C 1/4	
4C 2/4 後半~ 4C 3/4 前半 (4C 中葉)	
4C 4/4(末)~ 5C 1/4	
5C 1/4~ 5C 2/4	

1~4. 서울 風納土城 慶堂地區 196號 竪穴 倉庫(權五榮 外 2011), 5~8. 原州 法泉里古墳群 2號墳 破壞
石室(宋義政·尹炯元 2000), 9~12. 天安 龍院里古墳群 9號 石槨墓(李南奭 2000), 13~16. 公州 水村
里遺蹟 Ⅱ地點 1號 土壙木槨墓(忠淸南道歷史文化研究院 2007a), 17~23. 서울 風納土城 慶堂地區 9號
遺構 平面E 竪穴(權五榮 外 2004), 24~26. 公州 水村里遺蹟 Ⅱ地點 3號 石槨墓(忠淸南道歷史文化研
究院 2007a)

도 15 중국 도자기의 연대를 통해 설정한 백제토기의 시간적 위치 1
　　　(1 : S=1/25, 기타 : S=1/12)

를 통해 5세기 2/4분기 이후 백제지역에 출현한 것으로 이해된다.

대부직구호는 5세기 2/4~3/4분기의 공주 수촌리유적 Ⅱ지점 5호 횡혈식석실분(도 16-44), 5세기 3/4~4/4분기의 익산 입점리고분군 1호 횡혈식석실분(도 16-61)에서 수습되었다. 이 기종은 한강유역을 비롯해 연기, 공주, 익산 등 지방에서도 확인된다. 앞에서 언급한 대가야토기와 흡사한 토기가 출토된 연기 송원리유적 KM-003 석곽묘에서도 대부직구호가 수습되었다. 5세기 2/4~3/4분기 전반으로 비정되는 이 유물은 수촌리와 입점리 출토품에 비해 배신이 깊고 다리가 짧다. 이를 감안하면 이 기종 역시 고배의 형태 변화와 같이 점차 배신이 얕아지고 다리가 길어지는 경향이 보인다.

다음으로 5세기 2/4~3/4분기의 공주 수촌리유적 Ⅱ지점 5호 횡혈식석실분 출토 단경병에 대해서 살펴보자(도 16-45). 단경병의 출현시점은 명확하지 않지만 알려진 자료로 보면 한성기의 병은 몸체 아랫부분이 부풀은 것이나 아래 위의 직경이 대체로 비슷한 것이 주류를 이루는데 비해, 사비기의 것은 어깨가 부풀어 오른 것이 대부분이다(土田純子 2005b; 박순발 2006, p.190). 수촌리 출토품은 청주 신봉동고분군 26호 토광묘 출토품(車勇杰 外 1990)과 흡사하며 한성기 단경병의 기형을 잘 반영하고 있다.

백제 개배의 등장시점에 대해서는 아직 확실한 자료는 없지만 淸州 新鳳洞 古墳群 등 한성기 백제의 지방에서는 대략 5세기 전반경에는 출현하고 있다(박순발 2006, p.148). 5세기 3/4분기의 고창 봉덕리고분군 1호분 4호 수혈식석실 출토 개배(도 16-51~58)는 후술할 청주 신봉동고분군 B지구 1호 토광묘 출토품과 개배의 시간성을 나타낸 배신의 비율이 거의 유사하다. 또한 신봉동 1호 출토 백제토기도 왜(계) 유물과의 공반으로 5세기 3/4분기로 비정이 가능하기 때문에 봉덕리와 신봉동 출토품은 앞으로 백제 개배의 시간적 기준이 될 유물들로 생각된다.

마지막은 5세기 3/4분기의 천안 용원리유적 C지구 횡혈식석실분 출토 외반구연호 구연부편이 있다(도 16-40). 파편이기 때문에 원래의 기형은 알 수 없다. 보고자에 의하면 남벽 중앙부분에서 출토되었으며, 회청색경질로 태토에 소량의 사립이 혼입되어 있다고 한다. 어떤 기종이든 시간성을 잘 반영하

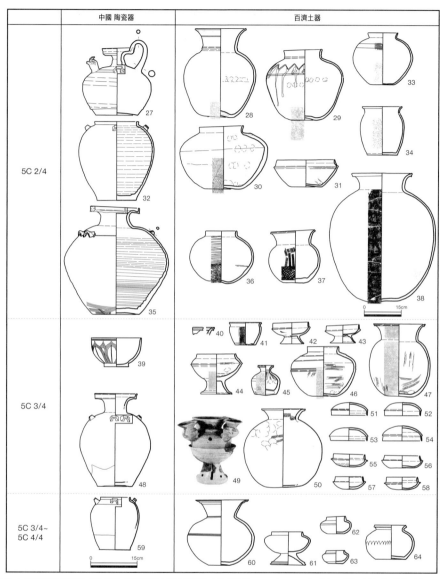

中國 陶瓷器	百濟土器

5C 2/4

5C 3/4

5C 3/4~
5C 4/4

27~31. 公州 水村里遺蹟 Ⅱ地點 4號 橫穴式石室墳(忠淸南道歷史文化硏究院 2007a), 32~34. 서울 石村洞古墳群 3號墳 東側 A地域 8號 土壙墓(金元龍·林永珍 1986), 35~38. 烏山 水淸洞古墳群 4地點 25號 木棺墓(京畿文化財硏究院 2012a), 39~41. 天安 龍院里遺蹟 C地區 橫穴式石室墳(任孝宰 外 2001), 42~47. 公州 水村里遺蹟 Ⅱ地點 5號 橫穴式石室墳(忠淸南道歷史文化硏究院 2007a), 48~58. 高敞 鳳德 里古墳群 1號墳 4號 竪穴式石室(馬韓·百濟文化硏究所 2012), 59~64. 益山 笠店里古墳群 1號 橫穴式石室墳(文化財硏究所 1989; 59 : 筆者實測)

도 16 중국 도자기의 연대를 통해 설정한 백제토기의 시간적 위치 2(38·48 : S=1/15, 49 : 축척 부동, 기타 : S=1/12)

고 있는 속성으로 구연부의 형태가 거론의 대상이다. 용원리 출토품은 구연부 안쪽과 바깥에 홈이 파여 있고, 구단부 밑부분은 2mm 정도 들려있다. 이러한 형태는 구연부의 형식학적 변천 중에서도 늦은 시기에 해당된다. 용원리 출토품을 통해 이 형태는 늦어도 5세기 3/4분기에 출현한 것임을 알 수 있다.

이상으로 안정적인 백제토기 편년을 수립하기 위한 틀을 제공하고자 백제유적에서 출토된 중국 자기와 중국 본토 출토품과의 교차편년을 시도하였다.

필자는 국내 연구 성과가 비교적 많은 양형기와 계수호를 제외한 기종들의 시기를 추적하였다. 일부 기종에 대해서는 선행연구 성과를 따랐으나 연구가 미진한 기종에 대해서는 중국 본토 출토품의 변천을 고려해 시기를 설정하였다. 주로 기년명 무덤 출토품과의 비교를 통해 시기를 비정한 기존의 연구와 달리 중국 본토 출토품의 전체적인 시간적 흐름 속에서 백제유적 출토품과의 교차편년을 시도하였다.

그 결과 중국 자기의 시간성에 맞추어 배열한 백제유적의 시간적 순서와 장신구·마구의 형식변화 순서가 대체로 일치함을 확인할 수 있었다. 이는 백제유적에서 출토된 중국 도자기가 백제유적의 연대결정에서 중요한 근거로 활용될 수 있음을 의미한다.

다음으로 중국 자기들과 공반된 고배, 광구장경호, 광구단경호, 심발형토기, 직구단경호 등에서 시간의 경과에 따른 변천을 파악했다. 고배는 시간의 흐름에 따라 배신이 얕아지고 다리가 길어지는 경향을 보였는데, 이는 기존 고배의 상대편년과도 부합된다. 광구장경호는 백제토기 중에서도 상대적으로 연구가 부족한 기종 중 하나인데, 중국 자기들과 교차편년 결과 늦은 시기일수록 동체부는 작아지고 구연부가 길어졌음을 확인했다. 또한 구연부의 형태가 광구장경호 형식변화의 유효한 속성임을 알 수 있었다. 한편 직구단경호의 시간성을 잘 반영하는 속성 중에 견부의 문양대가 있다. 견부 문양대는 구연부에 가까운 동체 상부에서 점차 아래로 내려와 동최대경쪽으로 이동한다.

중국 자기와 공반된 백제토기의 시간적 위치와 변천상은 앞으로 개별 기종의 편년 작업 때 활용될 수 있을 것이다.

2. 倭(系) 遺物과 共伴된 百濟土器

1) 日本 出土 百濟(系) 土器

현재 백제토기의 편년 연구는 주로 형식학적인 방법을 통해 이루어지고 있지만 최근 백제유적 출토 중국 자기, 須惠器를 교차편년자료로서 적극적으로 활용하려는 시도가 늘어나고 있다.

반면 일본 출토 백제(계) 토기[62]를 활용하려는 시도는 거의 없었는데, 그 이유를 크게 2가지로 집약할 수 있을 것이다. 첫 번째, 대부분 일본에 한정하여 백제와 왜의 교섭관계 복원에 중점을 두고 연구해왔기 때문이다. 일본 학자들이 기본적으로 '자국사'를 복원하는 일에 연구의 중점을 둔 것은 당연한 일(吉井秀夫 1999)이지만, 한국 연구자들도 국립공주박물관에서 조사·발간한 『日本所在 百濟文化財 調査報告書』(國立公州博物館 1999c·2000·2002·2004)에 수록된 백제(계) 토기 이외에는 그다지 정보를 얻을 수 없었던 듯하다.[63] 두 번째로는 과연 須惠器와 공반하는 백제(계) 토기를 교차편년자료로 사용할 수 있는지에 대한 의문을 들 수 있다. 埼玉縣 稻荷山古墳 출토 辛亥銘 鐵劍을 471년과 531년 중 어느 쪽으로 보는가에 따라서 須惠器 형식

---

62) 엄밀하게 따지자면 일본 출토 백제(계) 토기는 국가단계 이전의 원삼국시대 토기와 국가단계 이후의 백제토기, 국가단계의 백제와 병행하여 지방에서 제작한 마한토기로 구분할 수 있다. 원삼국시대에 출현한 토기로는 양이부호·이중구연토기를, 백제가 국가단계에 진입한 후 지방에서 먼저 출현한 것으로 추정되는 마한토기로는 조족문토기를 들 수 있다. 필자(2011)는 일본 출토 백제(계) 토기를 마한토기, 백제토기로 나눈 뒤 각 토기의 반입지를 추정함으로써 언제, 어떤 지역 집단과 교류했는지 살펴보고 그 추이와 역사적 의의를 추출한 적이 있다. 본 연구에서는 백제토기의 편년에 중점을 두고 있기 때문에 일본 출토 백제토기뿐만 아니라 기존의 연구를 통해 일부 백제유적과의 관련성이 밝혀진 조족문토기도 포함시켰다. 이처럼 마한(계) 토기의 일부는 백제의 병탄 이후에도 계속 제작됐기 때문에(金鍾萬 2008a) 본고에서 이 모든 토기들을 총칭할 때에는 편의상 백제(계) 토기라 지칭한다.

63) 최근 大阪府 출토 백제(계)토기에 대해 고찰한 논문(梁基洪 2014)이 발표되었다. 다만 일부 대상토기에는 백제(계)토기로 볼 수 없는 것도 포함되어 있다.

의 연대가 달라지기 때문에 다른 형식의 須惠器 편년 역시 영향을 받을 수밖에 없다. 그러나 현재 대부분의 연구자들이 471년 설을 지지하고 있기 때문에 한일 고고학계에서 커다란 쟁점으로 등장한 서울 夢村土城 제3호 저장공 출토 TK23형식 須惠器 杯 1점을 5세기 후반으로 비정할 수 있다(權五榮 2011). 한편 奈良縣 香芝市 下田東 2호분의 목관 아래에서 TK23형식의 개배 6점이 수습되었다. 목관의 연륜연대는 449~450년이고, 벌채연대가 대략 450년대에서 460년이라는 분석을 신뢰할 수 있다면 TK23형식은 그 이전에 존재했음이 분명하다(酒井淸治 2009). 酒井淸治는 몽촌토성 출토 TK23형식의 須惠器를 한성 함락 이전의 반입품으로 보고 그 하한을 475년으로 설정했다. 이상과 같은 면에서 畿內의 TK23형식을 450년대 혹은 460년부터 470년경까지로, 그 다음 단계인 TK47형식을 490년경까지로 설정할 수 있다.[64] 이처럼 진일보하고 있는 須惠器 편년은 활용 가능한 역연대 자료가 부족한 백제토기의 연구에도 일조할 수 있을 것이다. 즉 須惠器와 공반된 백제(계) 토기는 백제 고고학 상대편년 설정에 유용한 기준이 될 수 있으리라 기대한다.

우선 일본 내 백제(계) 토기들을 기종별로 집성하는 작업을 실시한 다음 백제(계) 토기를 게재한 논문 및 자료집[65]과 최신 보고서의 자료들도 추가하였다. 토기 중에는 백제지역 운반품(A), 도래한 백제인의 현지 제작품(B), 왜인 도공의 A·B 모방품(C)이 포함(金鍾萬 2008a)되는데 백제토기 편년에 원용할 때에는 주로 A·B를 중심으로 다룬다.

그 다음에는 기종별[66]로 백제토기와 대비하여 그 계보를 찾고 특정 지역과

---

64) 關東地方 주거지 유구에서는 TK23형식과 TK47형식이 공반되는 일이 많기 때문에 양자의 시간차가 그다지 없으며 두 형식을 합쳐도 대략 30년 내외인 것으로 판단된다(酒井淸治 2009). 이 점에서 20년 미만의 짧은 須惠器 형식도 있었음을 짐작할 수 있다.

65) 國立公州博物館(1999c · 2000 · 2002 · 2004), 白井克也(2001), 九州前方後圓墳硏究會(2005), 中野咲(2007), 金鍾萬(2008a), 田中淸美(2010) 등을 참고하였다.

66) 일본 출토 백제(계) 유물로는 器臺(白井克也 2001), 平底有孔廣口小壺(白井克也 2001; 國立公州博物館 2002), 深鉢形土器(國立公州博物館 2002; 酒井淸治 2002; 金鍾萬 2008a), 煙筒土器(木下亘 2011), 竈額飾(아궁이틀)(徐賢珠 2003; 木下亘 2011) 등도 알려져 있다. 또한 長崎縣 貝口寺浦崎遺蹟 1호 석관묘(長崎縣敎育委員會 1974), 栃木縣 白

의 형식학적 관련성을 검토한다. 또한 공반된 須惠器를 통해 백제(계) 토기의 상대편년을 실시하여, 간접적으로나마 백제토기 편년의 흐름을 살펴보기로 한다.

(1) 盌

일본에서 坏形土器(酒井淸治 2002) 또는 淺鉢(寺井誠 2002)로 불리는 완은 원삼국시대에 경질무문 완(A형)을 중심으로, 외래문화인 樂浪土器의 영향을 받은 구연외반형(B형) · 구연직립형(C형) 완이 존재했다. 그런데 한성백제Ⅰ기에 들어서면서부터 A형 완의 소멸과 함께 동체부에 타날문이 나타난다. 한편 B형이 주류를 이루던 금강유역에 C형이 등장한다. 이어지는 한성백제Ⅱ기에는 금강유역 완의 주종이 B형에서 C형으로 바뀌는데, 그 배경은 백제의 영역확대와 관련될 가능성이 높다(朴淳發 · 李亨源 2011).

일본 출토 백제(계) 완은 모두 5세기대의 것이며(도 17),[67] B형이 5점, C형이 6점이다. 전반적으로 늦은 시대일수록 구경에 비해 배신이 낮아지고 구연부 끝이 외반되지 않은 형태(C형)가 된다. 이는 B형이 C형에 비해 시기적으로 앞선다는 연구(박순발 2006, pp.135~141; 서현주 2010; 朴淳發 · 李亨源 2011)와 부합된다. 결국 점차 용량이 작은 완이 유행했음을 알 수 있는데, 이러한 양상은 백제 삼족토기, 고배, 개배 등에서도 공통적으로 나타나는 특징이다(박순발 2006).

山臺遺蹟(定森秀夫 1999), 栃木縣 殿山遺蹟(酒井淸治 2001) 출토 평저유공광구소호도 마찬, 백제계로 보고 있다. 하지만 이 기종들은 엄밀히 말하면 백제토기의 범주에 들어가지 않는다. 5세기 전~중엽경 영산강유역을 포함한 호남지방에 출현한 유공광구소호는 장경호와 함께 '영산강양식 토기'로 부르고 있는 만큼 백제토기와는 구별된다(박순발 2000a). 또한 그 기원에 대해서도 일본 須惠器 𤭯과 형태적으로 연결되는, 시기적으로 이른 자료가 거의 없다는 점에서 왜로부터 전해진 기종(酒井淸治 2004)이라는 견해가 제기되고 있다. 때문에 이 글에서는 영산강유역 또는 일본과 관련이 있는 유공광구소호는 다루지 않는다.

67) 구체적인 내용은 p.327의 〈표 5〉를 참조.

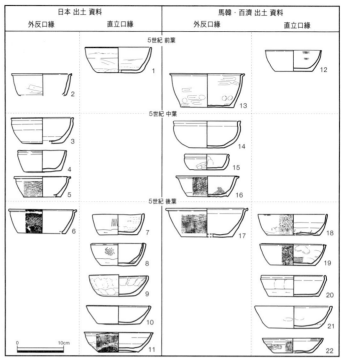

	日本 出土 資料		馬韓·百濟 出土 資料	
	外反口緣	直立口緣	外反口緣	直立口緣

1. 大阪 長原遺蹟 YS92-18 SD-101 溝狀遺構(八尾市文化財研究會 2008), 2. 大阪 蔀屋北遺蹟 大溝 E0900001(大阪府教育委員會 2010), 3. 大阪 伏尾遺蹟 包含層(大阪府教育委員會 1990), 4. 福岡 富地原森遺蹟 SB-16號 住居址(宗像市教育委員會 1995), 5. 大阪 大坂城蹟 谷地形 第5b層(大阪市文化財協會 2002), 6. 兵庫 尾崎遺蹟 包含層(龍野市教育委員會 1995), 7·8. 千葉 大森第2遺蹟 68號 住居址(酒井清治 2002a), 9. 福岡 吉武遺蹟群 3次 調査 EⅡ區 SX-14號 土壙1(福岡市教育委員會 1986), 10. 福岡 吉武遺蹟群 3次 調査 EⅡ區 SX-14號 土壙2(同上), 11. 滋賀 谷遺蹟 方墳 SX1(辻川哲朗 2013), 12. 漢江流域 採集 百濟土器(崔鍾澤 1996), 13. 高興 寒東遺蹟 27號 住居址(湖南文化財研究院 2006b), 14. 康津 楊柳洞遺蹟 三國時代 14號 住居址(鄭一·田銘勳 2010), 15. 長興 枝川里遺蹟 나地區 30號 竪穴(崔盛洛 外 2000), 16. 光州 東林洞遺蹟 75號 竪穴(湖南文化財研究院 2007c), 17. 牙山 葛梅里遺蹟 Ⅲ地域 遺物 包含層 A地區(李弘鍾 外 2007), 18. 牙山 葛梅里遺蹟 Ⅲ地域 水路 D區間(同上), 19. 光州 東林洞遺蹟 151號 溝(湖南文化財研究院 2007b), 20. 서울 風納土城 慶堂地區 31號 遺構(權五榮 外 2006), 21. 牙山 葛梅里遺蹟 Ⅲ地域 遺物包含層 C地區(李弘鍾 外 2007), 22. 光州 東林洞遺蹟 105號 溝(湖南文化財研究院 2007b)

도 17 일본 출토 백제(계) 완과 관련 자료의 비교(S=1/8)

　　일본 출토 백제(계) 완의 원산지를 양적인 면에서, 그리고 가장 오래된 형식이 있다는 점에서 전라남도로 비정한 견해가 있다(寺井誠 2002). 그러나 그간의 자료축적과 연구결과 한성기 백제유적에서의 반입 가능성도 충분함을 알게 되었다. 문제는 일본 출토 완의 구체적인 출처이다. 완은 원삼국시대 경질무문토기에서부터 나타나 타날문토기 단계에 정형화되었다. 또한 한성기에도 계속 만들어진 기형이며 그 변화도 한성기의 백제지역과 전라남도(영산강 유역)지역은 비슷하다(서현주 2010). 따라서 형식학적인 분류만으로 일본 출토 완의 故地를 찾는 것은 현재로서 상당히 어려운 일이다. 도면으로 제시한 자료는 모두 한성기의 백제지역 또는 마한지역(전라도)의 자료가 될 수 있다. 그 중 구단부가 밖으로 경사진 千葉縣 大森第2遺蹟 68호 주거지 출토 완(도 17-8)은 한성기 백제유적에서 아직까지 볼 수 없는 제작기법상의 특징을 가졌다. 이로 보아 光州 東林洞遺蹟 151호 溝(도 17-19), 光州 山亭里遺蹟(湖南文化財研究院 2008a) 등 영산강유역 반입품[68]일 가능성이 높다고 추정된다.

(2) 蓋

大阪府 蔀屋北遺蹟에서 각각 TK208형식과 TK216형식 이전의 須惠器와 공반된 꼭지가 없는 뚜껑이 출토되었다(도 18).[69] 보고자(藤田通子 2010)가 백제계라고 언급한 이 뚜껑들 가운데 〈도 18-2〉는 영산강유역에서 그 고지를 찾을 수 있다고 한다.

無鈕이면서 천정부가 평탄한 뚜껑은 有鈕보다 이른 3세기 중~말에 등장하여 한성기에 주로 제작된 것으로 인식하고 있으며, 坡州 舟月里遺蹟, 利川 雪峰山城, 서울 風納土城, 洪城 神衿城 등지에서 출토된다(金斗權 2003). 영산강유역에서는 이보다 늦은 4세기 후반에 羅州 伏岩里 3호분 제10

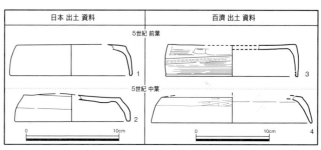

1. 大阪 蔀屋北遺蹟 大溝 E0900001(大阪府教育委員會 2010), 2. 同遺蹟 北東居住域 住居址 C3840(同上), 3. 서울 風納土城 197番地(舊未來마을) '03-4Tr.(國立文化財研究所 2009), 4. 서울 風納土城 慶堂地區 9號 遺構(權五榮 外 2004)

도 18 일본 출토 백제(계) 뚜껑과 관련 자료의 비교
(1·2 : S=1/4, 3·4 : S=1/5)

---

68) 식생활과 관련이 있는 한반도계 유물(완 2점과 심발형토기)의 출토는 東國(關東地方)으로 이주한 渡來人이 남긴 몇 안되는 유물이다(酒井淸治 2002).

69) 구체적인 내용은 p.327의 〈표 6〉을 참조.

호 옹관묘에서 보인다(서현주 2011).[70]

천정부가 평탄하고 귀가 달리는 등 아무런 장식이 없는 것으로 보이는 뚜껑(도 18-1)은 전라도보다는 한성(도 18-3)을 포함한 기타지역에 확인되는 듯하다. 〈도 18-2〉에 대해 보고자는 영산강유역으로부터의 반입품이라는 것 외에는 구체적인 설명을 하지 않았다. 그러나 구연이 외반되고 저부와 구연부의 접합부를 깎은 뚜껑은 서울 風納土城 경당지구 9호 유구(도 18-4)에서도 확인되고 있기 때문에 원산지를 영산강유역으로만 한정할 수는 없다.

(3) 蓋杯

일본 출토 백제(계) 개배로는 岡山縣 天狗山古墳 출토품(도 19-1~4)과 熊本縣 江田船山古墳 출토품(도 19-5·6)이 알려져 있다.[71]

백제 개배의 형태 변화는 후술할 삼족토기, 고배 몸체의 변화 경향과 대체로 일치한다. 이른 시기의 것은 배신이 깊은데 비해 시간의 경과와 함께 배신의 깊이가 점차 얕아진다(박순발 2006, p.148). 이로 보아 岡山縣 天狗山古墳 출토품은 5세기 3/4분기~6세기 1/4분기, 熊本縣 江田船山古墳 출토품은 5세기 4/4분기~6세기 1/4분기(웅진기)에 해당되는 것으로 추정된다.

岡山縣 天狗山古墳 출토 뚜껑은 천정부 중앙에 평탄한 면이 있고 초엽문(火欑)[72]이 관찰된다. 초엽문은 영산강유역, 즉 伏岩里를 비롯한 羅州地域에서 많이 확인된다(金鍾萬 2008a). 배신은 후술할 熊本縣 江田船山古墳 출토품에 비해 깊은 편이기 때문에 형식학적으로 앞선다. 뚜껑받침턱이 전형적인 須惠器보다 불명확한 것은 백제유적에서 일반적으로 확인되는 것이다. 배신은 김종만(2008a)이 지적한 羅州 伏岩里古墳群 출토품뿐만 아니라 백제가 수

---

70) 보고서에서는 완으로 소개되었지만, 이 시기 영산강 중류지역의 완보다는 배신이 얕기 때문에 뚜껑일 가능성이 더 높다는 한국전통문화대학교 서현주 선생님의 교시를 받았다.

71) 구체적인 내용은 p.328의 〈표 7〉을 참조.

72) 제품의 소성시 다른 제품과 접촉을 방지하기 위해 사용한 짚이 기벽에 타서 눌어붙은 흔적을 말한다.

도를 공주로 천도한 무렵인 5세기 4/4분기[73]로 설정된 群山 山月里遺蹟 나지구 6호분 횡혈식석실분 출토품(곽장근·조인진 2004), 公州 艇止山遺蹟 17호 저장공 출토품(도 19-7)과 비교된다.

熊本縣 江田船山古墳 출토품에 대해서는 최근 백제뿐만 아니라 大阪府 陶邑요지군에서도 유사한 것을 생산하였기 때문에 국산품으로 파악하는 의견도 제기되고 있다[74](本村豪章 1991). 陶邑 출토

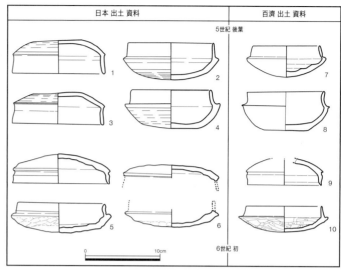

1~4. 岡山 天狗山古墳 가리비형(帆立貝形) 前方後圓墳 側面 突出部 上面(松木武彦 2001), 5. 熊本 江田船山古墳 前方後圓墳 橫口式家形石棺墓(本村豪章 1991), 6. 同遺蹟 梅原末治 採集 資料(同上), 7. 公州 艇止山遺蹟 17號 貯藏孔(國立公州博物館 1999a), 8. 盆山 笠店里古墳群 4號 橫穴式石室墳(文化財硏究所 1989), 9. 公州 艇止山遺蹟 7號 住居址(國立公州博物館 1999a), 10. 同遺蹟 地表收拾(同上)

도 19 일본 출토 백제(계) 개배와 관련 자료의 비교(S=1/5)

품과의 면밀한 검토 없이 이를 일본산 또는 舶載品으로 단정할 수는 없지만, 박재품설에 따른다면 이 배신은 靜止한 상태에서 저부 외면을 깎은 것이 특징이다. 이러한 제작기법과 기형은 공주 정지산유적 출토품(도 19-9·10)과 비교된다.

　(4) 三足土器

삼족토기는 고구려, 신라, 가야에는 없는 기형이다. 이 기종이 출토되는 유

---

73) TK47형식기의 須惠器 배가 공반되었다.
74) 반면 東潮(2002)는 江田船山古墳 출토품을 영산강유역산으로, 酒井淸治(2013)는 금강유역산으로 비정한다.

적이나 지역을 백제의 영역 또는 백제와의 교류가 있었던 지역으로 상정할 수 있을 만큼 백제를 대표하는 물질자료이다(土田純子 2004b). 삼족토기를 뚜껑의 有無에 따라 뚜껑을 덮지 않는 無蓋 삼족토기와 有蓋 삼족토기로 구분할 수 있지만, 뚜껑의 수반 여부와 관계없이 뚜껑을 받는 턱이 있으면 유개 삼족토기, 없으면 무개 삼족토기로 구분한다(박순발 2006, p.150). 이를 다시 배신의 형태로 盤形과 杯形으로 나눈다. 가장 출토량이 많은 배형 삼족토기는 백제가 존속한 전체기간에 걸쳐 계속 사용되는데, 점차 배신이 얕아지고 다리가 길어지며 다리의 위치가 배신의 최대경에 가까워지는 등의 변화를 확인할 수 있다(土田純子 2004b).

일본에서 유일한 사례인 佐賀縣 野田遺蹟 SD-102 大溝 출토 유개 삼족토기(도 20-1)[75]는 배신이 상대적으로 깊고 다리가 짧기 때문에 한성기 생산품임을 알 수 있다. 이는 TK23형식기의 매몰유구에서 출토된 것(蒲原宏行 外 1985; 白井克也 2001)이기 때문에 삼족토기의 형식학적인 연구(土田純子 2004b)의 시기 설정과도 부합된다. 또한 野田遺蹟 출토 삼족토기의 배신 외면 중앙에는 얕은 횡침선 1조가 돌려져 있는데, 이는 서울 풍납토성, 몽촌토성 제2호 토광[76](추정 제사유구) 출토

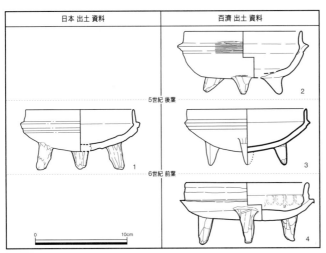

1. 佐賀 野田遺蹟 SD-102 大溝 埋土 下層(蒲原宏行 外 1985), 2. 서울 風納土城 慶堂地區 9號 遺構(權五榮 外 2004), 3. 서울 夢村土城 第2號 土壙(夢村土城發掘調査團 1985), 4. 公州 宋山里古墳群 方壇積石遺構(李漢祥・安敏子 1998)

도 20 일본 출토 백제(계) 삼족토기와 관련 자료의 비교(S=1/4)

---

75) 구체적인 내용은 p.328의 〈표 8〉을 참조.

76) 보고서에서는 토광묘로 명기되었으나 토광의 중앙바닥에 삼족토기 등의 토기가 놓여 있

삼족토기(도 20-3)에서도 관찰할 수 있듯이 한성기의 구연부 제작기법 중 하나이다.

(5) 四足土器

사족토기란 삼족토기에 다리가 하나 더 붙은 토기를 말하며, 삼족토기에 비해 균형감이 떨어진다. 제작 의도는 알 수 없으나 백제에서 제작된 토기임은 분명하다.

현재 서울 풍납토성 197번지 라-16호 주거지 출토품(국립문화재연구소 2012b), 光明 道德山城 지표 수습품(金秉模 外 1986), 충남대학교박물관 소장품(忠南大學校博物館 1983)과 高敞 壯谷里 출토품(安承周 1992) 등이 알려져 있다. 삼족토기의 형식학적인 특징에 대입해 보면 풍납토성, 도덕산성, 충남대학교박물관 소장품은 한성기, 고창 장곡리 출토품은 사비기 생산품으로 보인다.

TK73형식기의 須惠器와 공반된 大阪府 四ツ池[요츠이케]遺蹟 출토 사족토기(도 21-1)[77]는 도구로 외면을 회전물손질한 흔적과 구연부 바로 밑에 돌아간 폭 약 0.3cm의 얕은 횡침선이 특징이다. 같은 위치에 횡침선을 돌린 사례로는 洪城 神衿城 1號 貯藏孔 充塡土 출토 삼족토기(도 21-2), 公州 公山城 池塘2 2차 조사 출토 삼족토기(도 21-3)를 들 수 있다. 이러한 구연부의 특징은 Ⅳ장에서 언급할 바와 같이 서해안지역과 관련이 깊은 것으로 생각된다.

또한 일본 출토 사족토기에서는 도구를 이용해서 외면에 회전물손질한 흔적이 남아있는데 이는 牙山 葛梅里遺蹟 Ⅱ지역 유물퇴적층 출토 개배(도 21-4), 舒川 鳳仙里遺蹟 3지역 3-Ⅱ구역 백제시대 5호 주거지 출토 고배편[78](도

는 출토 양상으로 보아 제의행위와 관련된 유구로 이해된다(朴淳發 2001a).

77) 구체적인 내용은 p.328의 〈표 9〉를 참조.

78) 보고서에서는 뚜껑이라 했지만 실견해보니 고배편(보고서 도 375-6, 도판 346-5)이었다.

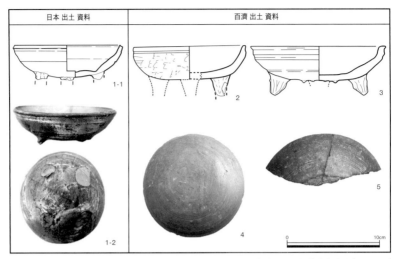

日本 出土 資料	百濟 出土 資料

1-1 · 2. 大阪 四ツ池[요츠이케]遺蹟 第100地區 SD-04 溝狀遺構 第2層 埋土(堺市教育委員會 1991; 筆者實測 · 撮影), 2. 洪城 神衿城 1號 貯藏孔 充塡土(李康承 外 1994), 3. 公州 公山城 池塘2 2次 調査 (李南奭 · 李勳 1999), 4. 牙山 葛梅里遺蹟 Ⅱ地域 遺物堆積層 蓋杯(忠淸南道歷史文化院 2007b; 筆者 撮影), 5. 舒川 鳳仙里遺蹟 3地域 3-Ⅱ區域 百濟時代 5號 住居址 高杯片(忠淸南道歷史文化院 2005; 筆者撮影)

도 21 일본 출토 백제(계) 사족토기와 관련 자료의 비교(S=1/4, 사진 : 축척 부동)

21-5), 뚜껑 등에서 확인됐을 뿐 백제 배류에는 흔하지 않은 제작기법이라 할수 있다. 이러한 제작기법이 지역성을 반영하고 있다면 四ツ池遺蹟 출토 사족토기는 백제 서해안지역과 관련이 있는 것으로 생각한다.

(6) 高杯

고배는 뚜껑의 有無에 따라 무개 고배와 유개 고배로 구분할 수 있지만, 뚜껑 수반 여부와 관계없이 뚜껑을 받는 턱이 있는 것을 유개 고배로, 없는 것을 무개 고배로 구분한다(박순발 2006, p.144). 고배는 삼족토기의 형태 변화와 같이 시간의 경과와 함께 배신이 낮아지고 다리가 길어진다(土田純子 2005a).

福岡縣 西森田遺蹟 제3호 溝 출토 유개 고배(도 22-1)[79]는 TK23 형식기의 須惠器 고배와 공반되었다(大刀洗町敎育委員會 2000; 白井克也 2001). 이 유개 고배는 구연부가 배신 안쪽으로 내경했는데, 서울 풍납토성 경당지구 9호 유구(權五榮 外 2004), 동토성 197번지 마-그리드 출토품(도 22-4), 公州 艇止山遺蹟 17호 저장공 하층 출토품과 가장 유사하다. 西森田遺蹟 출토 고배 다리의 끝부분에는 타날흔적이 남아 있는데 백제 고배에서도 타날성형이 확인되고 있다.

山形縣 東金井遺蹟 출토품(도 22-2·3)에 대해 定森秀夫(1999)는 咸平 月溪里 石溪 90-4호분

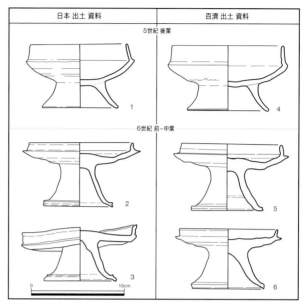

1. 福岡 西森田遺蹟 第3號 溝(大刀洗町敎育委員會 2000), 2·3. 山形 東金井遺蹟(定森秀夫 1999), 4. 서울 風納土城 197番地(舊未來마을) 마-그리드(國立文化財硏究所 2013), 5·6. 務安 인평古墳群 4號 石槨墓(崔盛洛 外 1999)

도 22 일본 출토 백제(계) 고배와 관련 자료의 비교(S=1/4)

출토품과 유사함을 지적하여 6세기 전반으로 비정하였다. 東金井 출토 고배 다리 단부의 두께는 咸平 月溪里보다 가늘다. 오히려 務安 인평고분군 4호 석곽묘 출토품(도 22-5·6)이나 新安 內楊里古墳에서 수습된 것(殷和秀 外 2004)과 유사하며, 6세기 중엽경으로 비정될 수 있다(徐賢珠 2006, pp.137~138).

(7) 短頸甁

백제 단경병은 한성기에 등장한 이래 백제가 존속한 기간 동안 제작, 사용

---

79) 구체적인 내용은 p.329의 〈표 10〉을 참조.

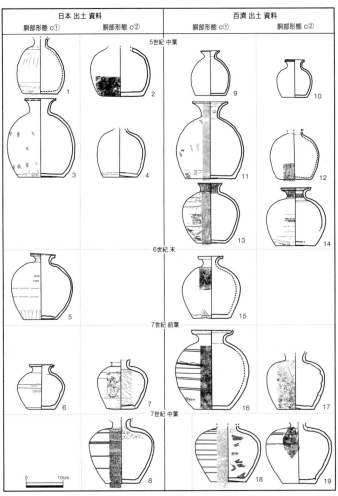

日本 出土 資料		百濟 出土 資料	
胴部形態 c①	胴部形態 c②	胴部形態 c①	胴部形態 c②

1. 大阪 三宅西遺蹟 3009流路(大阪府文化財センター 2009), 2. 大阪 蔀屋北遺蹟 南東居住域 井戸 A590(大阪府教育委員會 2010), 3. 奈良 新澤千塚古墳群 281號 墳頂(奈良縣立橿原考古學研究所 1981; 清水梨代 2008), 4. 福岡 劍塚遺蹟 第1號墳 西湟北半(福岡縣教育委員會 1978), 5. 福岡 廣石古墳群 Ⅰ-1號墳 橫穴式石室(福岡市教育委員會 1977), 6. 奈良 石光山古墳群 43號墳(奈良縣立橿原考古學研究所 1976), 7. 福岡 堤ヶ浦[츠츠미가우라]古墳群 12號墳 羨道~墓道 內(福岡市敎育委員會 1987), 8. 大阪 難波宮址 NW90-7次 調査 第7b2層 (大阪市文化財協會 2004), 9. 論山 茅村里古墳群 7號墳 石槨墓(安承周·李南奭 1993), 10. 論山 表井里古墳群 14號墳(安承周·李南奭 1988a), 11. 舒川 鳳仙里遺蹟 2地域 14號 石槨墓(忠淸南道歷史文化院 2005), 12. 서울 風納土城 197番地(舊未來마을) 가-2號 廢棄地(國立文化財硏究所 2009), 13. 公州 丹芝里遺蹟 4地區 10號 橫穴墓(朴大淳·池珉周 2006), 14. 同遺蹟 同地區 2號墳 橫口式石槨墓(同上), 15. 保寧 蓮芝里遺蹟 KM-046號 橫穴式石室墳(李弘鍾 外 2002), 16. 同遺蹟 KM-049號 橫穴式石室墳(同上), 17. 扶餘 官北里遺蹟 라地區 1號 石槨倉庫 內部(國立扶餘文化財硏究所 2009a), 18. 扶餘 東南里 172-2番地 一圓遺蹟 라區域 建物址9(忠淸南道歷史文化硏究院 2007b), 19. 論山 表井里 A區古墳群 7號墳(尹武炳 1992)

도 23   일본 출토 백제(계) 단경병과 관련 자료의 비교 1(S=1/10)

되었으므로 시간의 경과와 더불어 형태의 변화도 잘 알 수 있는 기종이다(土田純子 2005b).

일본 출토 단경병에 대해서는 寺井誠(2008)의 연구를 참고할 수 있다. 그는 백제와 일본의 단경병을 분류하고 일본 출토 단경병의 시기를 백제 단경병과 비교했다. 또한 공반유물의 시기를 검토함으로써 백제 단경병(難波宮址 출토품)의 반입시기를 추정하고 외교기사와 비교한 것은 여기서의 의도와도 일부 부합한다.

일본에서는 14개 유적에서 총 18점의 백제 단경병이 수습되었다.[80] 그 중 공반유물을 검토한 결과 가장 이른 시기의 자료들로 5세기 2/4분기의 大阪府 三宅西遺蹟 3009流路 출토품(도 23-1), 大阪府 蔀屋北遺蹟 남동 거주역 우물 출토품(도 23-2)을 들 수 있다. 이후 7세기 3/4분기까지 꾸준히 사용된 것은 '병'이 가지고 있는 기능적인 면과 관련이 있는 것으로 풀이할 수 있다.

후술할 단경병의 분석에 따르면 일본 출토 단경병은 동부형태 b를 제외한 동부형태 a, c, d와 구연형태 a~c가 확인된다. 동부형태는 a→d, 구연형태는 a→c의 순으로 시간적 상관관계가 인지된다.[81]

최대경이 동체 하부에 있는 동부형태 a는 한성기에만 만든 것으로 파악했지만 일본에서는 6세기 1/4분기 이후까지 존재한다(도 24-3). 5세기 3/4분기로 비정되는 奈良縣 土庫長田遺蹟 포함층 3층에서 출토된 단경병(도 24-2)에 대해서는 백제 단경병보다 동체부가 세장한 점 때문에 박재품을 모방했을 가능성이 높다는 견해(大和高田市敎育委員會 2010)와 백제토기로 보는 견해(金鍾萬 2008a)가 있다. 일반적인 단경병보다 동체부가 세장한 것이 많지는 않지만 光州 山亭洞遺蹟 9호 방형 건물지 출토품(도 24-5), 扶安 竹幕洞 祭祀遺蹟 나3구 지표 수습품(도 24-6)을 비롯하여 完州 上雲里遺蹟 나지구 6호 분구묘 2호 목관묘 출토품(金承玉 外 2010a), 瑞山 富長里遺蹟 Ⅰ지역 44호

---

80) 구체적인 내용은 pp.329~330의 〈표 11〉을 참조.

81) 도면에 제시한 동부형태 c①과 동부형태 c②는 동부형태 c를 세분한 것이며, 구체적인 기형의 설명은 〈도 99〉를 참고하기 바란다.

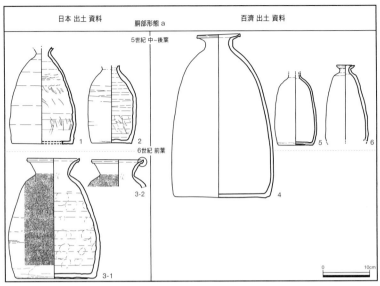

日本 出土 資料　　　　胴部形態 a　　　　　百濟 出土 資料

5世紀 中~後葉

6世紀 前葉

1. 福岡 吉武遺蹟群 Ⅸ區 SD-07 溝狀遺構(福岡市教育委員會 2001), 2. 奈良 土庫長田遺蹟 包含層
3層(大和高田市教育委員會 2010), 3-1 · 2. 熊本 野原古墳群 7號墳 封土(坂本經堯 1979; 中原幹彦
2005), 4. 扶安 竹幕洞 祭祀遺蹟 나3區 F3 · F4(國立全州博物館 1994), 5. 光州 山亭洞遺蹟 9號 方形建
物址(湖南文化財研究院 2008a), 6. 扶安 竹幕洞 祭祀遺蹟 나3區 地表收拾(國立全州博物館 1994)

도 24 일본 출토 백제(계) 단경병과 관련 자료의 비교 2(3-2 : 축척 부동, 기타 : S=1/8)

수혈유구 출토품(忠淸南道歷史文化硏究院 2008b), 淸州 新鳳洞古墳群 A지구
52호 토광묘 출토품(車勇杰 外 1990) 등 5세기대의 유적에서 분명히 확인되
기 때문에 백제토기일 가능성이 높다.

　6세기 1/4분기 이후의 熊本縣 野原古墳群 7호분 봉토 출토품(도 24-3)을
백제 반입품으로 보는 의견(寺井誠 2008)이 있으나, 백제토기 중 〈도 24〉의
3-2와 같은 구연부는 필자의 管見에 의하면 백제에는 없는 형태이다. 이와 같
은 구연부는 TK208형식부터 시작해 MT15형식까지의 고배 다리, TK10형식
까지의 옹 구연부에서 흔히 관찰되는 제작기법(中原幹彦 2005)이기 때문에
백제에서 제작된 토기인지 의문스럽다. 그 외는 백제 단경병과 상당히 유사하
기 때문에 참고자료로 제시한다.

(8) 杯附甁

배부병이란 병의 구연부에 배 모양의 잔이 달려 있는 매우 특이한 형태의 병을 말하는데 병의 몸체 모양에 따라 대략 3가지로 구분할 수 있다. 즉 몸체의 모양이 단경병과 같은 것, 자라병 모양으로 된 것, 배 2개를 마주한 것이 있다(박순발 2006, p.194). 자라병 모양의 배부병은 영산강유역을 포함한 백제유적에서 수습되는 반면 몸체의 모양이 단경병과 같은 것은 아직까지 영산강유역에서 출토된 사례가 없다(徐賢珠 2006). 이로 보아 단경병 몸체를 가진 배부병은 백제토기임을 알 수 있다.

단경병 형태의 배부병은 일본에서 총 5점이 출토된 바 있는데,[82] 이 중 須惠器와 공반된 배부병 5점 중 가장 이른 것은 5세기 3/4~4/4분기의 愛媛縣 土壇原古墳群 7호분 출토품과 大阪府 鬼虎川遺蹟 大溝 출토품(도 25-1·2)이다. 이후 6세기 3/4~4/4분기의 것을 奈良縣 外山古墳(도 25-3), 愛媛縣 別所遺蹟(도 25-4)에서 수습했다. 공반유물을 가지고 편년해 보면 배 모양 잔의 높이가 점차 낮아지는 경향이 나타나는데 이는 백제 배부병의 상대편년과 관련 있는 속성으로 보인다. 또한 백제 개배의 변천(박순발 2006, p.148)과도 일치한다.

현재 백제 배부병은 총 12점[83]이며, 북쪽으로는 서울, 남쪽으로는 고창에 이르는 범위에서 분포한다. 공반된 마구류의 연대가 5세기 후엽인 天安 龍院里遺蹟 C지구 1호 석곽묘 출토품(도 25-6)의 배가 비교적 깊기 때문에 형식

---

82) 구체적인 내용은 p.331의 〈표 12〉를 참조.

83) 북쪽부터 서울 風納土城 197번지 마-그리드(국립문화재연구소 2013), 天安 龍院里遺蹟 C지구 1호 석곽묘(임효재 외 2001), 淸原 主城里遺蹟 2호 석곽묘(韓國文化財保護財團 2000), 完州 上雲里遺蹟 나지구 7호 분구묘 2호 목관묘(金承玉 外 2010a), 같은 유적 라지구 1호 분구묘 30호 목관묘, 라지구 2호 분구묘 1호 목관묘(金承玉 外 2010b), 扶安 竹幕洞 祭祀遺蹟 나3구 I 3, 같은 유적 나3구 I 4(國立全州博物館 1994), 高敞 石橋里遺蹟 1호 주거지, 같은 유적 8호 주거지(李瑛澈 外 2005), 羅州 伏岩里遺蹟 8호분 북쪽 주구 18층(국립나주문화재연구소 2013), 박만식교수 기증품(국립부여박물관 1995) 등 총 12점이다.

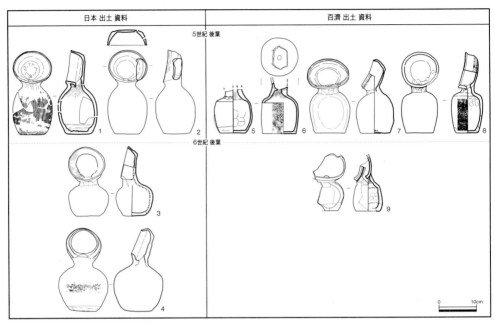

日本 出土 資料	百濟 出土 資料

5世紀 後葉

6世紀 後葉

1·2. 大阪 鬼虎川遺蹟 大溝(大阪府教育委員會 2002), 3. 奈良 外山古墳 (推定)橫穴式石室墳(同上; 東京國立博物館 1994), 4. 愛媛 別所遺蹟 (推定)橫穴式石室墳(正岡睦夫 1993), 5. 서울 風納土城 197番地(舊末來마을) 마-그리드(國立文化財硏究所 2013), 6. 天安 龍院里遺蹟 C地區 1號 石槨墓(任孝宰 外 2001), 7. 扶安 竹幕洞 祭祀遺蹟 나3區 I 4(國立全州博物館 1994), 8. 羅州 伏岩里遺蹟 8號墳 北側 周溝 18層(國立羅州文化財硏究所 2013), 9. 高敞 石橋里遺蹟 8號 住居址(李暎澈·趙希鎭 2005)

도 25 일본 출토 백제(계) 배부병과 관련 자료의 비교(S=1/10)

학적으로 가장 빠른 것으로 추정한다. 高敞 石橋里遺蹟 8호 주거지 출토 배부병(도 25-9)은 6세기 3/4~4/4분기인 奈良縣 外山古墳 출토품과 비교가 될 것이다.

백제와 일본의 자료에서는 병에 배를 설치한 후 구멍을 뚫은 방법이 두 가지임을 알 수 있다. 천안 용원리유적 C지구 1호 석곽묘 출토품은 가운데에, 大阪府 鬼虎川遺蹟 출토품은 한쪽에 치우쳐서 뚫려 있다. 이는 향후 출토 사례의 증가와 더불어 시공간적 범위를 결정할 때 중요한 지표가 될 수 있을 것이다.

지금까지의 백제 및 일본 자료를 검토해 본 결과 배부병은 5세기 3/4분기

~6세기 4/4분기의 한정된 시기[84]에 제작되었으며, 백제에서 출현한 배부병
은 그리 큰 시간차 없이 바로 일본에 반입되었음을 알 수 있다. 그리고 백제
중앙보다도 충청남도~전라북도의 옛 마한지역에 해당하는 집단들과의 교류
속에서 일본으로 넘어간 것으로 해석된다.

(9) 把杯

현재까지 백제유적에서 알려진 파배는 대략 60여 점 가량인데, 그 분포를
보면 서울 夢村土城, 原州 法泉里古墳群, 天安 龍院里古墳群, 淸州 新鳳洞古
墳群, 論山 茅村里古墳群, 群山 新月里古墳群, 扶安 竹幕洞 祭祀遺蹟 등지이
며, 이들 가운데 분포의 밀도가 가장 높은 곳은 천안과 청주지역이다(박순발
2006, p.197). 현재까지 알려진 파배 가운데 가장 이른 단계에 해당하는 것은
天安 斗井洞遺蹟 분구묘와 大田 場垈洞遺蹟 주거지 출토품이며, 그 기원은 대
략 3세기 말~4세기 초 무렵 중국 遼寧지역의 파배로 보고 있다(박순발 2006,
p.200).

일본에서 백제 파배[85]로 주목된 奈良縣 山田道遺蹟 SD-2570 河川蹟 상층
출토품(도 26-1)과 大阪府 長原遺蹟 NG95-36차 조사 7B 포함층 출토품(도
26-2)은 말 모양의 손잡이가 달려 있는 馬形把手附把杯이다. 이에 대해서는
이미 부안 죽막동 제사유적(도 26-4 · 5)과 淸州 佳景洞遺蹟 4지구 1구역 2
호 토광묘(차용걸 외 2002b) 출토품과의 관련성이 지적된 바 있다(吉井秀夫
1999; 金鍾萬 2008a).

필자가 주목한 것은 大阪府 四ツ池遺蹟 제100지구 SD-04 구상유구 제1층

---

84) 보고자(金承玉 外 2010c)는 완주 상운리유적 나지구 7호 분구묘 2호 목관묘 · 라지구 2
호 분구묘 1호 목관묘를 Ⅳ-1기(4세기 중엽~5세기 초)로, 라지구 1호 분구묘 30호 목관
묘를 Ⅳ-2기(5세기 초~중엽)로 편년했다. 그러나 라지구 2호 분구묘 1호 목관묘 출토
배부병과 함께 묻힌 環頭大刀에 부착된 柄頭金具와 柄緣金具는 5세기 중엽 이후에 출현
한 특징이라고 한다(이보람 2009). 이처럼 상운리유적의 연대는 다시 재고할 필요가 있
다고 생각하기 때문에 보고서에 기재된 배부병의 연대관을 적용하지 않았다.

85) 구체적인 내용은 p.331의 〈표 13〉을 참조.

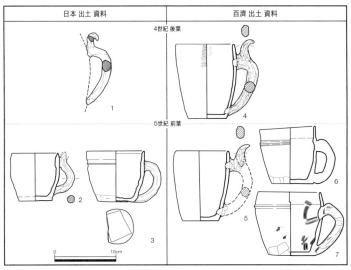

日本 出土 資料	百濟 出土 資料

4世紀 後葉

5世紀 前葉

1. 奈良 山田道遺蹟 SD-2570 河川蹟 上層(奈良國立文化財研究所 1991), 2. 大阪 長原遺蹟 NG95-36次 調査 7B包含層(櫻井久之 1998), 3. 大阪 四ツ池[요츠이케]遺蹟 第100地區 SD-04 溝狀遺構 第1層 埋土(堺市教育委員會 1991), 4・5. 扶安 竹幕洞 祭祀遺蹟 나3區 F4 外(國立全州博物館 1994), 6. 天安 龍院里古墳群 35號 土壙墓(李南奭 2000), 7. 完州 上雲里遺蹟 라地區 2號 墳丘墓 8號 木棺墓(金承玉 外 2010b)

도 26 일본 출토 백제(계) 파배와 관련 자료의 비교(S=1/6)

埋土 출토품(도 26-3)이다. 이 유적에서는 마한 및 백제로부터 반입된 양이부호와 사족토기가 수습되고 있기 때문에 저부 바닥에 轆轤痕이 남아 있는 이 파배도 마한 및 백제의 반입품일 가능성이 있다. 기형 및 제작기법을 보아도 생산지가 백제일 가능성이 높다. 또한 傳 天安 花城里(小田富士雄 1982), 천안 용원리고분군 35호 토광묘(도 26-6), 완주 상운리유적 라지구 2호 분구묘 8호 목관묘(도 26-7) 출토품과도 유사하다.

(10) 廣口長頸壺

백제 광구장경호는 무덤에 부장되는 토기 기종 가운데 하나이다. 이는 한성기 중앙에서 등장하여 점차 영역확대와 더불어 지방으로 확산된 것으로 이해된다(박순발 2006, p.167).

大阪府 利倉西遺蹟 출토 광구장경호(도 27-1)[86]는 격자문 타날 후 물손질을 하였기 때문에 문양이 부분적으로 희미하게 남아 있는 것 외에는 무문이

---

86) 구체적인 내용은 p.332의 〈표 14〉를 참조.

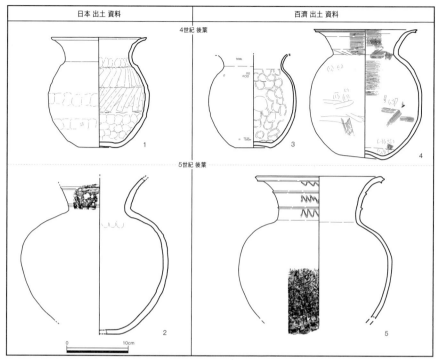

日本 出土 資料	百濟 出土 資料

4世紀 後葉

5世紀 後葉

1. 大阪 利倉西遺蹟 2區 南 舊河道 岸斜面地(柳本照男 1984; 豊中市 2005), 2. 福岡 西森田遺蹟 第3號 溝(大刀洗町 教育委員會 2000), 3. 서울 風納土城 197番地(舊未來마을) 다-그리드(國立文化財研究所 2013), 4. 大田 龍山洞遺 蹟 3號 土壙墓(成正鏞·李亨源 2002), 5. 서울 風納土城 197番地(舊未來마을) 가-2號 廢棄址(國立文化財研究所 2009)

도 27 일본 출토 백제(계) 광구장경호와 관련 자료의 비교(S=1/6)

며 단순한 형태를 취하고 있다[87](豊中市 2005). 이 출토품에 대하여 보고자는 大田 龍山洞遺蹟 3호 토광묘 출토품과의 유사성을 지적하고 있다(도 27-4).

利倉西遺蹟의 중심연대는 TK208~TK47형식기(5세기 중~후엽)에 해당하 지만 광구장경호는 이보다 오래된 자료라 한다(豊中市 2005). 광구장경호는

---

87) 서울 풍납토성에서는 기형과 제작기법이 동일한 광구장경호(도 27-3)가 수습되었으나 공반관계를 알 수 없는 그리드 출토품이기 때문에 그 자체로 시기를 비정하기에는 어려 움이 있다.

후술할 분석에 따르면 시간의 경과에 따라 목이 길어지는 양상이 확인된다. 중국 자기와의 공반에 의해 4세기 4/4분기~5세기 1/4분기로 비정된 公州 水村里遺蹟 Ⅱ지점 1호 토광목곽묘 출토품보다 利倉西遺蹟 출토품은 목이 상대적으로 짧기 때문에 늦어도 4세기 4/4분기[88]에 출현한 것으로 추정된다.

福岡縣 西森田遺蹟 출토 광구장경호(도 27-2)는 경부 돌대 사이에 밀집파상문이 있다(大刀洗町敎育委員會 2000). 이를 전라도계로 보는 의견(武末純一 2000)도 있으나 이러한 기형 및 제작기법은 서울 풍납토성 경당지구 197번지 가-2호 폐기지(도 27-5), 논산 모촌리고분군 5호분(安承周 外 1994) 등지에서도 관찰된다.

(11) 平底壺類

백제의 평저호[89]는 원삼국시대 낙랑토기의 영향을 받아 탄생했으며, 灰黑色無文樣土器의 제작 전통을 계승한 것으로 이해되고 있다(朴淳發 2001a, p.135). 평저호는 백제의 분묘유적 및 생활유적에서 수습되는 기종이지만, 한성기·웅진기 이후로는 출토량이 현저히 줄어들었다(土田純子 2006).

일본 출토 평저호류의 시기는 공반유물로 보는 한 5세기대에 국한되어 있다.[90] TK216형식기(5세기 2/4분기)[91]에 해당하는 大阪府 城山遺蹟 6호분

---

88) 大田 龍山洞遺蹟 3호 토광묘 출토 광구장경호와 공반된 연미형에 관부가 없는 철모(ⅡBb형식)는 3세기 말~4세기 초를 전후한 무렵에 중서부지방에 출현하고 5세기대에 주류를 이룬다(成正鏞 2000b). 철모 및 살포에 대한 형식학적 편년(成正鏞 2000b; 李東冠 外 2008)도 이를 뒷받침하고 있다. 또한 大阪府 利倉西遺蹟 출토 광구장경호를 실견한 성정용(2008)도 금산이나 대전·논산 등 금강 내륙지역의 생산품이 이입되었을 가능성이 높은 것으로 보고, 그 시기를 4세기 말~5세기 전엽 무렵으로 상정했다.

89) 호류는 크기, 저부·동체부·구연부의 형태, 특징적인 부가적 요소 등에 따라 소호류와 원저호류, 평저호류, 장경호류, 기타 호류 등으로 나눌 수 있다. 크기로 본다면 원저호류는 대형과 중형토기가 많고 평저호류는 중형토기가 대부분이다(朴智殷 2007). 여기에서는 개체수가 많지 않은 소호와 중형에 속하는 평저호를 대상으로 삼았다.

90) 구체적인 내용은 p.332의 〈표 15〉를 참조.

91) 城山遺蹟 6호분에서는 이 평저호만 수습되었기 때문에 시기 비정이 어려우나 城山支群 전체로 본다면 첫 번째 須惠器 杯身은 TK216(~208)형식, 小型丸底土器의 형태를 須惠

출토 평저단경호(도 28-1)는 初期須惠器의 범주에 포함(大阪府教育委員會 1986)시킬 수 있지만 기형,[92] 저부의 轆轤痕, 동체 하부의 정지 깎기 등은 백제 평저단경호에서 자주 나타나는 특징들이다(中久保辰夫 2010, pp.128~ 129). 더구나 외면에 무문 타날 또는 도구로 누른 흔적이 보이는데, 이는 필자의 실견에 의하면 서울 풍납토성 197번지 라-19호 주거지 출토 낙랑계 토기(국립문화재연구소 2013), 大田 九城洞遺蹟 D-1호 토광묘 출토 단경호(도 28-5)의 표면에도 관찰된다. 城山遺蹟 6호분 출토품보다는 다소 크지만 기형은 華川 原川里遺蹟 76호 주거지 출토품[93](도 28-4), 대전 구성동유적 D-1호 토광묘 출토품, 천안 용원리고분군 7호 토광묘 출토품(도 28-6), 瑞山 堰岩里 낫머리遺蹟 다지구 백제시대 7호 수혈유구 출토품(尹淨賢 2010), 완주 상운리유적 가지구 9호 분구묘 1호 목관묘 출토품(金承玉 外 2010a)과 유사하다. 初期須惠器 중에는 한반도의 기형ㆍ기법에 충실한 물건도 있기 때문에 (寺井誠 2006) 과학적인 근거 없이 이를 반입품으로 단정 지을 수는 없지만 적어도 백제 공인이 제작한 토기임은 분명하다.

5세기 후엽으로 비정되는 對馬島 惠比須山遺蹟 7호 석관묘 출토 직구단경호는 발달된 어깨, 견부에 돌아가는 2조의 횡침선, 침선 사이의 파상문이 특징이다(도 28-2). 이와 유사한 기형은 서울 풍납토성 경당지구 9호 유구 평면 A 수혈 출토품(도 28-7), 서울 풍납토성 소규모주택신축부지 142-1호 시굴갱 출토품(도 28-8), 서울 石村洞古墳群 3호분 동쪽 A지역 9호 토광묘 출토품(金元龍 外 1986)을 들 수 있다. 2조의 횡침선 안에 파상문을 돌린 사례를 웅진기, 사비기에는 관찰할 수 없기 때문에(朴淳發 2003) 한성기의 특징을 잘 반영한 셈이다. 백제 고배의 공반유물인 福岡縣 西森田遺蹟 제1호 溝 출토 直

器의 형식에서 말하자면 TK73~216형식에 해당하므로 城山遺蹟 6호분의 연대는 TK216 형식 즉 5세기 전엽 즈음으로 추정된다. 이에 대해 大阪大學 埋藏文化財調査室의 中久保辰夫 선생님부터 교시를 받았다.

92) 이와 유사한 기형이 淸原 松坮里遺蹟 16호 토광묘(韓國文化財保護財團 1999a), 원주 법천리고분군 2차 B트렌치(尹炯元 2002) 등에서 수습되었다.

93) 출토품은 공반유물(철촉)을 통해 4세기 말~5세기 초로 추정된다.

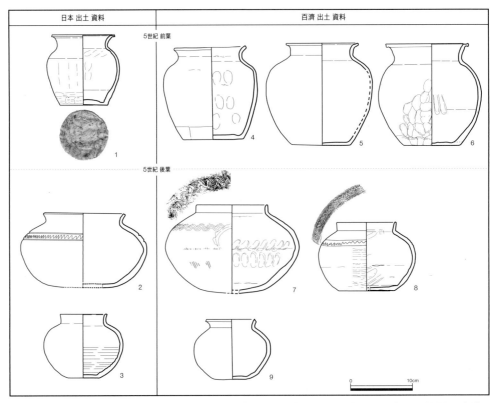

日本 出土 資料	百濟 出土 資料

5世紀 前葉

5世紀 後葉

1. 大阪 城山遺蹟 6號墳 主體部 南 周溝 底面(大阪府教育委員會 1986; 筆者實測), 2. 對馬 惠比須山遺蹟 7號 石棺墓(坂田邦洋 · 永留史彦 1974), 3. 福岡 西森田遺蹟 第1號 溝(大刀洗町教育委員會 2000), 4. 華川 原川里遺蹟 76號 住居址(濊貊文化財研究院 2013), 5. 大田 九城洞遺蹟 D-1號 土壙墓(崔秉鉉 · 柳基正 1997), 6. 天安 龍院里古墳群 7號 土壙墓(李南奭 2000), 7. 서울 風納 土城 慶堂地區 9號 遺構 平面A 竪穴(權五榮 外 2004), 8. 同土城 小規模住宅新築敷地 142-1號(142-1番地) 試堀坑(國立文化財研究所 2007), 9. 益山 笠店里古墳群 8號 橫口式石槨墓(文化財研究所 1989)

도 28 일본 출토 백제(계) 평저호류와 관련 자료의 비교(S=1/6)

口小壺(도 28-3)는 扶餘 汾江 · 楮石里古墳群 5호 석곽묘(李南奭 1997), 益山 笠店里古墳群 8호 횡구식석곽묘(도 28-8)와 비교할 수 있을 듯하다.

(12) 壺類 · 甕

福岡縣 西新町遺蹟 출토 호 2점은 백제(계) 호로 분류하는 것들 중에서 가

장 이른 시기인 4세기 중~후엽으로 비정되고 있다(福岡縣敎育委員會 2009).[94]
같은 유적 3차 조사 2호 주거지 출토 호(도 29-1)는 동체부의 배부른 정도가
심하고, 경부는 약간 직선적으로 벌어지며, 구연부는 크게 외경하여 수평에
가까운 면을 이룬 것이 특징이다(重藤輝行 2010). 동체부 외면 상부에는 평행
문 타날, 하부에는 약간 큰 격자문 타날을 베풀었고, 약간 갈색을 띠는 연질이
다(重藤輝行 2010). 구연을 밖으로 크게 외경시킨 것은 天安 淸堂洞遺蹟(韓
永熙 · 咸舜燮 1993), 淸州 鳳鳴洞遺蹟(차용걸 외 2005), 淸原 松垈里遺蹟(韓
國文化財保護財團 1999a), 公州 下鳳里遺蹟(徐五善 · 李浩炯 1995)의 3~4세
기대 분묘군 출토품에서도 다수 확인된다. 한편 비교적 긴 경부가 직선적으로
벌어지는 특징은 咸平 月也 蓴村遺蹟 출토품(최성락 외 2001), 咸平 萬家村古
墳群 출토품(林永珍 外 2004), 潭陽 台木里遺蹟 Ⅲ구역 62호분 북쪽 주구 출
토품(도 29-11), 咸安 道項里古墳群 26호분 목관묘 출토품(國立昌原文化財
硏究所 1997)과 유사하다(重藤輝行 2010).

외면의 타날을 섬세한 물손질로 지운 같은 유적 3차 조사 5호 주거지 출
토 호(도 29-2)의 동체부는 倒卵形, 구연부는 짧고 완만하게 외반하며, 구단
부는 각지게 처리되었다(重藤輝行 2010). 이는 원삼국시대 大田 弓洞遺蹟 14
호 주구토광묘 출토품(李康承 外 2006)을 비롯해 청주 신봉동고분군 14호 토
광묘 출토품(이융조 외 1983), 부안 죽막동 제사유적 출토품(國立全州博物館
1994), 康津 楊柳洞遺蹟 삼국시대 13호 주거지 출토품(정일 · 전명훈 2010),
高敞 南山里遺蹟 5구역 나지구 3호 옹관묘 출토품(도 29-12), 潭陽 台木里遺
蹟 Ⅰ · Ⅱ지구 65호 주거지 출토품(湖南文化財硏究院 2010a)에서 유사한 토기
를 찾아 볼 수 있다.

5세기 전엽의 福岡縣 久原瀧ヶ下[쿠바라타키가시타]遺蹟 SC-72호 주거
지 출토품은 구연이 직립된 승문 타날 옹(도 29-3)이다. 흔치 않은 기종이지
만 기형만 본다면 4세기 후반 咸平 禮德里 萬家村古墳群 3-3호묘 옹관(林永
珍 外 2004), 3세기~6세기대의 유물과 공반된 羅州 長燈遺蹟 2호분 주구 내

---

94) 구체적인 내용은 pp.333~334의 〈표 16〉을 참조.

출토 옹(도 29-13)과 유사성을 찾을 수 있다.[95] 大阪府 蔀屋北遺蹟 大溝 출토 호(도 29-4)는 백제에서 난형단경호 또는 장란형호라 불리는 기종이며, 동체부가 길어지는 점에서 원저단경호의 후행기종으로 파악하고 있다(金殷卿 2008, p.31). 3세기 중~후엽경에 출현한 난형단경호는 4세기 중엽 충청북부지역의 고분군에서 보편적으로 부장된 기종이지만(김성남 2001), 같은 시기 금강 이남, 전라도에서는 잘 확인되지 않는 것이 특징이다. 서울 풍납토성 출토품, 華川 原川里遺蹟 33호 주거지[96] 출토품(도 29-14), 천안 용원리고분군 출토품(李南奭 2000) 등에서 유사한 사례를 찾을 수 있다.

大阪府 利倉西遺蹟(도 29-5)에서는 橫置燒成으로 인해 동체부가 함몰된 호가 출토되었다. 횡치소성은 이 시기 백제, 신라, 가야, 왜에서는 일반적이지 않았던 기법이며 영산강유역 토기의 중요한 기준(朴天秀 2006)으로 인식되어 왔으나, 鄭朱熙(2008, p.20)의 연구에 따르면 3~4세기대의 함안양식 고식도질토기에서도 관찰된다고 한다. 따라서 大阪府 利倉西遺蹟 및 長崎縣 佐保浦赤崎遺蹟 3호 수혈식석실분 출토품(도 29-5·6)이 횡치소성하였다는 점만으로는 영산강유역산으로 보기 어려워졌다. 다만 5세기 이후의 함안에서는 횡치소성이 나타나지 않았고(金寶淑 2008), 같은 시기 다른 지역의 토기와 비교하면 기벽이 상당히 얇고 무게가 가볍다는 특징이 있기 때문에 여기에서는 利倉西遺蹟과 佐保浦赤崎遺蹟 출토품을 영산강유역 토기로 간주하겠다.

大阪府 利倉西遺蹟 출토품은 동체부 하단에 평행문, 중간에 승문을 타날한 후 침선을 나선상으로 돌렸으며, 어깨부분의 문양은 물손질로 지웠다. 타날문양 구성에서 다소 차이가 있으나 羅州 化亭里 馬山 3호분 1호 옹관묘 출토품(도 29-15)과 비교할 수 있다. 다만 앞서 검토한 광구장경호가 4세기 4/4분

---

95) 영산강유역 옹(기고 30cm, 동최대경 25cm 이상)의 형식분류(문지연 2009)에 따르면 福岡縣 久原瀧ヶ下遺蹟 출토품은 III형식에 해당한다. 영산강유역에서 III형식 옹의 수량은 매우 적으며, 咸平 禮德里 萬家村古墳群, 羅州 長燈遺蹟 2호분 주구 내 출토품 정도만 있을 뿐이다.

96) 공반 마구의 편년에서도 4세기 말~5세기 초로 보고 있다(권도희 2013).

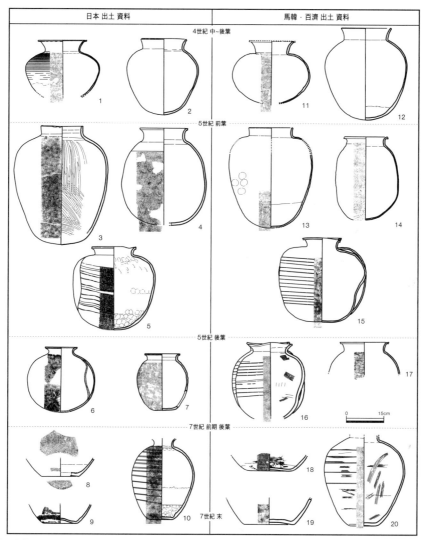

| 日本 出土 資料 | 馬韓·百濟 出土 資料 |

4世紀 中~後葉

5世紀 前葉

5世紀 後葉

7世紀 前期 後葉

7世紀 末

0   15cm

1. 福岡 西新町遺蹟 3次 調査 2號 住居址(福岡縣教育委員會 1985), 2. 同遺蹟 3次 調査 5號 住居址(同上), 3. 福岡 久原瀧ヶ下[쿠바라타키 가시타]遺蹟 2次 調査 K區 SC-72號 住居址 北側床面(宗像市教育委員會 2000), 4. 大阪 蒲屋北遺蹟 大溝(大阪府教育委員會 2010), 5. 大阪 利倉西遺蹟 2區 南 舊河道의 岸斜面地(豊中市 2005), 6. 長崎 佐保浦赤崎遺蹟 3號 竪穴式石室(長崎縣教育委員會 1974), 7. 奈良 唐古·鍵遺蹟 84次 調査 ST-101 方墳 南周溝(田原本町教育委員會 2009), 8. 大阪 難波宮址 NW90-7次 調査 第7b1層(大阪市文化財協會 2004), 9. 同址 NW90-7次 調査 第7b2層(同上), 10. 同址 OS03-13次 調査 第9層 上面 SK901+SK902 土壙遺構(大阪市教育委員會 2005), 11. 潭陽 台木里遺蹟 Ⅲ區域 62號墳 北側 周溝(湖南文化財研究院 2010b), 12. 高敞 南山里遺蹟 5區域 나地區 3號 甕棺墓(金鍾文外 2007), 13. 羅州 長燈里遺蹟 2號墳 周溝 內(湖南文化財研究院 2007d), 14. 華川 原川里遺蹟 33號 住居址(濊貊文化研究院 2013), 15. 羅州 化亭里 馬山 3號墳 1號 甕棺墓(李正鎬 外 2009), 16. 光州 河南洞遺蹟 9號 溝 7地點(湖南文化財研究院 2008b), 17. 淸州 新鳳洞 古墳群 98號 土壙墓(車勇杰 外 1995), 18. 扶餘 雙北里 두시럭골遺蹟 2地點 2號 建物址(朴大淳·鄭華榮 2008), 19. 扶餘 花枝山遺蹟 라地區 暗褐色砂質粘土層(國立扶餘文化財研究所 2002a), 20. 扶餘 東南里 172-2番地 一圓遺蹟 遺物包含層(忠淸南道歷史文化研究院 2007b)

도 29 일본 출토 백제(계) 호류·옹과 관련 자료의 비교(S=1/15)

기로 추정되기 때문에 이 호도 거의 같은 시기에 반입되었을 가능성이 있다.[97]

5세기 후엽 長崎縣 佐保浦赤崎遺蹟 출토품(도 29-6)은 가로로 긴 동체부에 승문을 시문한 후 침선을 나선상으로 돌린 횡치소성품이다. 기형의 차이는 있지만 光州 河南洞遺蹟 9호 溝 7지점 출토품(도 29-16) 등과 비교할 수 있다. 奈良縣 唐古 · 鍵遺蹟 84차 조사 ST-101 방분 남쪽 주구 출토 난형단경호[98](도 29-7)는 크게 외반한 구연부에, 바닥은 말각평저이며, 동체부 바닥부분까지 평행문과 직교하는 2~3줄 정도의 직선이 있는 타날을 시문했다(吉井秀夫 2002). 전체적인 형태나 타날문양은 영산강유역권보다는 금강유역권의 청주 신봉동고분군 98호 토광묘 출토품(도 29-17), 천안 용원리고분군 출토품과 유사하다(吉井秀夫 2002; 金鍾萬 2008a).

大阪府 難波宮址 OS03-13차 조사 출토 호(도 29-10)는 평저에 가까운 凹底이며, 외면에는 승문 타날 후 나선 모양으로 침선을 돌렸다(寺井誠 2010b). 이와 유사한 특징들은 사비기의 호에서도 찾을 수 있다(寺井誠 2010b)(도 29-20).

(13) 鳥足文土器

조족문토기란 박자에 평행문 또는 격자문과 새의 발자국 모양을 조합하여 새긴 문양을 말하며(金鍾萬 2008b), 호류, 옹, 시루, 심발형토기 등 다양한 기종들에서 나타난다(崔榮柱 2007). 또한 이 문양은 河南 渼沙里遺蹟 출토품을 예로 들어 대체로 4세기대에 출현하는 것으로 보고 있다.[99]

---

97) 利倉西遺蹟의 중심연대는 TK208~TK47형식기(5세기 중~후엽)에 해당하지만 보고자(豊中市 2005)는 이보다 오래된 자료로 언급하였다.

98) 이 난형단경호는 1변 8m 정도의 소규모 방형분 남측 주구에서 須惠器 개배 등과 공반되었다. 須惠器 개배는 TK47형식(5세기 4/4분기)과 MT15형식(6세기 1/4분기) 두 시기로 설정되는데, 이 난형단경호는 4 · 5세기대 백제의 난형단경호에서 그 기원을 찾을 수 있기 때문에 여기서는 TK47형식의 개배와 공반된 유물로 보고자 한다.

99) 최영주(2007)는 조족문토기 공반유물을 통해 4세기 중~후엽에 중서부지역권에서, 김종만(2008b)은 4세기 전반경 백제 중심지와 가까운 곳에서 정형화된 것으로 보았다.

현재까지 일본에서는 36개소의 유적에서 약 110여 점[100]이 수습됐다.[101] 특이한 점은 일본 출토품 중에 백제보다 이른 시기의 조족문토기가 있다는 것이다. 大阪府 長原遺蹟 지하철 31공구 SD-03 구상유구 출토품은 畿內第Ⅴ 樣式(2세기 후엽~3세기 초)으로서 일본에서 가장 오래된 조족문토기로 평가 받는데(田中淸美 1994), 다른 자료와의 시기차가 매우 크기 때문에 적극 활용 하지 못하는 것이 사실이다(寺井誠 2006 · 2010a). 나머지 조족문토기는 모두 古墳時代 중기 또는 그 이후의 유물과 함께 매납된 점, 5세기 전엽대의 기형 인 大阪府 長原遺蹟 95-36차 조사 출토 조족문토기와 유사한 점을 들어 古墳 時代 중기의 것으로 평가한 견해(寺井誠 2006 · 2010a)에 대해 필자 또한 공 감하는 바[102]이다.

그렇다면 일본에서 가장 이른 시기의 조족문토기는 4세기 후엽의 福岡縣 井原上學遺蹟 3호 溝 埋土 하층 출토품(도 30-1), 福岡縣 井原塚廻遺蹟 2호 주거지 출토품(도 30-2), 福岡縣 三雲南小路遺蹟 435번지 방형 토광 출토품 (前原市敎育委員會 2002), 大阪府 久寶寺遺蹟 NR-4003 自然河川蹟 출토품 (大阪府敎育委員會 1987)이다. 따라서 마한 · 백제 조족문토기는 늦어도 4세 기 후엽에는 출현했다고 추정할 수 있다.

大阪府 · 奈良縣에서는 5세기대의 조족문토기가 대량으로 출토되었다. 大 阪府 久寶寺遺蹟의 사례에서 볼 수 있다시피 九州와 큰 시간차 없이 조족문

---

100) 완형품과 더불어 파편도 하나의 개체로 합산했다.

101) 구체적인 내용은 pp.335~340의 〈표 17〉을 참조.

102) 大阪府 長原遺蹟 지하철 31공구 SD-03 구상유구 출토 조족문토기가 2세기 후엽~3세 기 초의 것이라면 당연히 그 연원을 원삼국시대 토기에서 찾아야 하지만 아직 원삼국시 대 단계에서는 유사한 기형을 찾을 수 없다. 그런데 長原遺蹟 조족문토기의 구연부는 원 삼국토기의 그것에 비해 발달한 형태이다. 즉 5세기대의 호류와 심발형토기류에서 많 이 관찰되는 구연형태인 것이다. 이러한 점에서 長原遺蹟 조족문토기를 원삼국시대까 지 소급할 수는 없을 것으로 생각한다. 이에 대해 이 토기의 보고자인 田中淸美에 의하 면 조족문토기 출토지인 長原 1차 조사지(지하철 31공구)는 庄內式期와 古墳時代 중기 전엽의 유구면을 형성하는 지층이 토양화되어 평면적인 조사에서는 구분하기 어려웠 다고 한다. 따라서 조족문토기는 初期須惠器와 공반되었으며 그 시기가 長原Ⅰ期 전반 (TG232형식~TK73형식 : 5세기 전엽)에 해당할 수도 있다는 교시를 받았다.

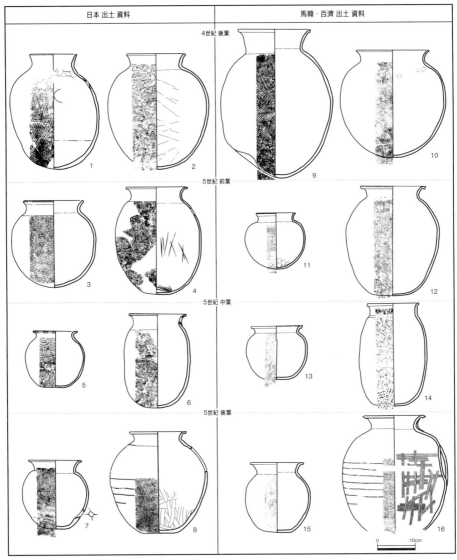

日本 出土 資料　　　　　馬韓·百濟 出土 資料

4世紀 後葉

5世紀 前葉

5世紀 中葉

5世紀 後葉

1. 福岡 井原上學遺蹟 3號 溝 埋土 下層(前原町教育委員會 1987), 2. 福岡 井原塚廻遺蹟 2號 住居址(前原町教育委員會 1992), 3. 福岡 夜臼·三代遺蹟群 OMR(大森)地區 第6區 第7層(新宮町教育委員會 1994), 4. 大阪 長原遺蹟 95-36次 調査 長原7B層 包含層(田中淸美 1985 · 2010; 櫻井久之 1998), 5. 福岡 井ノ浦[이노우라]古墳 南側 周溝 內(前原市教育委員會 1994), 6. 大阪 城山遺蹟 E트렌치 SD-0804 溝(大阪文化財センター 1986; 田中淸美 1994), 7. 福岡 番塚古墳 前方後圓墳 初期橫穴式石室(九州大學文學部考古學研究室 1993), 8. 大阪 蔀屋北遺蹟 南西居住域 土壙 A1135(大阪府教育委員會 2010), 9. 淸州 新鳳洞古墳群 109號 土壙墓(車勇杰 外 1995), 10. 完州 上雲里遺蹟 라地區 9號 木棺墓(金承玉 外 2010b), 11. 長興 上芳村B遺蹟 4號 土壙墓(湖南文化財硏究院 2006a), 12. 淸州 新鳳洞古墳群 A地區 42號 土壙墓(車勇杰 外 1990), 13. 淸州 新鳳洞古墳群 B-10號墳 土壙墓(車勇杰 外 2002a), 14. 華城 馬霞里古墳群 21號 石槨墓(李鮮馥 · 金成南 2004), 15. 天安 龍院里古墳群 32號 土壙墓(李南奭 2000), 16. 光州 河南洞遺蹟 9號 溝 10地區(湖南文化財硏究院 2008c)

도 30 일본 출토 백제(계) 조족문토기와 관련 자료의 비교(S=1/10)

토기 제작집단과 교류를 했던 것으로 추정한다. 近畿에서는 6세기 후엽 이후 출토 사례가 없는데, 이는 백제에서 조족문토기가 소멸하는 때를 7세기 전반 경으로 추정(金鍾萬 2008b)하는 연구와도 부합한다.

　앞서 언급하였듯이 九州에서 가장 이른 조족문토기 중 福岡縣 井原上學遺蹟 출토품(도 30-1)은 최영주(2007)와 김종만(2008b)의 타날문 분류안에 따르면 A형, 즉 중심선과 상하대칭선이 붙어 있는 형식에 해당된다. 4세기 후엽까지 A형만 있다가 5세기 전엽부터 B형, 즉 중심선과 상하대칭선이 붙어 있지 않은 것이 출현한다. 그 후 5세기 후엽까지 A형과 B형이 공존하다가 6세기 이후에는 A형만 확인되는 양상이다. 이와 같이 조족문토기의 타날문은 시간성을 잘 반영하는 속성이라 생각한다. 이러한 조족문은 평행문과 조합된 것이 일반적인데(최영주 2007) 5세기 전엽의 福岡縣 夜臼·三代遺蹟群 OMR지구 제6구 제7층 출토품만은 격자문과 함께 시문되었다(도 30-3). 격자문이 바탕인 것은 潭陽 城山里遺蹟 9호 주거지 출토품(金建洙·金永熙 2004), 光州 香嶝遺蹟 2호 주거지 출토품(金建洙 外 2004) 등은 전라남도의 특징이기 때문에 이 지역과의 관련성을 가정할 수 있다. 또한 6세기 중엽으로 비정된 福岡縣 在自下ノ原[아라지시모노하루]遺蹟 SC-015 주거지 출토품(津屋崎町教育委員會 1996)의 조족문은 김종만(2008b)의 분류안에 따르면 Ac형, 즉 중심선이 매우 길게 표현되고 중간에 가지선이 있는 것에 해당된다. 이는 현재 한성기의 서울 풍납토성, 청주 신봉동고분군에서만 확인되었을 뿐이지만(金鍾萬 2008b) 위의 일본 자료를 감안하면 시간 폭이 더 넓었을 것으로 추정된다.

　5세기에 이르면 近畿에서도 본격적으로 조족문토기가 출현하는데, 九州와 달리 심발형토기, 장란형토기, 시루 등의 취사용기에서도 관찰된다. 이는 일본에 새로운 한반도계 취사·난방문화가 보급되기 시작하는 시기와 같으며, 한반도계 사람들의 정착과 활동을 보여주는 고고학적 증거라 할 수 있다(禹在柄 2005). 近畿에서 가장 이른 조족문토기는 5세기 초~전엽의 大阪府 長原遺蹟 95-36차 조사 長原7B층 포함층 출토품(도 30-4), 5세기 전엽의 같은 유적 16차 조사지구 출토품(田中淸美 1994), 奈良縣 布留遺蹟 杣之內지구 토광 출토품(竹谷俊夫·日野宏 1993) 등을 들 수 있는데 조족문 A형이 주류를 점하고 있다.

조족문이 시문된 시루 및 장란형토기는 현재까지 전라남도에서만 확인된다(최영주 2007). 5세기 전~중엽의 大阪府 城山遺蹟 SX-0743 土壙狀 유구 출토 시루[103](大阪文化財センター 1986; 田中淸美 2010)는 나주 복암리고분군 2호분 북쪽·남쪽 주구 출토품(林永珍 外 1999), 羅州 德山里古墳群 8호분 서쪽 주구 출토품(林永珍 外 2002)과 유사하다. 또한 같은 유적의 E트렌치 SD-0804 溝 출토 장란형토기(도 30-6)의 기형은 화성 마하리고분군 21호 석곽묘 출토품(도 30-14)과 비슷하다. 하지만 조족문 장란형토기는 潭陽 城山里遺蹟 4호 주거지(金建洙·金永熙 2004), 나주 복암리고분군 2호분 남쪽 주구(林永珍 外 1999), 나주 덕산리고분군 11호분 동쪽 주구(林永珍 外 2002) 등 전남지역 토기와 관련이 있다. 한편 6세기 전엽의 京都府 中臣遺蹟 79차 조사 무덤2 목관묘 출토 호(內田好昭 2000; 京都市埋藏文化財硏究所 2002)는 조족문과 평행문 타날의 경계에 세로 방향으로 깎기를 한 흔적이 남아 있다. 이는 마한·백제에서 흔히 관찰할 수 없는 기법이기 때문에 그 유래에 대해서는 향후 구체적으로 검토할 필요가 있다.

6세기가 되면 조족문토기의 출토량이 현저히 줄어들고 7세기에 들어서면 더 이상 나타나지 않는 양상은 백제와도 궤를 같이 하고 있다.

(14) 臺附盌

백제 대부완은 한성기 말~웅진기 초 중국 도자기 완의 영향으로 출현한 대부완과 그보다 약간 늦게 등장한 銅鋺을 모방한 대부완으로 구분할 수 있다. 그리고 뚜껑과 몸체 한 세트 제작을 전제로 한 風船技法의 정착과 대량생산 및 규격화 등에 의한 정형화는 6세기 말~7세기 초 사비기에 출현했다(山本孝

---

103) 大阪府 城山遺蹟 출토 시루의 구연부는 직립되어 있는데 비해 조족문이 시문된 나주 복암리고분군과 나주 덕산리고분군 출토품은 외반형이다. 그러나 시루의 직립 구연은 금강 이남지역의 특징(鄭鍾兌 2006; 許眞雅 2006)이기도 하기 때문에 城山遺蹟 출토 시루 구연부편은 전라남도와 관련이 있다.

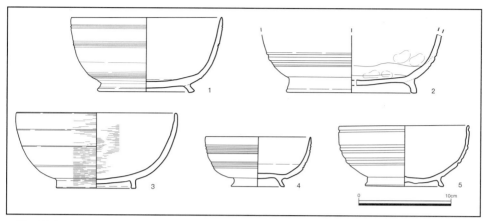

1. 大阪 難波宮址 OS03-13次 調査 第9層 上面 SK-901+SK-902 土壙遺構(大阪市教育委員會 2005), 2. 扶餘 東南里 702番地遺蹟 IV層(忠淸南道歷史文化院 2007c), 3. 扶餘 꿩바위골地點遺蹟 百濟時代 I層 3號 圓形竪穴(李販燮 外 2008), 4. 扶餘 花枝山遺蹟 다地區 堆積層(國立扶餘文化財硏究所 2002a), 5. 浦項 冷水里古墳 側室(國立慶州博物館 1995)

도 31　大阪 難波宮址 출토 백제(계) 대부완과 관련 자료의 비교(S=1/4)

文 2005a).

　　백제의 것으로 추정되는 대부완은 大阪府 難波宮址 SK-901+SK-902 토광 유구에서 7세기 중~후엽의 공반유물과 함께 출토되었다(도 31-1).[104] 대부 완의 외면 3군데에서 櫛描直線文이 보이는데 이는 금속기 모방의 표지적 자 료이다(寺井誠 2010b). 반면 신라에서는 凹線을 돌린 것이 일반적이라서 백 제토기로 보고 있다(寺井誠 2008 · 2010b). 백제 대부완은 扶餘 東南里 702番 地遺蹟 IV층(도 31-2), 扶餘 꿩바위골地點遺蹟 백제시대 I층 3호 원형수혈 (도 31-3), 扶餘 花枝山遺蹟 다지구 퇴적층(도 31-4) 등지에서 출토되었는 데, 필자의 管見에 의하면 櫛描直線文을 돌린 백제 대부완의 수는 회전물손질 탓인지 무문 대부완에 비해 훨씬 적은 편이다. 한편 이러한 토기 조성방법은 사비기 단경병 등 일부 기종에서도 관찰된다.

　　또한 일본 출토 대부완은 외면에 자연유가 얇게 생성된 경질소성이며 색조

---

104) 구체적인 내용은 p.340의 〈표 18〉을 참조.

는 흑회색을, 단면은 적갈색을 띈다고 한다(大阪市敎育委員會 2005; 寺井誠 2008·2010b). 반면 백제의 대부완은 회색, 회청색의 경질이 대부분이며 일부 흑회색을 띠는 경질소성이 있는데, 일본 출토품들이 후자에 해당하는 셈이다. 회청색경질토기보다 매우 정제된 태토를 사용하며 고온 소성한 회색토기는 추정 왕궁지인 扶餘 官北里遺蹟을 비롯해 扶餘 陵山里寺址, 益山 王宮里遺蹟 등지에서만 쓰였다는 점에서 당시 최고 권력자가 사용한 일상용기로 보는 의견이 있다(金鍾萬 2004). 만약 일본 출토 대부완들이 반입품이라면 그 사용자는 백제의 상류계층이 아니었을까 생각한다.

(15) 전달린토기(鍔附土器)

전달린토기는 완의 몸체 양쪽에 마치 손잡이 모양의 전을 부가한 특이한 형태의 토기이다. 백제의 전달린토기는 고구려토기의 영향을 받아 웅진기 말에 출현했으며 사비양식 백제토기의 주요 기종 중 하나이다(박순발 2005a; 土田純子 2009).

大阪府 難波宮址 출토 전달린토기(도 32-1)[105]는 파편이라서 시기를 알 수는 없으나 도래한 백제 귀족이나 고급관료들이 가져와 사용했을 것으로 추정된다. 이 파편은 전(鍔) 부분이 동체부에서 떨어진 것이며, 동체부에 접한 면에 세로 방향의 평행문 타날이 남아 있다(寺井誠 2008). 이에 대해 寺井誠(2004·2008)은 백제 중앙 생산품에 비해 전이 두꺼운 점과 동체부에 타날문이 있는 점이 나주 복암리고분군 2호분 주구 출토 전달린토기와 같은 지방적 특징일 수도 있다고 언급했다.

難波宮址 출토 전의 기벽은 일반적인 전달린토기보다 두꺼운 것이 사실이지만 扶餘 扶蘇山城 출토품(도 32-2) 등지에서도 평균보다 두꺼운 것이 수습되고 있다.

또한 동체부의 평행문 타날은 지방에서만 보이는 특색이 아니다. 전달린토

---

105) 구체적인 내용은 p.340의 〈표 19〉를 참조.

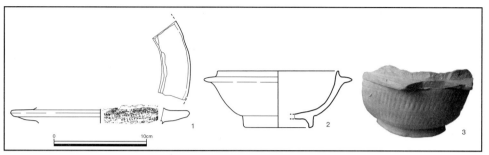

1. 大阪 難波宮址 NW90-7次 調査 第7b1層(大阪市文化財協會 2004), 2. 扶餘 扶蘇山城 나-3피트 明黃褐色砂質土層(國立扶餘文化財研究所 2003), 3. 扶餘 宮南池 3次 調査(國立扶餘博物館 2007b)

도 32 大阪 難波宮址 출토 백제(계) 전달린토기편과 관련 자료의 비교(3 : 축척 부동, 기타 : S=1/4)

기는 전이 없으면 대부완이라는 기종과 동일하다. 백제 대부완 및 전달린토기는 회전물손질로 성형을 마무리한 경우가 많기 때문에 특별한 성형 흔적을 관찰하기 쉽지 않지만, 익산 왕궁리유적 석축 배수로(國立扶餘文化財研究所 2002b), 같은 유적 서벽 내측 瓦列 웅덩이 남편 기와 밀집지점 지표 아래 120cm(國立扶餘文化財研究所 2006), 扶餘 宮南池 적갈색사질점토층(國立扶餘文化財研究所 2001) 출토 대부완들과, 부여 관북리유적 E113 도랑(尹武炳 1999), 부여 궁남지 E구역(國立扶餘博物館 2007b), 같은 유적 3차 조사 출토품(도 32-3)들에서 평행문 타날의 흔적을 관찰할 수 있다.

부여 관북리 추정 왕궁지 및 익산 왕궁리유적 등지에서 주로 출토되어 왕실이나 상류계층의 독특한 음식문화를 반영한 것으로 이해(박순발 2006, p.207)되는 기종이 일본에서도 출토된다는 점에서 의의를 찾을 수 있다.

2) 百濟遺蹟 出土 倭(系) 遺物

백제유적에서 확인되는 왜(계) 유물은 크게 須惠器, 甲冑, 鐵鏃으로 구분된다. 그 수량은 백제유적 출토 중국 도자기에 비해 현저히 적어 서로 상반된 양상을 보여주고 있다.

백제유적 출토 須惠器(系)의 시기 비정은 酒井淸治(1993·2006·2008·2013)를 시작으로 木下亘(2003·2011), 寺井誠(2010b), 武末純一(2012) 등에 의해 실시되어 백제 고고학의 교차편년자료로 활용되고 있다. 또한 왜(계) 무기에 대한 인식은 橋本達也(2006), 水野敏典(2006·2009), 咸在昱(2010), 柳本照男(2012), 鈴木一有(2003·2012) 등의 연구를 통해 구체적으로 알 수 있게 되었다.

여기서는 선학들의 연구 성과를 수용하면서 최근 발굴로 출토된 유물을 중심으로 고찰하도록 한다. 사실 백제토기와 공반하면서 일본 출토품과의 교차편년이 가능한 왜(계) 유물은 출토량에 비해 그다지 많지 않다. 쉽지는 않겠지만 공반된 백제토기의 실연대를 통한 백제토기의 변천 양상을 파악하고자 한다.

(1) 漢城期·熊津期 遺蹟 出土 須惠器(系)

백제유적 출토 須惠器(系)는 5~7세기대에 관찰된다.[106] 그 중 대다수의 개체수에 대해서는 선행연구가 되었기 때문에 여기서는 구체적으로 다루지 않겠다. 다만 아직 검토되지 않은 것들을 중심으로 살펴보도록 한다.

① 完州 上雲里遺蹟 라地區 3號 墳丘墓 1號 甕棺墓

1호 옹관묘에서는 須惠器(系)로 추정되는 고배 2점이 출토되었다(金承玉 外 2010b). 출토 고배의 구연은 뚜껑받침턱에서 서서히 내경하는 형태이다(도 33-1·2). 뚜껑받침턱은 짧게 돌출된 형태인데 뚜껑받침턱과의 경계부에는 깊은 홈이 들어가 있다. 이러한 특징들은 TK73~216형식기(도 33-34)와 ON61호 요지(TK23형식기)의 須惠器(도 33-35)와 상통된다. 그러나 출토품은 일반적인 須惠器에 비해 기벽이 두껍고 배신은 須惠器에 잘 쓰이지 않는

---

106) 구체적인 내용은 pp.341~343의 〈표 20〉·〈표 21〉을 참조.

도구를 이용한 회전물손질이 확인된다.[107] 따라서 일본에서 반입된 須惠器로 상정하기 어려우나 須惠器와 관련되는 토기임은 분명하기 때문에 須惠器(系)로 설정하고자 한다. 후술하겠지만 같은 유적에서는 5세기 전엽으로 비정이 가능한 왜(계) 철촉이 1점 수습되고 있다. 하지만 백제 고배의 형식학적 시간성을 고려한다면 5세기 중엽 이후로 보아야 할 것이다.

② 高敞 鳳德里古墳群 1號墳 4號 竪穴式石室

1호분 4호 수혈식석실에서는 중국 靑瓷 盤口壺, 金銅飾履, 金製耳飾, 盛矢具, 大刀, 馬具와 함께 須惠器와 유사한 小壺裝飾有孔廣口壺와 鈴附器臺가 세트로 출토되었다(馬韓·百濟文化硏究所 2012). 소호장식유공광구호는 일본 古墳時代의 토기인 須惠器에서 子持㼶이라 불리는데, 국내 최초로 발견된 이 고창 출토품은 한일 고대 문화교류의 한 단면을 살필 수 있는 자료로 평가된다(도 33-3).

기형(도 33-4)[108]은 TK208형식기(5세기 중엽)에 해당하는 福岡縣 羽根戶古墳群 출토품(도 33-37)이나 (傳)兵庫縣 출토품(愛知縣陶磁資料館 1995)과 유사하다. 출토량이 압도적으로 많은 일본 子持㼶은 5세기 중엽(TK208형식기)부터 7세기 초(TK209형식기)까지 존속하여 그 형식 변천도 일본 내에서 추적할 수 있다[109](山田邦和 1998).

약간 뾰족하게 처리된 영부기대의 구순과 돌대 바로 아래에서는 7~8조의 밀집파상문이 관찰된다(도 33-5). 다리에는 세장방형의 투창이 4곳에 대칭하여 뚫려 있으며, 투창의 외측은 비스듬하게 깎아 정면하였다. 투창과 투창 사이의 다리 단부에 인접한 부분에는 직경 1cm 정도의 원형 구멍이 뚫려 있다.

---

107) 이에 대해서는 駒澤大學 酒井淸治 선생님, 愛媛大學 東아시아古代鐵文化硏究센터 松永悅枝 선생님으로부터 교시를 받았다.

108) 〈도 33-4·5〉는 스케일의 표시가 없었던 이문형의 논문(2014)에서 발췌하였다. 필자는 봉덕리 보고서에서 기재된 토기의 제원을 사용해 도면의 스케일을 조절하였음을 밝힌다.

109) 이 소호장식유공광구호에 대해 이문형(2014)은 일본과의 관련성을 상정하면서도 중국의 五連罐을 모방해서 국내에서 생산된 가능성도 제시하였다.

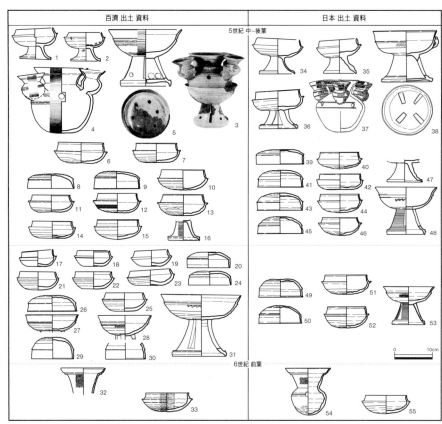

1・2. 完州 上雲里遺蹟 라地區 3號 墳丘墓 1號 甕棺(金承玉 外 2010b), 3~5. 高敞 鳳德里古墳群 1號墳 4號 竪穴式石室(馬韓・百濟文化研究所 2012; 李文炯 2014), 6. 서울 夢村土城 第3號 貯藏孔(夢村土城發掘調査團 1985; 木下亘 2003), 7. 淸州 新鳳洞古墳群 A地區 32號 土壙墓(車勇杰 外 1990; 木下亘 2003), 8~13. 同古墳群 B地區 1號 土壙墓(同上), 14・15. 高敞 鳳德遺蹟 가地區 方形推定墳 南側 周溝(金建洙 外 2003a), 16. 舒川 鳳仙里遺蹟 3地域 3-1區域 1號 貯藏孔(忠淸南道歷史文化院 2005), 17. 群山 山月里遺蹟 나地區 6號 橫穴式石室墳(郭長根・趙仁振 2004), 18・19. 同遺蹟 8號 橫穴式石室墳(同上), 20~24. 高敞 鳳德遺蹟 나地區 溝1(金建洙 外 2003a), 25. 同遺蹟 가地區 地表收拾(金建洙 外 2003b), 26. 公州 艇止山遺蹟 地表收拾(國立公州博物館 1999a; 木下亘 2003), 27・28. 同遺蹟 23號 住居址 堆積層 上層(同上), 29. 扶安 竹幕洞 祭祀遺蹟 가2區 傾斜面(國立全州博物館 1994; 木下亘 2003), 30. 同遺蹟 가・나2區 사이의 傾斜面(同上), 31. 同遺蹟 나2區 北側 平坦面(同上), 32. 公州 艇止山遺蹟 4號 橢圓形 竪穴 堆積層 上層(國立公州博物館 1999a; 木下亘 2003), 33. 公州 金鶴洞古墳群 20號墳(橫口式)石槨墓(柳基正・梁美玉 2002), 34. TK216型式期段階(大阪府教育委員會 1979), 35. 大阪 大野池(ON)地區 61號 窯址(大阪府教育委員會 1976), 36. 大阪 高藏寺(TK)地區 208號 窯址(同上), 37. 福岡 羽根戶古墳群(福岡市教育委員會 1988), 38. 島根 金崎古墳(愛知縣陶磁資料館 1995), 39~46. 大阪 高藏寺(TK)地區 23號 窯址(同上), 47. 大阪 大野池(ON)地區 16(KM12)號 窯址(大阪府教育委員會 1976), 48. 奈良 新澤千塚古墳群 281號墳(奈良縣立橿原考古學研究所 1981), 49~53. 大阪 高藏寺(TK)地區 47號 窯址(田辺昭三 1981), 54. 大阪 陶器山(MT)地區 15號 窯址(同上), 55. 奈良 丹切古墳群 2號墳 第2主體部(奈良縣教育委員會 1975)

도 33 한성기・웅진기 백제유적 출토 須惠器(系)의 시간적 위치(3・37 : 축척 부동, 기타 : S=1/10)

다리 밑부분은 원형의 점토판을 이용해 막아 놓았으며, 바닥판에는 총 7개의 원형 구멍이 있다. 다리 내부에는 토제로 추정되는 2개의 구슬이 있어 흔들 때마다 소리를 낸다.

봉덕리 출토 영부기대는 일본에서 鈴臺附高杯로 불리는 것이다. 일본에서는 5점이 확인되었지만(愛知縣陶磁資料館 1995) 그 수량은 더 늘어났을 것으로 추정된다. 그 중 봉덕리 출토품은 다리 밑을 막은 점토판에 뚫은 구멍형태에 차이가 있으나 전체적인 기형은 5세기 전엽의 島根縣 金崎古墳 출토품(도 33-38)과 가장 유사하다.

또한 필자가 주목하고 싶은 것은 다리 단부의 형태이다. 다리 단부는 후술할 舒川 鳳仙里遺蹟 출토품(도 33-16)과 같이 백제토기에서 흔히 볼 수 없는 처리방법으로 이는 ON46~TK208(도 33-36)~TK23형식기(도 33-48)에 사이에 해당될 것으로 보인다.

이처럼 세트로 수습된 소호장식유공광구호와 영부기대는 일본에서 이보다 이른 시기의 출토품이 있다는 점, 5세기 전엽~7세기 초까지 존속하여 그 형식 변천도 일본 내에서 추적할 수 있다는 점, 봉덕리에서 최초로 발견된 점 등을 감안하면 일본과 고창에서 동시에 출현한 기종들이 아니라 일본에서의 반입 또는 그 관련 속에서 제작된 것으로 봐야 할 것이다.[110]

이상 봉덕리고분은 금동식리, 중국 도자기 등의 부장으로 보아 그 피장자

---

110) 소호장식유공광구호(子持甕)와 영부기대(鈴臺附高杯)가 마한·백제와 일본에서 동시에 출현하였다고 보는 연구자도 있다. 이것이 성립되지 않은 이유는 앞에서도 언급한 바와 같으나 다른 사례를 들어 부연 설명하고자 한다. 소호장식유공광구호는 유공광구호에 작은 호가 4개 장식된 것이고, 영부기대는 다리 내부에 구슬을 넣어 소리를 내는 것이 특징이다. 이와 같이 경질토기에 기물을 장식하거나 소리를 낼 장치를 한 기형은 마한·백제토기에서 찾을 수 없다[瑞山 大山中學校에서는 圓錐形 다리 위에 盤을 놓고 그 위에 2개의 杯를 부착시킨 독특한 토기가 소장되어 있다(百濟文化開發研究院 1984). 이에 대해서는 연질토기라는 점, 토기를 장식한다는 의미와는 거리가 먼 기형이라는 점(近藤廣 1987), 출토 위치를 알 수 없다는 점을 통해 마한·백제유적에서 장식토기는 없다고 보았다. 또한 도록(百濟文化開發研究院 1984)에서는 論山과 公州 新元寺 수습 영부토기를 백제토기로 보고하였으나 현재 이 토기는 백제토기로 볼 수 없다]. 즉 이러한 기종들을 제작할 풍토는 아니었음을 알 수 있다.

는 백제의 중앙으로부터 상당한 정도의 지위를 인정받은 재지의 유력자임을 알 수 있다. 그러나 그 피장자는 백제뿐만 아니라 왜의 어느 지방 세력과도 관계를 맺고 있었다.[111] 이는 5세기 고구려가 남진정책을 적극화하면서 항쟁의 주도권을 장악하는 가운데 백제가 이에 대항하는 형태로 전개되는 정세 속(양기석 2013, p.136)에서 봉덕리 피장자가 찾아낸 활로 중 하나였을 것으로 추정된다.

③ 高敞 鳳德遺蹟

a. 가지구 방형추정분 남측 주구

보고서(金建洙 外 2003a · 2003b)는 예전에 발간되었는데 須惠器의 존재는 한참 후에야 보고가 되기 시작했다(김은정 · 하승철 2011).[112] 방형추정분

---

111) 그렇다면 일본의 裝飾須惠器인 子持壺과 鈴臺附高杯는 어떻게 출현하게 된 것일까? 그 기원에 대해서는 일찍부터 한반도와의 영향이 상정되어 왔다(楢崎彰一 1966; 齋藤忠 1976; 近藤廣 1987; 間壁葭子 1988; 柴垣勇夫 1995). 특히 5세기 전엽의 釜山 福泉洞古墳群 53호분 부곽 출토 臺附燈盞(고배 위에 4개의 盞이 부착된 형태)의 경우 기고가 낮은 子持器臺의 조형이라는 지적이 있다(박천수 2010a, p.418). 한편 영부토기도 5세기 중엽의 昌寧 桂南里 1호분 주곽 출토품(李殷昌 外 1991) 등 가야토기에서 관찰된다. 이와 같이 토기에 기물을 장식하거나 방울알을 넣어 흔들면 소리가 나도록 만든 발상은 이미 가야에서 실현되었음을 알 수 있다. 한반도 남부에서 장식 도질토기를 제작하던 공인들에 의해 전해진 토기제작기술은 일본에서 유공광구소호(壺), 고배 혹은 기대 등의 기종에 기물을 장식하는 방향으로 변한다. 즉 토기를 장식하는 발상이 일본에 전해지자마자 일본화된 각종의 裝飾須惠器가 등장한다(間壁葭子 1988). 따라서 봉덕리 출토품은 가야의 장식 도질토기의 발상과 일본의 토기가 결합한 산물이라고 할 수 있다. 한편, 이른 시기에 해당하는 子持壺과 鈴臺附高杯는 지방에서 수습된다. 또한 이들은 당시 일본 최대의 요업 생산지로 번창한 大阪府 陶邑窯蹟群보다도 오히려 지방에서 성행하는 양상을 보인다. 이는 5세기 초두 전후에 일본 각지에서 출현한 초기 須惠器들이 가야 남부 중에서도 한 지역으로 한정할 수 없는 다양성이 관찰되는 것과 관련이 있을 것이다(田中史生 2009, pp.43~44). 이처럼 子持壺과 鈴臺附高杯는 왜의 수장들이 독자적으로 가야 제세력들과 관계를 맺고 공인들을 직접 초빙하거나 도래한 이들을 수용한 결과 일본에서 탄생한 기형으로 이해할 필요가 있다.

112) 이 보고서에는 須惠器 개배 이외에 일본 유공광구소호(壺) 2점이 소개되어 있으나 필자는 영산강유역 출토 유공광구소호와 구별하고 이를 須惠器로 평가할 능력이 부족하기 때문에 여기서는 개배에 대해서만 언급하고자 한다.

남측 주구에서 각각 기고 4.4cm, 구경 10.7cm와 기고 5.1cm, 구경 11.1cm의 배 2점이 출토되었다(도 33-14 · 15). 모두 경질소성인 서울 夢村土城 제3호 저장공 출토품(도 33-6), 淸州 新鳳洞古墳群 출토품(도 33-7~13)[113]과 유사하기 때문에 TK23형식기에 해당하는 것으로 추정된다(도 33-39~46).

b. 나지구 구1 및 가지구 지표수습

이 수습품들은 酒井淸治(2013)에 의해 TK47형식기의 須惠器로 보고된 개배들이다(도 33-20~25).

④ 舒川 鳳仙里遺蹟 3地域 3-Ⅰ區域 1號 貯藏孔

1호 저장공에서는 심발형토기, 파수편, 뚜껑편 등과 함께 회청색경질소성의 고배 다리편(도 33-16)이 수습되었다(忠淸南道歷史文化院 2005). 다리 단부의 형태와 다리 표면에 도구를 이용한 회전물손질 흔적[114]은 백제의 고배에서 흔히 볼 수 없는 특징이다. 이는 TK23형식기의 고배와 유사한 요소가 관찰되기 때문에 須惠器의 가능성이 높으며(도 33-47 · 48), 5세기 3/4분기로 비정된다.

⑤ 群山 山月里遺蹟 나地區 6 · 8號 橫穴式石室墳

6호 횡혈식석실분에서는 삼족토기, 고배, 뚜껑, 철제품 등이, 8호 횡혈식석실분에서는 삼족토기, 고배, 뚜껑, 호류, 단경병, 철제품 등과 함께 TK47형식기의 須惠器 개배(도 33-17~19)가 수습되었다(郭長根 · 趙仁振 2004; 酒井淸治 2013).

공반유물인 삼족토기, 고배의 형식학적 변천을 고려하면 5세기 4/4분기에 해당되며 須惠器의 연대와도 부합한다.

---

113) 청주 신봉동고분군 B지구 1호 토광묘 출토품 중 뚜껑(도 33-8)은 기벽이 두껍기 때문에 須惠器로 보기에는 의문이 남는다(酒井淸治 2013).

114) 이에 대해서는 駒澤大學 酒井淸治 선생님, 愛媛大學 東아시아古代鐵文化硏究센터 松永悅枝 선생님으로부터 교시를 받았다.

(2) 泗沘期 遺蹟 出土 須惠器(系)

① 舒川 鳳仙里遺蹟 3地域 3-Ⅱ區域 7號 住居址

7호 주거지에서는 고배 다리편, 뚜껑과 함께 須惠器 뚜껑편이 수습되었다 (忠淸南道歷史文化院 2005). 외면에는 오른쪽 방향으로 회전 깎기가, 내면 천 정부에 내박자흔이 관찰된다(도 34-1).[115] 이는 TK10형식기에 해당된다(酒井淸治 2008·2013).

② 扶餘 井洞里遺蹟 7號 住居址 外部 南東側 排水路

7호 주거지 외부의 남동쪽 배수로 모서리에서 다량의 토기편과 함께 須惠器 호(도 34-2)가 수습되었다(柳基正 外 2005). 구연부와 동체부의 일부를 제외하고 대부분 결실되었으나 기형 복원은 가능하다. 추정 기고 44.6cm, 추정 구경 20.8cm로, 이 호는 구순부가 동글게 처리가 되어 있다. 이러한 특징 은 6세기 4/4분기의 TK43형식기에 많이 관찰(도 34-9~11)되기 때문에 정동 리 출토품은 6세기 4/4분기 전후로 좁혀 볼 수 있을 것이다.[116]

③ 扶餘 花枝山遺蹟 마地區 表土 下

마지구 표토 아래에 형성된 황갈색사질점토층에서 수습되었다(國立扶餘文化財硏究所 2002a). 구연부와 동체부의 일부만이 잔존된 상태이다(도 34-3). 추정 기고 44.1cm, 추정 구경 22.2cm이다. 구단부 끝에 1조의 횡침선이, 구연 내면에는 물손질로 인해 얕은 홈이 들어가 있다. 이 유물은 寺井誠(2010b)의 조사에 의해 須惠器로 보고되었다.

출토품은 타날 방향이 왼쪽에 비하여 오른쪽이 하향하고 있다. 大阪府 陶邑系의 것은 타날 방향이 오른쪽에 비하여 왼쪽이 하향하는 것이 대부분이기

---

115) 이 토기에 대해서는 酒井淸治 선생님으로부터 많은 교시를 받았다.
116) 이 토기에 대해서는 和歌山縣敎育委員會의 仲辻慧大 선생님께 많은 교시를 받았다. 정 동리 출토품에 대해 木下亘(2011)도 TK43형식기로 보고 있으나 TK10형식기(6세기 중 엽)로 보는 의견(酒井淸治 2008·2013)도 있다.

때문에 화지산 출토품은 산지가 다를 수 있다.[117] 한반도와 가까운 九州의 須惠器 호에서 사례를 찾아본 결과 小田富士雄 편년의 ⅣA기(6세기 후엽)로 비정되는 福岡縣 天觀寺窯蹟群 제Ⅲ구 제4호 가마터 폐기장 출토품(도 34-12), Ⅲb기~Ⅴ기(6세기 중엽~7세기 중후엽)로 비정되는 福岡縣 金武古墳群 吉武 G群 4호분 출토품(도 34-13), 7세기 전엽대에 조영되고 종말까지 사용된 福岡縣 片江古墳群 제7호분 출토 호(도 34-14) 구연부의 형태 등에서 유사성을 찾을 수 있다. 상기의 연대를 종합해 보면 화지산 출토품은 6세기 3/4분기~7세기 1/4분기의 시기로 비정이 가능하다.

④ 舒川 楸洞里遺蹟 Ⅰ地域 A-25號墳 石槨墓

석곽묘에서는 단경병과 함께 須惠器 뚜껑편(도 34-4)[118]이 수습되었다(田鎰溶 外 2006). 酒井淸治(2013)는 이 뚜껑편에 대해 飛鳥Ⅰ期 즉 590~640년대에 비정하고 있으나 공반유물인 단경병의 형식학적 변천을 고려하면 6세기 말~7세기 초에 해당하는 것으로 보인다.

⑤ 扶餘 陵山里寺址 D地區

D지구의 백제유구는 기와 가마터, 수혈유구인데, 수습 須惠器 배(도 34-5)는 일괄유물이다(鄭焄培 外 2011).

필자의 실견을 참고로 하면 크기는 구경 11.2cm, 높이 3.8cm이며, 소성시 붙은 뚜껑이 일부 뚜껑받침턱에 남아 있는 것으로 미루어 볼 때 뚜껑과 배는 함께 구웠을 것으로 생각된다. 또한 구연부를 제외한 배 외면에는 灰가 확인됨으로써 뚜껑과 배를 거꾸로 뒤집어서 소성한 것을 알 수 있다. 이와 같은 개배의 소성방법은 일본에서 6세기 후반대 이후에 관찰되는 특징이다.

기형은 588년으로 비정되는 TK43형식기[119] 출토품(도 34-16), 6세기 후반

---

117) 이 토기에 대해서도 仲辻慧大 선생님께 많은 교시를 받았다.

118) 보고서에 기재되어 있는 측정치는 잘못 표기한 것이다. 따라서 필자는 1/3의 스케일바를 인용하였다.

119) 이 형식의 須惠器는 『日本書紀』에 의하면 588년에 건축이 시작된 飛鳥寺 下層 출토품

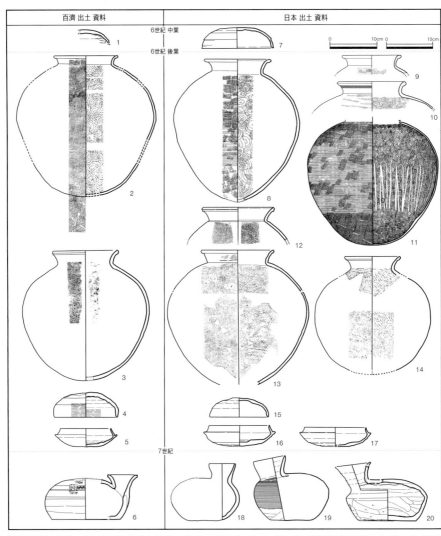

百濟 出土 資料 　　　　　　日本 出土 資料

6世紀 中葉
6世紀 後葉
7世紀

1. 舒川 鳳仙里遺蹟 3地域 3-Ⅱ區域 7號 住居址(忠淸南道歷史文化院 2005), 2. 扶餘 井洞里遺蹟 7號 建物址(柳基正 外 2005), 3. 扶餘 花枝山遺蹟 마地區 表土 下 形成 黃褐色砂質粘土層(國立扶餘文化財研究所 2002a), 4. 舒川 楸洞里遺蹟 Ⅰ地域 A-25號墳 石槨墓(田鎰溶 外 2006), 5. 扶餘 陵山里寺址 D地區(鄭焟培 外 2011; 筆者實測), 6. 扶餘 宮南池 東西水路Ⅴ(國立扶餘文化財研究所 2001), 7. 奈良 石光山古墳群 35號墳(奈良縣立橿原考古學研究所 1976), 8. 奈良 新澤千塚古墳群 160號墳(奈良縣立橿原考古學研究所 1981), 9·10·16. 大阪 高藏寺(TK)地區 43號 窯址(大阪府教育委員會 1980), 11. 奈良 三ツ塚[미츠즈카]古墳群 11號墳(奈良縣立橿原考古學研究所 2002), 12. 福岡 天觀寺窯蹟群 第Ⅲ區 第4號 窯蹟 廢棄場(北九州市埋藏文化財調査會 1977), 13. 福岡 金武古墳群 吉武G群 4號墳(福岡市敎育委員會 1998), 14. 福岡 片江古墳群 第7號墳 Ⅰ區(福岡市敎育委員會 1973), 15. 奈良 栗原カタソバ[가타소바]遺蹟群 11號墳(奈良縣立橿原考古學研究所 2003), 17. 福岡 野添窯蹟群 12號(大野城市敎育委員會 1987), 18. 福岡 中通り[나카도오리]古墳群 7號墳 複室 橫穴式石室(大野城市敎育委員會 1980), 19. 福岡 辻ノ田[츠지노다]古墳群 2號墳 玄室(前原市敎育委員會 1994), 20. 群馬 劍崎長瀞西遺蹟 35號墳 橫穴式石室 入口(專修大學文學部考古學研究室 2003)

도 34 사비기 백제유적 출토 須惠器(系)의 시간적 위치(2·3·7~12 : S=1/12, 기타 : S=1/8)

으로 비정되는 福岡縣 野添窯蹟群 12호 가마터 출토품(도 34-17)과 유사하기 때문에 능산리사지 출토품도 6세기 후반대에 비정이 가능하다.

⑥ 扶餘 宮南池 東西水路 V

동서수로 V에서 출토된 平甁(도 34-6)은 寺井誠(2010b), 김은정·하승철 (2011)에 의해 須惠器로 보고되었다. 일본에서 평병은 大阪府 陶邑窯蹟群의 자료를 참고한다면 TK43형식기 이후 성행하며(大阪府敎育委員會 1978) 둥근 동체부에서 기고가 낮고 각진 어깨를 가진 것으로 변천됨을 알 수 있다(도 34-18→20). 궁남지 출토품은 일본의 것과 전체적인 기형은 유사하나 세부적으로 관찰하면 다른 점이 훨씬 많다. 따라서 이는 일본산이 아니라 모방한 제품으로 볼 수 있을 것이다. 일본 평병의 변천을 참고하면 궁남지 출토품은 6세기 말~7세기 전엽의 福岡縣 辻ノ田[츠치노다]古墳群 2호분 玄室 출토품 (도 34-19)보다 후행함을 알 수 있다. 이를 통해 궁남지 출토품은 잠정적으로 7세기대[120]에 제작된 것으로 평가된다.

〈도 35〉는 사비기 백제유적 출토 須惠器 중에서 시기 비정이 어려운 호류편들을 제시한 것이다. 扶餘 官北里遺蹟 출토품[121](도 35-1), 부여 현내들유적 출토품(도 35-2)의 구연형태는 비교적 단순하기 때문에 시기 비정은 할 수 없다.[122]

(3) 甲冑

갑주의 종류 중 帶金式 甲冑가 倭(系) 武裝의 대표라 할 수 있다.[123] 삼각판

　　중에서도 가장 이른 것이다(田辺昭三 1981).

120) 각진 어깨를 가진 群馬縣 劍崎長瀞西遺蹟 35호분 횡혈식석실 입구(前庭部) 출토품(도 34-20)은 7세기 전엽대 이후로 보고 있다.

121) 이 호편에 대해 酒井淸治(2013)는 飛鳥時代(7세기대)의 것으로 보고 있다.

122) 仲辻慧大 선생님께 많은 교시를 받았다.

123) 구체적인 내용은 p.343의 〈표 22〉를 참조.

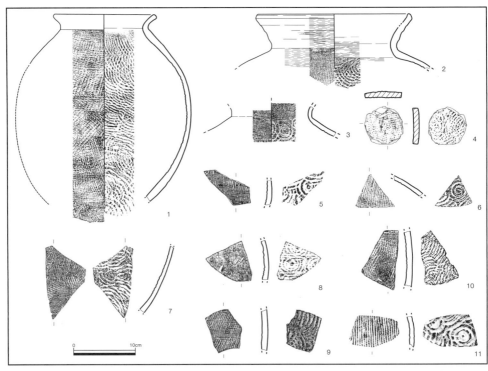

1. 扶餘 官北里遺蹟 가地區 蓮池 內部 灰色粘質層群(國立扶餘文化財研究所 2009a), 2. 扶餘 현내들遺蹟 百濟時代 Ⅱ文化層 2號 竪穴(李浩炯·李販燮 2009), 3. 扶餘 東南里遺蹟 上部堆積層(忠淸南道歷史文化研究院 2008a), 4. 扶餘 軍守里地點遺蹟 S3 E3 pit (朴淳發 外 2003), 5·6. 扶餘 핑바위골地點遺蹟 百濟時代 Ⅲ層 周邊 地表收拾(李販燮 外 2008), 7. 扶餘 雙北里 280-5遺蹟 4號 建物址(鄭海濬·尹智熙 2011), 8. 扶餘 佳塔里遺蹟 4wn Tr Ⅲ層(金成南 外 2010), 9. 扶餘 雙北里 146-7遺蹟 百濟時代層(4-3層) (沈相六·李美賢 2012), 10. 扶餘 聖興山城 Tr.3番(沈相六·成懸華 2013), 11. 扶餘 陵山里寺址 11次 東西 Tr.(鄭熁培 外 2011)

도 35 사비기 백제유적 출토 須惠器(系)(S=1/6)

이나 장방편, 橫長板(橫矧板) 등의 地板을 가진 短甲과 衝角附冑, 眉庇附冑, 板狀의 頸甲, 가늘고 긴 철판을 조합한 肩甲으로 구성되는 대금식 갑주는 古墳時代 중기의 고분에서 대량으로 출토되는 것으로, 획일적인 형태와 분포의 경향으로 보아 왜 왕권 중추의 특정 공방에서 전업적으로 생산된 것으로 보고 있다[124](鈴木一有 2012).

---

124) 대금식 갑주에 대해 宋桂鉉(2004)은 한반도 독자의 요소 중 하나로 주장하고 있다. 한

백제유적 출토 대금식 갑주에 대해서는 鈴木一有(2012)의 연구 성과를 따르도록 한다. 최근 백제유적에서 대금식 갑주의 보고 사례가 증가해 坡州 舟月里遺蹟(도 36-1), 陰城 望夷山城(도 36-2), 淸州 新鳳洞古墳群(도 36-3), 燕岐松院里遺蹟(도 36-4), 天安 道林里遺蹟(도 36-5 · 6) 등지에서 수습되었다.

주월리 출토품은 길이 20cm, 높이 9cm 정도의 삼각형 지판을 가죽끈으로 꿰맨 연결 방식이다(도 36-1). 이 형식은 4세기 후반에서 5세기 전반에 속하며(柳本照男 2012) 현재 백제유적에서 발견된 대금식 갑주 중에서 가장 이른 것에 해당된다.

망이산성 출토 橫矧板鋲留短甲은 수습에 대한 정보가 불명확하여 공반유물 등의 분석은 불가능하지만 백제유적 출토품에서도 전체 형태를 알 수 있는 희소한 자료이다(도 36-2). 횡신판병류단갑은 일반적인 지판 구성을 가진 鐵包覆輪, 爪形 3鋲의 蝶番金具, 連接鋲 數 8개 등의 제속성으로 판단하여(瀧澤誠 2008), 大型鋲化한 횡신판병류단갑 중에서도 비교적 초기에 제작된 것으로 생각된다(鈴木一有 2012). 제작시기는 TK208~TK23형식기(5세기 중~후엽)경으로 비정된다(鈴木一有 2012).

신봉동 출토 三角板鋲留短甲은 胴一連으로 革組覆輪이 베풀어져 있어서 중단 지판이 9매, 하단 지판 역시 9매로 추정이 가능하다(鈴木一有 2012)(도 36-3). 이와 같은 지판 구성을 가진 제품들은 TK216형식기에 해당된다(鈴木一有 2012). 하지만 신봉동 출토품의 연접병 수가 8개로 감소하는 경향이 파악되기 때문에, TK216형식기(5세기 중엽)보다 약간 제작단계가 내려갈 가능성이 있다(鈴木一有 2012).

도림동에서는 眉庇附冑의 受鉢로 보이는 부품(도 36-5)과 冑에 부속된 袖錣(도 36-6)이 출토되고 있다(鈴木一有 2012). 송원리에서는 장방판인지 아

편 橋本達也(2006)는 송계현이 지적한 속성의 몇 가지는 일본열도의 사례에서도 보이며, 그 외의 제속성 역시 일본에서 출토된 대금식 갑주의 變移幅 속에서 이해할 수 있다고 하였다(鈴木一有 2012). 또한 한반도 출토 대금식 갑주는 철촉이나 刀劍類 등의 왜(계) 무기와 공반되는 경우가 많다. 갑주 등의 희소품이 개별로 이동한 것으로 보기보다는 일본에서 제작된 무장이 세트로 반입된 결과로 보는 것이 타당하다(鈴木一有 2012).

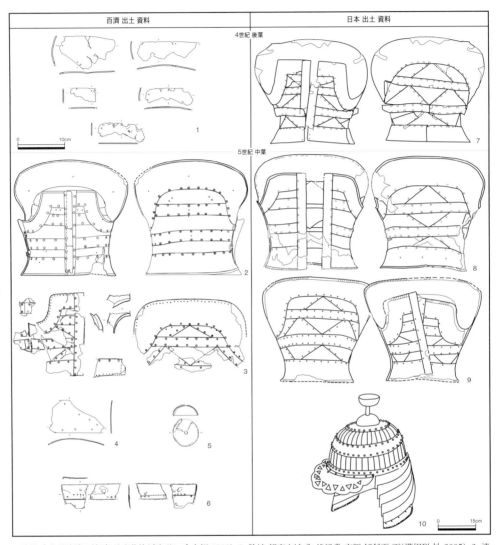

百濟 出土 資料	日本 出土 資料

4世紀 後葉

0 10cm

5世紀 中葉

0 15cm

1. 坡州 舟月里遺蹟 96年度 地表收拾(李仁淑 · 金圭相 1999), 2. 陰城 望夷山城 內 烽燧臺 南側 傾斜面 下(權相烈 外 2005), 3. 淸州 新鳳洞古墳群 B地區 1號 土壙墓(車勇杰 外 1990), 4. 燕岐 松院里遺蹟 KM-094 石槨墓(李弘鍾 外 2010), 5 · 6. 天安 道林里遺蹟 3號 石槨墓(尹淨賢 2011), 7. 奈良 新澤千塚古墳群 139號 木棺墓(奈良縣立橿原考古學研究所 1981), 8. 京都 宇治二子山古墳 南墳(宇治市教育委員會 1991), 9. 兵庫 小野王塚古墳 竪穴式石室(西谷眞治 1992), 10. 小札鋲留眉庇付冑(末永雅雄 1981)

도 36 백제유적 출토 왜(계) 갑주의 시간적 위치(1 · 4~6 : S=1/8, 2 · 3 · 7~9 : S=1/15, 10 : 축척 부동)

니면 삼각판인지 알 수 없는 革綴短甲의 지판(도 36-4)이 출토되었는데 왜 (계) 갑주로 추정된다(鈴木一有 2012). 두 유적에서 출토된 갑주는 파편이지만 이와 공반된 왜(계) 철촉을 통해 어느 정도 시기 비정은 가능하다. 이에 대해서는 후술하겠다.

(4) 鐵鏃

청주 신봉동고분군, 청주 명암동유적, 천안 도림리유적, 연기 송원리유적, 완주 상운리유적에서는 일본에서 특징적인 형태로 간주되는 왜(계) 철촉·鐵鉾가 수습되고 있다.[125]

일본에서 鳥舌鏃이라 불리며 鏃身部 하단에 산 모양의 돌기가 있는 청주 신봉동고분군 77호 토광묘 출토품은 백제유적에서 가장 이른 것이다(鈴木一有 2012)(도 37-1). 鈴木一有(2012)에 의하면 5세기 초~전엽인 TG232~TK73형식기에 해당하며, 5세기 전엽대에 비정되는 大阪府 大塚古墳 제2주체부 서곽 출토품(도 37-17), 大阪府 堂山古墳群 1호분 목관묘 출토품(도 37-18), 大阪府 珠金塚古墳 남곽 출토품(도 37-19) 등과 비교가 가능하다.

완주 상운리유적 나지구 1호 분구묘 1호 점토곽에서는 二重逆刺 철촉이 1점 수습되었다(도 37-2). 이 형태는 水野敏典(2009)의 편년을 참고하면 중기 2단계 즉 5세기 전엽에 해당될 것으로 보인다. 이 시기로 비정되는 사례로 静岡縣 堂山古墳 출토품(도 37-20), 德島縣 惠解山古墳群 2호분 출토품(도 37-21) 등을 들 수 있다.

연기 송원리유적 KM-061 토광묘 출토품과 같은 二段逆刺 철촉(도 37-3)은 일본에서는 5세기 초두~후엽까지 성행한 것이다(水野敏典 2009; 鈴木一有 2012). 鈴木一有(2012)의 연구에 의하면 초기의 이단역자 철촉은 날의 선단이 뾰족한 것에 비해 후대로 갈수록 날이 둥근 모양으로 변화한다. 이를 참고로 하였을 때 송원리 출토품은 奈良縣 五條猫塚古墳 출토품(도 37-22)과

---

125) 구체적인 내용은 p.344의 〈표 23〉을 참조.

가장 유사하다. 이는 水野敏典(2009)의 편년에 따르면 5세기 2/4분기에 해당
된다.

천안 도림리유적 3호 석곽묘 출토 柳葉式 二重逆刺 철촉은 왜(계)로 평가
된다(鈴木一有 2012)(도 37-4·5). 유엽식 이중역자 철촉과 동일한 형태는
찾지 못했으나 전체적인 기형은 TK208형식기에 해당하는 愛媛縣 四ツ手[요
츠테]山古墳 횡혈식석실 출토품(도 37-23), 廣島縣 三玉大塚(三玉 第1號)古
墳 수혈식석실 출토품(도 37-24) 등과 대비시킬 수 있다. 이 고분에는 장대한
검이나 별도로 만들어진 철제 袋部를 가진 槍身의 鉾(도 37-6), 眉庇附冑의
受鉢로 보이는 부품 등 왜(계) 무장이 여러 종류로 조합되고 있다. 창신의 모
는 일본에서도 京都府 宇治二子山古墳 남분 출토품(宇治市敎育委員會 1991)
이나 千葉縣 八重原 1호분 목관묘 출토품(도 37-25) 등 많지 않다. 그 중에서
도 도림리 출토품은 八重原 1호분 출토품의 袋狀柄裝着部의 형태와 가장 흡
사하다. 八重原 1호분 출토 모는 공반유물을 통해 440년대 혹은 450년대에
제작된 것으로 추정되고 있다(杉山晋作·田中新史 1989). 또한 袖鋲을 가진
眉庇附와 槍身鉾의 공반관계를 통해 5세기 중기 후엽(TK208형식기)에 상당
하는 것으로 볼 수 있다(鈴木一有 2012).

도림리 출토품과 거의 같은 시기로 비정되는 것은 연기 송원리유적 KM-
094 석곽묘 출토 獨立片逆刺 철촉이다(도 37-7). 송원리 출토품은 5세기 중
엽의 특징을 가진 兵庫縣 池尻古墳群 2호분 수혈식석실 출토품(도 37-26)
과 5세기 전~중엽의 陜川 玉田古墳群 28호분 목곽묘 출토품(도 37-27)과 비
교할 수 있다. 또한 송원리 KM-094 석곽묘에서는 왜(계) 철촉과 함께 왜(계)
革綴短甲의 지판이 공반되었는데 일본에서의 혁철단갑의 하한을 고려하면 5
세기 중엽의 늦은 시기에서 5세기 후엽의 이른 시기(TK216~TK208형식기)
에 위치시킬 수 있다(鈴木一有 2012). 청주 신봉동고분군 B지구 1호 토광묘
에서는 片刃式 二段逆刺 철촉 38점(도 37-8)과 短莖三角形式 二重逆刺 철촉
1점(도 37-9)이 수습되었다. 편린식 철촉은 역자가 이단으로 된 특이한 형태
로, 전체적인 형태는 일본에서 보편적으로 출토되는 것과 큰 차이는 없다(鈴

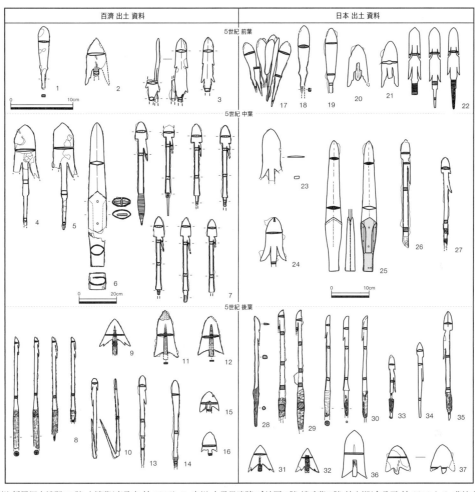

百濟 出土 資料　　　　　　　　　　　　　日本 出土 資料

1. 淸州 新鳳洞古墳群 77號 土壙墓(車勇杰 外 1995), 2. 完州 上雲里遺蹟 나地區 1號 墳丘墓 1號 粘土槨(金承玉 外 2010a), 3. 燕岐 松院里 遺蹟 KM-061 土壙墓(李弘鍾 外 2010), 4~6. 天安 道林里遺蹟 3號 石槨墓(尹淨賢 2011), 7. 燕岐 松院里遺蹟 KM-094 石槨墓(李弘鍾 外 2010), 8 · 9. 淸州 新鳳洞古墳群 B地區 1號 土壙墓(車勇杰 外 1990), 10. 同古墳群 B地區 2號 土壙墓(同上), 11 · 12. 同古墳群 B地區 9號 土壙墓(同上), 13 · 14. 同古墳群 108號 土壙墓(車勇杰 外 1995), 15 · 16. 淸州 明岩洞遺蹟 4號 土壙墓(國立淸州博物館 2000), 17. 大阪 大塚古墳 第2主體部 西槨(豊中市教育委員會 1987), 18. 大阪 堂山古墳群 1號墳 木棺墓(大阪府教育委員會 1995), 19. 大阪 珠金塚古墳 南槨(末永雅雄編 1991), 20. 靜岡 堂山古墳(水野敏典 2009), 21. 德島 惠解山古墳群 2號墳(德島縣教育委員會 1946), 22. 奈良 五條猫塚古墳 竪穴式石室(奈良縣教育委員會 1962), 23. 愛媛 四ツ手[요츠테]山古墳 橫穴式石室(岡田敏彦 1984), 24. 廣島 三玉大塚(三玉 第1號)古墳 竪穴式石室(吉舍町教育委員會 1983), 25. 千葉 八重原 1號墳 木棺墓(杉山晋作 · 田中新史 1989), 26. 兵庫 池尻古墳群 2號墳 竪穴式石室(島田淸 外 1965; 鈴木一有 2003), 27. 陜川 玉田古墳群 28號墳 木槨墓(趙榮濟 外 1997), 28. 長野 新井原古墳群 12號墳(今村善興 · 小林 正春 1983), 29. 奈良 新澤千塚古墳群 166號(奈良縣立橿原考古學硏究所 1981), 30~33. 京都 宇治二子山古墳 南槨(宇治市教育委員會 1991), 34. 大阪 黑姬山古墳 竪穴式石室(高橋工 1993), 35. 京都 カヤガ[가야가]谷古墳群 3號墳 木棺墓(福知山市教育委員會 1994), 36. 千葉 鳥山 2號墳(谷旬 外 1993), 37. 岡山 天狗山古墳(中野雅美 1993)

도 37 백제유적 출토 왜(계) 철촉의 시간적 위치(6 : S=1/20, 21 : 축척 부동, 25 : S=1/10, 기타 : S=1/6)

木一有 2012). 전체 길이 11.3~11.5cm 정도의 규격이 관찰되고 있으며 細身의 경부는 莖關을 향해서 넓어지는 형태를 보여준다(鈴木一有 2012). 이러한 정형화된 장경촉은 5세기 중~말(TK208~TK47형식기)의 특징을 가진다(鈴木一有 2012). 그 중에서도 신봉동 출토품은 長野縣 新井原古墳群 12호분 출토품(도 37-28)과 같은 특징을 지니고 있다(鈴木一有 2003). 또한 5세기 중~후엽으로 비정되는 奈良縣 新澤千塚古墳群 166호 출토품(도 37-29), 5세기 후엽의 京都府 宇治二子山古墳 남분 출토품(도 37-30) 등과 대비할 수 있다. 단경삼각형식 이중역자 철촉도 京都府 宇治二子山古墳 남분 출토품(도 37-31 · 32) 등지에서 유사한 기형이 출토되고 있다(鈴木一有 2012).

철촉 경부 한 쪽에 역자가 있는 獨立片逆刺 철촉은 청주 신봉동고분군 B지구 2호 토광묘에서 1점(도 37-10), 같은 고분군인 108호 토광묘에서 3점 출토되었다(도 37-13 · 14). 이들도 일본 출토 사례와의 대비가 가능한 왜(계) 철촉으로 보인다(鈴木一有 2012). 그 중 2호 토광묘 출토품은 송원리 출토품보다 후행하는 형태로 보이며 京都府 宇治二子山古墳 남분 출토품(도 37-33)이나 大阪府 黑姬山古墳 수혈식석실 출토품(도 37-34) 등과 대비할 수 있다.

청주 신봉동고분군 B지구 9호 토광묘에서는 短莖長三角形式 철촉 2점이 수습되었다(도 37-11 · 12). 이들 短莖 · 無莖鏃은 수렵용 철촉의 계보를 잇는 儀仗性이 강한 것이며, 일본열도의 고분에서는 細根系 철촉과는 다른 장송의례의 상황에 사용되는 경우가 많다(鈴木一有 2012). 平根系 철촉을 2점 1조로 사용한 의례형태는 일본 내의 광범위한 지역에서 보이는데, 2점이 조합을 이루는 9호 토광묘 출토품의 사례는 일본의 양상과 공통된다(鈴木一有 2012). 이 형태는 水野敏典(2009)의 편년을 참고하면 중기 5단계, 즉 5세기 후엽~말에 해당될 것으로 보인다. 이 시기로 비정되는 사례로 千葉縣 烏山 2호분 출토품(도 37-36)을 들 수 있다.

청주 명암동유적 4호 토광묘에서는 短莖三角形式 철촉 2점이 수습되었다(도 37-15 · 16). 이 형태는 水野敏典(2009)의 편년을 참고하면 중기 5단계, 즉 5

세기 후엽~말에 해당된다.126) 이 시기로 비정되는 사례로 岡山縣 天狗山古墳 출토품(도 37-37) 등을 들 수 있다.

3) 倭(系) 遺物과 共伴된 百濟土器의 時間的 位置와 變遷

청주 신봉동고분군 77호 토광묘에서는 5세기 초~전엽의 TG232~TK73형 식기에 해당되는 鳥舌鏃(도 38-1)과 함께 광구장경호가 수습되었다(도 38-2). 공 모양에 가까운 둥근 몸체에 나팔 모양으로 끝이 벌어진 긴 목을 특징으로 하는 이 기종에서는 후술할 연구를 참고로 한다면 시간의 경과에 따라 경부의 돌대가 발생하며 동체부가 종타원형에서 편구형으로 변화하는 것을 알 수 있다. 또한 구연형태는 둥근 구순→각진 구순→요철형 구순으로 이행한다. 신봉동 출토품은 비교적 이른 단계에 해당되며, 4세기 4/4분기~5세기 1/4분기의 중국 자기와 공반된 公州 水村里遺蹟 Ⅱ지점 1호 토광목곽묘 출토품과 형식학적으로 유사함을 알 수 있다(도 38-3). 따라서 신봉동 출토품은 5세기 전엽에서도 이른 시기, 즉 5세기 1/4분기에 해당되는 것으로 추정된다.

왜(계) 유물과 공반된 고배는 5세기 4/4분기로 비정된 군산 산월리유적 나지구 6·8호 횡혈식석실분 출토품(도 38-51~54)과 6세기 1/4분기로 비정된 공주 금학동고분군 20호분 (횡구식)석곽묘 출토품(도 38-64)인데, 금학동은 산월리 출토 고배들에 비해 상대적으로 배신이 얕고 다리가 길다. 백제 고배가 시간의 경과에 따라 배신이 얕아지고 다리가 길어지는 경향을 보인다는 것은 선행연구와도 부합된다. 산월리 출토품은 논산 모촌리고분군 16호분 석곽묘 출토품(도 38-55)이나 공주 정지산유적 17호 저장공 하층 출토품과 비교가 가능하다(도 38-56). 더불어 금학동 출토품과 유사한 군산 산월리유적

---

126) 철촉과 공반된 장경호의 기형은 가야토기와 유사하지만 연질소성과 타날 등에서 차이가 확인된다. 그러나 이를 가야토기의 편년에서 본다면 5세기 전~중엽에 해당될 것으로 생각한다. 또한 공반된 심발형토기도 5세기 중엽경으로 비정이 가능하기 때문에 철촉과는 다소 시기차가 있다. 따라서 토기의 편년에 따르면 이 철촉은 5세기 중엽일 가능성도 있다.

나지구 7호분 횡혈식석실분 출토품(도 38-67)도 6세기 1/4분기로 설정할 수 있다.

천안 도림리유적 3호 석곽묘에서는 TK208형식기로 비정되는 철촉 등(도 38-4·5)의 왜(계) 유물과 함께 배 3점과 平肩壺(有肩壺)편이 수습되었다(도 38-6~9). 기존의 연구(朴智殷 2007·2008)에 따르면 백제의 평견호는 4세기 중엽 이전에 출현하며 각진 어깨→둥근 어깨로, 구연부에 가까운 어깨→구연부에서 멀어진 곳에 어깨가 위치하는 형태로 변천되는 듯하다. 백제유적 출토 평견호 중에 편년의 기준이 되는 것은 4세기 4/4분기~5세기 1/4분기로 비정되는 신라토기인 파배, 장경호와 공반된 槐山 檢承里遺蹟 4호 석곽묘 출토품을 들 수 있다.[127] 이는 구연부에서 가까운 각진 어깨를 가진다. 도림리(도 38-6)와 신봉동 출토품(도 38-23)은 이보다 상대적으로 구연부에서 떨어진 곳에 어깨가 위치하기 때문에 형식학적으로 후행하는 것으로 볼 수 있다. 따라서 평견호의 변천 양상도 백제토기 편년에 유효한 자료가 될 것이다.

삼족토기는 청주 신봉동고분군 B지구 1호 토광묘에서 2점 수습되었다(도 38-25·26). 이들을 삼족토기의 상대편년을 통해 보면 배신에 비해 다리가 짧기 때문에 한성기의 삼족토기의 특징을 지니고 있다. 하지만 신봉동 출토품은 전형적인 백제 삼족토기에서 관찰되는 구연형태와 차이가 있으므로 다른 유적 출토 삼족토기와의 비교가 쉽지 않다는 것이 사실이다. 5세기 4/4분기로 비정된 군산 산월리유적 나지구 6·8호 횡혈식석실분 출토품(도 38-57~59)은 신봉동 출토품에 비해 상대적으로 배신이 얕고 다리가 길어진다. 이들은 公州 公山城 池塘2 2차 조사 출토품(도 38-60), 公州 山儀里遺蹟 12호분 출토품(도 38-61), 完州 배매山遺蹟 다-3지구 담수지 출토품(도 38-62)과 비교가 가능하다.

개배는 고배나 삼족토기의 배신과 같이 시간이 경과할수록 얕아지는 양상을 확인할 수 있는데, 이는 TK208형식기에 해당하는 도림리 출토품(도 38-

---

127) 괴산 검승리유적 출토 신라토기에 대한 시기 비정은 다음 절에서 구체적으로 서술하겠다.

7~9)보다 TK23형식기의 배(도 38-28~30·35·36), TK47형식기의 배(도 38-45~48)의 기고가 상대적으로 낮아지고 있는 것을 통해서도 알 수 있다. 또한 도림리 출토품은 연기 송원리유적 KM-060 토광묘 출토품(도 38-10), 청주 신봉동고분군 80-2호 토광묘 출토품(도 38-11), A-15호분 토광묘 출토품(도 38-12)과 비교가 가능하다.

신봉동 B지구 1호 토광묘에서는 구연부가 외반된 완이 1점 수습되었다(도 38-31). 완에 대한 기존의 연구(朴淳發·李亨源 2011)를 참고하면 동체와 구연부가 연결되는 부분에서 한번 꺾인 후 외반되는 것을 B형으로 설정하였다. B형은 3세기 전엽경에 출현하는 형태이며 시간의 경과에 따라 전반적으로 기고가 낮아지는 경향이 간취된다고 한다. 또한 이 기형은 웅진기가 되면 거의 출토되지 않는 듯하다. 신봉동 출토 완은 3·4세기대의 B형 완에 비해 상대적으로 기고가 낮기 때문에 B형 중에서도 가장 늦은 시기의 형태임을 알 수 있다.

심발형토기는 후술할 신라·가야(계) 토기의 공반을 통해 4세기 후엽의 승문+횡침선에서 탈피하여 격자문, 승문 등 단독문이 우세를 점하는 과정을 거쳤다는 점과 기형 자체도 작아지는 경향을 볼 수 있다(도 38-27). 이와 같은 변천은 기존의 연구 성과(박순발 2006, pp.117~123)와도 부합된다.

평저단경소호 또는 節腹壺로 불리는 기종에 대해서 살펴보면, 형태적으로 몸체의 가운데 부분에 얕은 돌대 혹은 횡침선이 있고 이를 경계로 몸체가 날카롭게 꺾여 마치 주판알 모양을 하고 있는 특이한 토기이다(박순발 2006, pp.186~187). 시기적으로는 4세기대부터 웅진기에 걸쳐 성행하다가 소멸하는 것으로 이해되고 있다. 필자도 이 기종에 대해 분석을 한 적 있으나 설정한 각 형식의 시간성을 부여하는 것에는 큰 무리가 있었다(土田純子 2006). 필자는 다음 절에서 가야(계) 토기와 공반된 연기 송원리유적 KM-003 석곽묘 출토품을 5세기 2/4~3/4분기 전반으로, 錦山 水塘里遺蹟 2호 횡혈식석실분 출토품을 5세기 4/4분기로 비정하였다. 그 결과 계측적 속성을 통해 보면 기형이 다소 작아지고 돌대 혹은 횡침선이 저부쪽으로 이동하는 등의 변화가 확인된다. 이처럼 시기적으로 송원리와 수당리 사이에 둘 수 있는 싱봉동 출토

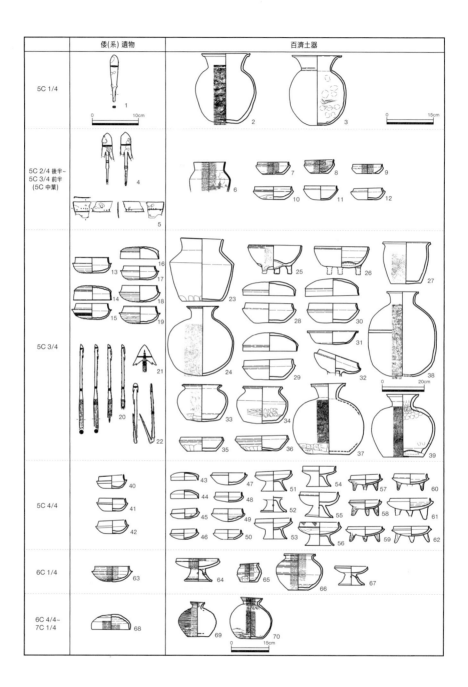

	倭(系) 遺物	百濟土器

1 · 2. 淸州 新鳳洞古墳群 77號 土壙墓(車勇杰 外 1995), 3. 公州 水村里遺蹟 Ⅱ地點 1號 土壙木槨墓(忠淸南道歷史文化硏究院 2007a), 4 · 5 · 6~9. 天安 道林里遺蹟 3號 石槨墓(尹淨賢 2011), 10. 燕岐 松院里遺蹟 KM-060 土壙墓(李弘鍾 外 2010), 11. 淸州 新鳳洞古墳群 80-2號 土壙墓(車勇杰 外 1995), 12. 同古墳群 A-15號墳 土壙墓(車勇杰 外 2002a), 13 · 23. 淸州 新鳳洞古墳群 A地區 32號 土壙墓(車勇杰 外 1990), 14~20 · 21 · 24~32. 同古墳群 B地區 1號 土壙墓(同上), 22 · 33~37. 同古墳群 B地區 2號 土壙墓(同上), 38. 同古墳群 108號 土壙墓(車勇杰 外 1995), 39. 利川 雪城山城 나-B획-2트렌치 5號 土壙(朴慶植 外 2004), 40 · 43~46 · 51 · 52 · 57. 群山 山月里遺蹟 나地區 6號 橫穴式石室墳(郭長根 · 趙仁振 2004), 41 · 42 · 47 · 48 · 53 · 54 · 58 · 59. 同遺蹟 8號 橫穴式石室墳(同上), 49 · 56. 公州 艇止山遺蹟 17號 貯藏孔 下層(國立公州博物館 1999a), 50. 鎭安 臥亭遺蹟 3號 住居址(郭長根 · 趙仁振 2001), 55. 論山 茅村里古墳群 16號墳 石槨墓(安承周 · 李南奭 1993), 60. 公州 公山城 池塘2 2次 調査(李南奭 · 李 勳 1999), 61. 公州 山儀里遺蹟 12號墳(李南奭 1999), 62. 完州 배매山遺蹟 다-3地區 潭水址(尹德香 外 2002), 63 · 64~66. 公州 金鶴洞古墳群 20號墳 (橫口式)石槨墓(柳基正 · 梁美玉 2002), 67. 群山 山月里遺蹟 나地區 7號墳 橫穴式石室墳(郭長根 · 趙仁振 2004), 68 · 69. 舒川 楸洞里遺蹟 1地域 A-25號墳 竪穴式石槨墓(田鎰溶 外 2006), 70. 同遺蹟 Ⅱ地域 A地區 A-2號墳 石槨墓(李販燮 2006)

도 38 왜(계) 유물의 연대를 통해 설정한 백제토기의 시간적 위치

(1 · 20~22 : S=1/8, 24 · 38 : S=1/18, 70 : S=1/15, 기타 : S=1/12)

품(도 38-33 · 34)은 송원리 출토품보다 기형이 상대적으로 작기 때문에 수당리에 더욱 가까운 기형임을 알 수 있다.

한성기의 단경병은 몸체 아랫부분이 불룩한 것이나 아래 위의 직경이 대체로 비슷한 것이 주류를 이루는데 비해, 사비기의 것은 어깨가 부풀어 오른 것이 대부분을 차지한다(土田純子 2005; 박순발 2006, p.190). 신봉동고분군 B지구 2호 토광묘 출토품(도 38-37)의 동부형태는 利川 雪城山城 나-B획-2트렌치 5호 토광 출토품(도 38-39)과 비교될 수 있을 듯하다. 또한 공반된 須惠器를 근거로 590~640년대로 비정(酒井淸治 2008 · 2013)된 舒川 楸洞里遺蹟 A-25호분 석곽묘 출토 단경병(도 38-69)의 기형은 한성기의 것들과 전체적으로 유사하지만 최대경보다 저부가 현저히 좁은 계측적 특징으로 보아 사비기 단경병에 더욱 가깝다. 추동리 출토품은 7세기대에 성행하는 중국 자기 병을 모방한 단경병보다 앞선 기형으로 추정되기 때문에 6세기 말~7세기 초에 해당될 것으로 보인다.

이 절에서는 첫째, 일본 출토 백제(계) 토기를 집성한 후 공반된 須惠器(系)를 통해 백제토기 편년의 흐름을 살펴보고, 둘째 백제유적 출토 왜(계) 유물의 교차편년을 통해 백제토기의 시기 비정과 이를 근거로 선후관계를 확인하였다.

먼저 일본 출토 백제(계) 토기에 대해 고찰하였다. 4세기 중~후엽 충청도에서 반입된 것으로 추정되는 福岡縣 西新町遺蹟 3차 조사 5호 주거지 출토

호, 4세기 후엽 한반도 청주지역에서 반입된 것으로 추정되는 福岡縣 井原上學遺蹟 3호 溝 埋土 하층 출토 난형호[128]가 가장 이른 시기의 마한·백제토기인 듯하다. 이처럼 백제에 새로 편입된 곳의 제품도 눈에 띈다. 그리고 福岡縣 西新町遺蹟 등 마한(계)인이 거주하고 있는 지역과는 거리를 둔 糸島지역 일대가 당시 백제인의 활동무대로서 주목된다.

5세기 전엽 近畿에서도 백제토기가 출현하기 시작한다. 저장용기인 호류는 무언가를 보관(저장)하기 위해 박재해 왔던 것이지만, 전혀 다른 목적으로 가져온 토기도 있다. 大阪府 四ツ池[요츠이케]遺蹟 SD-04 구상유구 제2층 埋土 출토 사족토기가 그 일례이다. 일본 출토 사족토기가 백제와는 그다지 상관이 없다는 견해(白井克也 2000·2001)도 있지만, 앞서 검토하였듯이 사족토기가 백제에서 확인되는 점과 유사한 배신형태를 고배 및 삼족토기에서 찾을 수 있는 점을 고려하면 역시 백제와 밀접한 관계가 있는 유물임이 분명하다.

5세기 중엽에는 단경병도 등장한다. 이 시기에는 이전에 비해 상대적으로 백제토기가 줄어드는 양상을 보였다. 5세기 후엽에는 近畿보다 九州 출토 백제토기의 증가가 눈에 띈다. TK23형식기에 해당되는 佐賀縣 野田遺蹟 SD-102 大溝 埋土 하층 출토 삼족토기, 福岡縣 西森田遺蹟 제3호 구 출토 고배는 筑後平野에 한때 백제 도래인들이 거주했을 가능성을 시사(白井克也 2000)하는 자료들이다.

6세기대에는 배부병, 단경병, 호가 주종을 이루었지만 백제토기 총량은 훨씬 감소했다. 7세기 大阪府 難波宮址에서는 전달린토기, 대부완 등이 출토되어 이전과는 성격을 달리하였는데, 당시 對倭 외교의 관문인 難波에 찾아온 백제의 사절단이 소지한 기물인 것으로 추정된다. 또한 이러한 기종은 백제 상류층의 독특한 음식문화와 관련이 깊은 것(박순발 2006, p.207)으로 알려져 있다.

이상과 같이 須惠器와 공반된 일본 출토 백제(계) 토기와의 비교를 통해 일

---

128) 원저단경호의 후행기종으로서 동체부가 원저단경호보다 길어지는 난형호(金殷卿 2008)는 3세기 중·후엽 서울·경기지역에 먼저 출현했고 4세기 중엽에는 충청북부지역에서도 나타났다(김성남 2001).

부 백제토기의 시기를 비정할 수 있게 되었다. 특히 일본에서 비교적 많이 출토된 단경병은 백제 단경병의 편년에 큰 도움이 될 것으로 보인다.

한편 백제유적 출토 왜(계) 유물은 각각 須惠器(系), 갑주, 철촉으로 구분해서 살펴보았다. 그 결과 백제유적 출토 須惠器(系)는 5~7세기대에 관찰된다. 백제유적 출토 須惠器(系)의 기종은 개배가 가장 많고 유공광구소호, 고배가 이에 따른다. 이처럼 왜로부터 반입되는 기종은 소형품이 주체였음을 알 수 있다(酒井淸治 2013). 그러나 사비기가 되면 도성을 중심으로 須惠器(系) 호편의 출토량이 증가함에 따라 토기 안에 담겨진 내용물이 중요시되는 양상으로 변한다(山本孝文 2005b).

왜(계) 갑주, 철촉은 5세기대에 한정된다. 백제유적으로의 왜(계) 무기의 이입에 대해서는 對高句麗 대책으로 왜 왕권으로부터의 군사적 원조를 받은 결과로 해석된다(鈴木一有 2012).

이상과 같이 왜(계) 유물의 연대에 따라 배치한 백제토기의 시간적 순서가 기존의 백제토기 연구 성과와 어느 정도 일치함을 확인하였다. 이는 백제유적에서 출토된 왜(계) 유물의 편년이 백제유적의 연대결정에서 근거로 활용할 수 있음을 의미한다.

3. 新羅 · 加耶(系) 遺物과 共伴된 百濟土器

현재까지 백제유적에서 발견된 신라 · 가야(계) 토기는 한성기 · 웅진기 21개소 약 51점, 사비기 6개소 약 12점 가량이고 신라 · 가야유적에서 발견된 백제(계) 토기는 17개소 약 39점 가량이다.[129] 백제유적에서 발견된 신라 · 가야(계) 토기와 신라 · 가야유적에서 출토된 백제(계) 토기에 대해서는 故地의 비정, 교섭의 실상, 출토 의미를 평가한 연구가 대다수를 이루고 있다(권오

---

129) 구체적인 내용은 pp.345~350의 〈표 24〉·〈표 25〉를 참조.

영 2002; 김량훈 2007; 成正鏞 2007; 홍보식 2007; 박천수 2010a). 이 절의 목적은 백제토기와 공반된 신라·가야(계) 토기, 신라·가야유적 출토 백제(계) 토기의 연대비정을 통하여 안정적인 백제토기 편년의 수립을 위한 토대를 마련하는 것에 있다.

1) 百濟遺蹟 出土 新羅·加耶(系) 土器

(1) 漢城期·熊津期 遺蹟 出土 新羅·加耶(系) 土器에 대한 檢討

① 서울 風納土城 現代聯合敷地 가-9號 住居址 爐址 周邊

가-9호 주거지 노지 주변에서는 아궁이틀, 심발형토기, 흑색마연토기 뚜껑, 수막새편 등과 함께 高杯 다리편이 수습되었다(國立文化財研究所 2001).

다리편은 세장한 三角形 透窓이 하단에 6개, 상단에도 대칭적으로 배치되어 있다. 다리형태는 길고 가는 원통형에서 급격히 벌어지는 나팔형태를

1. 서울 風納土城 現代聯合敷地 가-9號 住居址 爐址 周邊(國立文化財研究所 2001), 2. 陜川 苧浦里古墳群 A地區 47號 土壙木棺(槨)墓(鄭永和 外 1987), 3·4. 陜川 玉田古墳群 23號墳 木槨墓(趙榮濟 外 1997), 5·6. 陜川 鳳溪里古墳群 95號墳 石槨墓(沈奉謹 1986), 7. 高靈 池山洞古墳群 116號 石槨墓(朴升圭 外 2006c)

도 39 백제유적 출토 가야(계) 고배의 시간적 위치(S=1/6)

떤다(도 39-1). 권오영(2002)은 이를 소가야를 비롯한 서부 경남지역산으로 보았다.

다리에 2단 삼각형 투창이 대칭 배치된 고배는 陜川 玉田古墳群 23호분 목곽묘 출토품(도 39-3 · 4), 陜川 鳳溪里古墳群 95호분 석곽묘 출토품(도 39-5 · 6), 陜川 苧浦里古墳群 A지구 33호 석곽묘 출토품(鄭永和 外 1987), 高靈 池山洞古墳群 122호 석곽묘 출토품(朴升圭 外 2006b), 高靈 池山洞古墳群 116호 석곽묘 출토품(도 39-7) 등의 대가야에서 찾을 수 있다.

그 중 풍납토성 출토품은 4세기 후엽 후반으로 비정되는 합천 옥전고분군 23호분 목곽묘 출토품(趙榮濟 外 1997)과 비교할 수 있다. 다만 풍납토성 출토품은 옥전고분군 출토품보다 다리가 길어 보이기 때문에 4세기 후엽 전반으로 비정되는 합천 저포리고분군 A지구 47호 토광목관(곽)묘 단계(鄭永和 外 1987)에 해당될 가능성도 배제할 수 없다. 대가야 고배는 시간의 경과에 따라 다리가 짧아지는 것을 고려하면 풍납토성 출토품은 4세기 3/4분기에 비정이 가능하다. 그러나 다리 중간에 돌대를 가진 고배와 유사한 사례는 찾을 수 없으므로 고지 비정에는 다소 문제가 있다.

② 槐山 儉承里遺蹟

검승리유적 출토품(孫明洙 · 金泰洪 2009)은 충청북도에서 가장 이른 시기의 신라 유물로 평가되고 있다(최병현 2009).

a. 4호 석곽묘

백제토기인 平肩壺(有肩壺)와 함께 신라토기인 長頸壺, 把杯가 출토되었다(도 40-1 · 2). 장경호는 목이 길고 어깨 각이 분명한 偏球形으로 慶州 皇南洞 味鄒王陵地區 제5구역 1호분 옹관묘 출토품(도 40-4 · 5)과 6호분 등 4세기 후엽에 수습된 것들과 기형이 가깝다(최병현 2009). 다만 검승리 출토품은 구연부의 각도가 밖으로 뻗었고 어깨에 밀집파상문이 돌려지는 등 앞의 경주 황남동 출토품보다는 시간적으로 약간 후행하는 것으로 보인다(최병현 2009). 하지만 이와 같은 유형의 장경호는 慶州 皇南大塚 南墳 단계부터는 나

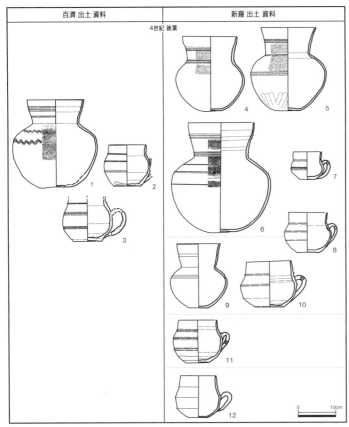

百濟 出土 資料	新羅 出土 資料

4世紀 後葉

1·2. 槐山 儉承里遺蹟 4號 石槨墓(孫明洙·金泰洪 2009), 3. 同遺蹟 6號 石槨墓(同上),
4·5. 慶州 皇南洞 味鄒王陵地區 第5區域 1號墳 甕棺墓(申敬澈 1986), 6. 釜山 福泉洞古墳
群 53號墳 主槨 石槨墓(釜山直轄市立博物館 1992), 7. 同古墳群 39號墳 主室 石槨墓(全玉
年 外 1989), 8. 慶州 東山里遺蹟 13號墳 石槨墓(新羅文化遺産研究院 2010), 9. 慶州 皇南洞
味鄒王陵地區 第1區 E墓 石槨墓(尹容鎭 1975), 10. 釜山 福泉洞古墳群 7號墳 石槨墓(金東
鎬 1984a), 11. 慶州 月城路古墳群 나-12號墳 積石木槨墓(國立慶州博物館 1990), 12. 釜山
福泉洞古墳群 1號墳 石槨墓(東亞大學校博物館 1970)

도 40 백제유적 출토 신라(계) 장경호·파배의 시간적 위치(S=1/10)

오지 않는 것으로서, 4세기 말 이전으로 편년한 최병현의 선행연구가 참고된다.

4호 석곽묘 출토 장경호는 미추왕릉 5구역 1호분 출토품뿐만 아니라 釜山 福泉洞古墳群 53호분 주곽 석곽묘 출토품(도 40-6), 경주 황남동 미추왕릉지구 제1구역 E묘 석곽묘 출토품(도 40-9)과도 유사하다. 미추왕릉지구 5구역 1호분의 연대에 대해 이희준(2007, p.159)은 4세기 4/4분기, 白井克也(2003)와 김두철(2011)은 5세기 2/4분기로 보고 있고, 복천동 53호분의 연대에 대해 이희준(2007, p.160)은 4세기 4/4분기, 박천수(2010b)는 5세기 1/4분기, 김두철(2011)은 5세기 2/4분기로,[130] 미추왕릉지구 제1구역 E묘 출토품의 연대에 대해 이희준(2007, p.159)은 5세기 1/4분기로 연구자마다 의견일치를 보지 못하고 있다.

---

130) 마구의 편년에서도 5세기 전~중엽까지의 시기가 비정된다(諫早直人 2009).

장경호와 공반된 파배의 구연은 동체부에서 직립하고 최대경은 동체부 중앙에 위치한다. 동체부 중앙과 하부, 동체와 구연의 경계에는 각각 1조의 돌대가 일정한 간격으로 돌아가서 구연부와 동체부의 경계를 명확히 하였다. 이형식의 파배는 시간의 경과에 따라 손잡이가 작아지고 구연부와 동체부의 경계가 부드러운 곡선을 이루기 때문에[131] 검승리 출토품은 釜山 福泉洞古墳群 39호분 주실 석곽묘 출토품(도 40-7), 慶州 東山里遺蹟 13호 석곽묘 출토품(도 40-8)과 유사하다. 이희준(2007, p.160)은 복천동 39호분 출토품과 복천동 1호분 석곽묘 출토품(도 40-12)을 4세기 4/4분기로 보고 있으나 파배의 형식학적인 변천상에서 보면 복천동 1호분 출토품은 복천동 39호분 출토품보다 후행하는 형식으로 판단된다.

검승리 출토품과 형식학적으로 가장 유사한 부산 복천동 39호분보다 후행하는 釜山 福泉洞古墳群 7호분 석곽묘 출토품(도 40-10)은 5세기 1/4분기(이희준 2007, p.160), 5세기 전엽(諫早直人 2009)으로 비정된다. 복천동 39호분 출토품은 4세기 4/4분기(이희준 2007), 5세기 전~중엽(諫早直人 2009), 5세기 2/4분기 후반(김두철 2011)으로 연구자마다 추정하는 시기가 다르지만, 부산 복천동고분군 7호분 석곽묘 출토품(도 40-10)과 慶州 月城路古墳群 나-12호분 적석목곽묘 출토품(도 40-11)보다 선행하는 형식이기 때문에 4세기 4/4분기에 비정되는 것으로 추정된다.

b. 6호 석곽묘

4호 출토품과 같은 형태의 파배가 출토된 점으로 미루어 보아 2개의 석곽묘는 비슷한 시기에 조영된 것임을 알 수 있다(도 40-3). 그 시기는 4세기 4/4분기~5세기 1/4분기로 추정된다.

---

131) 慶州 隍城洞遺蹟 537-1·10번지에서는 분묘군이 발굴되었다. 출토 유물을 분석한 보고자(김일규 2002)도 구연부와 동체부의 경계가 명확한 것보다 구연부와 동체부의 경계가 부드러운 곡선을 이루는 것이 후행함을 지적하고 있다.

③ 天安 龍院里古墳群 130號 土壙墓

130호 토광묘에서는 심발형토기, 환두대도 등과 함께 대가야의 장경호(도 41-1)가 수습되었다(李南奭 2000; 李賢淑 2011, p.224). 후술할 鎭川 石張里 遺蹟 출토품보다 상대적으로 목이 짧기 때문에 5세기 2/4분기의 高靈 池山洞 古墳群 30호분 3호 석곽묘 출토품(도 41-6), 山淸 玉山里遺蹟 35호분 목곽묘 출토품(도 41-7)과 같은 시기에 비정이 가능할 듯하다.

④ 鎭川 石張里遺蹟 A-사號 竪穴

A-사호 수혈에서는 심발형토기, 동이 등과 함께 대가야권역에서 발견되는 장경호(도 41-2)가 수습되었다(李榮勳 外 2004). 출토품은 5세기 2/4분기

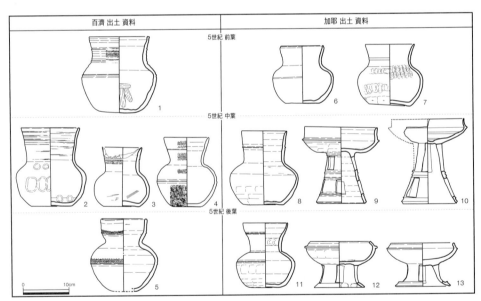

1. 天安 龍院里古墳群 130號 土壙墓(李南奭 2000), 2. 鎭川 石張里遺蹟 A-사號 竪穴(李榮勳 外 2004), 3. 完州 上雲里遺蹟 라地區 1號 墳丘墓 22號 木棺墓(金承玉 外 2010b), 4. 大田 梧井洞遺蹟 2號 土壙墓(崔秉鉉·柳基正 1998), 5. 龍仁 麻北洞 聚落遺蹟 19號 住居址(京畿文化財研究院 2009), 6. 高靈 池山洞古墳群 30號墳 3號 石槨墓(嶺南埋藏文化財研究院 1998b), 7. 山淸 玉山里遺蹟 35號墳 木槨墓(趙榮濟 外 2002), 8·9. 高靈 池山洞古墳群 122號 石槨墓(朴升圭 外 2006b), 10. 同古墳群 32號墳 石槨墓(金鍾徹 1981), 11·12. 同古墳群 125號 石槨墓(朴升圭 外 2006b), 13. 陜川 磻溪堤古墳群 다-A號墳 墓祀址(金正完 外 1987)

도 41 백제유적 출토 가야(계) 장경호의 시간적 위치(S=1/8)

의 高靈 池山洞古墳群 30호분 3호 석곽묘 출토품(도 41-6)과 山淸 玉山里遺蹟 35호분 목곽묘 출토품(도 41-7)보다 상대적으로 목이 길기 때문에 이들보다 후행함은 틀림이 없다. 석장리 출토품은 高靈 池山洞古墳群 122호 석곽묘 출토품(도 41-8)과 가장 유사하기 때문에 공반된 신라토기인 이단엇갈린 투창고배의 교차편년자료를 통해 시기를 추정해보고자 한다(도 41-9). 이 신라 고배는 지산동 32호분 석곽묘 출토품(도 41-10)과 같은 형식이므로 5세기 중엽에 해당된다. 따라서 석장리 출토품은 5세기 2/4분기 후반(5세기 중엽)으로 비정된다. 참고로 지산동 125호 석곽묘에서 출토된 장경호(도 41-11)는 구연부가 완곡하기 때문에 석장리 출토품과 지산동 122호 석곽묘 출토품보다 후행하는 형식으로 간주된다.[132]

⑤ 龍仁 麻北洞 聚落遺蹟 19號 住居址

19호 주거지에서는 심발형토기와 장란형토기와 함께 대가야 장경호(도 41-5)가 수습되었다(京畿文化財研究院 2009). 이 장경호는 구연부가 살짝 완곡하고 있는 것으로 보인다. 그러나 앞서 언급한 지산동 125호 석곽묘 출토 장경호(도 41-11)의 구연부보다는 완곡도가 상대적으로 작기 때문에 5세기 3/4분기로 판단된다.

⑥ 天安 斗井洞遺蹟 I 地區 3號 住居址

I지구 3호 주거지에서는 심발형토기 등과 함께 소형 爐形器臺(도 42-1)가 수습되었다(李南奭·徐程錫 2000).

이러한 형태의 소형 노형기대는 일반적인 노형기대에 비해 다리가 길어지면서 전체적으로 장신화된 것이 특징인데, 고령·합천·경주·창녕·진주·김해·함안 등지에 폭넓게 분포하고 있으나 지역별 변이가 상당히 있는 것으

---

132) 이는 공반된 장방형 일단투창고배가 5세기 후엽 후반의 陜川 磻溪堤古墳群 다-A호분 墓祀址 출토품(도 41-13), 陜川 玉田古墳群 M4호분 석곽묘 출토품(趙榮濟 外 1993), 6세기 전엽의 합천 옥전고분군 M6호분 석곽묘 출토품(趙榮濟 外 1993)과 유사하므로 대체적으로 상기의 시기에 해당됨을 알 수 있다.

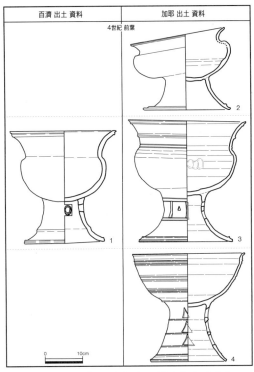

百濟 出土 資料	加耶 出土 資料

4世紀 前葉

도 42 백제유적 출토 가야(계) 노형기대의 시간적 위치(S=1/10)

1. 天安 斗井洞遺蹟 I地區 3號 住居址(李南奭·徐程錫 2000), 2. 高靈 盤雲里遺蹟 第4地區 地表收拾(洪鎮根 1992; 東洋大學校博物館 2005), 3. 高靈 快賓洞古墳群 12號 木槨墓(嶺南埋藏文化財硏究院 1996), 4. 同古墳群 1號 木槨墓 封土 內(同上)

로 알려져 있다(成正鏞 2007). 두정동 것과 딱히 닮은 것을 찾아보기는 쉽지 않으나, 高靈 快賓洞古墳群 12호 목곽묘 출토품(도 42-3)이 전체적인 기형에서 두정동 것과 유사하다. 그 연대를 4세기 전엽경으로 소급시켜서 이 시기부터 천안지역 세력이 고령지역과 독자적인 교섭관계를 맺은 것으로 이해하는 견해가 있다(朴淳發 2000c).

고령지역의 노형기대는 무투창 저평 노형기대가 고령 쾌빈동고분군 12호 목곽묘 출토품(도 42-3)보다 선행하는 것으로 파악되고 있고 그 시기는 4세기 2/4분기로 설정된다(박천수 2010a, p.78). 박천수(2010a, p.136)에 의하면 쾌빈동고분군 12호 목곽묘는 이보다 후행하는 4세기 중엽경으로 보고 있다.

두정동과 쾌빈동 출토 노형기대는 각각 경부 돌대의 유무와 다리의 투공형태에서 차이를 보이고 있어 직접 연결시키기에 무리가 따르지만, 어쨌든 고식도질토기 단계에 영남지역과 교류하면서 입수된 정보를 바탕으로 현지에서 제작되었을 가능성이 있다(成正鏞 2007).

⑦ 淸州 新鳳洞古墳群

백제에 의해 조영된 1호 횡혈식석실분에는 신라토기 2점이 부장되어 있었다(車勇杰 外 1995). 이들은 6세기 신라가 한강유역 진출로 인해 추가장으로 부장된 것이기 때문에 공반된 백제토기와는 무관하다. 여기서는 72호 토광묘, 107호 토광묘 출토품(車勇杰 外 1995), A-27호 토광묘 출토품(차용걸 외 2002a)에 대해 서술하고자 한다.

a. 72호 · 107호 토광묘

경상남도 서부지역에서 유행한 소위 水平口緣壺와 유사한 호 2점이 백제토기 등과 함께 수습되었다(도 43-1 · 2). 이들은 중서부지역에서 전통을 찾기 어려운 기형으로서, 특히 107호 토광묘 출토품(도 43-2)은 구연이 수평으로 꺾여 있고 구단부에 홈이 돌아가 있어서 수평구연호에서도 발달된 형태이다. 그러나 경부가 짧고 파상문이 없는 점과 하부에 타날문이 있는 점 등은 전형적인 수평구연호와는 차이가 있기 때문에 경남 서부지역에서 이와 같은 기형을 찾기가 쉽지 않다. 다만 구연형태는 晉州 武村遺蹟 3丘 145호 석곽묘 출토품(도 43-3)과 유사하다. 하지만 상부에 장식된 2조의 돌대와 동부형태 등은 馬山 縣洞遺蹟 64호 석곽묘 출토품(도 43-4)과 통한다(成正鏞 2007). 무촌 145호는 박천수의 편년(2010a, p.136)에 따르면 5세기 3/4~4/4분기(475년 전후), 현동 64호분은 하승철 편년(1999)의 서부경남 II단계(5세기 중~후엽)로써 5세기 후반의 이른 시기로 편년된다. 이는 반입품이라기보다는 소가야지역권과의 교류가 활발함에 따라 현지에서 제작되었을 가능성이 있는 소가야계 토기라 할 수 있다.

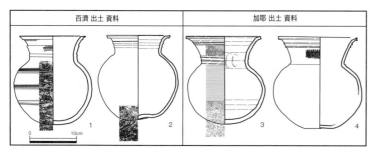

百濟 出土 資料	加耶 出土 資料

0 10cm

1. 清州 新鳳洞古墳群 72號 土壙墓(車勇杰 外 1995), 2. 同古墳群 107號 土壙墓(同上), 3. 晉州 武村遺蹟 3丘 145號 石槨墓(慶南考古學研究所 2005), 4. 馬山 縣洞遺蹟 64號 石槨墓(李盛周 · 金亨坤 1990)

도 43 백제유적 출토 가야(계) 수평구연호의 시간적 위치(S=1/8)

b. A-27호 토광묘

토광묘에서 출토된 有蓋長頸壺(도 44-1)는 경부에 각각 3조의 밀집파상문을 돌리고 그 사이에 2조의 돌대를 장식하였다(車勇杰 外 2002a). 또한 동체부는 역삼각형에 가깝고 저부는 말각평저이다. 동체부 하부에서는 일부 격자문의 흔적이 보이며, 기벽은 암자색의 경질로 소성되어 있다(成正鏞 2007). 성정용(2007)은 전체적인 기형은 高靈 池山洞古墳群 30호분 석곽묘 출토품(도 44-5), 같은 고분군인 81호 석곽묘 출토품(도 44-6)과 유사하다고 하였

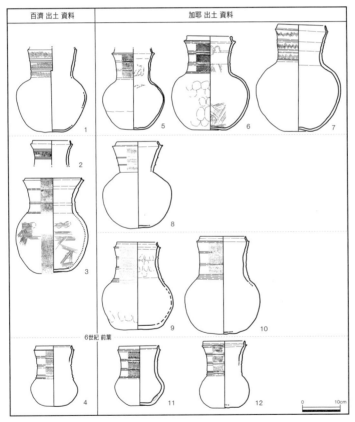

1. 淸州 新鳳洞古墳群 A-27號 土壙墓(車勇杰 外 2002a), 2. 烏山 外三美洞遺蹟 가地區 26號 竪穴(韓白文化財研究院 2011), 3. 錦山 水塘里遺蹟 2號 橫穴式石室墳(忠淸南道歷史文化院 2007a), 4. 錦山 陰地里遺蹟 破壞墳(朴敬道 2002), 5. 高靈 池山洞古墳群 30號墳 石槨墓(嶺南埋藏文化財研究院 1998b), 6. 同古墳群 81號 石槨墓(慶尙北道文化財研究院 2000), 7. 星州 星山里古墳群 39號墳 副葬槨(啓明大學校 行素博物館 2006), 8. 陜川 磻溪堤古墳群 가-14號墳 石槨墓(金正完 外 1987), 9. 高靈 池山洞古墳群 44號墳 南槨(尹容鎭 1978; 朴天秀 外 2009), 10. 陜川 磻溪堤古墳群 다-A號墳 石槨墓(金正完 外 1987), 11. 高靈 池山洞古墳群 14號墳 石槨墓(慶尙北道文化財研究院 2000), 12. 陜川 苧浦里 D地區遺蹟 I-16號墳 石槨墓(尹容鎭 1987)

도 44 백제유적 출토 가야(계) 유개장경호의 시간적 위치(S=1/10)

으나 경부와 구연의 꺾인 부분에 대한 돌대 처리나 밀집파상문이 정연하지 못한 점 등에 대해서는 星州 星山里古墳群 39호분 부장곽 출토품(도 44-7)과 통하는 부분도 있기 때문에 범대가야산으로 분류하였다.

지산동 81호 석곽묘는 5세기 3/4분기(慶尙北道文化財硏究院 2000), 지산동 30호분은 5세기 2/4분기(박천수 2010a, p.136)와 5세기 중엽(諫早直人 2009), 성산동 39호분은 5세기 후엽 전반(啓明大學校 行素博物館 2006)과 475년 전후(박천수 2010a, p.136)로 비정되고 있다. 이를 종합하면 A-27호 토광묘 출토품은 5세기 2/4분기~475년 전후에 부장된 것으로 보인다.

⑧ 烏山 外三美洞遺蹟 가地區 26號 竪穴

26호 수혈에는 대가야 유개장경호의 구연부편(도 44-2)이 수습되었다(韓白文化財硏究院 2011). 뚜껑받침턱은 각진 어깨형이며, 경부편에는 2조의 횡침선 사이에 밀집파상문을 돌렸다. 이는 구연형태로 보아 高靈 池山洞古墳群 30호분 석곽묘 출토품(도 44-5)보다 후행하는 것으로 볼 수 있기 때문에 5세기 3/4분기로 비정이 가능하다.

⑨ 淸原 主城里遺蹟 1號 橫穴式石室墳

1호 횡혈식석실분 5차 屍床에는 6세기 후엽으로 편년되는 전형적인 신라 短脚高杯 등의 유물과 전혀 시기와 故地가 다른 유물이 수습되었다(韓國文化財保護財團 2000). 이것이 바로 가야산 고배의 배신편이다(金武重 2012)(도 45-1). 다리는 결실되어 있지만 구연과 배신의 형태로 보아 5세기 2/4분기로 비정되는 晉州 武村遺蹟 2丘 85호 목곽묘 출토품(도 45-6), 晉州 佳谷마을 지표 수습품(도 45-7), 錦山 倉坪里遺蹟 (추정)석곽묘 출토품(도 45-2)과 흡사하다. 趙榮濟(1990)는 삼각투창고배의 연구를 통해 가곡마을 지표 수습품과 창평리 출토품을 같은 형식으로 보고 Ⅰ단계(5세기 전엽)로 설정하였다. 한편 창평리의 보고자들은 5세기 중엽경으로 비정하였으나, 이 시기로 비정되는 진주 무촌유적 3구 82호 석곽묘 출토품(도 45-8·9)과 기형에 있어서

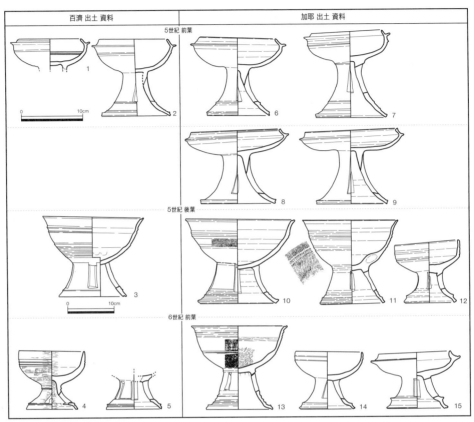

百濟 出土 資料	加耶 出土 資料

5世紀 前葉

5世紀 後葉

6世紀 前葉

1. 淸原 主城里遺蹟 1號 橫穴式石室墳(韓國文化財保護財團 2000), 2. 錦山 倉坪里遺蹟 (推定)石槨墓(姜仁求 1973; 朴敬道 2002), 3. 燕岐 松院里遺蹟 KM-046 橫穴式石室墳(李弘鍾 外 2010), 4. 論山 定止里遺蹟 Ⅲ地域 21號 貯藏孔(嘉耕考古學硏究所 2013), 5. 全州 馬田遺蹟 Ⅳ區域 4號墳 1號 土壙墓(湖南文化財硏究院 2008d), 6. 晉州 武村遺蹟 2丘 85號 木槨墓(慶南考古學硏究所 2004), 7. 晉州 佳谷마을 地表收拾(趙榮濟 1990), 8 · 9. 晉州 武村遺蹟 3丘 82號 石槨墓(慶南考古學硏究所 2005), 10. 同遺蹟 3丘 2號 石槨墓(同上), 11 · 12. 同遺蹟 3丘 37號 橫口式石槨墓(同上), 13. 固城 內山里古墳群 64號墳 橫穴式石室墳(國立昌原文化財硏究所 2005), 14. 同古墳群 34號墳 主槨(同上), 15. 宜寧 西洞里古墳 收拾(朴升圭 1994)

도 45 백제유적 출토 가야(계) 고배와 소형 발형기대의 시간적 위치(3 · 10 · 11 : S=1/8, 기타 : S=1/6)

차이가 인정되기 때문에 5세기 2/4분기로 수정하는 편이 좋을 것으로 판단된다.

이와 같이 주성리 출토 소가야 고배는 5세기 2/4분기에 해당되기 때문에 6세기 후엽으로 비정되는 5차 시상과는 관련이 없는 유물임을 확인할 수 있다. 따라서 이는 1호 횡혈식석실분 초축시 부장된 유물인 것으로 봐야할 것이다.

⑩ 大田 九城洞遺蹟 D-1·2·8號 土壙墓

이 유적에서는 원삼국~삼국시대 초기의 주거지 12기와 함께 주거지 폐기
후 조영된 12기의 토광묘와 옹관묘 등이 조사되었다(崔秉鉉·柳基正 1997;
成正鏞 2007). 이들 중 D-1·2·8호 토광묘에서는 재지적 전통을 찾아보기
어려운 호들이 재지의 호 등과 함께 수습되었다.

D-1·8호 토광묘 출토품(도
46-1·2)은 어깨가 부풀
어 오른 기형을 하고 경부
는 나팔형으로 외반되는데
비해 2호 출토품(도 46-3)
은 경부가 훨씬 길며 어깨
에 각이 져 있다. 장경호는
시간의 경과에 따라 목이
길어지고 동체부가 작아
지는 경향이 관찰되기 때
문에 이를 참고로 한다면
D-1호 출토품이 가장 이
르고 D-2호 출토품은 가
장 늦은 형식이 된다.

구성동 출토품과 유사
한 장경호는 영남지역 일
원에서 볼 수 있지만, 그
중 D-1·2호 출토품은 慶
州 月城路古墳群 가-6호분
적석목곽묘 출토품(도 46-
4·5)과 가장 가깝다고 여
겨진다(成正鏞 2007). 가-
6호분은 4세기 2/4분기(이

1. 大田 九城洞遺蹟 D-1號 土壙墓(崔秉鉉·柳基正 1997), 2. 同遺蹟 D-8號 土壙墓(同上),
3. 同遺蹟 D-2號 土壙墓(同上), 4·5. 慶州 月城路古墳群 가-6號墳 積石木槨墓(國立慶州博
物館 1990), 6. 清道 鳳岐里遺蹟 2號 木槨墓(慶尙北道文化財研究院 2006), 7. 同遺蹟 5號 木
槨墓(同上), 8·9. 慶州 月城路古墳群 가-13號墳 積石木槨墓(國立慶州博物館 1990)

도 46 백제유적 출토 영남지역 장경호의 시간적 위치(S=1/10)

희준 2007, p.159), 4세기 후엽 전반(박천수 2010a, p.136)으로 비정되고 있다.

또한 보고자(慶尙北道文化財硏究院 2006)에 의해 월성로보다 다소 앞선 시기로 비정된 淸道 鳳岐里遺蹟 2호 목곽묘 출토품(도 46-6)은 구연부가 경부에서 완만하게 외반하며, 동최대경은 상부에 있고, 동체는 구형이라는 사실을 알 수 있다. 이에 비해 같은 유적의 5호 목곽묘 출토품(도 46-7)의 구연부는 경부에서 직립하다가 외반하며, 동최대경은 중앙에 위치한다. 이들은 고배 등 공반유물의 형식학적인 검토를 통해서도 2호에서 5호의 순으로 변화가 인정된다. 이를 감안하면 장경호는 D-1→D-8→D-2호의 순으로 변천될 것으로 생각한다.

D-2호 출토품(도 46-3)의 동체부는 구형이라는 점에서 월성로고분군 가-13호분 적석목곽묘 출토품(도 46-8 · 9)보다 다소 이른 것으로 추정된다. 가-13호분은 4세기 3/4분기(이희준 2007, p.159), 4세기 후엽 후반(박천수 2010a, p.136)으로 비정되고 있기 때문에 D-2호 출토품도 이 시기쯤으로 추정된다. 그러나 D-2호 출토품과 완전히 유사한 기형을 찾을 수 없었기 때문에 성정용 (2007)도 지적하고 있듯이 영남지역의 영향을 받은 현지산일 가능성도 배제할 수 없다.

⑪ 大田 梧井洞遺蹟 2號 土壙墓

2호 토광묘에서는 소호, 완, 호, 철겸 등과 함께 대가야 장경호(도 41-4)가 수습되었다(崔秉鉉 · 柳基正 1998). 형식학적으로 5세기 2/4분기 후반~3/4분기 전반(5세기 중엽)의 대가야 장경호와 대비할 수 있다.

⑫ 燕岐 松院里遺蹟

a. KM-003 石槨墓

KM-003 석곽묘에서는 백제토기인 외반구연소호, 광구호, 마구 등과 함께 把手附直口短頸小壺가 수습되었다(李弘鍾 外 2010). 파수부직구단경소호는 동체부 중앙에 2조의 횡침선을 돌리고 그 사이에 밀집파상문을 시문하였다 (도 47-2). 그리고 점토띠를 말아 올려 만든 고사리형태(蕨手形)의 파수를 부착하였다. 이 고사리형태의 파수가 부착된 직구소호는 백제토기에서 흔히 관

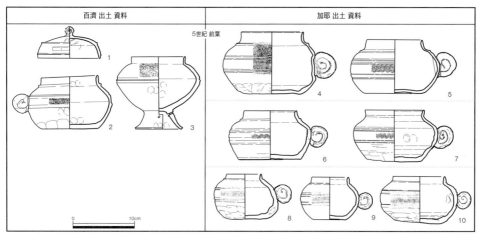

百濟 出土 資料	加耶 出土 資料

1~3. 燕岐 松院里遺蹟 KM-003 石槨墓(李弘鍾 外 2010), 4. 高靈 池山洞古墳群 30號墳 3號 石槨墓(嶺南埋藏文化財研究院 1998b), 5. 陜川 玉田古墳群 31號墳 木槨墓(趙榮濟 1988), 6. 高靈 池山洞古墳群 40號 石槨墓(朴升圭 外 2006a), 7. 同古墳群 84號墳 石槨墓(同上), 8. 同古墳群 44號墳 主槨(朴天秀 外 2009), 9·10. 同古墳群 44號墳 南槨(同上)

도 47 백제유적 출토 기야(계) 파수부직구단경소호의 시간적 위치(S=1/6)

찰할 수 없고 오히려 5세기대의 대가야토기에서 자주 볼 수 있는 것이다(金武重 2012). 대가야권에서는 대체로 5세기 2/4분기에 출현하고 성행했지만(도 47-4·5) 5세기 말에는 기형이 작아지면서(도 47-8~10) 6세기대에는 사라지는 것으로 보인다. 송원리 출토품[133]은 5세기 2/4분기로 비정되는 陜川 玉田古墳群 31호분 목곽묘 출토품(도 47-5)이나 5세기 중엽경으로 비정되는 高靈 池山洞古墳群 40호 석곽묘 출토품[134](도 47-6), 같은 고분군인 84호 석곽묘 출토품(도 47-7)과 비교할 수 있다.

백제유적에서 고사리형태의 파수가 부착된 직구소호는 이 유적에서만 확

---

133) 보고자(이홍종 외 2010)는 5세기 2/4분기경으로 비정하고 있는데 비해 김일규(2014a)는 영남지역의 연대관을 반영하여 5세기 4/4분기 전반으로 편년하였다.

134) 공반된 유개장경호는 박천수의 편년(2010a, pp.78~79)에 따르면 5세기 중엽에 해당된다. 또한 함께 출토된 자료로 垂下式細環耳飾이 있다. 이한상 선생님의 교시에 따르면 이러한 형태의 귀걸이는 한성기의 백제고분 출토품에서도 확인된다고 한다. 가장 이른 것은 燕岐 石三里遺蹟 백제시대 석곽묘 출토품(백제문화재연구원 2011)이며 5세기 중엽 혹은 조금 더 이를 것이라는 교시를 받았다.

인되고 있다는 점과 이 유적에서 고사리형태의 파수를 부착한 토기의 빈도가 유난히 높은 점에서 이 지역의 세력과 대가야권과의 교류를 상정할 수 있다.[135] 이를 증명하듯 이 유적의 인근에 위치한 羅城里遺蹟에서는 금강 중류역의 물류와 유통을 담당하던 지역 수장층의 취락지가 조사되었다(한국고고환경연구소 2011; 李弘鍾·許義行 2014).

또한 KM-005 석곽묘, KM-092 석곽묘에서도 가야토기로 추정되는 뚜껑이 수습되었다. 기형은 KM-003 석곽묘 출토 뚜껑과 유사한다(도 47-1). 전체적인 기형은 5세기대의 아라가야 또는 소가야에서 확인되나 구연형태, 문양, 꼭지형태 등에서 현지 제품과 약간의 차이점이 인지된다. 고사리형태의 꼭지가 부착된 KM-003 출토품도 가야토기의 영향을 받은 것은 분명하나 이와 같은 것은 가야지역에서 찾을 수 없다. 이로 미루어 볼 때 KM-005, KM-092 석곽묘 출토품도 가야토기의 영향을 받은 가야계 토기로 추정된다.

b. KM-046 橫穴式石室墳

KM-046 횡혈식석실분에서는 소형 발형기대가 백제토기 등과 함께 수습되었다(도 45-3). 이를 須惠器로 보는 의견(金武重 2012)에 동조(2012b · 2013a)하였으나, 須惠器와는 발과 다리 선단의 형태 등에서 차이가 확인되는 점을 언급한 바 있다. 발형기대는 須惠器보다 오히려 소가야토기에서 보다 유사한 기형을 찾을 수 있기 때문에(김일규 2014a · 2014b) 기존 필자의 견해를 수정하고 소가야지역과의 교차편년을 통해 이 토기의 시기를 비정하고자한다.

KM-046 출토품은 晉州 武村遺蹟 3구 2호 석곽묘 출토품(도 45-10), 37호 횡구식석곽묘 출토품(도 45-11)과 비교가 가능하다. 3구 2호 석곽묘에서는 소형 발형기대와 공반된 장경호가 5세기 3/4분기로 비정되는 무촌 3구 145호 석곽묘 출토품(박천수 2010a)과 유사하다. 37호 횡구식석곽묘에서는 발형기대와 공반된 고배(도 45-12)가 6세기 전엽으로 비정되는 固城 內山里古墳

---

135) 연기 장재리유적, 공주 수촌리유적에서도 호 어깨 부위에 고사리형태의 귀를 부착한 사례가 확인되었다.

群 34호분 주곽 출토품(도 45-14)보다 상대적으로 배신이 깊기 때문에 5세기 후엽경으로 설정할 수 있다. 또한 KM-046 출토품은 6세기 전~중엽의 固城 內山里古墳群 64호분 횡혈식석실분 출토 발형기대를 통해 형식학적으로 이른 단계의 것으로 판단된다.

이 유적의 인근에 위치한 나성리유적에서도 5세기 중~후엽으로 추정되는 소가야토기가 수습(한국고고환경연구소 2013)되었기 때문에 송원리 출토품도 이 토기와 함께 5세기 3/4분기경[136)]에 반입된 것으로 볼 수 있다.

⑬ 燕岐 松潭里遺蹟 KM-025 橫穴式石室墳

KM-025 횡혈식석실분에서는 삼족토기, 단경호, 배, 마구 등과 함께 鉢 1점(도 48-1)이 수습되었다(李弘鍾 外 2010). 전체적인 기형은 5세기 3/4분기에 비정되는 慶州 月城路古墳群 가-4호분 적석목곽묘 출토품(이희준 2007, p.159)(도 48-5 · 6)이나 5세기 말 후반~6세기 초에 해당되는 昌寧 松峴洞古墳群 6호분 횡구식석실분 출토품(도 48-7 · 8)과 유사하다. 그러나 신라의 발과 다소나마 차이를 보이고 있다. 신라의 발은 대부분 연질인데 비해 출토품은 경질소성이기 때문에 신라토기를 모방한 토기일 가능성이 높다. 한편 공반 뚜껑 외면에는 신라토기 뚜껑에서 자주 관찰되는 점열문이 'X'자로 시문되어 있다. 참고로 공반된 삼족토기의 연대는 5세기 3/4분기에 해당될 것으로 판단된다.

⑭ 公州 山儀里遺蹟 40號 橫穴式石室墳

40호 횡혈식석실분에서 직구단경호, 삼족토기, 뚜껑 등과 함께 臺附盌이 수습되었다(李南奭 1999). 대부완 표면에는 나선형 침선을 돌렸고, 구단부에는 홈이 희미하게 남아 있다(도 49-1). 백제 대부완의 표면에는 나선형 침선이

---

136) 김일규(2014a)는 송원리 출토품을 6세기 2/4분기로 비정하였으나 6세기 이후로 내려가기 어려운 이유는 앞에서 언급한 바와 같다. 이에 더 근거를 추가하면 송원리 출토품은 가야토기의 영향으로 제작된 TK208형식기(5세기 중엽)의 須惠器 고배와도 비교가 가능하다(土田純子 2012b · 2013a).

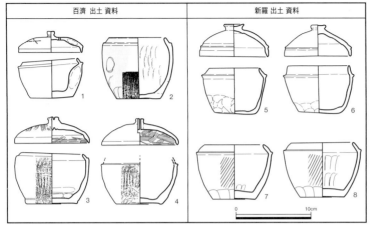

| 百濟 出土 資料 | 新羅 出土 資料 |

도 48 백제유적 출토 신라(계) 발의 시간적 위치(S=1/5)

1. 燕岐 松潭里遺蹟 KM-025
橫穴式石室墳(李弘鍾 外 2010),
2. 論山 院南里·定止里遺蹟
Ⅱ-3地域 A地點 百濟時代 2號
土壙墓(忠淸南道歷史文化硏究院
2012), 3·4. 全州 馬田遺蹟 Ⅳ區
域 4號墳 1號 土壙墓(湖南文化財
硏究院 2008d), 5·6. 慶州 月城
路古墳群 가-4號墳 積石木槨墓
(國立慶州博物館 1990), 7·8. 昌
寧 松峴洞古墳群 6號墳 橫口式
石室墳(國立加耶文化財硏究所
2011)

없기 때문에 오히려 신라의 대부완에서 그 기형을 찾을 수 있을 것이다. 따라
서 출토품은 慶州 月城路古墳群 가-15호분 석곽묘 출토품(도 49-2), 慶州 皇
南洞 味鄒王陵地區 제9구 제3묘곽 적석목곽묘 출토품(도 49-3)과 비교가 가
능할 것으로 생각된다. 월성로 가-15호분은 이희준의 편년(2007, p.159)에
따르면 5세기 4/4분기, 白井克也의 편년(2003)에 따르면 515~530년대로 비
정되고 있다. 미추왕릉지구 제9구 제3묘곽 출토품은 최병현의 편년(2011)에
따르면 6세기 1/4분기로 편년된다. 그 외 대부에 투창이 있는 신라의 대부완
에서도 유사한 기형을 찾을 수 있는데 최병현의 편년에 따르면 6세기 2/4분

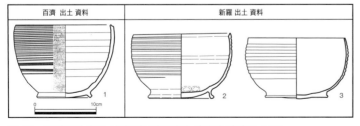

| 百濟 出土 資料 | 新羅 出土 資料 |

1. 公州 山儀里遺蹟 40號 橫穴式
石室墳(李南奭 1999), 2. 慶州 皇南洞
月城路古墳群 가-15號墳 石槨墓
(國立慶州博物館 1990), 3. 慶州 皇南
洞 味鄒王陵地區 第9區 第3墓槨 積石
木槨墓(尹世英 1975)

도 49 백제유적 출토 신라(계) 대부완의 시간적 위치(S=1/6)

기로 비정된다. 이를 종합하면 산의리 출토품과 유사한 기형은 늦어도 6세기 1/4분기에는 출현하고 있었음을 알 수 있다.

⑮ 錦山 水塘里遺蹟 2號 橫穴式石室墳

2호 횡혈식석실분에서 삼족토기편, 광구장경호, 광구호, 철모, 철촉, 철부 등과 함께 대가야토기의 영향으로 현지 제작된 것으로 보이는 유개장경호(도 44-3)가 수습되었다(忠淸南道歷史文化院 2007a).

대가야 유개장경호의 경부는 대부분 직선적으로 벌어지는 것에 비해 수당리 출토품의 경부는 직립하다가 구연부에서 완만하게 외반하는 형태이기 때문에 대가야의 영향을 받은 현지산일 가능성이 있다. 그러나 경부의 밀집파상문, 구연형태 등은 대가야권의 영향을 받은 것이 분명하다.

전체적인 기형은 陜川 磻溪堤古墳群 다-A호분 석곽묘 출토품(도 44-10)과 유사하기 때문에 5세기 말로 비정할 수 있다. 그러나 같은 시기로 비정되는 鎭安 黃山里古墳群 가지구 11호분 석곽묘 출토품(도 56-5), 高靈 池山洞古墳群 44호분 남곽 출토품(도 44-9)보다 다소 선행할 가능성은 있다.

⑯ 錦山 陰地里遺蹟 破壞墳

경작 과정에서 백제 단경병, 개배의 배신과 함께 대가야토기인 유개장경호가 수습되었다(朴敬道 2002). 유개장경호는 대가야 후기의 특징적인 기형으로서(도 44-4), 이미 선학(朴敬道 2002; 成正鏞 2007)에 의해 高靈 池山洞古墳群 14·21호분 석곽묘 출토품과의 관련성이 지적된 바 있다(도 44-11). 이들은 지산동 45호분의 것보다 후행하는 기형으로서, 지산동 14·21호분[137]을 520~540년 무렵으로 보는 연대관(慶尙北道文化財研究院 2000)에 비추어, 6세기 2/4분기 무렵으로 편년된다(朴敬道 2002; 成正鏞 2007). 또한 음지리 출토품은 지산동 14호분 출토품뿐만 아니라 陜川 中磻溪墳墓群 14호분 석곽묘 출토품(趙榮濟·朴升圭 1987), 陜川 苧浦里 D地區遺蹟 Ⅰ-16호분 석곽

---

137) 다만 지산동 21호분 출토품은 구연형태에서 다소 차이를 보인다.

묘 출토품(도 44-12)과도 유사하다. 이들 역시 보고자에 의해 6세기 전반 무렵으로 비정되고 있으므로 필자도 6세기 2/4분기 무렵으로 편년하는 선행연구에 동의한다.

⑰ 論山 定止里遺蹟 Ⅲ地域 21號 貯藏孔

21호 저장공에서는 소가야의 무개 삼각투창고배(도 45-4)와 심발형토기가 각각 바닥에서 약 103cm, 132cm 부유한 상태에서 수습되었다(嘉耕考古學硏究所 2013). 보고자는 완형으로 남아 있는 양상으로 볼 때, 내부시설에 놓여 있었던 유물로 추정하였다.

출토 고배는 6세기 전엽으로 비정되고 있는 固城 內山里古墳群 34호분 주곽 출토품(도 45-14)과 비교가 가능하다.

⑱ 論山 院南里·定止里遺蹟 Ⅱ-3地域 A地點 百濟時代 2號 土壙墓

2호 토광묘에서는 심발형토기, 귀걸이와 함께 고리형 파수가 떨어진 把手附鉢 1점(도 48-2)이 수습되었다(忠淸南道歷史文化硏究院 2012). 전체적인 기형은 앞에서 언급한 바와 같이 5세기 3/4분기~6세기 초에 비정되는 신라발(도 48-5~8)과 유사하다. 또한 연질소성이라는 것도 신라토기와 공통되지만 신라에서는 이와 같은 기형의 파배는 일반적이지 않기 때문에 신라토기인지 의문이 남는다. 참고로 다른 토광묘 부장토기들은 5세기~웅진기에 비정된다.

⑲ 全州 馬田遺蹟 Ⅳ區域 4號墳 1號 土壙墓

4호분 1호 토광묘에서는 광구장경호, 철제품과 함께 일단투창고배편 1점(도 45-5)과 발 2점(도 48-3·4)이 수습되었다(湖南文化財硏究院 2008d).[138]

출토 고배는 4개의 투창이 투공된 것으로 보이며 다리 끝부분 외면에는 돌대가 돌아가고 내면에는 오목하게 들어가게 처리되었다. 이는 宜寧 西洞里古墳 수습품(도 45-15) 등 소가야권의 토기와 유사성을 찾을 수 있다. 그 시기

---

138) 그 밖에 3호분 3호 토광묘와 4호분 주구에서는 백제 고배와 기형이 전혀 다른 것이 수습되었다.

는 5세기 말~6세기 전반으로 비정할 수 있다.

출토 발 2점은 앞서 언급한 바와 같이 5세기 3/4분기~6세기 초에 비정되는 신라 발(도 48-5~8)과 비교가 가능하다.

⑳ 完州 上雲里遺蹟 라地區 1號 墳丘墓 22號 木棺墓

1호 분구묘 22호 목관묘에서는 호, 장신구와 함께 대가야 장경호(도 41-3)가 수습되었다(金承玉 外 2010b). 일반적으로 대가야 장경호의 동최대경은 동체부 상단에 위치하고 있는데 비해 상운리 출토품은 하단에 있다. 따라서 상운리 출토품이 재지 생산품일 가능성도 배제할 수 없으나 대가야의 영향을 받은 토기임은 분명하다. 대가야 장경호의 형식학적 변천을 고려하면 5세기 중엽경에 비정할 수 있을 것으로 보인다.

(2) 泗沘期 遺蹟 出土 新羅·加耶(系) 土器에 대한 檢討

① 扶餘 雙北里 146-7遺蹟 百濟時代 4層 上部土

백제시대 층인 4층 상부토에서 신라 직구호 또는 장경호의 동체부로 추정되는 토기편이 수습되었다(沈相六·李美賢 2012). 토기 외면에는 3조의 횡침선을 경계로 위에는 삼각형문류, 아래에는 수적형문류가 찍혀 있다(도 50-1). 삼각형문류에서 수적형문류의 변화를 서술한 宮川禎一(1993)의 논문을 참고로 한다면 6세기 말~7세기 초에 비정이 가능하다.

② 扶餘 陵山里寺址 北便 建物址1·2

능산리사지 사역 북쪽 부분에 대한 제9차 발굴조사 구역 내에서는 건물지 3기, 중앙수로, 집수장, 우물 2기 등이 확인되었다. 신라토기는 건물지 3기 중 보고자에 의해 북편 건물지1과 북편 건물지2로 명명된 곳에서 수습되었다(鄭燐培 外 2010).

건물지2 출토 臺附偏球形甁(附加口緣長頸壺) 경부와 동체부 상부에는 단체시문한 水滴形文과 二重半圓点文이 관찰된다(도 50-2). 최병현의 견해 (2011)에 따르면 구순이 밖으로 벌어지는 점, 단체시문한 점, 동체부가 능산리보다 납작한 부여 관북리유적 출토품(도 50-6)의 형태로 보아 7세기 전반 전기인 2c로 비정이 가능하다(도 50-13).

건물지1 출토 뚜껑에는 단체시문한 이중반원점문이 관찰된다. 뚜껑받이턱은 수평으로 길게 돌출되었고, 드림부는 거의 수직을 이룬다(도 50-3). 이는 최병현(2011)의 2c~2d에 해당될 것으로 보인다(도 50-14).

③ 扶餘 雙北里 602-10番地遺蹟 文化層

문화층(문화층 일괄유물)에서는 신라 대부편구형병 동체부편이 출토되었다(崔鳳均 外 2010). 동체 상부에 2조의 횡침선으로 구획을 하고 상단에 수적형문류, 하단에 원문류가 찍혀 있다(도 50-4). 최병현의 견해(2011)에 따르면 2c기에 해당하며 7세기 전반 전기로 편년되는 것이다.

④ 扶餘 雙北里 北浦遺蹟

쌍북리 북포유적에서는 사비양식토기가 집중적으로 출토된 백제시대 문화층을 조사하였는데 이를 하층(Ⅰ문화층)과 상층(Ⅱ문화층)으로 구분하였다(李浩炯·李販燮 2009).

a. 백제시대 Ⅰ문화층 1-1호 도로유구

Ⅰ문화층에는 개배, 뚜껑, 완, 단경병, 직구호, 자배기, 삼족토기 등의 백제토기와 함께 신라후기양식의 대부편구형병(부가구연장경호)의 경부편이 출토되었다(도 50-5). 이 경부편 중앙에 2조의 횡침선을 돌린 후 상부에는 이중반원점문을, 하부에는 이중반원점문, 二重点線圓点文, 수적형문이 시문되고 있다(최병현 2011). 이는 최병현 분류(2011)의 2d에 해당되는 것으로 보아 7세기 전반의 중기에 편년되는 것이다(이의지 2012).

b. 백제시대 Ⅱ문화층 1호 지엽부설

Ⅱ문화층에도 다량의 백제토기와 함께 신라후기양식토기의 대부완 구연부편 2점이 출토되었다(도 50-10·11). 하나는 단체시문된 수적형문, 그리고 또 하나는 이중반원점문을 흩어 찍었다. 최병현의 견해(2011)에 따르면 3b에

해당하며 7세기 후반의 전기로 편년되는 것이다(이의지 2012). 이 시기의 유물로 蔚州 華山里古墳群 12호분 횡구식석실 출토품(도 50-18), 慶州 舍羅里 525番地遺蹟 3호 횡혈식석실분 출토품(도 50-19)을 들 수 있다.

위와 같이 북포유적 Ⅰ문화층은 7세기 2/4분기, Ⅱ문화층은 7세기 3/4분기로 비정이 가능할 듯하여 백제 멸망 전부터 부여에 신라토기가 일부 반입되고 있었음을 말해주고 있다(최병현 2011).

⑤ 扶餘 官北里遺蹟 瓦埋立層

기와매립층(백제 성토2층)에서는 開元通寶, 기와, 등잔, 개배 등과 함께 신라토기인 뚜껑과 대부편구형병(부가구연장경호) 동체부편(도 50-6·7)이 수습되었다(國立扶餘文化財研究所 2009b). 대부편구형병은 동체부에 여러 횡침선을 두고 수적형문과 타원문을 찍는다(도 50-6). 또한 동체부는 납작하며 동체 중앙에 각이 진 것이 관찰된다. 이러한 특징들은 최병현(2011)의 견해에 따르면 2d 형식, 즉 7세기 전반 중기에 해당되며 慶州 乾川休憩所新築敷地遺蹟 25호 횡혈식석실분 출토품(도 50-16), 金海 禮安里古墳群 30호분 횡구식석실분 출토품(도 50-17) 등과 비교가 가능하다.

뚜껑의 문양은 자연유로 인해 관찰이 용이하지 않지만 남아 있는 상태로 볼 때 八字線文에 가까운 것으로 보인다(도 50-7). 즉 무늬는 찍은 것이 아니라 그은 무늬임을 알 수 있다. 이는 최병현(2011)의 견해에 따르면 2c~2d, 즉 7세기 전반 전기~중기에 해당되며 慶州 芳內里古墳群 30호분 횡혈식석실분 출토품(도 50-15) 등과 비교될 수 있다.

기와매립층에는 唐 초기 武德四年(621년)에 처음 주조된 것으로 알려진 개원통보가 출토되었기 때문에 매립층 조성의 상한과 관련되는 직접적인 편년자료가 된다(국립부여문화재연구소 2009b).

신라토기와 개원통보의 연대를 고려할 때 기와매립층을 위시한 매축대지 내 2차 성토는 621년 이후인 사비기 말에 해당되는 시기에 이루어졌을 것으로 추정되며 『三國史記』에 보이는 泗沘宮 重修(630년)나 太子宮 重修(655년) 등의 기사와 연관성을 지적할 수 있다(국립부여문화재연구소 2009b).

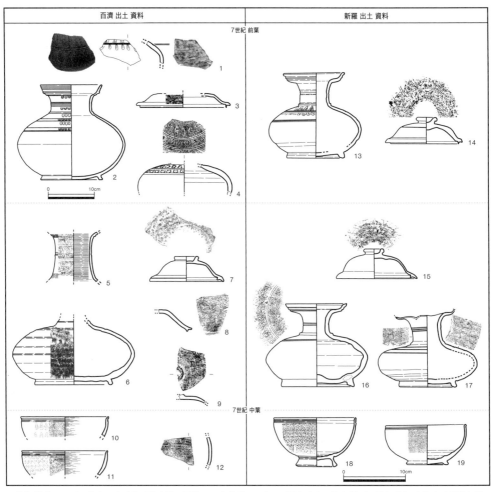

百濟 出土 資料	新羅 出土 資料

7世紀 前葉

7世紀 中葉

1. 扶餘 雙北里 146-7遺蹟 百濟時代 4層 上部土(沈相六·李美賢 2012), 2. 扶餘 陵山里寺址 第9次 調査 北便 建物址2(鄭熘培 外 2010), 3. 同寺址 同調査 北便 建物址1(同上), 4. 扶餘 雙北里 602-10番地遺蹟 文化層(崔鳳均 外 2010), 5. 扶餘 雙北里 北浦遺蹟 百濟時代 Ⅰ文化層 1-1號 道路遺溝(李浩炯·李販燮 2009), 6·7. 扶餘 官北里遺蹟 瓦埋立層 百濟 盛土2層(國立扶餘文化財研究所 2009b), 8·12. 扶餘 官北里 160番地 百濟遺蹟 Ⅱ-2層(金成南·李花英 2013), 9. 同遺蹟 Ⅲ層(同上), 10·11. 扶餘 雙北里 北浦 遺蹟 百濟時代 Ⅱ文化層 1號 枝葉附設(李浩炯·李販燮 2009), 13. 慶州 芳內里古墳群 21號 石室墳(韓道植 外 2009), 14. 慶州 乾川休憩所新築敷地遺蹟 33號 橫穴式石室墳(慶州文化財研究所 1995), 15. 慶州 芳內里古墳群 30號墳 橫穴式石室墳(國立慶州文化財研究所 1996), 16. 慶州 乾川休憩所新築敷地遺蹟 25號 橫穴式石室墳(慶州文化財研究所 1995), 17. 金海 禮安里古墳群 30號墳 橫口式石室墳(釜山大學校博物館 1985), 18. 蔚州 華山里古墳群 12號墳 橫口式石室墳(釜山大學校博物館 1983), 19. 慶州 舍羅里 525番地遺蹟 3號 橫穴式石室墳(嶺南文化財研究院 2005)

도 50 백제유적 출토 신라 인화문토기의 시간적 위치(2·3 : S=1/8, 기타 : S=1/6)

⑥ 扶餘 官北里 160番地 百濟遺蹟

a. Ⅱ-2층[139]

뚜껑편(도 50-8)에는 단체시문한 이중반원점문이, 기종을 알 수 없는 동체부편(도 50-12)에는 단체시문한 이중반원점문과 多弁花文이 관찰된다(金成南·李花英 2013). 최병현(2011)의 견해에 따르면 전자는 7세기 전반대로 비정이 가능하다. 후자는 다변화문의 출현을 7세기 중엽으로 보는 宮川禎一 (1993)의 연구 성과를 참고로 한다면 백제 멸망 직전 또는 직후에 반입된 토기일 것으로 생각된다.

b. Ⅲ층[140]

뚜껑편(도 50-9)에는 단체시문한 이중반원점문이 관찰된다. 최병현(2011)의 견해에 따르면 7세기 전반대로 비정이 가능하다.

2) 新羅·加耶遺蹟 出土 百濟(系) 土器[141]

(1) 金海 會峴里貝塚 22·23層

패총 22·23층에서는 일본 彌生時代 중기의 須玖Ⅱ式 토기(도 51-2)와 3

---

139) Ⅱ-2층은 백제 마지막 생활면 지반의 침식과 함께 후퇴적, 재침식을 반복하며 형성된 것이기 때문에 시비기층과 관련된 것일 가능성이 크다.

140) 이 층은 사비기 제3-1차 생활면의 도랑 매립 및 최상부 성토층이다.

141) 慶州 競馬場豫定敷地遺蹟 C-Ⅰ-2지구 9호 횡혈식석실분에서 출토된 삼족토기는 석실 남벽 중앙에서 수습된 유개대부완 위에 놓여 있었다(韓國文化財保護財團 1999b). 이 연대에 대해 박보현(2007)은 출토된 단경호의 뚜껑에서 菊花文+二重圓文이 시문된 것을 근거로 7세기 중~후엽을 전후한 시기로 편년해도 무리가 없고, 공반 삼족토기의 연대도 이 범주를 벗어나서 생각할 수 없다고 보았다. 그러나 후술할 백제 삼족토기의 편년에서 이 토기는 결코 7세기대로 내려가는 유물이 아님은 분명하다. 최병현(2011)은 이 출토 유물들을 1b기, 즉 6세기 2/4분기의 늦은 시기로 설정하고 있으며 삼족토기의 연대와도 가깝다. 경마장 9호 출토 삼족토기는 5세기 3/4분기, 일부는 5세기 4/4분기까지 존속한 기형이기 때문에 신라토기와의 교차편년을 할 수 없어 분석 대상에서 제외시킨다. 또한 필자의 역부족으로 동정할 수 없었던 신라·가야유적 출토 백제(계) 토기에 대해서는 서현주의 연구(2014)를 참고하시기 바란다.

세기대의 노형토기(도 51-3·4) 등과 함께 四足土器(도 51-1)가 수습되었다 (慶南考古學硏究所 2009). 보고자에 의하면 28층을 경계로 a, b로 세분될 수 있는데 a기는 노형토기를 대표로 하는 新式瓦質土器段階로 최종규(1995)의 Ⅴ·Ⅵ단계(3세기대)에 설정된다고 한다.

이처럼 사족토기는 백제지역뿐만 아니라 영남지역에서도 발견된다. 梁山 平山里遺蹟 8호 주거지 출토품(도 51-5), 大邱 達城土城 內 水鳥放飼場 최하층 출토품(도 51-6), 慶州 隍城洞遺蹟 Ⅱ-7호 주거지 출토품(도 51-7), 慶山 林堂洞 마을遺蹟 35호 주거지 출토품(도 51-8), 慶山 林堂洞 低濕地遺蹟 pit26(9-2층) 출토품(도 51-9)을 들 수 있다.[142]

영남지역의 사족토기 중 회현리패총 출토품은 백제와 관련될 가능성이 있다. 그 이유는 배신의 형태이다. 저부에서 직선형으로 뻗고 구연부는 살짝 내만하고, 단부는 볼록하게 처리되는 점은 龍仁 水枝百濟遺蹟 Ⅱ-10호 수혈유구 출토품(도 51-13), 咸平 中良遺蹟 80호 주거지 출토품(도 51-14), 靈光 군동유적 A지구 1호 구상유구 출토품(도 51-15)과 유사하다. 약간 내경하는 구연부를 가진 회현리패총 출토품은 낙랑의 완을 모방하여 제작한 것과 관련이 있으며 형식학적 편년에 의거하면 3세기 중엽경부터 이미 등장하였다고 한다 (朴淳發·李亨源 2011). 따라서 회현리패총 출토품의 상한은 3세기 중~말엽으로 볼 수 있다.[143]

반면 회현리패총 출토품 외의 사족토기들은 저부가 원저이고 내경하는 구연부를 따로 붙이거나 동체부에 문양이 있는 것도 있다. 이는 양은 적지만 泗川 鳳溪里遺蹟 99호 주거지 출토품(도 51-10), 慶州 隍城洞遺蹟 Ⅱ나-2호 주

---

142) 그 밖에 보고자(慶南考古學硏究所 2009)는 固城 東外洞貝塚(金東鎬 1984b)에서도 사족토기가 확인되었다고 설명하고 있으나 보고서에서는 이에 대한 설명을 확인할 수 없었다.

143) 후술할 Ⅳ장에서 검토한 결과 삼족토기의 상한은 4세기 3/4분기이다. 그렇다면 회현리 출토품은 어떻게 이해할 것인가. 사족토기의 출토위치와 공반유물의 시기 비정에 문제가 없다면 백제 삼족토기 및 사족토기는 4세기 3/4분기보다 더 거슬러 올라갈 여지가 남아 있다.

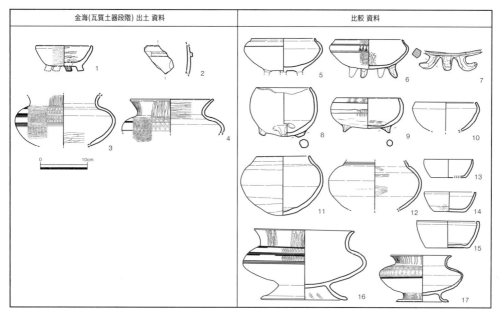

金海(瓦質土器段階) 出土 資料	比較 資料

1~4. 金海 會峴里貝塚 22·23層(慶南考古學研究所 2009), 5. 梁山 平山里遺蹟 8號 住居址(沈奉謹 1998; 筆者實測), 6. 大邱 達城土城 內 水鳥放飼場 最下層(尹容鎭 1990), 7. 慶州 隍城洞遺蹟 Ⅱ-7號 住居址(國立慶州博物館 2000), 8. 慶山 林堂洞 마을遺蹟 35號 住居址(朴升圭 外 2008a), 9. 慶山 林堂洞 低濕地遺蹟 pit26(9-2層)(朴升圭 外 2008b), 10. 泗川 鳳溪里遺蹟 99號 住居址 (慶南考古學研究所 2002), 11. 慶州 隍城洞遺蹟 Ⅱ나-2號 住居址(慶北大學校博物館 2000), 12. 浦項 虎洞遺蹟 17號 住居址(慶尙北道文化財研究院 2008), 13. 龍仁 水枝百濟遺蹟 Ⅱ-10號 竪穴(李南珪 外 1998), 14. 咸平 中良遺蹟 80號 住居址(崔盛洛 外 2003), 15. 靈光 군동遺蹟 A地區 1號 溝狀遺構(崔盛洛 外 2001), 16. 慶州 朝陽洞遺蹟 3號 木槨墓(國立慶州博物館 2003), 17. 慶州 隍城洞遺蹟 Ⅰ나-6號 住居址(慶北大學校博物館 2000)

도 51 영남지역 출토 백제(계) 사족토기와 관련 자료의 비교(S=1/8)

거지 출토품(도 51-11), 浦項 虎洞遺蹟 17호 주거지 출토품(도 51-12)과 형
태가 유사하므로 현지생산품일 것으로 판단된다.

② 釜山 東萊貝塚 F피트 8層

F피트 8층은 混貝土層이며 옹, 호, 완, 시루, 노형토기, 고배, 일본 土師器系
토기 등 다양한 유물과 함께 肩部押捺文 二重口緣土器片(도 52-1)이 수습되
었다(釜山廣域市立博物館 1998). 土師器系 토기의 편년을 통해 대략 3세기
후반대로 비정이 가능하나 일부 자료는 4세기까지 내려간다고 한다(井上主
稅 2006, pp.140~141).

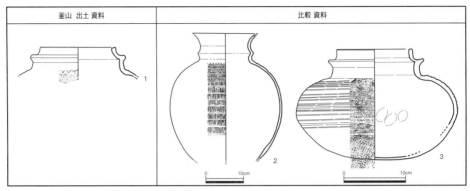

釜山 出土 資料	比較 資料

1. 釜山 東萊貝塚 F피트 8層(釜山廣域市立博物館 1998), 2. 長崎 原の辻[하루노츠지]遺蹟 八反地區 SD-3 溝狀遺構(長崎縣
敎育廳原の辻遺跡調査事務所 2004), 3. 長興 新豊遺蹟 53號 土壙墓(湖南文化財硏究院 2006c)

도 52 영남지역 출토 마한 · 백제(계) 이중구연토기와 관련 자료의 비교(1 · 3 : S=1/6, 2 : S=1/10)

견부압날문 이중구연토기편은 평행문을 타날한 후 횡침선을 돌렸고 경부
에 단순삼각형문을 시문하였다. 이중구연의 형태는 다소 차이가 있으나 동래
패총 출토품과 동일한 문양구성은 3세기 후엽~4세기 초에 비정되는 일본 長
崎縣 原の辻[하루노츠지]遺蹟 八反地區 SD-3 구상유구(도 52-2)에서 수습되
고 있어서 동래패총 출토품도 이때쯤으로 비정이 가능하다. 참고로 이중구연
은 아니지만 동래패총과 같은 문양이 시문된 사례로 4세기 전~중엽에 비정
되는 福岡縣 博多遺蹟群 7차 조사 SD-159 구상유구(福岡市敎育委員會 1985;
白井克也 2000) 출토 직구호 구연편을 들 수 있다.

마한 · 백제의 이중구연토기에 대한 연구 성과(왕준상 2010)에 따르면 동
래패총 출토품은 아래 구연 안쪽에 위 구연을 붙이는 형식에 해당된다. 이는
전체 지역 및 기간에 걸쳐 분포하고 있으며 모든 기종에서 확인된다. 경부에
는 단순삼각형문이 시문되어 있지 않으나 구연형태, 동체부의 타날문 등은 長
興 新豊遺蹟 53호 토광묘 출토품(도 52-3)과 비교 가능하다. 공반유물이 적
기 때문에 시기 비정은 어려우나 보고자는 3~4세기대의 유적으로 평가한다.

③ 昌原 遷善洞古墳群 12號 石槨墓

12호 석곽묘에서는 대부장경호, 심발형토기, 호, 장경호, 개배 등과 함께 鳥

足文 단경호(도 53-1)가 수습되었다(金亨坤·文栢成 2000). 이 중 대부장경
호, 장경호, 개배를 통해 석곽묘 출토 유물의 시기를 어느 정도 비정할 수 있
다(도 53-2~4).

대부장경호는 박천수의 편년(2010a, p.136)에 따르면 5세기 2/4분기의 金
海 禮安里古墳群 36호 석곽묘(도 53-9)와 5세기 3/4분기의 같은 고분군 71
호 석곽묘(도 53-10) 사이에 둘 수 있을 것으로 판단된다. 그러나 장경호와
개배의 형태는 5세기 말의 高靈 池山洞古墳 44호분 12호 석곽묘 출토품(도
53-8)과 비교가 가능하기 때문에 조족문 단경호도 이때쯤으로 비정해 둔다.

이 단경호와 유사한 기형은 5세기 말~6세기 전엽의 須惠器와 공반된 福岡
縣 番塚古墳 前方後圓墳 초기 횡혈식석실분 출토 조족문 단경호(도 53-6)를
들 수 있다. 또한 5세기 4/4분기~6세기 1/4분기로 비정되는 舒川 鳳仙里遺蹟

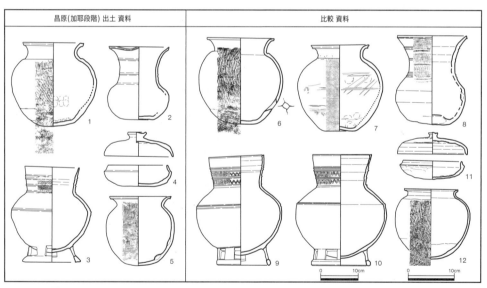

1~4. 昌原 遷善洞古墳群 12號 石槨墓(金亨坤·文栢成 2000), 5. 河東 古梨里遺蹟 나-12號墳 石槨墓(趙榮濟 外 1990) 6. 福岡
番塚古墳 前方後圓墳 初期橫穴式石室墳(九州大學文學部考古學硏究室 1993), 7. 舒川 鳳仙里遺蹟 3地域 3-Ⅲ區域 3號 橫穴式石
室墳(忠淸南道歷史文化院 2005), 8. 高靈 池山洞古墳 44號墳 12號 石槨墓(朴天秀 外 2009), 9. 金海 禮安里古墳群 36號 石槨墓
(釜山大學校博物館 1985), 10. 同古墳群 71號 石槨墓(同上), 11. 高靈 池山洞古墳 44號墳 12號 石槨墓(朴天秀 外 2009), 12. 燕
岐 瓦村里 地表收拾(徐五善·李漢祥 1995)

도 53 영남지역 출토 마한·백제(계) 단경호, 조족문토기와 관련 자료의 비교(8·9 : S=1/10, 기타 : S=1/8)

3지역 3-Ⅲ구역 3호 횡혈식석실분 출토품(도 53-7)에서는 조족문은 시문되지 않았으나 기형의 유사성을 지적할 수 있다.

④ 河東 古梨里遺蹟 나-12號墳 石槨墓

나-12호분 석곽묘에서는 철기편과 함께 조족문 단경호(도 53-5)가 수습되었다(趙榮濟 外 1990). 공반유물이 철기편밖에 없으므로 이 출토 토기의 시기 비정은 할 수 없으나 보고자에 의하면 이 유적은 5세기 후반에서 6세기 전반대에 조영된 것이라고 한다. 기형은 앞서 검토한 천선동 2호 석곽묘 출토품(도 53-1)과 유사하며 거의 같은 시기에 백제로부터 반입된 것으로 추정된다. 구연부의 형태는 다르지만 동체부의 형태와 타날문은 燕岐 瓦村里 지표수습품(도 53-12)과 유사하다.

⑤ 陜川 倉里古墳群 A地區 80號墳 e遺構 石槨墓

80호분 e유구 석곽묘에서는 대가야토기인 유개장경호, 뚜껑, 단경호 등과 함께 백제토기인 三足土器(도 54-1)가 수습되었다(沈奉謹 1987).

유개장경호는 5세기 말로 비정되는 高靈 池山洞古墳群 44호분 1호 석곽묘 출토품(도 54-10), 陜川 磻溪堤古墳群 다-A호분 석곽묘 출토품(도 54-11)이나 6세기 1/4분기로 비정되는 고령 지산동고분군 45호분 2호 석곽묘 출토품(金鍾徹 1978), 단경호는 6세기 1/4분기로 비정되는 陜川 玉田古墳群 M6호분 석곽묘 출토품(도 54-12), 고령 지산동고분군 45호분 2호 석곽묘 출토품(도 54-13), 뚜껑은 6세기 1/4분기로 비정되는 고령 지산동고분군 45호분 10호 석곽묘 출토품(도 54-8)과 6세기 2/4분기로 비정되는 陜川 苧浦里 D地區遺蹟 Ⅱ-1호분 횡혈식석실분 출토품(도 54-9)과 유사하다. 대가야의 뚜껑은 시간의 경과에 따라 개신이 낮고 평탄해지기 때문에 뚜껑만 본다면 6세기 2/4분기까지 내려갈 수도 있으나 삼족토기, 유개장경호, 단경호는 6세기 2/4분기까지 내려가기 힘들다.

삼족토기는 한성기 출토품의 특징을 잘 나타내고 있다. 배신 가운데에 구멍을 뚫고 있는데 이는 극히 소수지만 백제유적에서도 관찰된다. 박천수(2010a, p.49)는 이를 모방품, 홍보식(2007)은 반입품으로 보고 있다. 필자의 실견에 의하면 소성, 태도, 제작기법 등 백제의 삼족토기와 공통되기 때문에 반입품으로 보아도 좋을 듯하나, 백제 공인이 만든 현지품일 가능성도 열어둘 수 있다. 삼족토기에 덮여 있던 뚜껑은 삼족토기의 구경보다 크기 때문에 잘 어울리지 않을 뿐만 아니라 뚜껑의 태토가 삼족토기와 전혀 다른 것이었다. 따라서 삼족토기와 대가야의 뚜껑은 서로 다른 곳에서 제작되었음을 알 수 있다.

공반유물과 삼족토기에 대한 기존의 편년을 고려하면 이는 475년 이후 가야지역에 반입되어 6세기 1/4분기에 매납된 것으로 판단된다.

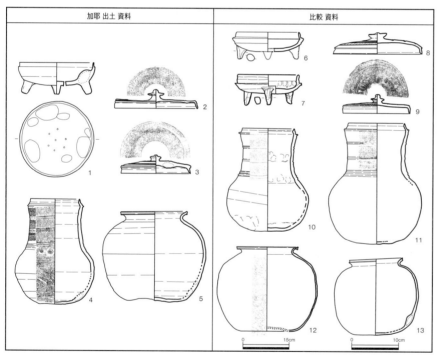

1~5. 陜川 倉里古墳群 A地區 80號墳 e遺構 石槨墓(沈奉謹 1987; 筆者實測), 6. 서울 風納土城 現代聯合敷地 가-N4W1 그리드(國立文化財研究所 2001), 7. 公州 宋山里古墳群 方壇積石遺構(李漢祥·安敏子 1998), 8. 高靈 池山洞古墳群 45號墳 10號 石槨墓(金鍾徹 1978), 9. 陜川 苧浦里 D地區遺蹟 Ⅱ-1號墳 橫穴式 石室墳(尹容鎭 1987), 10. 高靈 池山洞古墳群 44號墳 1號 石槨墓(朴天秀 外 2009), 11. 陜川 磻溪堤古墳群 다-A號墳 石槨墓(金正完 外 1987), 12. 陜川 玉田古墳群 M6號墳 石槨墓(趙榮濟 外 1993), 13. 高靈 池山洞古墳群 45號墳 2號 石槨墓(金鍾徹 1978)

도 54 영남지역 출토 백제(계) 삼족토기와 관련 자료의 비교(12 : S=1/12, 기타 : S=1/8)

⑥ 山淸 坪村里遺蹟 12號 石槨墓

12호 석곽묘에서는 대가야토기인 유개장경호(도 55-2) 및 개배(도 55-3·
4)와 함께 백제토기인 直口短頸壺(도 55-1)가 수습되었다(慶南發展研究院
歷史文化센터 2006). 공반된 유개장경호 및 개배는 陜川 三嘉古墳群 제1호 A
유구 출토품(도 55-10~12)과 유사하기 때문에 6세기 2/4분기로 비정되며,
직구단경호도 이 시기 즈음에 반입된 것으로 추정된다.

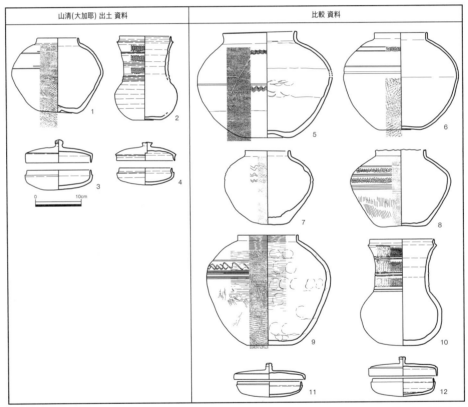

1~4. 山淸 坪村里遺蹟 12號 石槨墓(慶南發展研究院 歷史文化센터 2006), 5. 燕岐 松院里遺蹟 KM-032 橫穴式石室墳(李弘
鍾 外 2010), 6. 同遺蹟 KM-046 橫穴式石室墳(同上), 7. 公州 山儀里遺蹟 28號 橫穴式石室墳(李南奭 1999), 8. 同遺蹟
40號 橫穴式石室墳(同上), 9. 舒川 堂丁里古墳群 6號墳 橫口式石槨墓(朴大淳 2010), 10~12. 陜川 三嘉古墳群 1號 A遺構
(沈奉謹 1982)

도 55 영남지역 출토 백제(계) 직구단경호와 관련 자료의 비교(S=1/8)

평촌리 출토 직구단경호는 짧게 직립하는 구연부를 가지며, 동체부에는 평행문 타날이 관찰된다. 동체부 상부 · 중앙에는 횡침선을 나선형으로 2단 돌리고 침선 사이에는 파상문이 조잡하게 시문되었다. 저부는 들린 평저이다. 이러한 기형은 후술할 백제 직구단경호의 변천과 대조하면 웅진기에 해당됨을 알 수 있다. 또한 동체부가 'く'의 모양을 가진 것은 公州 山儀里遺蹟 28 · 40호 횡혈식석실분 출토품(도 55-7 · 8) 등 역시 웅진기의 직구단경호에서 관찰된다.

⑦ 鎭安 臥亭遺蹟 4號 住居址

5호 주거지를 폐기하고 조성된 4호 주거지에서는 70여 점 이상의 백제토기와 함께,[144] 가운데가 낮은 中山帽子形 꼭지에 幼蟲文이 시문된 대가야 뚜껑 1점(도 56-1)이 출토되었다(郭長根 · 趙仁振 2001[145]; 成正鏞 2007). 이는 구연부의 형태, 문양 등을 감안하면 高靈 池山洞古墳群 60호 석곽묘 출토품(도 56-21)과 유사하다. 또한 같은 고분군인 32호 석곽묘 출토품(도 56-23)과도 상통하고 있어, 대략 5세기 중엽경의 대가야산으로 보는 것에 무리가 없다고 생각된다(成正鏞 2007).

⑧ 鎭安 黃山里古墳群

a. 가지구 1호분 석곽묘

1호분 석곽묘에서는 백제토기인 단경병, 광구장경호 등과 함께 대가야토기인 유개장경호, 고배, 뚜껑이 부장되었다(郭長根 外 2001).

유개장경호는 5세기 2/4분기 후반(5세기 중엽)~475년 전후에 부장된 것으로 추정되는 淸州 新鳳洞古墳群 A-27호 토광묘 출토품(도 44-1)보다 후행하

---

144) 파편이 많기 때문에 여기서는 백제토기에 대한 구체적인 검토는 제외한다.

145) 진안 와정유적에서는 가야(계) 유물에 비해서 백제(계) 유물이 비교적 많기 때문에 보고자는 백제유적으로 보고 있다. 그러나 후술할 진안 황산리고분군과의 지역적 일관성 문제도 있거니와 본 절의 목적이 백제토기 편년의 연대결정자료를 신라 · 가야토기에서 구하는 것이므로 이곳에서 다루고자 한다.

는 기형(도 56-2)이며, 陜川 磻溪堤古墳群 가-14호분 석곽묘 출토품(도 56-24)과 유사성을 찾을 수 있다. 공반된 유물을 통한 시기 비정은 어려우나 기존의 연구를 참고(諫早直人 2009; 박천수 2010a, p.136)로 하면 반계제고분군은 대략 5세기 중엽~6세기 전엽에 조영된 고분군임을 알 수 있다. 또한 동체부가 경부보다 큰 것에서 작은 것으로 변천하는 대가야 유개장경호의 형식변화를 감안하면 이는 황산리 11호분 석곽묘 출토품(도 56-5)이나 이와 유사한 高靈 池山洞古墳群 44호분 남곽 출토품(도 56-29), 반계제 다-A호분 석곽묘 출토품(도 56-30)보다 선행하는 것으로 추정된다. 박천수(2010a, p.136)에 의하면 지산동 44호분과 반계제 다-A호분은 5세기 말[146]에 비정되기 때문에 황산리 1호분 석곽묘 출토 유개장경호는 5세기 4/4분기 후반(5세기 말) 이전임을 알 수 있다.

일단투창고배는 황산리 6·11호분 출토품에 비해 다리가 길다(도 56-3). 대가야 고배의 다리가 긴 것에서 짧은 단각고배로 변화한 것은 주지하는 사실이기 때문에 이는 황산리고분군 출토 대가야 고배 중에서도 이른 것으로 생각된다. 배신의 구연형태는 고령 지산동고분군 6호 석곽묘 출토품(도 56-25), 세장방형의 투창과 凡자형으로 벌어져 내려오는 다리는 같은 고분군 97호 석곽묘 출토품(도 56-26)과 유사하다. 참고로 지산동 97호 석곽묘 출토 마구는 5세기 후엽~말로 비정된다(諫早直人 2009). 또한 공반된 長頸鏃은 5세기 후엽으로 비정되는 陜川 玉川古墳群 M3호분 출토품과 같은 형식이다.

백제토기(도 56-4)는 한성기의 출토품(도 56-27)과 유사하므로 475년 전후의 시기로 비정이 가능하다.

이상으로 황산리 1호분 출토품은 5세기 3/4분기 후반으로 판단된다.

b. 가지구 6호분 석곽묘

6호분 석곽묘에서는 백제토기인 삼족토기, 고배 등과 함께 대가야토기인 유

---

146) 마구의 편년(諫早直人 2009)에 의하면 반계제 다-A호분 출토 마구는 6세기 초~전엽의 제작연대를 부여하고 있어서 박천수(2010a)의 편년과 차이를 보인다.

개장경호, 일단투창고배, 뚜껑, 대부발, 신라토기로 추정되는 대부장경호[147]가 수습되었다.

유개장경호 경부에는 2조의 횡침선으로 나뉜 4개의 구역 안에 밀집파상문이 희미하게 시문되어 있다(도 56-15). 시기가 내려갈수록 경부의 문양대가 2단 구성에서 3단 구성으로 변화하는 것이 일반적이었던 대가야 유개장경호에서 4단 구성은 그다지 많지 않은 것으로 보인다. 6호분 석곽묘 출토품과 유사한 4단 구성의 유개장경호는 陜川 鳳溪里古墳群 대형분 석곽묘 출토품(도 56-37), 陜川 苧浦里 D地區遺蹟 Ⅱ-1호분 횡혈식석실분 출토품(도 56-38)에서 찾을 수 있다. 봉계리 대형분 출토품은 6세기 1/4분기, 저포리 D지구유적 Ⅱ-1호분 출토품은 6세기 2/4분기로 비정되고 있다(박천수 2010a, p.136).

일단투창고배는 후술할 11호분 석곽묘 출토품보다 다리의 길이가 다소 짧기 때문에 형식학적으로 늦은 시기의 고배인 듯하다(도 56-16). 출토 고배의 구연부는 뚜껑받침턱에서 한번 단을 이루면서 내경된 것이 특징이다. 이 구연형태와 유사한 것이 高靈 池山洞古墳群 45호분 2호 석곽묘 출토품(도 56-39), 陜川 安溪里古墳群 16호 석곽묘 출토품(도 56-40)에서 찾을 수 있다. 6세기 1/4분기로 비정되고 있는 지산동 45호분 출토품은 황산리 6호분 출토품보다 조금 더 다리가 긴 편이기 때문에 후행하는 것으로 보인다.

대부발은 2조의 횡침선으로 나눈 다음 각각의 구획에는 5~6齒의 多齒具로 밀집파상문이 시문되어 있다(도 56-17). 구연부는 내경하며, 구순부는 비교적 둥글게 처리되었다. 다리에는 원래 4개의 세장방형 투창을 뚫었을 것으로 추정된다. 이와 같은 기형은 찾을 수 없으나 대가야의 파수부대부발의 손잡이(파수)를 제외한 전체적인 기형은 동일하다. 대가야의 파수부대부발은 고배와 같이 시기가 내려갈수록 다리가 짧아지는 경향이 관찰된다. 다리와 배신의 비율은 고령 지산동고분군 44호분 21호 석곽묘 출토품(尹容鎭 1978; 朴天秀

---

147) 황산리 수습품은 경주지역에서 출토되는 대부장경호와 유사하지만 동체부 하단에 타날문이 관찰되는 것으로 보아 전형적인 신라토기와는 다소 차이가 있다. 따라서 여기서는 대가야 출토품을 중심으로 살펴보도록 한다.

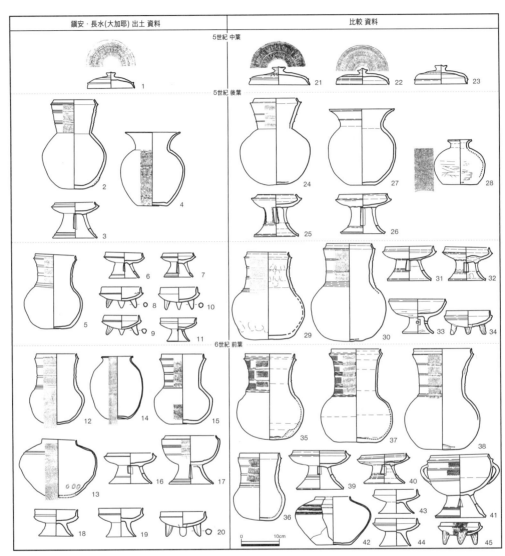

| 鎭安・長水(大加耶) 出土 資料 | 比較 資料 |

5世紀 中葉

5世紀 後葉

6世紀 前葉

1. 鎭安 臥亭遺蹟 4號 住居址(郭長根・趙仁振 2001), 2~4. 鎭安 黃山里古墳群 가地區 1號墳 石槨墓(郭長根 外 2001), 5~11. 同古墳群 가地區 11號墳 石槨墓(同上), 12~14. 長水 東村里古墳群 9號墳 石槨墓(郭長根・趙仁振 2005), 15~20. 鎭安 黃山里古墳群 가地區 6號墳 石槨墓(郭長根 外 2001), 21. 高靈 池山洞古墳群 60號 石槨墓(慶尙北道文化財研究院 2000), 22. 陜川 安溪里古墳群 15號 石槨墓(海東文化財研究院 2011), 23. 高靈 池山洞古墳群 32號 石槨墓(金鍾徹 1981), 24. 陜川 磻溪堤古墳群 가-14號 石槨墓(金正完 外 1987), 25. 高靈 池山洞古墳群 6號 石槨墓(嶺南文化財研究院 2004), 26. 同古墳群 97號 石槨墓(嶺南文化財研究院 2006), 27. 서울 風納土城 197番地(舊未來마을) 가-3號 住居址 內部 上層 燒土廢棄層(國立文化財研究所 2009), 28. 烏山 內三美洞遺蹟 27號 住居址(京畿文化財研究院 2011a), 29. 高靈 池山洞古墳群 44號墳 南槨(尹容鎭 1978; 朴天秀 外 2009), 30. 陜川 磻溪堤古墳群 다-A號墳 石槨墓(金正完 外 1987), 31. 高靈 池山洞古墳群 44號墳 28號 石槨墓(朴天秀 外 2009), 32. 陜川 安溪里古墳群 20號 石槨墓(海東文化財研究院 2011), 33. 燕岐 松院里遺蹟 KM-046 橫穴式石室墳(李弘鍾 外 2010), 34. 佐賀 野田遺蹟 大溝 埋土 下層(蒲原

宏行 外 1985), 35. 陝川 鳳溪里古墳群 172號墳 石槨墓(沈奉謹 1986), 36. 陝川 中磻溪墳墓群 14號墳 石槨墓(趙榮濟·朴升圭 1987), 37. 陝川 鳳溪里古墳群 大型墳 石槨墓(沈奉謹 1986), 38. 陝川 芋浦里 D地區遺蹟 Ⅱ-1號墳 橫穴式石室墳(尹容鎭 1987), 39. 高靈 池山洞 古墳群 45號墳 2號 石槨墓(尹容鎭 1978), 40. 陝川 安溪里古墳群 16號 石槨墓(海東文化財硏究院 2011), 41. 高靈 池山洞古墳群 45號墳 2號 石槨墓(尹容鎭 1978), 42. 公州 公山城 5號 貯藏孔(安承周·李南奭 1987), 43. 益山 間村里遺蹟 Ⅱ地區 1號 周溝墓(湖南文化財硏究院 2002), 44. 群山 堂北里遺蹟 4號墳 橫穴式石室墳(群山大學校博物館 2002), 45. 論山 院北里遺蹟 다地區 104號 竪穴(中央文化財硏究院 2001)

도 56 전북 동부지역 출토 백제(계) 토기의 시간적 위치(S=1/10)

外 2009)과 유사하지만 일직선으로 뻗은 다리는 같은 고분군 45호분 2호 석곽묘 출토품(도 56-41)과 비교가 가능하다. 또한 구연부는 시간의 경과에 따라 뚜껑받침턱이 점점 사라지는 경향을 볼 수 있다. 이에 주목한다면 황산리 출토품은 6세기 1/4분기의 45호분보다 후행할 것으로 추정된다. 따라서 황산리 출토 대부발은 6세기 1/4~2/4분기에 해당하는 것으로 생각된다.

이를 통해 공반된 백제 고배와 삼족토기(도 56-18~20)는 웅진기인 6세기 1/4~2/4분기로 비정할 수 있을 것이다.

c. 가지구 11호분 석곽묘

6호분 석곽묘보다 남쪽에 위치한 11호분 석곽묘에는 백제토기인 삼족토기, 고배와 함께 대가야토기인 유개장경호, 일단투창고배가 수습되었다.

앞에서도 언급하였듯이 유개장경호(도 56-5)는 5세기 말로 비정되는 고령 지산동고분군 44호분 남곽 출토품(도 56-29)이나 陝川 磻溪堤古墳群 다-A호분 석곽묘 출토품(도 56-30)과 유사하다.

11호분 석곽묘 출토 일단투창고배(도 56-6·7)는 같은 유적의 6호분 석곽묘 출토품(도 56-16)에 비해 다소나마 다리가 길기 때문에 형식학적으로 선행할 가능성이 있다. 이는 공반된 유개장경호를 통해서도 알 수 있다. 이와 완전히 같은 사례는 찾을 수 없었으나 고령 지산동고분군 44호분 28호 석곽묘 출토품(도 56-31), 陝川 安溪里古墳群 20호 석곽묘 출토품(도 56-32)과 비교할 수 있다. 이 유적들에 대해 보고자들은 각각 5세기 말, 5세기 후엽으로 비정하였다.

이를 종합하면 공반된 백제토기들(도 56-8~11)은 5세기 3/4~4/4분기로 판단된다.

⑨ 長水 東村里古墳群 9號 石槨墓

9호 석곽묘에서 백제토기인 직구단경호와 함께 대가야토기인 유개장경호, 뚜껑, 개배, 고배편이 수습되었다(郭長根·趙仁振 2005). 동촌리 출토품은 淸州 新鳳洞古墳群 A-27호 토광묘 출토품(도 44-1)과 진안 황산리고분군 가지구 1호분 석곽묘 출토품(도 56-2)에 비해 동체부가 작아지고 동체부와 경부의 경계가 완만하게 연결되는 특징은 대가야 유개장경호의 변천에서 봤을 때 후행하는 기형이며(도 56-12), 陜川 鳳溪里古墳群 172호분 석곽묘 출토품(도 56-35)과 유사성을 찾을 수 있다. 대가야 유개장경호의 형식변화의 변천을 고려하면 앞서 검토한 금산 음지리 파괴분 출토품(도 44-4)보다 다소 선행하는 것으로 생각되기 때문에 6세기 1/4분기로 비정해 둔다.

3) 新羅·加耶(系) 土器와 共伴된 百濟土器의 時間的 位置와 變遷

(1) 新羅·加耶의 臺附直口壺를 통해 본 百濟 直口短頸壺

신라·가야에서는 5세기 초 대부직구호의 어깨에 문양을 시문한 것이 출현한다. 짧고 곧은 구연 아래에 공 모양의 원형 몸체를 가진 직구호의 형태와 어깨의 문양은 백제 직구단경호의 특징과 동일하다. 백제 직구단경호는 백제의 국가 성립기인 기원후 3세기 중·후엽에 처음 등장한 이후 백제가 존속한 기간 동안 제작·사용된 기종(박순발 2006, p.155)으로 추정되기 때문에, 신라·가야에서 출현하는 대부직구호의 형태 및 어깨 문양은 백제의 영향으로 볼 수 있다.

공반유물을 통해 5세기 초로 비정되는 星州 시비실遺蹟 4-1호 목곽묘 부곽 출토 대부직구호 어깨에는 6조의 밀집파상문(도 57-5)을, 5세기 전반대로 비정되는 昌原 道溪洞遺蹟 24호 목곽묘 출토품은 2조의 횡침선 사이에 4조의 밀집파상문을 시문하였다(도 57-6).

백제 직구단경호의 문양에 대해서는 박순발(2003)의 연구를 참고할 수 있다. 한성기에는 2조의 횡침선으로 문양대를 구획하고 그 내부에 1조의 파상문을 새긴 B문양과 2조의 횡침선으로 문양대를 구획하고 그 내부에 사격자문을 새긴 C문양, 2조의 횡침선만이 있는 D1문양, 무문인 E문양, 파상문만 시문한 F문양이 확인되는 가운데 시비실 출토품의 문양은 한성기~웅진기에, 도계동 출토품의 문양은 한성기에서만 관찰되는 문양임을 알 수 있다. 시비실과 도계동 출토품은 시기에 다소 차이가 나지만 박순발(2003)이 한성기 말로 비정한 淸州 新鳳洞古墳群 13호 토광묘 출토품(도 57-1)과 扶餘 汾江·楮石里古墳群 가호 매납유구 출토품(도 57-2)과도 비교될 수 있다.

5세기 중~후엽 동안 신라·가야지역에서는 대부직구호에 문양대가 사라지지만 6세기 초에 다시 출현하는 양상을 볼 수 있다. 이 시기에 해당되는 출토품으로서 浦項 大甫里遺蹟 78호 석곽묘(도 57-7), 大邱 本里里古墳群 12호 석곽묘(도 57-8), 山淸 坪村里遺蹟 27호분 석곽묘(도 57-9)를 들 수 있다. 대보리 출토품은 동체 상부에 2조의 횡침선을 돌린 후 그 내부에 사격자문을 새긴 C문양에 해당된다. 본리리 출토품은 동체 상부와 중앙에 밀집파상문을 시문한 F문양, 평촌리 출토품은 동체 상부부터 중앙까지 4조의 횡침선으로 문양대를 구획하고 그 내부에 3~4조의 밀집파상문을 시문한 J문양에 해당된다.

대보리 출토품이 한성기에서만 확인되는 문양이라는 것은 앞서 언급한 바와 같다. 현재의 편년에 따르면 6세기 초로 보고 있는 듯하나 5세기 후엽으로 올라갈 가능성도 배제할 수 없다. 어쨌든 이 출토품은 한성기의 직구단경호의 영향하에서 제작된 것임은 분명하다.

본리리 출토품의 문양은 한성기와 웅진기에 확인되는데 웅진기가 큰 비중을 점하고 있다(박순발 2003). 대체적으로 한성기는 동체 상부에 한정된 문양대를 시문한 것에 비해 웅진기가 되면 동체부 중앙까지 문양대가 형성되는 것으로 보아 본리리 출토품은 웅진기에 가깝다고 볼 수 있다. 따라서 이는 웅진기로 비정되는 舒川 鳳仙里遺蹟 3지역 3-I구역 1호 횡혈식석실분 출토품과 비교할 수 있을 듯하다(도 57-3). 또한 평촌리 출토품도 공반유물을 통해 6세기 1/4분기로 볼 수 있는 것이다. 이와 비교될만한 6세기 1/4분기의 백제 직구단경호는 찾지 못했으나 扶餘 軍守里地點遺蹟 S2E2 출토품(도 57-4)을 통해 어느 정도 시기 비정은 가능하다. 사비기의 군수리 출토품은 동체 상부에서 하부까지 문양을 시문하였다. 이처럼 문양의 확대는 시간성을 반영하고 있다(金朝允 2010, p.55). 이를 감안하면 평촌리 출토품은 사비기의 출토품보다 앞선 시기의 문양임을 알 수 있다.

이상 신라·가야 출토 대부직구호는 백제의 직구단경호와의 관계 속에서 출현한 것으로 보이며 그 변천도 백제 출토품과 어느 정도 궤를 같이 하고 있었음을 확인하였다.

도 57 백제 직구단경호와 관련 자료의 비교(S=1/6)

1. 淸州 新鳳洞古墳群 13號 土壙墓(李隆助·車勇杰 1983), 2. 扶餘 汾江·楮石里古墳群 가號 埋納遺構(李南奭 1997), 3. 舒川 鳳仙里遺蹟 3地域 3-Ⅰ區域 1號 橫穴式石室墳(忠淸南道歷史文化院 2005), 4. 扶餘 軍守里地點遺蹟 S2E2(朴淳發 外 2003), 5. 星州 시비실遺蹟 4-1號 木槨墓 副槨(朴貞花·張鉉玉 2008), 6. 昌原 道溪洞遺蹟 24號 木槨墓(慶南發展硏究院 歷史文化센터 2004), 7. 浦項 大甫里遺蹟 78號 石槨墓(慶尙北道文化財硏究院 2009), 8. 大邱 本里里古墳群 12號 石槨墓(慶尙北道文化財硏究院 2007), 9. 山淸 坪村里遺蹟 27號墳 石槨墓(慶南發展硏究院 歷史文化센터 2006)

(2) 新羅·加耶(系) 土器와 共伴된 百濟土器의 編年的 位置와 變遷

앞에서 검토한 백제토기와 공반된 신라·가야(계) 토기의 연대를 정리한 것이 〈표 26〉이다.

백제유적에 신라·가야(계)의 유물이 유입되었거나 그 영향을 받아 제작된 토기들은 4세기 중엽부터 백제 멸망까지 볼 수 있다.

반면 신라·가야유적 출토 백제토기는 장수·진안에서 5세기 중엽~6세기 1/4분기까지, 영남지역에서 4세기대~6세기 2/4분기까지 확인된다. 표에서 정리한 바와 같이 신라·가야(계) 토기의 연대를 통해 공반된 백제토기의 변천에 대해 구체적으로 살펴보기로 한다.

4세기 2/4분기 후반~3/4 전반(4세기 중엽)으로 비정된 天安 斗井洞遺蹟 I지구 3호 주거지에는 球形小甕(도 58-2), 평행문 심발형토기(도 58-3), 격자문 심발형토기(도 58-4) 등이 수습되었다. 이 구형소옹은 수량은 많지 않지만 淸州 新鳳洞古墳群 11호 토광묘(車勇杰·趙詳紀 1996), 華城 半月洞遺蹟 1지점 6호 수혈(成春澤 外 2007) 등지에서 확인되고 있다. 영남지역에서도 이와 유사한 기형의 토기가 있는데 3세기 후반에 출현하는 것으로 보고 있다(崔鍾圭 1995). 이른 시기의 구형소옹은 저부가 尖底라는 점에서 원저의 구형소옹이 이보다 후행하는 것으로 추정된다. 이를 감안하면 신봉동, 반월리 출토품은 두정동 출토품보다 늦게 출현한 것으로 보인다.

출현기의 평저단경호는 직립 구연이거나 다소 외반하는 형태지만 시간의 경과와 함께 구순 상부 또는 구단부에 홈이 들어가는 형태로 변천된다. 또한 구연부와 경부가 동체부에 비해 긴 것에서 짧은 것으로 변하는 양상도 확인된다(土田純子 2006). 4세기 3/4분기로 비정된 大田 九城洞遺蹟 D-1호 토광묘 출토 평저단경호(도 58-9)는 구순 상부에 홈이 들어가 있고 출현기의 평저단경호에 비해 구연부와 경부가 다소 짧은 것을 알 수 있다. 구연부에 약간 차이가 있지만 이와 유사한 기형은 咸平 禮德里 萬家村古墳群 13-3호묘 출토품(도 58-14)을 들 수 있다. 이 유물은 서현주(2006, p.34)의 편년에서도 4세기 후엽~5세기 전엽으로 비정된다.

표 26 백제 · 신라 · 가야토기가 공반된 유적에 대한 편년관 비교

遺蹟 · 遺構	郭長根 (1999)	成正鏞 (2006)	崔秉鉉 (2009)	李義之 (2012)	筆者
天安 斗井洞遺蹟 I 地區 3號 住居址					4C 2/4 後半~ 4C 3/4 前半(4C 中葉)
大田 九城洞遺蹟 D-1號 · 2號 · 8號 土壙墓					4C 3/4~4/4
서울 風納土城 現代聯合敷地 가-9號 住居址					4C 3/4
槐山 儉承里遺蹟 4號 · 6號 石槨墓			4C 後半		4C 4/4~5C 1/4
天安 龍院里古墳群 130號 土壙墓					5C 2/4
燕岐 松院里遺蹟 KM-003 石槨墓					5C 2/4~ 5C 3/4 前半
鎭川 石張里遺蹟 A-사號 竪穴					5C 2/4 後半~ 5C 3/4 前半(5C 中葉)
大田 梧井洞遺蹟 2號 土壙墓					5C 2/4 後半~ 5C 3/4 前半(5C 中葉)
完州 上雲里遺蹟 라地區 1號 墳丘墓 22號 木棺墓					5C 2/4 後半~ 5C 3/4 前半(5C 中葉)
鎭安 臥亭遺蹟 4號 住居址		5C 中葉			5C 2/4 後半~ 5C 3/4 前半(5C 中葉)
龍仁 麻北洞 聚落遺蹟 19號 住居址					5C 3/4
淸州 新鳳洞古墳群 72號 · 107號 土壙墓		5C 中~後葉			5C 3/4
淸州 新鳳洞古墳群 A-27號 土壙墓					5C 2/4~475年 前後
燕岐 松院里遺蹟 KM-046 橫穴式石室墳					5C 3/4
鎭安 黃山里古墳群 가地區 1號墳 石槨墓					5C 3/4
鎭安 黃山里古墳群 가地區 11號墳 石槨墓	5C 後半				5C 3/4~4/4
錦山 水塘里遺蹟 2號 橫穴式石室墳					5C 4/4
全州 馬田遺蹟 IV區域 4號墳 1號 土壙墓					5C 3/4~6C 2/4
公州 山儀里遺蹟 40號 橫穴式石室墳					6C 1/4

研究者 遺蹟·遺構	郭長根 (1999)	成正鏞 (2006)	崔秉鉉 (2009)	李義之 (2012)	筆者
長水 東村里古墳群 9號 石槨墓					6C 1/4
鎭安 黃山里古墳群 가地區 6號墳 石槨墓	6C 初				6C 1/4~2/4
論山 定止里遺蹟 Ⅲ地域 21號 貯藏孔					6C 1/4~2/4
錦山 陰地里遺蹟 破壞墳					6C 2/4
扶餘 官北里遺蹟 瓦埋立層(百濟 盛土2層)					7C 1/4~2/4
扶餘 雙北里 北浦遺蹟 百濟時代 Ⅰ文化層 1-1號 道路遺構				7C 前半 中期	7C 2/4
扶餘 雙北里 北浦遺蹟 百濟時代 Ⅱ文化層 1號 枝葉附設				7C 後半 前期	7C 3/4

대전 구성동유적 D-1호 토광묘와 錦山 水塘里遺蹟 2호 횡혈식석실분에서는 각각 완이 출토되었는데 기존의 연구(朴淳發·李亨源 2011)를 참고하면 동체에서 구연으로 부드럽게 이어지거나 직립하는 C형에 해당된다. C형은 3세기 전엽경에 출현하는 형태이며 시간의 경과에 따라 전반적으로 기고가 낮아지는 경향이 간취된다고 한다. 4세기 후엽의 완(도 58-8·15), 5세기 중엽의 완(도 58-37), 5세기 후엽의 완(도 59-25·26)의 순으로 기고가 낮아지는 양상은 상기의 연구 성과를 뒷받침하고 있다.

4세기 3/4분기로 비정된 서울 풍납토성 현대연합부지 가-9호 주거지 출토품(도 58-10)은 편평형 뚜껑이다. 이에 단면 역삼각형의 꼭지가 부착된 것은 김두권(2003, p.50)의 편년에 따르면 4세기 초에 출현하는 것으로 보고 있다. 그러나 공반유물을 통해 4세기 3/4분기로 비정된 이 풍납토성 가-9호 주거지 출토품을 4세기 초로 편년하고 있어서 문제가 된다. 그는 서울 石村洞古墳群 86-2호 토광묘 출토품과 기형이 유사하다는 점과 흑색마연토기라는 점에서 이 시기로 비정한 것으로 보인다. 한편 서현주(2003)는 풍납토성 가-9호 주거지 출토 뚜껑과 공반된 아궁이틀을 A2식으로 분류한 후 고구려 黃海南道

安岳郡 安岳 3호분과 平安南道 江西郡 藥水里 壁畵古墳을 통해 A2식은 4세기 중엽~5세기 초까지 사용된 것으로 보았다.[148] 이와 같이 공반된 대가야토기와 아궁이틀의 연대를 통해 풍납토성 9호 주거지 출토 유물은 4세기 후엽으로 비정된다.

심발형토기는 4세기 3/4분기의 승문+횡침선(도 58-11)에서 탈피하여 격자문, 승문 등의 단독문(도 58-31 · 32 · 43 · 44)이 우세를 점하는 과정을 거쳤다. 또한 기형 자체도 작아지는 경향을 볼 수 있다(도 59-9 · 11 · 15). 반면 대형의 격자문계 심발형토기는 6세기 전엽까지 제작된다(도 59-55). 타날문의 종류에 따른 변천 양상의 차이는 각 문양 집단이 그 지역적 분포를 서로 달리하고 있는 현상과 맥락을 같이 하고 있으며, 이는 기존의 연구 성과(박순발 2006, pp.117~122)와 후술할 심발형토기의 변천결과와도 부합된다.

4세기 4/4분기~5세기 1/4분기로 비정되는 槐山 儉承里遺蹟 4호 석곽묘 출토품 중에서 平肩壺(有肩壺)가 수습되었다(도 58-18). 지금까지 알려진 평견호의 분포를 보면, 서울 石村洞古墳群, 原州 法泉里古墳群, 安城 道基洞遺蹟, 天安 龍院里古墳群, 청주 신봉동고분군, 대전 구성동유적 등 주로 한강유역부터 금강 이북지역에 집중된다(박순발 2006, pp.173~174). 평견호의 연구(朴智殷 2007 · 2008)에 따르면 백제의 평견호는 4세기 중엽 이전에 출현하며 각진 어깨→둥근 어깨로, 구연부에 가까운 어깨→구연부에서 멀어진 곳에 어깨가 위치하는 것으로 변천되는 듯하다. 이를 통해 볼 때 검승리 출토품은 원주 법천리고분군 26호 목관묘 출토품(尹炯元 2002)과 가장 유사하다. 이 유물에 대해서는 5세기 1/4분기로 보는 의견(朴智殷 2007 · 2008)을 참고하면 검승리 출토품도 이 즈음으로 비정이 가능하다. 또한 4세기 후엽 후반으로 비정되는 浦項 鶴川里遺蹟 24호 석곽묘(도 58-19)에서도 평견호가 출토되고 있어서 이 역시 백제 평견호의 시기 설정에 유효한 자료가 될 것이다.

燕岐 松院里遺蹟과 금산 수당리유적 출토 평저단경소호(節腹壺)로 불리

---

148) 고구려에서 백제로 A2식 아궁이틀이 들어오는 계기는 4세기 중엽의 고구려와의 충돌을 상정하고 있다.

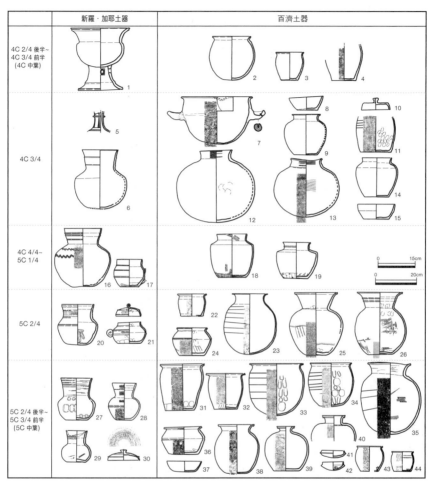

	新羅・加耶土器	百濟土器		
4C 2/4 後半~ 4C 3/4 前半 (4C 中葉)	1	2　3	4	
4C 3/4	5　6	7　12	8　13	10　11　14　15
4C 4/4~ 5C 1/4	16　17	18	19	
5C 2/4	20　21	22　24　23	25	26
5C 2/4 後半~ 5C 3/4 前半 (5C 中葉)	27　28　29　30	31　32　36　37	33　38　39	34　40　41　42　43　44　35

1~4. 天安 斗井洞遺蹟 Ⅰ地區 3號 住居址(李南奭・徐程錫 2000), 5・10・11. 서울 風納土城 現代聯合敷地 가-9
號 住居址(國立文化財研究所 2001), 6・12・13. 大田 九城洞遺蹟 D-2號 土壙墓(崔秉鉉・柳基正 1997), 7~9. 同
遺蹟 D-1號 土壙墓(同上), 14. 咸平 禮德里 萬家村古墳群 13-3號墓(林永珍 外 2004), 15. 서울 風納土城 現代聯
合敷地 나-5號 住居址(國立文化財研究所 2001), 16~18. 槐山 儉承里遺蹟 4號 石槨墓(孫明洙・金泰洪 2009),
19. 浦項 鶴川里遺蹟 24號 石槨墓(慶尙北道文化財研究院 2002), 20・22・23. 天安 龍院里古墳群 130號 土壙墓
(李南奭 2000), 21・24・25. 燕岐 松院里遺蹟 KM-003 石槨墓(李弘鍾 外 2010), 26. 公州 水村里遺蹟 Ⅱ地點
3號 石槨墓(忠淸南道歷史文化研究院 2007a), 27・31~34. 鎭川 石張里遺蹟 A-사號 竪穴(李榮勳 外 2004),
28・35~37. 大田 梧井洞遺蹟 2號 土壙墓(崔秉鉉・柳基正 1998), 29・38. 完州 上雲里遺蹟 라地區 1號 墳丘墓
22號 木棺墓(金承玉 外 2010b), 39. 서울 夢村土城 第2號 貯藏孔(夢村土城發掘調査團 1985), 30・40~44. 鎭安
臥亭遺蹟 4號 住居址(郭長根・趙仁振 2001)

도 58 신라・가야(계) 토기의 연대를 통해 설정한 백제토기의 시간적 위치 1
　　　 (1・12・13・23・33・34 : S=1/18, 기타 : S=1/15)

는 기종에 대해서 살펴보자. 5세기 2/4분기로 비정된 송원리 출토품(도 58-24)[149]과 5세기 4/4분기로 비정된 수당리 출토품(도 59-21)은 돌대 혹은 횡침선이 저부쪽으로 이동하는 등의 변화가 확인된다. 하지만, 이는 다시 평저단경소호의 개별분석을 실시한 후 평가해야 할 것이다.

短頸甁은 5세기 2/4분기 후반~3/4분기 전반(5세기 중엽)의 진안 와정유적 4호 주거지(도 58-40), 5세기 3/4분기의 진안 황산리고분군 1호분(도 59-16), 6세기 2/4분기의 금산 음지리유적 파괴분(도 59-58)에서 출토되었다. 알려진 자료로 보면 한성기의 병은 몸체 아랫부분이 부른 것이나 아래 위의 직경이 대체로 비슷한 것이 주류를 이루는데 비해, 사비기의 것은 어깨가 부풀어 오른 것이 대부분이다(土田純子 2005b; 박순발 2006, p.190). 이를 통해 와정유적 출토품은 서울 夢村土城 제2호 저장공 출토품(도 58-39), 황산리 출토품은 舒川 花山里古墳群 출토품, 음지리유적 출토품은 舒川 鳳仙里古墳 횡구식석실분 출토품(도 59-59)과 비교된다. 다만 황산리 1호분 출토품과 기형이 유사한 서천 화산리고분군 출토품은 웅진기에 속하지만, 웅진기의 단경병은 대체로 한성기와 형태적으로 유사점이 많기 때문인 것으로 생각된다(박순발 2006, p.190).

다음은 진안 황산리고분군 11호분과 6호분 출토 高杯에 대해 살펴보자(도 59-20·47~49). 다리에 구멍을 뚫은 고배는 서울 풍납토성, 서울 몽촌토성, 연기 송원리유적(도 59-33~35), 大田 伏龍洞 堂山마을遺蹟, 論山 表井里古墳群, 論山 茅村里古墳群, 益山 間村里遺蹟 등지에서 주로 출토되는 것인데 한성(서울)의 출토품은 연기, 공주, 논산, 익산 등 錦江 中下流水系에서의 반입

---

149) 송원리 출토품은 대가야토기와의 비교로 5세기 2/4~3/4분기 전반으로 비정이 가능하다는 것은 앞에서 검토한 바와 같다. 도면에서 송원리 출토품을 5세기 2/4분기에 넣은 이유는 5세기 1/4~2/4분기로 추정되는 공주 수촌리유적 Ⅱ지점 3호 석곽묘는 무덤의 조영 순서, 후행할 4호 횡혈식석실분의 연대, 대가야의 영향으로 제작된 것으로 추정되는 파수부호의 존재로 5세기 2/4분기 전반으로 비정이 가능하기 때문이다. 즉 대가야의 영향으로 제작된 것으로 보이는 수촌리 3호 석곽묘 출토 파수부호의 존재로 인해 송원리 출토품은 5세기 2/4분기를 내려가지 않을 가능성이 높다.

품으로 생각되기 때문에 황산리 출토품도 금강 중류수계 세력과의 교류를 통해 반입 또는 제작된 것으로 추정된다. 황산리 11호분 출토품(도 59-20), 대전 복룡동 당산마을유적 4지역 5호 주거지 출토품(도 59-27), 황산리 6호분 출토품(도 59-47~49)은 시간의 경과에 따라 배신이 얕아지고 다리가 길어지는 고배의 형식학적 변천을 잘 보여주고 있다.

삼족토기는 5세기 3/4~4/4분기의 진안 황산리고분군 11호분(도 59-17~19), 5세기 4/4분기의 금산 수당리유적 2호(도 59-22), 6세기 1/4분기의 공주 산의리유적 40호(도 59-43 · 44), 6세기 1/4~2/4분기의 진안 황산리고분군 6호분(도 59-50)에서 수습되었다. 이 또한 고배의 변천과 같이 시간의 경과에 따라 배신이 얕아지고 다리가 길어지는 양상을 확인할 수 있다. 또한 시간의 경과에 따라 다리가 八字形으로 벌어지는 형태에서 一直線으로 설치하는 형태로 변천된다. 이는 필자의 연구 성과(土田純子 2004a)를 뒷받침해주는 근거자료라 할 수 있겠다. 5세기 3/4~4/4분기의의 황산리 11호분 출토품은 TK23형식기의 須惠器의 공반으로 5세기 후엽으로 비정된 佐賀縣 野田遺蹟 SD-102 大溝 埋土 하층 출토품(도 59-28)과 비교될 수 있다. 野田遺蹟 출토품은 배신 외면 중앙에 얕은 횡침선 1조가 돌려져 있는데 이는 한성기에 널리 사용된 구연부의 제작기법 중 하나이다. 이에 비해 황산리 출토품은 횡침선이 관찰되지 않으므로 野田遺蹟보다 다소 후행할 가능성이 있다.

6세기 1/4분기의 공주 산의리유적 40호와 長水 東村里古墳群 9호에서는 각각 직구단경호가 수습되었다. 산의리 출토품(도 59-42)의 동최대경에는 횡침선을 두르고 그 사이에 각각 2조와 4조의 밀집파상문을 시문하였다. 동촌리 출토품(도 59-45)의 구연부와 최대경 사이에는 1조의 파상문이, 바로 아래에는 1조의 횡침선을 두르고 있다. 기존 연구(朴淳發 2003)를 참고하면 산의리 출토품의 문양은 웅진기~사비기, 동촌리 출토품의 문양은 한성기~웅진기에 성행한 것임을 알 수 있다. 전체적으로 산의리, 동촌동 출토품은 公州 公山城 5호 저장공 출토품(도 59-51)과 기형의 유사성을 지적할 수 있다.

卵形壺는 서울 석촌동, 청주 신봉동, 淸原 主城里 등 한성기 주요 유적에서 확인된다(金成南 2001). 이 기종은 3세기 중엽경에 출현하지만 충청 북부지

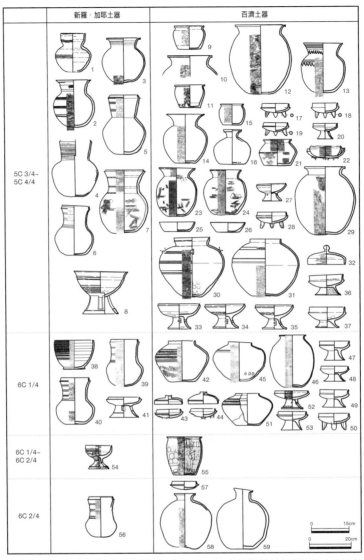

	新羅·加耶土器	百濟土器
5C 3/4~ 5C 4/4		
6C 1/4		
6C 1/4~ 6C 2/4		
6C 2/4		

1·9. 龍仁 麻北洞 聚落遺蹟 19號 住居址(京畿文化財研究院 2009), 2·10·11. 淸州 新鳳洞古墳群 72號 土壙墓(車勇杰 外 1995), 3·12. 同古墳群 107號 土壙墓(同上), 4·13. 同古墳群 A-27號 土壙墓(車勇杰 外 2002a), 5·14~16. 鎭安 黃山里古墳群 가地區 1號墳 石槨墓(郭長根 外 2001), 6·17~20. 同古墳群 가地區 11號墳 石槨墓(同上), 7·21~25. 錦山 水塘里遺蹟 2號 橫穴式石室墳(忠淸南道 歷史文化院 2007a), 8·30~37. 燕岐 松院里遺蹟 KM-046 橫穴式石室墳(李弘鍾 外 2010), 26. 福岡 吉武遺蹟群 3次 調査 EⅡ區 SX-14 號 土壙(福岡市教育委員會 1986), 27. 大田 伏龍洞 堂山마을遺蹟 4地域 5號 住居址(田鎰溶 外 2012), 28. 佐賀 野田遺蹟 大溝 埋土 下層(蒲原宏行 外 1985), 29. 淸州 新鳳洞古墳群 A地區 25號 土壙墓(車勇杰 外 1990), 38·42~44. 公州 山儀里遺蹟 40號 橫穴式石室墳(李南奭 1999), 39·45·46. 長水 東村里古墳群 9號 石槨墓(郭長根·趙仁振 2005), 40·41·47~50. 鎭安 黃山里古墳群 가地區 6號墳 石槨墓(同上), 51. 公州 公山城 5號 貯藏孔(安承周·李南奭 1987), 52. 公州 金鶴洞古墳群 20號墳(橫口式)石槨墓(柳基正·梁美玉 2002), 53. 群山 堂北里遺蹟 4號墳 橫穴式石室墳(群山大學校博物館 2002), 54·55. 論山 定止里遺蹟 Ⅲ地域 21號 貯藏孔(嘉耕考古學研究所 2013), 56~58. 錦山 陰地里遺蹟 破壞墳(朴敬道 2002), 59. 舒川 鳳仙里古墳群 橫口式石室墳(扶餘文化財研究所 1994)

도 59 백제유적 출토 신라·가야(계) 토기의 연대를 통해 설정한 백제토기의 시간적 위치 2
(12·29·30·46 : S=1/18, 기타 : S=1/15)

역에는 4세기 중엽경부터 나타난다고 한다(金成南 2001). 난형호는 타날문＋횡침선에서 단일타날로, 원저에서 말각평저로 변천된다. 6세기 1/4분기로 비정된 장수 동촌리 출토품(도 59-46)은 5세기 후엽으로 비정된 청주 신봉동고분군 107호 출토품(도 59-12), 같은 고분군 A지구 25호 출토품(도 59-29)보다 구경이 작아지고 들린 평저가 된다. 이 속성들은 웅진기의 난형호 연구에 유효한 자료가 될 것이다.

　마지막으로 기존의 영남지역 편년관과 백제토기의 편년관 사이의 괴리가 존재하는지 살펴보자면, 영남지역 편년은 연구자마다 적게는 20년, 많게는 50년이 넘는 차이를 보이고 있다. 공반된 백제토기와 영남지역 토기를 각 연구자의 편년관과 대조한 결과 박천수(2010a)의 편년이 백제토기의 편년과 부합되는 부분이 많다는 것을 알 수 있었다. 그러나 박천수의 편년관에 대해 일본 연대관을 그대로 국내에 이식함으로써 가야와 신라 고분의 역연대를 소급해 보고 있다는 비판(김두철 2011)이 제기되었다. 이처럼 영남지역의 편년을 늦추어 보는 연구자들은 백제의 편년관이 상대적으로 소급되고 있기 때문에 백제 고고학의 교차편년자료인 중국 자기를 일부 전세품으로 언급하기도 한다. 하지만 Ⅱ장에서 검토한 바와 같이 백제 출토 중국 자기는 백제 고고학의 교차편년자료로써 충분히 활용될 수 있다는 것은 증명하였다. 중국 자기 전세 지지자들은 기존의 백제와 일본의 편년관을 늦추려고 하지만 이에 찬동하는 연구자는 많지 않다.

　유적 또는 지역 단위로 이루어진 백제 고고학만이 통용하는 편년을 고집한다면 백제의 동태를 왜곡할 위험을 초래할 수 있다. 백제는 고구려·신라와의 정립을 거듭하고, 중국·일본과 대외적으로 긴밀한 관계를 유지하였다. 이처럼 백제는 동아시아 여러 나라들과의 연관 속에서 성장한 국가라는 것을 감안하면 중국, 영남지역, 일본 등 주변 국가의 교차편년자료를 통해 편년의 골격을 만든 것은 극히 자연스러운 일이다.

　이 절에서는 백제유적에서 출토된 신라·가야(계) 토기와 신라·가야유적에서 출토된 백제(계) 토기의 제작시기를 추적하였다. 신라·가야(계) 토기의 시기 비정은 일본 須惠器와의 교차편년을 활용한 박천수의 연구를 주로 참고하였으나 일부 마구 등의 연구 성과도 대조시켜 결정하였다.

다음으로 신라·가야(계) 토기의 연대에 따라 나열한 백제토기의 시간적 순서가 기존의 백제토기 연구 성과와 어느 정도 일치함을 확인하였다. 이는 백제유적에서 출토된 신라·가야토기의 편년이 백제유적의 연대결정에서 근거로 활용될 수 있음을 의미한다. 또한 신라·가야(계) 토기와 공반된 삼족토기, 고배, 단경병, 심발형토기, 직구단경호 등에서 시간의 경과에 따른 변천을 파악했다. 특히 백제 직구단경호의 어깨에 시문된 문양대가 신라·가야지역의 대부직구호에서도 관찰된다. 5세기 초에 출현하는 문양대가 있는 대부직구호는 백제 직구단경호의 영향에서 출현한 것으로 추정된다. 이러한 결과를 앞으로 개별 기종의 편년 작업시 활용할 수 있을 것이다.

마지막으로 기존의 영남지역 편년관과 백제토기 편년관 사이의 괴리는 일본의 편년관을 반영한 신라·가야토기의 연구 성과를 참고로 할 경우 거의 사라짐을 알 수 있다.

Ⅳ. 百濟土器의 成立과 展開

1. 炊事用 土器

　마한 · 백제유적 출토 취사용기들 중에는 기종에 따른 출현시기나 존속기간의 차이가 있다. 深鉢形土器는 원삼국시대의 硬質無文 小鉢의 후신으로 3세기 초에 출현하여 사비기까지 만들어졌고, 長卵形土器는 경질무문 大鉢의 후신으로 3세기 전기 중엽 이전에 출현하여(朴淳發 2009, p.431) 사비기에 소멸했다.[150] 이는 고구려의 영향을 받아 제작된 鐵釜가 장란형토기를 대체했

---

150) 현재 한강유역 및 중서부지역의 타날 심발형토기는 200~250년 사이에 출현한 것을 밝힌 입장(박순발 2009 · 2012 · 2013)과 4세기 중후엽(이창엽 2007) 또는 4세기 중엽(이성주 2011)으로 보는 입장이 상존하고 있다. 즉 경질무문 발에서 타날 심발형토기의 출현시기의 비정이 무려 100년 이상의 차이를 보이고 있는 것이다. 이 문제에 대해 필자는 논의할만한 구체적인 의견을 가지고 있지 않지만 늦어도 3세기 4/4분기~4세기 초에는 한강유역 및 중서부지역에 타날 심발형토기가 존재하였음은 분명하다고 보고 있다. 이 문제를 해결하기 위해 필자는 2011년 서울 풍납토성 동성벽 절개조사에서 얻어진 절대연대측정을 들고자 한다.

　풍납토성 동성벽 절개조사 제1단계의 구지표면에서는 낙랑지역의 흑색마연암문호와 유사한 頸部暗文黑色壺와 中國 郡縣의 토기제작기술을 반영한 것으로 추측되는 灰色軟

기 때문이다(鄭鍾兌 2006, p.32). 시루는 경질무문 시루의 후신으로 3세기 전엽 후반에 등장하였다. 사비기에 들어 그 손잡이가 牛角把手에서 帶狀把手로 변화하는데(鄭鍾兌 2006, p.54), 이 또한 고구려와 관련이 있다. 이처럼 취사용기 출현에는 약간의 시기차가 관찰되는데, 3세기 전반경 장란형토기와 심발형토기의 갑작스러운 등장은 낙랑토기 또는 낙랑(계)토기와 밀접한 관련이 있는 것으로 판단된다(朴淳發 2004, pp.59~69; 長友朋子 2010, p.37).

취사용기의 출현은 백제 성립 이전이지만 이후 백제토기 주요 기종의 하나로서 생활유적은 물론 분묘유적에서도 확인된다. 따라서 이 기종들의 자세한 변천 양상을 파악하는 것은 여러 백제유적의 시간적 위치 설정에 매우 긴요한 일이라고 할 수 있다.

고고학에서 형식학은 출토 유물의 시간적 혹은 분포상의 위치관계, 형식 간의 상호관계를 밝히는데 사용되는 가장 보편적인 연구방법 중 하나이다. 마한·백제유적에서 출토된 취사용기의 변천에 대해 지금까지 이루어진 주된 연구방법도 바로 이러한 형식분류[151]이다. 현재 그동안 축적된 자료들로 특정한 시기, 지역, 유적에서의 세부적인 편년을 수립할 수 있는 여건이 마련되고 있다. 따라서 이 절에서는 형식학적 분류방법을 보완하는 수단으로 후술할 백제토기와 공반된 중국·왜·신라·가야 유물의 시기 비정을 통해 수립한 연대관을 동원하여 마한·백제유적 출토 취사용기의 변천 양상을 조금 더 세밀하게 살펴보고자 한다. 그밖에 필자가 분석한 백제토기 이외의 유물과 취사

質盌과 함께 횡침선을 돌린 승문계 심발형토기가 공반되었다(이성준 외 2013). 이 제1단계는 성벽 축조를 위해 당시의 지표면을 정리하고 기초공사를 실시한 것이고 성벽을 처음 축조한 시기인 제2단계보다 선행한다. 이 초축 성벽에 대한 절대연대측정을 수행한 결과 기원후 3세기 중후엽~4세기 초반의 어느 시점에 착공되어, 늦어도 4세기 중엽 이전에 완공되었던 것으로 보인다. 착공시점이란 축성을 위한 기반 조성층에 포함된 이른바 풍납토성 제1단계에 해당하는 것이므로 250~300년 사이에 축성 계획에 의거, 공역이 시작되었던 것이다(박순발 2013). 이와 같은 연구 성과에 따르면 타날 심발형토기는 늦어도 3세기 4/4분기~4세기 초에는 한강유역 및 중서부지역에 출현하였음을 알 수 있다.

151) 심발형토기는 김진홍(2008), 설은주(2012), 김갑용(2013), 장란형토기는 정종태(2006), 김진홍(2008), 시루는 오후배(2002), 박경신(2003·2007), 정종태(2006), 김대원(2013)의 연구에서 주로 형식학적 분류를 실시하였다.

용기가 공반되었을 경우 기존의 연구 성과들(김성남 2000; 成正鏞 2000a; 국립문화재연구소 고고연구실 · 보존과학연구실 2011 등)도 활용하였다.

1) 主要 器種의 成立과 變遷

(1) 深鉢形土器

〈도 60 · 61〉는 마한 · 백제유적 출토 심발형토기의 변천도[152]이다. 한

---

152) 필자가 도면의 시간축을 250년 이후부터로 한 이유는 서울 풍납토성 경당지구 중층 196호 수혈 창고에서 백제토기인 직구광견호와 공반된 중국 시유도기가 3세기 후반~4세기 전반경으로 비정되는 것과 목탄시료의 C¹⁴연대를 통해 백제토기가 최초로 한성에 출현한 시기를 3세기 4/4분기로 설정할 수 있기 때문이다. 또한 전술한 바와 같이 타날 심발형토기가 서울 풍납토성 동성벽 초축 이전 단계에 수습되었다. 이 초축 성벽에 대한 절대연대측정을 수행한 결과 기원후 3세기 중후엽~4세기 초반의 어느 시점에 착공되어, 늦어도 4세기 중엽 이전에 완공되었던 것으로 보인다. 따라서 타날 심발형토기는 늦어도 3세기 4/4분기~4세기 초에는 한강유역 및 중서부지역에 출현하였음을 알 수 있기 때문에 잠정적으로 250년 이후라는 절대연대를 제시하였다.
한성기에 해당되는 시간축은 대략 250년 이후에서 475년(한성백제 멸망)까지 7개로, 웅진기는 475~538년까지 2개로, 사비기는 538년에서 660년까지 1개로 구분하였다. 한성기는 고분과 주거지에서 많은 심발형토기가 수습되고 있어서 비교적 세밀한 변천과정을 살펴볼 수 있지만, 웅진기~사비기에 이르면 심발형토기의 출토량 감소와 시기 비정이 가능한 공반유물의 부족으로 정치한 변천도는 작성하지 못했다.
전술하였듯이 변천도 작성에는 필자의 연대관을 기초로 하였으나, 필자가 분석한 백제토기 이외의 유물과 취사용기가 공반되었을 경우 기존의 연구 성과(김성남 2000; 국립문화재연구소 고고연구실 · 보존과학연구실 2011; 諫早直人 2009, pp.197~218 등)를 활용하였다. 〈도 60 · 61〉에 대한 자세한 편년 기준을 제시하는 것은 지면의 제한상 불가능하기 때문에 여기서는 한성기를 중심으로 기존의 편년을 그대로 반영한 유물 이외에 대해서 간략하게 서술하고자 한다. 坡州 瓦洞里遺蹟 15지점 유물퇴적층 출토품(도 60-45 · 47)은 이른 형태의 廣口短頸壺(盒)와 4세기대로 추정되는 마구류의 출토로 잠정적으로 4세기 전엽으로 비정하였다. 파주 와동리유적 14지점 주거지 출토품(도 60-29 · 50)은 공반유물인 馬鐸이 4세기 중~후엽으로 비정되는 淸州 鳳鳴洞遺蹟 A-52호분 출토품(諫早直人 2009, p.208)과 유사하므로 4세기 중엽으로 설정하였다. 華城 石隅里 먹실遺蹟 6호 주거지 출토품(도 60-53)은 고배의 형태와 가야(계) 장경호와 유사한 구연부편이 출토되고 있어서 4세기 후엽으로 비정하였다. 龍仁 麻北洞 聚落遺蹟 157호 주거지 출토품(도 60-33)은 5세기 전엽으로 비정이 가능한 고배와 공반되었다. 烏山 內

성,153) 중서부 북부지역154)(현 경기도), 중서부 중부지역155)(현 충청북도와 충청남도의 일부), 중서부 남부지역156)(현 충청남도 일부와 전라북도의 일부)마다 문양별157)로 토기의 크기를 세 그룹(대·중·소)158)으로 나누어 백제가 존속한 기간 동안의 변천 양상에 대해 살펴보았다.

① 漢城

한성에서는 승문＋횡침선에서 승문 또는 평행문으로 변천하는 양상이 관찰된다159)(도 60). 3세기 후반에는 승문 타날 후 기벽 전체에 약 10조의 횡침

三美遺蹟 소형원형수혈 출토품(도 60-39)은 5세기 이후에 출현한 단경병과 공반된 점과 심발형토기가 변천상 가장 늦은 형태를 띠고 있는 점으로 보아 5세기에서도 가장 늦은 후엽으로 비정하였다.

原州 法泉里古墳群 2호분 출토품(도 61-23·24)과 天安 龍院里古墳群 9호 석곽묘 출토품(도 61-27)은 각각 4세기 중엽과 4세기 4/4분기~5세기 1/4분기로 비정되는 중국자기가 공반되고 있다. 鎭川 石帳里遺蹟 A-사호 수혈 출토품(도 61-31)은 5세기 중엽으로 비정되는 가야(계) 장경호가, 燕岐 松院里遺蹟 KM-055 출토품(도 61-36)은 5세기 후엽으로 비정되는 개배가 공반되었다.

153) 한성이라는 용어는 시기에 따라 그 범위에 차이가 있으므로, 여기에서는 서울 夢村土城과 風納土城을 중심으로 하는 현재의 서울지역을 가리키는 용어로 쓰고자 한다.

154) 중서부 중부지역과의 경계선은 安城川으로 하였다.

155) 중서부 중부지역은 안성천 이남~錦江 이북(일부 對岸도 포함)을 가리킨다.

156) 중서부 남부지역은 금강 이남~盧嶺山脈 이북을 가리킨다.

157) 문양을 格子文系와 繩文系로 대별하였다. 승문계에는 平行文도 포함한다.

158) 심발형토기에 크기 차이가 존재하는데 그것이 시간성을 반영하는 속성이라는 점은 박순발의 연구 성과(2001b)에서 처음으로 지적되었다. 그는 승문계 심발형토기의 器高와 口徑의 분산도를 통해 각각 기고 약 21~26cm, 구경 약 21~24cm를 Ⅲ군(대형), 기고 약 21~12cm, 구경 약 21~12cm를 Ⅱ군(중형), 기고 약 11~5cm, 구경 약 15~8cm를 Ⅰ군(소형)으로 설정하였다. 격자문계 심발형토기는 기고 약 19~16m, 구경 약 21~19cm를 Ⅱ군(중형), 기고 약 15~6cm, 구경 약 17~9cm를 Ⅰ군(소형)으로 하였다. 약 10년 전의 연구에 의하면 격자문계 심발형토기에는 대형이 없고, 승문계 심발형토기의 Ⅰ군(소형)과 Ⅱ군(중형)의 구분선은 격자문계 심발형토기의 Ⅰ군(소형) 분포권을 관통하고 있는 점에서 각 타날문은 서로 크기에 대한 기준에 차이가 있었음을 밝힌 바 있다. 필자는 주거지 출토 심발형토기에 크기가 다른 기형이 3개 공반되고 있는 것에 주목하여 기고가 약 16cm 이상인 것을 대형, 약 15~10cm을 중형, 10cm 이하를 소형으로 설정하였다.

159) 한성을 제외한 기타지역은 격자문계와 승문계로 나누어 그 변천 양상을 살펴보았다. 한

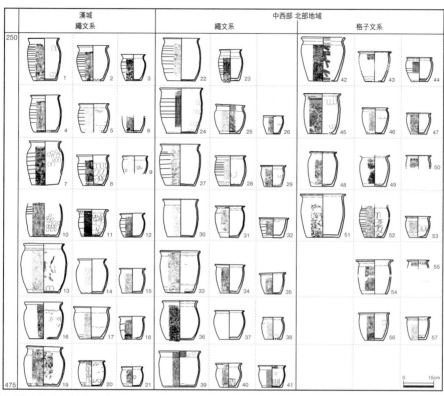

漢城			中西部 北部地域					
繩文系			繩文系			格子文系		

1·2. 서울 風納土城 現代聯合敷地 나-8號 住居址(國立文化財研究所 2001), 3. 同土城 가-2號 住居址(同上), 4. 同土城 遺物包含層 中下層(同上), 5. 同土城 慶堂地區 N1E1 中層(權五榮·朴智殷 2009), 6. 同土城 現代聯合敷地 나-7號 住居址(國立文化財研究所 2001), 7~9. 同土城 遺物包含層 中層(同上), 10. 同土城 가-9號 住居址(同上), 11. 同土城 197番地(舊未來마을) 나-21號 住居址(國立文化財研究所 2012a), 12. 同土城 197番地(舊未來마을) 가-3號 住居址(國立文化財研究所 2009), 13. 同土城 대진·동산聯立住宅敷地 나Tr. 井址(國立文化財研究所 2007), 14. 서울 石村洞古墳群 3號墳 東側 A地域 8號 土壙墓(金元龍·林永珍 1986), 15. 同古墳群 11號 土壙墓(同上), 16. 河南 渼沙里遺蹟 B-5號 貯藏孔(任孝宰 外 1994), 17·19~21. 서울 風納土城 慶堂地區 9號 遺構(權五榮 外 2004), 18. 同土城 現代聯合敷地 遺物包含層 上下層(國立文化財研究所 2001), 22. 華城 馬霞里古墳群 木槨墓(金載悅 外 1998), 23. 楊州 廣石里遺蹟 3號 住居址(國防文化財研究院 2012), 24. 華城 馬霞里古墳群 3號 木棺墓(金載悅 外 1998), 25. 南楊州 長峴里遺蹟 75號 住居址(中央文化財研究院 2010a), 26. 安城 新頭里遺蹟 7號 土壙墓(中央文化財研究院 2010b), 27. 華城 馬霞里古墳群 14號 石槨墓(李鮮馥·金成南 2004), 28. 龍仁 麻北洞遺蹟 下層 KC-001 住居址(李印學·李秀珍 2009), 29·50. 坡州 瓦里里遺蹟 14地點 住居址(京畿文化財研究院 2010a), 30. 華城 馬霞里古墳群 9號 石槨墓(李鮮馥·金成南 2004), 31·32. 龍仁 麻北洞 聚落遺蹟 59號 住居址(京畿文化財研究院 2009), 33. 同遺蹟 157號 住居址(同上), 34. 安城 道基洞遺蹟 A地區 10號 土壙墓(中央文化財研究院 2008a), 35. 同遺蹟 A地區 1號 土壙墓(同上), 36. 華城 白谷里古墳 5號 石槨墓(韓國精神文化研究院 1994), 37. 烏山 外三美洞遺蹟 3號 住居址(韓白文化財研究院 2011), 38·57. 光明 所下洞遺蹟 KM-001 石槨墓(李秀珍 2008), 39·41. 烏山 內三美遺蹟 小型圓形竪穴(金娥官 外 2010), 40. 高陽 覓節山遺蹟 S2E3·S2E2(李憲載·權純珍 2005), 42. 南楊州 長峴里遺蹟 25號 住居址(中央文化財研究院 2010a), 43. 同遺蹟 45號 住居址(同上), 44. 同遺蹟 9號 住居址(同上), 45·47. 坡州 瓦洞里遺蹟 15地點 遺物堆積層(京畿文化財研究院 2010a), 46. 安城 新頭里遺蹟 6號 土壙墓(中央文化財研究院 2010b), 48. 龍仁 麻北洞 聚落遺蹟 46號 住居址(京畿文化財研究院 2009), 49. 龍仁 寶亭里 소실遺蹟 7號 住居址(畿甸文化財研究院 2005), 51. 龍仁 水枝百濟遺蹟 Ⅰ-3號 住居址(李南珪 外 1998), 52. 廣州 墻枝洞 聚落遺蹟 20號 住居址(京畿文化財研究院 2010b), 53. 華城 石隅里 먹실遺蹟 6號 住居址(畿甸文化財研究院 2007), 54. 龍仁 麻北洞 聚落遺蹟 67號 住居址(京畿文化財研究院 2009), 55. 同遺蹟 133號 住居址(同上), 56. 軍浦 富谷洞遺蹟 Ⅰ地區 1號 土壙墓(中央文化財研究院 2008b)

도 60 한성·중서부 북부지역 출토 심발형토기의 변천(S=1/16)

선을 빈틈없이 돌렸지만[160](도 60-1~3) 시간의 경과와 함께 횡침선이 사라졌음을 확인할 수 있다(도 60-19~21). 그러나 서울 風納土城에서는 5세기대의 유구에서도 승문＋횡침선의 심발형토기가 출토되고 있어 이러한 성형전통은 오랫동안 유지되었음을 알 수 있다(도 60-18). 또한 타날문뿐만 아니라 기형에서도 변화가 관찰된다. 즉 한성 출토품은 底徑과 口徑이 좁은 세장한 기형에서 저경과 구경이 넓고 비교적 안정감이 있는 기형으로 변해간 것이다. 이러한 변화는 먼저 4세기 전반 이후의 중·소형에서 시작한다. 반면 대형은 4세기 후반 이후 서서히 저경과 구경이 넓어진다.

마한·백제유적 출토 심발형토기는 일반적으로 저부와 동체부를 별도로 제작하기[161] 때문에 접합부분에서 (회전 혹은 정치) 깎인 흔적이 관찰된다. 그러나 3세기 후반으로 비정되는 서울 풍납토성 출토품 등에서는 깎기 대신 격자문 타날이 시문된 경우도 있다.[162] 이러한 제작기법은 시간의 경과와 함

성에서도 물론 격자문계 심발형토기는 존재하지만 여기서는 승문계만 제시하였다. 그 이유는 평행문 타날을 포함한 승문계 타날의 가장 이른 형태가 한강유역에서만 보이다가 점차 중서부 이남지역으로 확산되는 양상이 백제의 영역확대 과정과 일치하기 때문이다(朴淳發 2001b, p.116). 실제 한성에서는 승문계에 비해 격자문계가 압도적으로 적고(국립문화재연구소 고고연구실·보존과학연구실 2011), 백제의 수도였던 한성에는 각 지역에서의 물자가 집중되고 있었기 때문에 격자문계의 유입도 충분히 고려할 수 있다. 따라서 한성에서는 승문계 심발형토기만 다루었다.

160) 2011년 서울 풍납토성 동성벽 절개조사 제1단계의 구지표면에서 출토된 횡침선을 돌린 승문계 심발형토기는 동체 하단 및 저부에 걸쳐 부분적으로 격자문 타날이 적용되었다(이성준 외 2013). 이 제1단계의 연대는 앞서 설명한 바와 같다.

161) 필자는 저부와 동체부의 접합시 저부 원판 위에 미리 제작한 동체부를 붙이는 방법을 사용했다고 생각한다. 그러나 이러한 경우 점토 단면에 칼집을 넣는 등의 접합방법이 없으면 저부와 동체부가 쉽게 분리된다는 지적을 駒澤大學의 酒井淸治 선생님께 받았다. 이 부분에 대해서는 다시 한번 실물을 관찰하여 숙고할 필요가 있다.

162) 이와 같이 심발형토기 중 격자문계 타날과 승문계 타날이 동시에 이루어진 사례는 극히 드물다. 국립문화재연구소 고고연구실·보존과학연구실(2011, p.235)의 조사에 따르면 서울 풍납토성, 서울 몽촌토성, 하남 미사리유적에서 토기 저부의 정면 흔적이 관찰된 57점 중 8점은 저부에 격자문을 타날한 것이었다. 저부에 격자문계를 타날한 제작기법은 시간을 반영한 속성인 것으로 생각된다.

께 급격히 감소하여 깎기 조정이 일반화된 것으로 여겨진다.[163] 이와 관련하여 한성의 회전 깎기 제품에서 승문계와 승문 + 횡침선의 빈도가 81.6%라는 연구결과가 있다(국립문화재연구소 고고연구실 · 보존과학연구실 2011, p.236).

② 中西部 北部地域

중서부 북부지역 출토 심발형토기들 중에서는 이른 시기부터 승문계와 격자문계가 공존했다(도 60). 하지만 타날문에 따라 기형의 차이가 있었음을 알 수 있다. 3세기 후반으로 비정되는 승문계 심발형토기의 경우 저경과 구경의 크기 차이가 거의 나지 않는데 비해 격자문계는 구경에 비해 저경이 현저히 좁다. 이러한 양상은 出自系統이 서로 다른 집단의 존재를 시사하는 것으로 추정된다. 하지만 4세기 전엽 이후가 되자 격자문계의 기형에 변화가 나타난다. 坡州 瓦洞里遺蹟 15지점 유물퇴적층 출토품(도 60-45)은 격자문계 타날이지만 기형은 같은 시기인 한성 출토품과 유사하다. 한편 중 · 소형의 격자문계 심발형토기에 변화가 일어나는 시기는 4세기 중엽 이후인 듯하다. 또한 5세기 이후가 되면 이 지역에서 격자문계가 감소하고 5세기 중~후엽에는 그 모습을 감추었다. 이러한 변화는 승문계 타날의 확산양상이 백제의 영역확대 과정과 일치하고 있다는 점과 관련이 있는데, 이러한 승문계 타날의 확산양상을 통해 4세기 전엽과 5세기 이후 적어도 2번의 지방편제 과정을 상정할 수

---

163) 이와 같이 심발형토기에는 동체 하단 및 저부에 걸쳐 격자문 타날이 부분적으로 적용된 사례와 동체 하단과 저부에 걸쳐 깎기 수법이 적용된 사례를 확인할 수 있다. 이에 대해 박순발(2013)은 토기제작기법의 변화와 관련지어 설명하였다. 그에 따르면 저부와 동체 하단을 접합하는 방식이 夾板式, 즉 저판을 동체 양벽의 가운데에 끼워 넣고 타날로 마감하는 방식에서 添板式, 즉 저판을 동체 양벽 하단에 붙이고 접착을 위해 정면구로 깎는 방식으로 전환된다는 것이다. 타날로 마감하는 협판식의 분포지역은 서울 풍납토성 내부 취락, 파주 주월리, 원주 법천리, 춘천 중도, 화천 원천리, 그리고 진천 삼룡리 요지 등 비교적 광범위하여 백제의 국가 성립기에 수반된 지역간 통합과 일정한 연관이 있는 것으로 이해되고 있다. 반면 고구려토기의 경우 상기와 같은 제작기법의 차이는 토기의 크기와 관련이 있다는 연구결과도 고려할 필요가 있을 것이다.

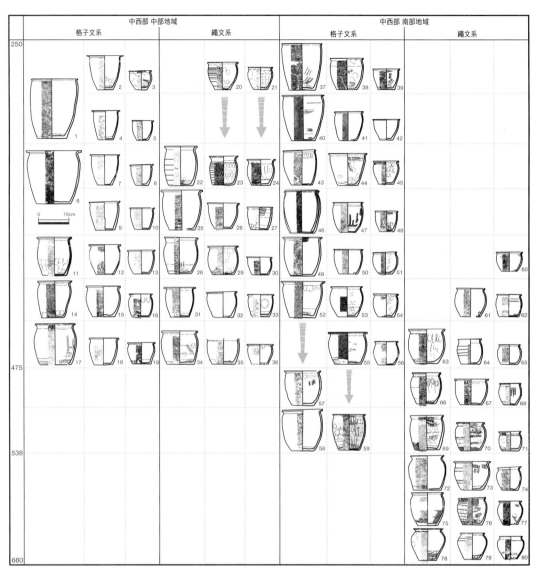

1. 燕岐 大平里遺蹟 KC-033號 住居址(李弘鍾 外 2012), 2. 淸州 松節洞遺蹟 3-2號 住居址(車勇杰 外 2007), 3. 忠州 金陵洞遺蹟 28號 土壙墓(禹鍾允 外 2007), 4. 淸州 松節洞遺蹟 2號 住居址(車勇杰 外 2007), 5. 淸原 松垈里遺蹟 10號 土壙墓(韓國文化財保護財團 1999a), 6. 淸州 佳景4地區遺蹟 4號 住居址(禹鍾允 外 2004), 7. 淸州 鳳鳴洞遺蹟 40-②號 木棺墓(車勇杰 外 2005), 8. 同遺蹟 22號 木槨墓(同上), 9. 同遺蹟 23-②號 木棺墓(同上), 10. 同遺蹟 35號 木棺墓(同上), 11. 唐津 元堂里遺蹟 2號 住居址(鄭海濬 外 2009), 12. 淸州 新鳳洞古墳群 110號 石槨墓(車勇杰 外 1995), 13. 淸州 主城里遺蹟 13號 土壙墓(韓國文化財保護財團 2000), 14 · 31. 鎭川 石張里遺蹟 A-사號 竪穴(李榮勳 外 2004), 15. 淸州 新鳳洞古墳群 14號 破壞墳(車勇杰 · 趙詳紀 1996), 16 · 33. 淸州 明岩洞遺蹟 4號 土壙墓(國立淸州博物館 2000), 17. 牙山 草沙洞遺蹟 Ⅰ地點 1號 住居址(忠淸南道歷史文化院 2007d), 18. 淸州 新鳳洞古墳群 B地區 1號 土壙墓(車勇杰 外 1990), 19. 同古墳群 72號 土壙墓(車勇杰 外 1995), 20. 牙山 鳴岩里 밖지므레遺蹟 2-2地點 12號 土壙墓(忠淸南道歷史文化研究院 2011), 21. 忠

州 金陵洞遺蹟 51號 土壙墓(禹鍾允 外 2007), 22. 唐津 佳谷里遺蹟 5號 住居址(鄭海濬 外 2011), 23·24. 原州 法泉里古墳群 2號墳 破壞石室(宋義政·尹炯元 2000), 25. 淸州 新鳳洞古墳群 3號 土壙墓(車勇杰·趙詳紀 1996), 26. 同古墳群 A地區 17號 土壙墓(車勇杰 外 1990), 27. 天安 龍院里古墳群 9號 石槨墓(李南奭 2000), 28. 唐津 元堂里遺蹟 5號 住居址(鄭海濬 外 2009), 29. 瑞山 堰岩里 낫머리遺蹟 가-17號 貯藏孔(尹淨賢 2010), 30. 淸州 新鳳洞古墳群 11號 土壙墓(車勇杰·趙詳紀 1996), 32. 同古墳群 94號 土壙墓(車勇杰 外 1995), 34. 瑞山 富長里遺蹟 Ⅰ地域 6號 墳丘 1號 甕棺墓(忠淸南道歷史文化研究院 2008b), 35. 淸原 楓井里遺蹟 溝(中央文化財研究院 2005), 36. 燕岐 松院里遺蹟 KM-055 橫穴式石室墳(李弘鍾 外 2010), 37~39. 瑞山 奈洞遺蹟 Ⅲ地區 KC-016 住居址(朴性姬·趙晟允 2011), 40. 論山 院南里·定止里遺蹟 Ⅱ-3區域 B·C地點 5號 住居址(忠淸南道歷史文化研究院 2012), 41. 大田 龍溪洞遺蹟 原三國時代 107號 住居址(中央文化財研究院 2011), 42. 同遺蹟 219號 住居址(同上), 43. 群山 築洞遺蹟 2-3號 土壙墓(湖南文化財研究院 2006d), 44. 扶餘 佳中里 가좌遺蹟 5號 住居址(金帛範 2006), 45. 同遺蹟 1號 住居址(同上), 46. 舒川 芝石里遺蹟 Ⅱ-57號 住居址(李南奭 外 2005), 47. 完州 上雲里遺蹟 라地區 17號 木棺墓(金承玉 外 2010b), 48. 鷄龍 立岩里遺蹟 13號 住居址(忠淸南道歷史文化研究院 2008c), 49·60. 錦山 水塘里遺蹟 5號 住居址(忠南大學校百濟研究所 2002), 50. 全州 長洞遺蹟 Ⅱ-12號 住居址(朴英敏 外 2009), 51. 公州 濟川里遺蹟 1號 土壙墓(忠淸南道歷史文化院 2007e), 52·54. 大田 伏龍洞 堂山마을遺蹟 4地域 24號 住居址(田鎰溶 外 2012), 53. 同遺蹟 3地域 12號 住居址(同上), 55. 同遺蹟 3地域 6號 住居址(同上), 56. 高敞 石橋里遺蹟 2號 住居址(李暎澈·趙希鎭 2005), 57. 益山 間村里遺蹟 Ⅰ地區 2號 竪穴(湖南文化財研究院 2002), 58. 論山 茅村里古墳群 8號 石槨墓(安承周·李南奭 1994), 59. 論山 定止里遺蹟 Ⅲ地域 21號 貯藏孔(嘉耕考古學研究所 2013), 61·62. 鎭安 臥亭遺蹟 4號 住居址(郭長根·趙仁振 2001), 63. 論山 院南里·定止里遺蹟 Ⅱ-3區域 A地點 2號 土壙墓(忠淸南道歷史文化研究院 2012), 64. 扶餘 汾江·楮石里古墳群 가號 埋納遺構(李南奭 1997), 65. 鎭安 黃山里古墳群 가地區 1號墳 石槨墓(郭長根 外 2001), 66. 論山 斗月里遺蹟 2號 石槨墓(鄭海濬 外 2010), 67. 完州 上雲里遺蹟 라地區 17號 木棺墓(金承玉 外 2010b), 68. 公州 山儀里遺蹟 22號 橫穴式石室墳(李南奭 1999), 69·70. 公州 丹芝里遺蹟 4地區 4號 橫穴墓(朴大淳·池珉周 2006), 71. 同上 4地區 5號 橫穴墓(同上), 72·73. 扶餘 官北里遺蹟 나地區 南西區域 竪穴(國立扶餘文化財研究所 2009a), 74. 瑞山 餘美里遺蹟 Ⅰ地區 19號 石槨墓(李尙燁 2001), 75. 論山 院北里遺蹟 다地區 79號 竪穴(中央文化財研究院 2001), 76. 靑陽 長承里古墳群 A-17號 橫穴式石室墳(柳基正·田鎰溶 2004), 77. 扶餘 中井里遺蹟 遺構 露出面(忠淸南道歷史文化研究院 2008d), 78~80. 扶餘 舊衙里 319 扶餘 中央聖潔敎會遺蹟 5遺構 1-3段階·7遺構(沈相六 外 2012)

도 61 중서부 중부지역·남부지역 출토 심발형토기의 변천(S=1/16)

있을 것으로 생각된다. 한편 격자문계 타날제품 중에서는 격자문계＋횡침선도 관찰된다. 이러한 조합은 승문계＋횡침선의 영향으로 출현한 것으로 보이며, 지금까지는 廣州 墻枝洞 聚落遺蹟 20호 주거지 출토품(도 60-52)과 서울 풍납토성 출토품에서만 관찰된다.

중서부 북부지역에서 출토되는 승문계 심발형토기는 한성 출토품과 같이 승문계＋횡침선에서 4세기 후엽~5세기 전엽에 승문 또는 평행문으로 점차 변화하는데, 이들은 한성 출토품과 타날 구성면에서 동일하지만 기형에 차이가 있다. 즉 중서부 북부지역 출토품은 한성 출토품에 비해 상대적으로 저경과 구경이 넓다는 것이다. 이러한 기형은 4세기 후엽~5세기 전엽 이후 한성에서도 많이 관찰되기 때문에 앞으로 한성과 인접지역과의 상호관계를 규명하기 위한 자료가 될 것으로 생각한다. 또한 현재 3세기 후반의 승문계 심발형토기는 대형이고 고분에서 출토된다. 같은 시기인 주거지 출토품이 대부분 격자문계인 것으로 보아 백제로부터의 영향을 상정할 수밖에 없다. 중서부 북부지역에서는 3세기 후반 백제의 영역확대 과정에 대한 전조가 관찰된다. 4

세기가 되면 중서부 북부지역의 승문계는 대중소의 모든 크기가 나타나지만 일부에서는 소형 격자문계의 기형에 승문계 타날을 시문한 것이 출현한다. 또한 이 시기 격자문계에도 승문계의 기형을 수용한 것이 확인되기 때문에 백제의 영역확대 과정에서 발생한 산물이라고 할 수 있다.

이상의 내용을 정리하면 중서부 북부지역에서는 3세기 후반 고분에 승문계 심발형토기가 부장되었으며, 4세기 전~중엽경에는 격자문계의 기형에 변화가 나타났다.[164] 4세기 후엽~5세기에는 격자문계가 감소하여 승문계가 우위를 점했는데, 이러한 구도는 백제의 지방편제방법을 고찰할 때 중요한 의미를 전달한다.

③ 中西部 中部地域

중서부 중부지역도 북부지역과 같이 이른 시기부터 승문계와 격자문계가 공존했다. 다만 북부지역과 다른 점은 3세기 후반에 만들어진 승문계와 격자문계가 구경에 비해 저경이 현저히 좁은 기형을 공유하고 있었다는 점이다. 그리고 3세기 후반~4세기 전엽에는 승문계 대형 심발형토기가 보이지 않는다. 이는 원삼국시대 이래의 경질무문 발이 존속하고 있었기 때문인 것으로

---

164) 4세기 전엽 한성에서 北北西로 약 46km에 떨어진 곳에 위치한 坡州 瓦洞里遺蹟(도 60-45)에서는 격자문계의 기형에 변화가 나타나기 시작했지만, 같은 시기 한성에서 남쪽으로 약 60km 떨어진 곳에 위치한 安城 新頭里遺蹟 출토 격자문계의 기형에서는 변화가 관찰되지 않는다(도 60-46). 반면 4세기 중엽으로 비정되는 龍仁 麻北洞 聚落遺蹟 출토품(도 61-48), 龍仁 寶亭里 소실遺蹟 출토품(도 60-49)은 한성에서 남쪽으로 약 20km 떨어진 곳에 위치하였는데, 격자문계의 기형에 변화가 관찰된다. 이러한 변화는 한성과의 거리와 함께 접근성(교통상의 요충지 또는 거점지 등)과 상관이 있었기 때문이라고 생각된다. 3세기 후반으로 추정되는 楊州 廣石里遺蹟 3호 주거지 출토품(도 60-23)은 한성 출토품과 같은 승문계의 기형이다. 이 지역은 한성에서 북쪽으로 약 37km 떨어진 곳에 위치하지만 교통의 요충지로서 백제 · 고구려 · 신라의 角逐場이 되었던 장소이다. 격자문계의 기형에 변화가 관찰된 파주 와동리유적은 한강 하류역에 위치한다. 그리고 3세기 후반부터 조영된 華城 馬霞里古墳群과 원삼국시대의 華城 旗安里 製鐵遺蹟은 불과 약 6km 떨어진 곳에 인접하고 있다. 서로 시대는 다르나 초기 백제의 영역확대 과정은 교통의 요충지 또는 주요 거점지(생산 거점지)를 확보하는 형태였던 것으로 추정된다.

생각된다. 이와 같이 일부 지역에서는 백제 성립 이후에도 경질무문 발이 계속 제작·사용되었다는 점은 최근의 연구 및 발굴 성과를 통해서도 알 수 있다.

3세기 후반으로 비정되는 승문계는 牙山 鳴岩里 밖지므레遺蹟 2-2지점 12호 토광묘 출토품(도 61-20)과 忠州 金陵洞遺蹟 51호 토광묘 출토품(도 61-21)이 있다. 타날문은 한성의 영향으로 출현한 것으로 생각되지만 기형 자체가 격자문계의 기형이다. 이는 4세기 전엽으로 비정되는 유적에서의 출토품을 확인할 수 없기 때문에 일시적인 영향인 것으로 판단된다. 아산 명암리 밖지므레유적은 曲橋川과 梅谷川의 합류지점에서 약 2km 떨어진 곡교천 對岸에, 충주 금릉동유적은 南漢江과 達川, 忠州川이 합류하는 지점에서 동쪽으로 약 2km 떨어진 능선에 위치한다. 이러한 교통의 요충지와 관련된 유적에서 이른 시기의 해당하는 승문계 심발형토기가 출토되고 있는 점이 흥미롭다.

구경에 비해 저경이 현저히 좁은 격자문계의 기형은 4세기 후엽~5세기 전엽까지 존속했지만 그 이후에는 저경과 구경의 크기 차이가 거의 없어진다. 마찬가지로 승문계에서도 5세기 전엽 이후가 되면 저경과 구경의 차이는 사라진다. 그러나 4세기 중엽 한성의 영향을 받은 심발형토기가 唐津 佳谷里遺蹟에서 출현한다(도 61-22). 이 유적의 바로 앞은 黃海(西海)이며 동쪽에는 牙山灣이 위치한다. 후대의 일이기는 하지만 이 지역은 統一新羅時代에 唐과 교류하는 주요 門戶였다. 原州 法泉里古墳群은 東晉製 靑瓷 羊形器, 靑銅鐎斗 등의 威信財와 한성양식토기가 출토되어 4세기 중엽 때 이 지역을 백제의 영역에 포함시킬 수 있다는 견해(朴淳發 2001a, p.216)가 제시되기도 하였다(도 61-23·24). 다만 이는 4세기 중엽 중부지역에서 관찰되는 한성의 영향을 받은 심발형토기가 교통의 요충지나 거점지[165]에 한정되었던 것이기 때

---

165) 교통의 요충지 또는 거점지라는 단어는 편의적이고 자의적일 수 있다. 이 시기 유적 중에서 교통의 요충지에 입지한 경우가 많은 점에 인정을 하는데 여기서 필자가 말하고자 하는 것은 과연 백제 중앙의 영향이 순차적으로 확산되었는지 아니면 교통의 요충지 또는 거점지역으로 먼저 확산되었는지에 대한 것이다. 즉 중앙과 가까운 곳부터 순차적으로 영역화가 이루어진 것이 아니라 백제가 그 지역에 진출하기 위한 조건이 있었다는 것이다. 그 조건은 현재 우리가 쉽게 유추할 수 있는 교통의 요충지 또는 거점지로 볼

문에 이 지역의 본격적인 백제화는 5세기 전엽경이 되어야 이루어진 것으로 추정한다.

④ 中西部 南部地域

남부지역의 이른 시기에 해당하는 심발형토기에는 모두 격자문계 타날이 시문되었으며, 그 기형도 특징적이다(도 61). 같은 시기 중부지역 출토 대형품과 비교하면 구연부가 짧게 외반하고 경부에까지 타날문을 남긴 사례가 많다. 또한 구경에 비해 저경이 현저히 좁고 세장한 기형은 북부·중부지역 출토품과 유사하다. 이러한 기형도 시기가 내려갈수록 저경이 넓어지고 전반적인 형태가 정방형으로 변화되는 양상을 확인할 수 있다. 격자문계는 5세기 후엽 이후 일부 대형에서만 확인되지만 사비기 이후에는 완전히 사라진다. 이는 승문계 타날이 확산함에 따라 남부지역의 토기제작 전통이 소멸하게 된 결과로 이해된다.

4세기 말~5세기 초로 비정되는 錦山 水塘里遺蹟 5호 주거지에서는 승문계 토기가 수습되었다(도 61-60). 이 유적은 정치적인 중심지에서는 비교적 멀리 떨어진 곳에 위치하고 있지만 교통로상의 군사적 요충지에 해당된다. 또한 금산은 공반유물을 통해 타 지역과의 밀접한 교류관계를 엿볼 수 있는 지역이기도 하다.[166] 이 시기 백제가 금산지역을 내륙 교통로로 개척·장악하려 했던 배경에는 대략 5세기대 淸州-報恩-尙州를 통한 내륙 루트가 신라에 의해 차단되고 390년대 이후 대고구려 전선에서 수세로 몰리면서, 가야 및 倭 세력과의 연결점을 확보하는 한편 小白山脈 以東 세력들의 혹시 있을지 모를 跋扈를 미연에 차단하려는 의도가 있었다고 이해된다(成正鏞 2002, p.73). 따

수 있다. 그 외에 생산지(철, 말, 농경)의 확보도 있었겠지만 현재로서 생산지와 관련한 유적이 적기 때문에 자세한 언급은 하지 않겠다.

166) 금산이 내륙교통로의 중요 경유지였던 것은 4세기 말~5세기 초로 비정되는 금산 수당리유적 2호 석곽묘에서 백제토기와 대가야계의 영향을 받아 제작된 長頸壺가 공반되고 있는 점, 5세기 전반에 비정되는 錦山 倉坪里遺蹟 석곽묘에서 소가야(계) 고배가 출토되고 있는 점, 삼국 말의 羅濟戰爭時 신라군의 주요 진격 루트에 위치하고 있었던 점으로도 어느 정도 짐작할 수 있다(忠南大學校百濟研究所 2002).

라서 남부지역에서 가장 이른 단계에 해당되는 금산 수당리유적 출토 승문계 심발형토기는 중요 교통로의 개척·장악에 따른 결과로 볼 수 있다.

5세기 이후 남부지역에서는 승문계 심발형토기의 증가가 관찰되기 시작한다. 사비기에는 승문계 타날만 확인되는데 특기해야 할 점은 승문계 타날 후 횡침선을 돌리는 경향이 관찰된다는 것이다. 한강유역에서 시작된 승문계+횡침선이 사비기 부여에서 갑자기 증가한 이유에 대해서는 추후 고찰할 필요가 있을 것이다. 또한 확실한 시기 비정은 어려우나 구경에 비해 저부가 좁아지고 동체부가 발달한 심발형토기는 백제 심발형토기의 마지막 형태로 생각된다(도 61-78~80).

(2) 長卵形土器

〈도 62·63〉은 마한·백제유적 출토 장란형토기의 변천도[167]이다. 심발형

---

167) 한성기의 시간축은 대략 250년에서 475년(한성백제 멸망)까지 5개로, 웅진기는 475~538년까지 1개로, 사비기는 538년에서 660년까지 1개로 구분하였다. 장란형토기를 심발형토기와 같이 세분화할 수 없는 이유는 완형이 많지 않기 때문이다. 전술하였듯 변천도 작성에는 필자의 연대관을 기초로 하였으나, 필자가 분석한 백제토기 이외의 유물과 취사용기가 공반되었을 경우 기존의 연구 성과(국립문화재연구소 고고연구실·보존과학연구실 2011; 諫早直人 2009, pp.197~218 등)를 활용하였다. 〈도 62·63〉에 대한 자세한 편년 기준을 제시하는 것은 지면의 제한상 불가능하기 때문에 여기서는 한성기를 중심으로 기존의 편년을 그대로 반영한 유물 이외에 대해서 간략하게 서술하고자 한다.
楊州 廣石里遺蹟 3호 주거지 출토품(도 62-12)은 경질무문 심발이 공반되고 있는 반면 전형적인 백제토기가 공반되지 않은 점과 C[14]연대를 참고로 3세기 후반으로 비정하였다. 南楊州 長峴里遺蹟 34호 주거지 출토품(도 62-13·14)은 백제토기인 광구단경호편(합편)과 경질무문 심발의 공반과 C[14]연대를 참고로 4세기 전반으로 설정하였다. 龍仁 水枝百濟遺蹟 Ⅱ-1호 주거지 출토품(도 62-15)은 전형적인 백제토기와 공반되지 않지만 다른 유구에서는 5세기대의 백제토기가 출토되고 있는 점으로 보아 다른 유구보다 다소 앞선 4세기 후반으로 비정하였다. 華城 石隅里 먹실遺蹟 9호 주거지(도 62-18)는 5세기 전반으로 비정되는 고배, 烏山 內三美洞遺蹟 24호 주거지(도 62-20)에서는 5세기 중후엽으로 비정되는 고배를 통해 시기를 판단하였다.
3세기 후엽~4세기 전중엽에 해당하는 중서부 중부지역과 남부지역의 시기 비정은 보고서와 후대 출토 장란형토기의 변천을 고려하였다. 唐津 佳谷里遺蹟 5호 주거지 출토

토기와 같이 한성, 중서부 북부지역(현 경기도), 중서부 중부지역(현 충청북도와 충청남도의 일부), 중서부 남부지역(현 충청남도의 일부와 전라북도의 일부)을 각 문양별로 나누어 백제가 존속한 기간에 대한 변천 양상을 살펴보았다.

① 漢城

한성에서는 승문계(동체부 : 승문 또는 평행문 타날, 저부 : 격자문 타날)가 주를 이룬다[168](도 62). 기형 전체를 승문계 타날한 장란형토기는 인천지역, 河南 渼沙里遺蹟, 서울 풍납토성 등지에서 확인되고 있으며 이 중에서도 특히 미사리유적에서의 출토빈도가 높다(국립문화재연구소 고고연구실 · 보존과학연구실 2011).

한성 출토 장란형토기는 동최대경의 위치가 상부에서 중앙으로, 저부형태는 尖底에서 圓底로, 전체적인 기형은 대형에서 소형으로 변화된다. 구체적으로 시기가 이른 장란형토기는 동최대경의 위치가 경부 바로 밑에 위치한다. 그리고 동최대경에서 저부로 내려갈수록 점차 동체부의 폭이 좁아지고 저부는 첨저를 이룬다. 그 형태는 마치 홀쭉한 럭비공과 유사하다. 또한 장란형토기의 소형화와 저부 면적의 증가는 심발형토기에서도 관찰되며, 마한 · 백제 출토 자비구의 공통적인 변천 양상임을 확인할 수 있다.

② 中西部 北部地域

중서부 북부지역의 장란형토기들 중에서는 심발형토기의 사례와 같이 이른 시기부터 승문계와 격자문계가 공존했다(도 62). 그러나 타날문에 따라 기형에 차이가 있었음을 알 수 있다. 3세기 후반으로 비정되는 격자문계 장란형

품(도 63-3)은 백제토기의 비공반과 C14연대를 참고로 4세기 후엽으로 비정된다. 大田 伏龍洞 堂山마을遺蹟 4지역 24호 주거지(도 63-19)에서는 5세기 전~중엽으로 비정되는 고배편이 수습되었다. 牙山 草沙洞遺蹟 Ⅰ지점 5호 주거지(도 63-11)는 기타유구 출토 삼족토기가 5세기 후반으로 비정되므로 이 시기로 설정하였다.

168) 한성 출토 장란형토기는 심발형토기와 중복되기 때문에 승문계(동체부 : 승문 또는 평행문 타날, 저부 : 격자문 타날)만 제시하였다. 주 159 참조.

토기는 같은 시기인 승문계에 비해 짧은 구연과 넓은 구경·頸徑이 특징적이다(도 62-21). 짧게 외반하는 구연은 5세기 후반까지 계속되지만 격자문계 장란형토기의 기형은 승문계와 같이 동최대경의 위치가 상부에서 중앙으로, 저부형태는 첨저에서 원저로 변화한다. 기존의 연구(鄭鍾兌 2006)에서는 서울·경기도의 격자문계 장란형토기는 4세기 2/4분기가 되면 소멸하고 대신 승문계로 바뀐다고 보았다. 그런데 수량에서 승문계에 비해 격자문계가 압도적인 것은 변함이 없으나, 격자문계 장란형토기가 5세기 후반까지 제작된다는 것이 새롭게 밝혀졌다. 이에 비해 중서부 북부지역 출토 격자문계 심발형토기는 5세기 후반이 되면 제작되지 않는 점으로 미루어 볼 때 격자문계 장란형토기는 심발형토기에 비해 고유의 토기제작 전통이 유지되는 환경에 있었던 것으로 추정된다.

중서부 북부지역 출토 승문계 장란형토기의 기형은 한성

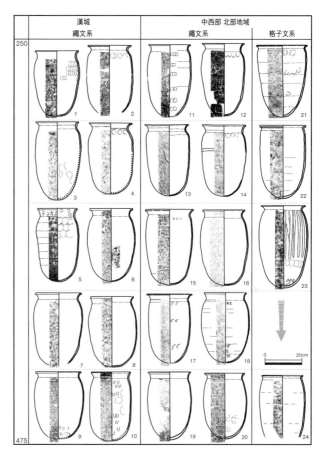

1. 서울 風納土城 現代聯合敷地 가-土器窯址(國立文化財研究所 2001), 2. 同土城 197番地(舊未來마을) 가-48號 竪穴(國立文化財研究所 2009), 3·4. 同土城 가-6號 住居址(同上), 5. 同土城 197番地(舊未來마을) 나-2號 竪穴(國立文化財研究所 2012a), 6. 同土城 197番地(舊未來마을) 가-54號-2號 竪穴(國立文化財研究所 2009), 7·8. 同土城 가-4號 竈(同上), 9. 서울 牛眠洞遺蹟 나地點 住居址(한얼文化遺産研究院 2012), 10. 서울 風納土城 慶堂地區 9號 遺構(權五榮 外 2004), 11. 華城 旺林里遺蹟 1號 住居址(崔秉鉉 外 2004), 12. 楊州 廣石里遺蹟 3號 住居址(國防文化財研究院 2012), 13·14. 南楊州 長峴里遺蹟 34號 住居址(中央文化財研究院 2010a), 15. 龍仁 水枝百濟遺蹟 Ⅱ-1號 住居址(李南珪 外 1998), 16. 廣州 墻枝洞 聚落遺蹟 20號 住居址(京畿文化財研究院 2010b), 17. 龍仁 新葛洞 周溝土壙墓遺蹟 2號 甕棺墓(京畿文化財研究院 2010c), 18. 華城 石隅里 먹실遺蹟 9號 住居址(畿甸文化財研究院 2007), 19. 烏山 外三美洞遺蹟 3號 住居址(韓白文化財研究院 2011), 20. 烏山 外三美洞遺蹟 24號 住居址(京畿文化財研究院 2011a), 21. 金浦 陽谷遺蹟 2地區 44號 溝狀遺構(京畿文化財研究院 2012b), 22. 同遺蹟 2地區 5號 竪穴(同上), 23. 抱川 自作里遺蹟 2號 住居址(宋滿榮 外 2004), 24. 龍仁 麻北洞 聚落遺蹟 19號 住居址(京畿文化財研究院 2009)

도 62 한성·중서부 북부지역 출토 장란형토기의 변천(S=1/20)

출토품과 같은 변천을 겪었다.

③ 中西部 中部地域

현재로서 3세기 후반의 유물로 볼 수 있을만한 장란형토기는 확인할 수 없다(도 63). 그런데 天安 斗井洞遺蹟 Ⅱ지구 1호 옹관(격자문계 장란형토기를 사용)을 3세기 후반으로 비정하려는 편년관(鄭鍾兌 2006)이 제시되었다. 그러나 옹관 속에 부장품이 결여되어 있었던 탓에 과연 3세기 후반에 둘 수 있을지 검토할 여지가 있다.

4세기 전반으로 비정되는 중서부 중부지역 출토 격자문계 장란형토기는 북부지역의 격자문계 장란형토기와 기본적으로 다른 기형임을 알 수 있다. 짧게 외반하는 구연과 동최대경이 상부에 위치하는 점은 동일하나 동최대경보다 구경과 頸徑이 작고 동최대경에서 저부에 걸쳐 급격하게 폭이 좁아지며 뾰족한 저부를 만든다는 점에서 다르다(도 63-1). 이는 후술할 중서부 남부지역의 격자문계 장란형토기와 공통되는 특징을 보인다. 격자문계 장란형토기의 기형은 5세기 전반까지 유지된 경향이 관찰되지만(도 63-5), 5세기 중후엽이 되면 저부가 원형에 가까워졌고 동최대경이 중심에 위치하게 된다(도 63-7). 그리고 4세기 중후엽에는 기고가 약 30cm 전후인 소형의 격자문계 장란형토기가 출현한다(도 63-4).

중서부 중부지역 출토 승문계 장란형토기[169]는 4세기 중엽경 이후 확인된다(도 63-8). 승문계 심발형토기가 이 지역에서 이미 3세기 후반에는 관찰된다는 점을 감안하면 같은 자비용기라고 해도 서로 수용하는 시기에 차이가 있었음을 알 수 있다. 당진 가곡리유적에서는 이 지역에서 가장 이른 단계의 승문계 장란형토기가 수습되었다. 이 유적에서는 역시 한성의 영향을 받은 심발형토기가 출토되고 있기 때문에 교통의 요충지였던 이 지역으로의 백제의

---

169) 백제의 영향이 아직 나타나지 않는 4세기대의 燕岐 大平里遺蹟(鄭常勳 外 2012)에서도 다수의 격자문계 장란형토기와 함께 기형 전체에 승문계 타날을 시문한 장란형토기가 수습되었다. 승문계 장란형토기(동체부 : 승문계, 저부 : 승문계)는 백제의 장란형토기와는 다른 제작전통 속에서 만들어진 것으로 추정된다.

진출을 엿볼 수 있다. 5세기 이후가 되면 소형화된 승문계 장란형토기가 출현하지만 이 역시도 한성의 변천 양상과 호응하는 것이었다.

④ 中西部 南部地域

남부지역에서 이른 시기에 해당하는 장란형토기는 격자문계 타날뿐이다. 그 기형은 기본적으로 중서부 북부지역 출토 4세기 전반의 격자문계 장란형토기와 유사하지만 동체부에서 곧바로 외반하는 짧은 구연을 가지고 있다는 점이 특징이다(도 63-12 · 13). 또한 격자문계 장란형토기에는 기고 약 40~38cm와 약 35cm 이하의 크기가 공존하고 있었음을 알 수 있다. 3세기 후반에서 5세기 후반까지 지속된 격자문계 타날은 웅진기 이후에는 확인되지 않는다. 이는 심발형토기의 경우와 같이 승문계 타날이 확산됨에 따라 남부지역의 전통적인 토기제작기법이 소멸하는 점과 관련이 있는 것으로 여겨지나, 같은 자비용기라고 해도 격자문계 심발형토기와는 소멸시기에 차이가 있다. 격자문계 장란형토기의 기형은 중서부 중부지역의 경우와 같이 5세기 전반까지 지속되는 경향이 관찰되지만 5세기 중후엽이 되면 저부가 원저에 가까워지고 동최대경이 중앙에 위치하게 한다(도 63-20 · 21).

公州 水村里遺蹟 출토 승문계 장란형토기는 비록 지표에서 수습된 것이지만 이 유적이 5세기대로 비정되고 있는 점을 감안하면 이 지역으로의 백제의 영역확대 시기는 승문계 심발형토기와 같았음을 알 수 있다[170](도 63-22).

승문계 장란형토기는 시간의 경과에 따라 소형화의 경향이 관찰되며, 도성이 있었던 부여에서는 사비기 이후 제작되지 않는다. 이는 장란형토기를 대신할 鐵釜의 등장과 관련이 있는 것으로 이해된다(鄭鍾兌 2006, p.32). 또한 도성 외의 지역에서도 처음에는 승문계 장란형토기를 사용하다가(도 63-24) 사비기의 이른 단계부터 철부를 도입했을 것으로 생각한다.

---

170) 백제는 지방세력을 통제할 목적으로 공주 수촌리유적 Ⅱ지점 1호 토광목곽묘, 4호 횡혈식석실분 출토 중국 도자기나 金銅冠帽 등의 위신재를 적극적으로 활용했을 것으로 생각된다(李漢祥 2009, pp.133~134).

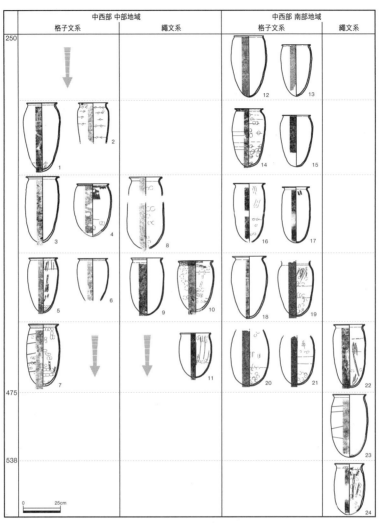

1. 燕岐 大平里遺蹟 原三國時代 2號 住居址(鄭常勳 外 2012), 2. 同遺蹟 原三國時代 23號 住居址(同上), 3. 唐津 佳谷里遺蹟 5號 住居址 (鄭海濬 外 2011), 4. 燕岐 月山里遺蹟 谷部堆積層(朴有貞 2006), 5 · 6. 唐津 元堂里遺蹟 2號 住居址(鄭海濬 外 2009), 7. 燕岐 月山里遺 蹟 5號 竪穴(朴有貞 2006), 8. 唐津 佳谷里遺蹟 13號 住居址(鄭海濬 外 2011), 9. 洪城 神衿城 1號 貯藏孔(李康承 外 1994), 10. 瑞山 堰 岩里 낫머리遺蹟 나-13號 住居址(尹淨賢 2010), 11. 牙山 草沙洞遺蹟 Ⅰ地點 5號 住居址(忠淸南道歷史文化院 2007d), 12. 大田 龍溪洞 遺蹟 原三國時代 244號 住居址(中央文化財硏究院 2011), 13. 同遺蹟 219號 住居址(同上), 14. 扶餘 佳中里 가좌遺蹟 原三國時代 1號 住 居址(金帛範 2006), 15. 大田 龍溪洞遺蹟 原三國時代 107號 住居址(中央文化財硏究院 2011), 16. 鷄龍 立岩里遺蹟 24號 住居址(忠淸南 道歷史文化硏究院 2008c), 17. 大田 龍溪洞遺蹟 原三國時代 108號 住居址(中央文化財硏究院 2011), 18. 舒川 楮山里Ⅱ遺蹟 6-1地點 B號 封土墳 3號 石槨墓(金成南 · 李花英 2012), 19. 大田 伏龍洞 堂山마을遺蹟 4地域 24號 住居址(田鎰溶 外 2012), 20. 同遺蹟 4地域 1號 住 居址(同上), 21. 同遺蹟 3地域 12號 住居址(同上), 22. 公州 水村里遺蹟 Ⅱ地點 地表收拾(忠淸南道歷史文化硏究院 2007a), 23. 論山 院北 里遺蹟 다地區 56號 竪穴(中央文化財硏究院 2001), 24. 舒川 鳳仙里遺蹟 3地域 3-Ⅰ區域 8號 住居址(忠淸南道歷史文化院 2005)

도 63 중서부 중부지역 · 남부지역 출토 장란형토기의 변천(S = 1/25)

(3) 시루(甑)

〈도 64~67〉은 마한·백제유적 출토 시루의 변천도이다.[171] 심발형토기와 장란형토기와 같이 한성, 중서부 북부지역(현 경기도), 중서부 중부지역(현 충청북도와 충청남도의 일부), 중서부 남부지역(현 충청남도의 일부와 전라

---

[171] 한성기의 시간축은 대략 250년 이후에서 475년(한성백제 멸망)까지 5개로, 웅진기는 475~538년까지 1개로, 사비기는 538년에서 660년까지 1개로 구분하였다. 다만 한성의 경우 출토 개체수가 많지 않은 관계로 4기로 구분해서 서술하였다. 전술하였듯 변천도 작성에는 필자의 연대관을 기초로 하였으나, 필자가 분석한 백제토기 이외의 유물과 취사용기가 공반된 경우 기존의 연구 성과(국립문화재연구소 고고연구실·보존과학연구실 2011; 諫早直人 2009, pp.197~218 등)를 활용하였다. 〈도 64~67〉에 대한 자세한 편년 기준을 제시하는 것은 지면의 제한상 불가능하기 때문에 여기서는 한성기를 중심으로 기존의 편년을 그대로 반영한 유물 이외에 대해서 간략하게 서술하고자 한다.
〈도 64〉는 국립문화재연구소 고고연구실·보존과학연구실(2011)의 연구 성과를 토대로 작성하였다. 또한 서울 牛眠洞遺蹟 출토품(도 64-19·23)은 5세기대로 비정되는 백제토기와 공반되었다.
加平 項沙里遺蹟 나지점 7호 주거지(도 65-2)에서는 한지선(2003)의 편년에 따르면 원삼국 말~한성기 초의 뚜껑이 공반되었다. 仁川 雲南洞貝塚 KC-001 주거지(도 65-3)는 경질무문 심발편의 공반과 백제토기의 비공반, 가평 항사리유적 출토 시루보다 형식학적으로 후행하기 때문에 대략 4세기 전중엽으로 비정하였다. 이는 보고서의 편년과도 부합된다. 河南 渼沙里遺蹟 제032호 주거지 출토품(도 65-15)은 4세기 후반~5세기 전반으로 비정되는 서울 風納土城 경당지구 가-31호 유구 출토 광구단경호(합)(국립문화재연구소 고고연구실·보존과학연구실 2011)과 유사하므로 이 시기로 설정하였다. 華城 石隅里 먹실遺蹟 16호 주거지(도 65-8)에서는 5세기 전반으로 비정되는 고배와 三足壺가, 烏山 內三美遺蹟 25호 주거지(도 65-9)에서는 5세기 중후엽으로 비정되는 고배가 공반되었다.
天安 龍院里遺蹟 A지역 7호 주거지 출토품(도 66-1)은 백제토기의 비공반과 중서부 북부지역 출토 시루의 비교를 통해 4세기 전반으로, 唐津 佳谷里遺蹟 13호 주거지(도 66-4)는 기타유구의 C[14]연대를 참고로 4세기 후반으로 비정된다. 淸原 楓井里遺蹟 주거지(도 66-6·7)에서는 5세기 전중엽으로 비정되는 廣口長頸壺가, 唐津 元堂里遺蹟 4호 주거지(도 66-15)에서는 5세기 중후반으로 비정되는 三足土器가 공반되었다.
扶餘 佳塔里 가탑들遺蹟 2지점 원삼국시대 유물포함층 출토품(도 67-1)에 대한 구체적인 연대는 알 수 없으나 이보다 후행하는 시루의 형태가 평저인 것으로 보아 잠정적으로 3세기 후반에 두었다. 大田 伏龍洞 堂山마을遺蹟 4지역 17호 주거지(도 67-6)에서는 5세기 중후엽으로 비정되는 蓋杯片이 수습되었다. 4세기 중후엽~5세기 전반의 시루는 근거로 되는 편년자료의 부족으로 3세기 후반과 5세기 중후엽의 시루 및 기타지역의 시루의 변천을 참고로 배치하였음을 밝혀둔다.

북도의 일부)을 각 문양별로 나누어 백제가 존속한 기간 동안의 변천 양상을 살펴보았다.

① 漢城

한성 출토 승문계 시루 외에 격자문계 시루를 분석 대상으로 삼은 이유는 개체수의 절대적인 부족을 들 수 있다. 취사용기의 수량은 심발형토기 〉장란형토기 〉시루의 순으로 전개되어 승문계 시루만으로 한성 전체의 변천 양상을 논한다면 설득력이 떨어질 위험이 있기 때문이다. 시루가 다른 취사용기에 비해 출토량이 적은 이유는 토제뿐만 아니라 대나무나 나무로 만든 찜통을 병용하고 있었기 때문일 것으로 추정한다.

한성 출토 시루에서 시간성을 반영하는 속성은 대체적으로 저부형태, 蒸氣孔의 형태, 파수형태, 파수의 穿孔형태 등이다.

저부형태는 원저에서 (말각)평저로, 저경은 상대적으로 넓은 것(도 64-1)에서 좁은 것(도 64-9)으로 변화한다. 원저에서 평저로 이행하는 시기는 자료가 많지 않아 불명확하지만 후술할 중서부 북부지방 출토품을 참고로 하면 대체로 4세기 중후엽 이후로 보인다.

증기공의 형태는 소형 또는 중(대)형 원공이 (불)규칙적으로 배치되는 것(도 64-1 · 2) → 중앙에 원형 1개를 중심으로 주변에 5~7개의 원형이 배치되는 것(도 64-8 · 19) → 중앙에 원형 1개를 중심으로 주변에 다각형(반원형, 삼각형)이 규칙적으로 돌아가는 것(도 64-18 · 20~23)으로 변천한다. 3세기 후반~5세기 전반까지 성행한 원형 투공은 뚫는 방식이고 5세기 중후엽에 성행하는 다각형 투공은 도려내는 방식으로 만들어졌다(韓志仙 2003, pp.20~22).

파수형태는 棒形(도 64-1 · 3 · 4), 牛角形(도 64-8 · 21), 切頭形(도 64-6 · 13 · 22 · 23)으로 구분된다. 상대적으로 이른 시기는 봉형이 많고 시간의 경과에 따라 우각형, 절두형이 주류를 이룬다. 파수형태보다 시간성을 잘 반영하는 속성은 파수의 천공형태이다. 3세기 후반으로 비정되는 파수에는 천공이 없으나(도 64-1) 4세기대에는 파수의 측면 또는 끝에 원공을 뚫은 것이

출현한다(도 64-6 · 12 · 13). 5세기대에는 새롭게 파수의 측면을 째는 방식
이 확인된다(도 64-10 · 11 · 19 · 21 · 23). 상대적으로 파수의 측면을 살짝
째는 것에서 더욱 깊고 넓게 째는 것으로 변화되는 양상이다.

승문계의 문양 구성은 심발형토기(승문계+횡침선)와 장란형토기(동체부 :

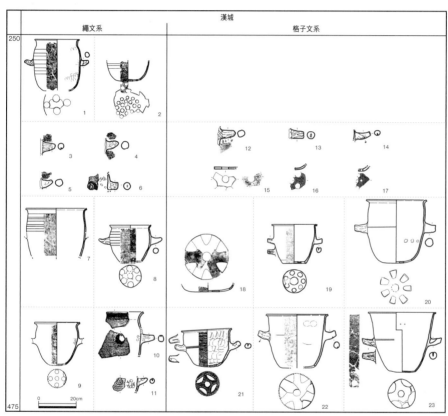

1. 서울 風納土城 現代聯合敷地 나-2號 住居址 竈(國立文化財研究所 2001), 2. 同土城 나-8號 住居址(同上), 3~5. 同土城 197番地(舊未來마을) 기-19號 竪穴(國立文化財研究所 2009), 6. 同土城 라-12號 竪穴(國立文化財研究所 2012b), 7. 同土城 197番地(舊未來마을) 가-4號 住居址(國立文化財研究所 2009), 8. 同土城 가-4號 竈(同上), 9. 서울 夢村土城 東南地區 88-4號 貯藏孔(金元龍 外 1988), 10. 서울 風納土城 197番地(舊未來마을) 나-29號 竪穴(國立文化財研究所 2012a), 11. 同土城 나-10號 住居址 작은방(同上), 12 · 13. 同土城 慶堂地區 中層 101號 遺構(權五榮 · 韓志仙 2005), 14. 同土城 慶堂地區 1區域 中層(權五榮 · 朴智殷 2009), 15. 同土城 慶堂地區 4區域 中層(同上), 16 · 17. 同土城 197番地(舊未來마을) 가-1號 竪穴(國立文化財研究所 2012b), 18. 同土城 現代聯合敷地 地表收拾(國立文化財研究所 2001), 19. 서울 牛眠洞遺蹟 가地點 4號 住居址(한얼文化遺産研究院 2012), 20. 서울 風納土城 197番地(舊未來마을) 가-14號 竪穴(國立文化財研究所 2009), 21. 同土城 197番地(舊未來마을) 마-1號 住居址(國立文化財研究所 2012b), 22. 同土城 慶堂地區 S3E1 (權五榮 · 朴智殷 2009), 23. 서울 牛眠洞遺蹟 가地點 6號 住居址(한얼文化遺産研究院 2012)

도 64 한성 출토 시루의 변천(S=1/20)

IV. 百濟土器의 成立과 展開 203

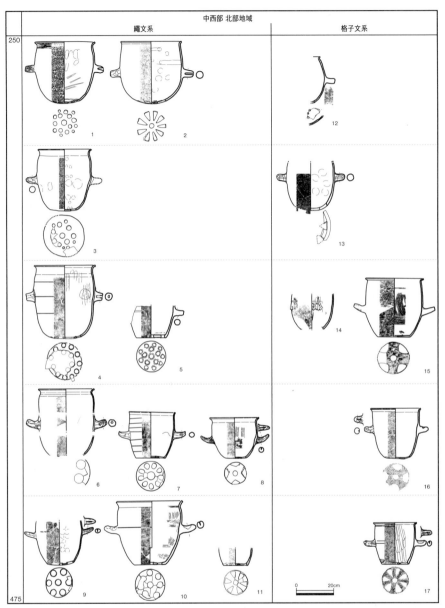

中西部 北部地域

繩文系　　　　　　　　　　　　　　格子文系

1. 加平 項沙里遺蹟 나地點 17號 住居址(金娥官 外 2010), 2. 同遺蹟 나地點 7號 住居址(同上), 3. 仁川 雲南洞貝塚 B地區 KC-001(徐賢珠 外 2011), 4. 龍仁 舊葛里遺蹟 北側 甕棺墓(畿甸文化財研究院 2003a), 5. 抱川 自作里遺蹟 2號 住居址(宋滿榮 外 2004), 6. 華城 石隅里 먹실遺蹟 7號 住居址(畿甸文化財研究院 2007), 7. 龍仁 舊葛里遺蹟 9號 竪穴(畿甸文化財研究院 2003a), 8. 華城 石隅里 먹실遺蹟 16號 住居址(畿甸文化財研究院 2007), 9. 烏山 內三美遺蹟 25號 住居址(京畿文化財研究院 2011a), 10. 利川 雪城山城 나-C획-3트렌치 10號

土壙(朴慶植 外 2004), 11. 華城 石隅里 먹실遺蹟 36號 溝狀遺構(畿甸文化財硏究院 2007), 12. 華城 古琴山遺蹟 2號 住居址(任孝宰 外 2002), 13. 仁川 雲南洞貝塚 B地區 遺物包含層(徐賢珠 外 2011), 14. 抱川 自作里遺蹟 1號 溝狀遺構(宋滿榮 外 2004), 15. 河南 渼沙里 遺蹟 第032號 住居址(尹世英·李弘鍾 1994), 16. 龍仁 書川洞遺蹟 1地域 2區域 三國~統一新羅 19號 竪穴(京畿文化財硏究院 2011b), 17. 烏山 內三美遺蹟 76號 竪穴(京畿文化財硏究院 2011a)

도 65 중서부 북부지역 출토 시루의 변천(S = 1/20)

승문 또는 평행문 타날, 저부 : 격자문 타날)의 요소가 모두 관찰된다.

② 中西部 北部地域

중서부 북부지역에서 가장 이른 시기에 해당되는 시루는 加平 項沙里遺蹟 출토품(도 65-1·2)과 仁川 雲南洞貝塚 B지구 유물포함층 출토품(도 65-13)을 들 수 있다. 壺形의 동체부에 짧게 외반한 구연을 설치한 기형은 기본적으로 같은 시기의 한강 출토품과는 다르며, 원삼국시대의 경질무문 시루와 유사하다.

저부형태는 원저에서 (말각)평저로, 저경은 승문계에 한해서 상대적으로 넓은 것(도 65-7)에서 좁은 것(도 65-10)으로 변화한다. 원저에서 평저로 이행하는 시기는 대체로 4세기 중후엽 이후로 보인다.

증기공의 형태는 소형 또는 중(대)형 원공을 (불)규칙적으로 배치하는 것(도 65-1·12)과 함께 중앙에 원형 1개를 중심으로 주변에 다각형(반원형, 삼각형)을 규칙적으로 돌아가는 것(도 65-2)이 3세기 후반부터 확인된다. 후자의 경우 한강에서는 5세기대의 출현으로 보았으나 북부지역의 출토품을 통해 볼 때 이보다 이를 가능성이 있다. 그러나 전체적인 변화의 흐름으로 보면 시간의 경과와 함께 소형 또는 중(대)형 원공이 없어지고 반대로 중앙에 원형 1개를 뚫고 그 주변에 원형 또는 다각형을 배치하는 것이 증가하는 경향을 관찰할 수 있다.

파수형태는 봉형(도 65-3·13), 우각형(도 65-7·8), 절두형(도 65-4)으로 구분된다. 상대적으로 이른 시기는 봉형이 많고 시간의 경과에 따라 우각형, 절두형이 주류를 점한다. 북부지역에서는 천공이 없는 파수와 파수의 끝에 원공을 뚫은 것이 같은 시기에 출현한다. 한강에서는 후자를 4세기대로 비정하였으나 북부지역 출토품을 감안하면 그보다 이를 가능성이 있다. 파수의 측면을 째는 사례는 5세기부터 확인된다(도 65-8·16). 이 천공방법은 상대적으로 파수의 측면을 살짝 째는 것에서 더욱 깊고 넓게 째는 것으로 변하는 양상을 보인다.

문양에 따른 기형의 차이는 없는 것으로 보이나, 5세기 중후엽의 승문계 시루는 구경에 비해 저경이 좁아지는 경향이 관찰된다(도 65-10). 또한 같은 시기의 격자문계 시루는 구경과 저경에 큰 차이가 없는 편이다(도 65-17).

③ 中西部 中部地域

현재 3세기 후반으로 비정이 가능한 有文樣의 시루는 확인할 수 없다. 이는 이 시기까지 경질무문 시루가 존속하고 있기 때문인 것으로 추정된다. 중부지역에서는 4세기 전반 승문계에 앞서 격자문계가 먼저 출현한다. 격자문계 시루는 원저와 평저가 공존하지만 한강 및 북부지역의 경우와 달리 원저가 늦게까지 지속된다. 또한 증기공의 형태도 한강과 북부지역에서는 비교적 이른 시기에 관찰되는 (불)규칙적으로 배치한 원공이 주류를 이루었다(도 66-1~8). 파수형태는 시간의 경과에 따라 절두형이 우세해지는 편이다. 5세기 중후엽 이후 파수의 측면을 째는 사례가 처음 출현한다(도 66-9). 중부지역과 후술할 남부지역에서는 5세기 중후엽 이전까지 기본적으로 파수에 천공을 하지 않은 것으로 생각된다.

승문계 시루는 4세기 중후엽 이후에 한성, 중부지역의 영향으로 출현한다(도 66-10·11). 저부형태는 (말각)평저이며, (불)규칙적으로 배치한 원공에서 중앙에 원형 1개를 중심으로 주변에 다각형(반원형, 삼각형)을 규칙적으로 배치한 형태로 변화된다. 파수형태는 절두형 파수의 측면에 원공을 뚫은 것(도 66-13)에서 우각형의 측면을 째는 것(도 66-14·15)으로 바뀌었는데 이는 한성의 변천 양상과 유사하다.

이상의 논의를 통해 승문계 시루는 한강유역 제작전통의 영향을 받아 중부지역에서 출현한 새로운 기형임을 알 수 있다. 그 시기는 대체로 이 지역에 승문계 장란형토기가 출현한 시기와 같다.

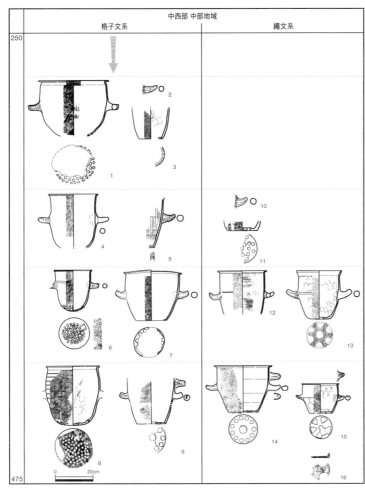

1. 天安 龍院里遺蹟 A地區 7號 住居址(吳圭珍 外 1999), 2 · 3. 燕岐 大平里遺蹟 KC-091號 住居址(李弘鍾 外 2012), 4. 唐津 佳谷里遺蹟 13號 住居址(鄭海濬 外 2011), 5. 燕岐 應岩里 가마골遺蹟 A地區 KD-005 溝狀遺構(許義行 · 金城旭 2010), 6 · 7. 淸原 楓井里遺蹟 住居址(中央文化財研究院 2005), 8 · 9 · 14. 牙山 葛梅里遺蹟 Ⅲ地域 遺物包含層 A地區(李弘鍾 外 2007), 10 · 11. 洪城 神衿城 5號 木槨遺構(李康承 外 1994), 12. 瑞山 堰岩里 낫머리遺蹟 가-4號 住居址(尹淨賢 2010), 13. 唐津 元堂里遺蹟 5號 住居址(鄭海濬 外 2009), 15. 同遺蹟 4號 住居址(同上), 16. 鎭川 石張里 鐵生産遺蹟 B區(李榮勳 外 2004)

도 66 중서부 중부지역 출토 시루의 변천(S = 1/20)

④ 中西部 南部地域

남부지역 출토 시루는 타날문양에 관계없이 직립 구연부에 동체부가 세장방형으로 긴 형태를 띠고 있다(도 67-1~5 · 13). 이러한 기형은 3~6세기의 영산강유역 출토품에서도 주류를 점하고 있기 때문에(許眞雅 2006) 영산강

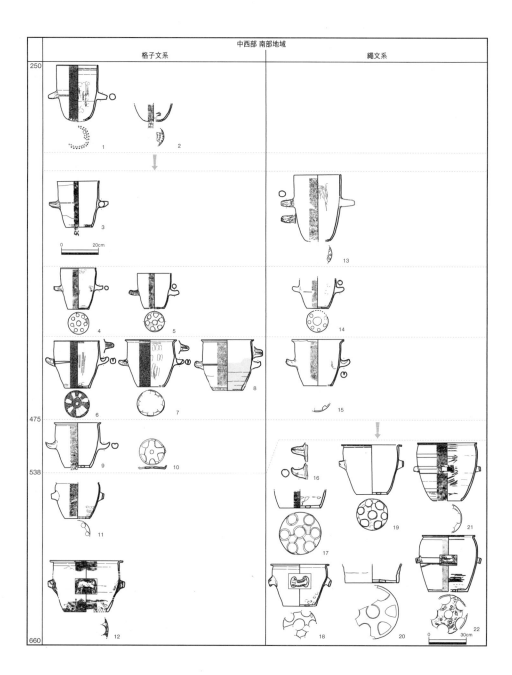

1. 扶餘 佳塔里 가탑들遺蹟 2地點 原三國時代 遺物包含層(徐大源 外 2012), 2. 舒川 楸洞里遺蹟 原三國時代 B-18號 住居址(李販燮 2006), 3. 舒川 芝山里遺蹟 Ⅱ-3號 住居址(李南奭 外 2005), 4. 燕岐 大平里遺蹟 原三國時代 16號 住居址(鄭常勳 外 2012), 5. 公州 德芝里遺蹟 Ⅰ-1地域 百濟時代 7號 竪穴(金佳英 外 2012), 6. 大田 伏龍洞 堂山마을遺蹟 4地域 17號 住居址(田鎔溶 外 2012), 7. 同遺蹟 3地域 13號 住居址(同上), 8. 公州 新官洞 78番地外遺蹟 1地點 2號 土壙墓(한얼文化遺産研究院 2013c), 9 · 10. 鎭安 臥亭遺蹟 3號 住居址(郭長根 · 趙仁振 2001), 11. 扶餘 東南里遺蹟 東側 廢棄場地域 N1E6 黑褐粘土(成正鏞 外 2013), 12. 扶餘 陵山里遺蹟 Ⅰ地域(東羅城 東側 外部) 建物址 造成面 段階(李浩炯 · 丘冀鍾 2006), 13. 扶餘 論峙祭祀遺蹟 E10 · E10N1(國立扶餘博物館 2007a), 14. 舒川 鳳仙里遺蹟 2地域 原三國時代 3號 住居址(忠淸南道歷史文化院 2005), 15. 扶餘 北皐里遺蹟 2號 住居址(金榮國 · 李耿烈 2011), 16. 扶餘 舊衙里 319 扶餘中央聖潔敎會遺蹟 11遺構(沈相六 外 2012), 17. 同遺蹟 5遺構 1-3段階(同上), 18. 扶餘 井洞里遺蹟 4號 建物址(柳基正 外 2005), 19. 扶餘 松菊里遺蹟 2號 窯址(金庚澤 外 2011), 20. 扶餘 官北里 160番地 百濟遺蹟 Ⅲ層(金成南 · 李花英 2013), 21. 扶餘 雙北里 280-5遺蹟 3號 建物址(鄭海濬 · 尹智熙 2011), 22. 扶餘 佳塔里 錦城山 두시러골遺蹟 1 · 2號 壁柱建物(大壁建物)(鄭燻培 外 2013)

도 67　중서부 남부지역 출토 시루의 변천(21 · 22 : S=1/30, 기타 : S=1/20)

유역을 포함한 남부지역 재지의 특징임을 알 수 있다. 그러나 5세기 중후엽 백제 시루의 영향으로 외반 구연부에 정방형에 가까운 기형으로 변화가 일어났다(도 67-7 · 8 · 15). 이러한 상황을 감안하면 구연형태 및 기형은 시 · 공간을 반영하는 주요 속성으로 인식된다.

남부지역 출토 시루의 저부형태는 4세기 중후엽 원저에서 평저로 바뀌었다. 증기공의 형태는 3세기 후반 이후 (불)규칙적으로 배치한 원공이 주류를 이루었지만 5세기 전반 중앙에 원형 1개를 중심으로 주변에 원공을 배치하는 것으로, 5세기 중후엽 이후 중앙에 원형 1개를 중심으로 주변에 다각형(반원형, 삼각형)을 배치하는 형태로 변화됐다.

파수형태는 5세기 전반까지 봉형과 절두형이, 5세기 중후엽~웅진기에 우각형이 주류를 이루었으나 사비기에는 동체부와 파수 사이에 손을 넣을 수 있는 帶狀파수가 출현했다(도 67-12 · 18 · 19 · 21 · 22). 이러한 대상파수의 출현 배경으로 고구려의 영향을 상정할 수 있다(土田純子 2009, pp.131~134). 5세기 전중엽 이후에는 파수의 측면을 째는 사례가 처음으로 나타난다(도 67-6~8 · 15). 그러나 5세기 이전까지는 기본적으로 파수에 천공을 하지 않았던 것으로 생각된다.

사비기에는 기형의 변화도 관찰된다. 6세기대로 비정되는 扶餘 松菊里遺蹟 2호 요지 출토품(도 67-19)은 한성기 · 웅진기와 같이 구경에 비해 좁은 저부에 세로로 긴 기형이다. 반면 7세기대가 되면 扶餘 陵山里遺蹟 Ⅰ地域(東羅城 東側 外部) 건물지 조성면 단계 출토품(도 67-12)처럼 비교적 넓은 저부에 기형이 정방형으로 변화되는 것으로 생각한다. 이는 7세기대의 신라토기가 공반된 扶餘 官北里 160番地 百濟遺蹟 Ⅲ층 출토품[172](도 67-20)과 같은 양상인 듯하다.

승문계 시루는 4세기 중후엽에 처음으로 출현하였고 백제 시루가 등장하기 이전까지 재지적 기형을 유지했다(도 67-13). 백제 시루의 등장은 승문계 심발형토기와 장란형토기의 사례와 같이 5세기대였음을 알 수 있다. 즉 이 시기 남부지역에서 백제의 영향력이 실체화되었음을 암시하는 것이다.

2) 炊事用 土器의 展開

이상 마한·백제유적 출토 취사용기의 변천을 필자의 백제토기 편년과 기존의 연구를 참고로 살펴보았다. 그 결과 기존의 연구에서 주로 활용되어 온 구연형태에 의존한 편년에서는 알 수 없었던 기형의 변화를 파악할 수 있었다.

심발형토기의 경우 구경에 비해 저경이 좁은 기형에서 구경과 저경의 차이가 사라지고 저부가 상대적으로 넓고 안정된 기형으로, 대형에서 소형으로 변화된다. 자비용기(심발형토기와 장란형토기)가 소형화된 이유에 대해서는 음식 조리법, 재료, 식사방법 등과 같은 식생활의 변화나, 원삼국시대에서 백제 한성기로 이행하며 점차 소형화되어 간 주거지의 면적(韓志仙 2013b) 등을 고려해볼 수 있을 것이다.

장란형토기는 동최대경의 위치가 상부에서 중앙으로, 저부형태는 첨저에서 원저로, 전체적인 기형은 대형에서 소형으로 변화되었다.

시루는 대체로 저부형태가 원저에서 평저로, 증기공의 형태가 (불)규칙적으로 배치한 원공에서 중앙에 원형 1개를 중심으로 주변에 다각형을 배치한 형태로, 파수형태가 봉형 → 우각형 → 대상으로, 파수의 천공형태가 무천공에

---

172) 관북리 출토품에는 승문 타날이 관찰되지 않았으나 사비기 출토 시루가 많지 않으므로 검토대상으로 하였다.

서 파수의 측면을 쨈 것으로 변화된다.

또한 취사용기의 기형에는 지역별로 차이가 있음을 알 수 있었다. 그 중 금강 이남(일부 對岸도 포함) 출토 심발형토기는 세장한 기형에 짧게 외반한 구연부, 장란형토기는 동체부에서 곧바로 외반하는 짧은 구연부, 시루는 직립 구연부에 세장방형의 동체부가 특징이다. 이러한 지역 고유의 기형은 백제의 영역확대 과정에서 점차 사라져 갔다.

동체부 외면의 각종 타날문에 대해서는 주로 백제 영역확대 과정을 설명할 때 인용되어 왔으나, 본 연구에서 타날문의 종류도 기형과 상관관계가 있었음을 알 수 있었다. 다만 이 타날문의 차이와 기형의 관계는 백제의 영역확대 과정에 따라 격자문계의 기형이 승문계로 바뀌면서 점차 생산하지 않게 되었다.

또한 백제의 영역확대 과정에 대해서도 진일보한 결과를 도출할 수 있었다. 지금까지 승문계 취사용기의 확산에 대한 연구는 지방에서의 승문계 타날의 출현, 위신재 등의 유무 등 고고학 자료와 문헌을 통해 백제의 영역확대 과정의 대략적인 시기와 범위를 설정해 왔지만, 이 연구에서 승문계 취사용기의 출현은 한성으로부터의 거리와 함께 교통상의 요충지나 중요 거점 등과 더욱 관련이 있음을 확인할 수 있었다.

2. 漢城樣式 百濟土器[173)]

백제토기는 백제라는 공동체가 제작한 토기를 말한다. 물론 백제토기 중에는 호류와 심발형토기와 같이 원삼국시대 이래의 전통을 계승하여 제작된 기

---

173) 한성양식 백제토기 중에는 사비기까지 제작·사용된 기종들도 있다. 따라서 과연 한성기에 출현하고 사비기까지 존속되는 기종들을 한성양식 백제토기에 포함시킬 수 있을지 의문이 생길 수도 있다. 여기서 중요한 것은 한성양식 백제토기와 전혀 다른 기종이 사비기에 새로 출현하였다는 것이다. 이것들과 분명히 구별하기 위해서 본고에서는 사비기에도 만들어졌으나 그 출현시점이 한성기에 속하는 기종들은 한성양식 백제토기 항목에 두었다.

종들도 있지만, 삼족토기, 직구단경호 등은 원삼국시대에는 관찰되지 않는 기종들이다.

한반도 중부지방의 여러 토기 형식의 모집단 가운데 한성을 중핵으로 반복적으로 함께 발견되는 토기 형식들 중 새로 출현하여 차후 주변지역으로 확산되는, 한성복합의 지리범위 내에서 고유한 형식의 토기들만을 포괄하여 '한성양식토기'라 지칭한다(김성남 2004). 이에는 직구광견호, 직구단경호, 고배, 삼족토기, 단경병, 광구장경호, 개배 등이 주를 이룬다.

특히 흑색마연토기 재질의 직구광견호와 직구단경호가 백제토기 초현기의 자료임은 여러 연구자들(朴淳發 2001a, pp.112~115; 2006, p.68; 2012; 朴智殷 2007, p.74)의 공통된 의견이다.

따라서 여기에서는 백제토기 성립시기 비정에서 중요한 열쇠인 직구광견호 및 직구단경호와 함께 한성양식 백제토기를 대표하는 고배, 삼족토기, 단경병, 광구장경호[174)의 형식학적 변천을 파악한 후 연대결정자료와 공반된 토기를 통해 백제토기 편년의 중심축을 세워보고자 한다.

1) 主要 器種의 成立과 變遷

(1) 直口廣肩壺

분석 대상인 직구광견호는 완형이 34점이다. 이 기종은 출토량이 적고 존속기간이 짧기 때문에 계측적 속성(도 68)과 명목적 속성을 통해 시간적 변화를 살필 수 없다. 따라서 공반유물의 시기 비정으로 직구광견호의 변화양상을 파악해본다.

---

174) 백제토기 가운데 특히 고배, 삼족토기, 단경병, 광구장경호를 연구한 이유는 첫 번째 백제유적에서 각각 200점을 넘는 많은 수량을 확보할 수 있어서 세부적인 형식학적 연구가 가능하기 때문이다. 두 번째는 기존의 연구 성과(土田純子 2004a · 2004b · 2005b)와 앞서 검토한 연대결정자료와 공반된 백제토기의 변천을 통해 어느 정도 기형 변화의 흐름을 파악할 수 있는 기종들이기 때문이다.

시기 비정이 가능한 자료는 서울 風納土城 경당지구 중층 196호 수혈 창고 출토품(도 69-1), 華川 原川里 遺蹟 33호 주거지 출토품(도 69-5), 天安 龍院里古墳群 9호 석곽묘 출토품(도 69-6), 같은 고분군인 72호 토광묘 출토품(도 69-8), 瑞山 富長里 遺蹟 Ⅰ지역 8호 분구묘 분구 상면 출토품(도 69-11)이 있다.

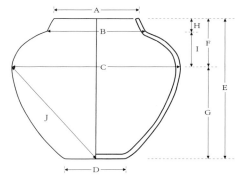

도 68 직구광견호의 계측점

직구광견호의 출현시기 비정과 관련해 매우 중요한 자료는 서울 풍납토성 경당지구 중층 196호 수혈 창고 출토품이다[175](도 69-1). 공반된 회유옹 및 회유전문도기를 통해 중국과의 교차편년이 가능한데, 관련 연구(韓芝守 2010)에 따르면 3세기 후반~4세기 전반경으로 비정되고 있다. 또한 196호 수혈 창고 수습 목탄을 시료로 한 2건의 C^{14}연대가 참고된다. 약 95%의 신뢰수준에서 각각 120~340년, 220~420년으로 도출되었는데 이들의 중복구간을 취하여 신뢰도를 제고해보면 220~340년 사이의 어느 시점에 위치할 확률이 95%에 달한다(박순발 2012). 이후 2011년 서울 풍납토성 동성벽 절개조사 결과를 종합하여 축성 연대를 비정한 연구(이성준 외 2013)에 따르면 풍납토성 동성벽은 기원후 3세기 중후반~4세기 초반의 어느 시점에 착공되어, 늦어도 4세기 전반 이전에 완공되었던 것으로 보인다.[176] 착공시점이란 축성

---

175) 이 유구는 화재로 폐기된 것이어서 출토품의 폐기 동시성이 분명한 편년자료이다(박순발 2012).

176) 이에 반대의 견해를 밝힌 김일규(2014b)는 풍납토성 축조 이전에 조성된 것이 분명한 3중 환호 출토 유물을 통해 축조 상한이 4세기 중엽을 상회할 수 없다고 하였다. 그는 3중 환호 출토 철촉을 오산 수청동유적의 분묘 출토품과 동일 계보의 형식으로 파악한 후 이들과 공반된 마구를 영남지역 고분 출토 자료와 비교하여 시기를 비정하였다. 반면 그가 시기 설정으로 제시한 촉신의 단면이 삼각형인 이단경식 철촉을 3세기 후반~4세기 전반에 출현한 것으로 보는 상반된 견해(咸在昱 2010)도 있다. 어쨌든 존속기간이 긴 철제품을 통해 시기를 결정할 때는 각별한 주의를 기울일 필요가 있을 것이다.

을 위한 기반 조성층에 포함된 이른바 풍납토성 제1단계에 해당하는 것이므로 250~300년 사이에 축성 계획에 의거하여 공역이 시작된 것이다. 성곽 취락을 조영하려는 계획의 수립과 집행의 주체는 국가로 성립된 백제임은 두말할 필요 없다(박순발 2013).

이를 종합하면 직구광견호는 늦어도 3세기 4/4분기에는 등장하였을 것으로 추정된다.

천안 용원리고분군 9호 석곽묘 출토품은 공반 흑유 계수호를 통해 중국 자료와 교차 편년이 가능한데, 관련 연구(成正鏞 2010)에 따르면 4세기 말~5세기 초에 비정되고 있다(도 69-6). 같은 고분군인 72호 토광묘 출토품과 공반된 마구의 연대가 5세기 전엽 이후(諫早直人 2009), 흑색마연 뚜껑의 시기가 4세기 말(金斗權 2003)이라는 편년관에 따르면 9호 석곽묘와 거의 비슷하거나 다소 늦을 것으로 보인다(도 69-8).

화천 원천리유적 33호 주거지는 천안 용원리고분군 9호 석곽묘 출토 마구와 비교가 가능하다(권도희 2013)(도 69-5). 따라

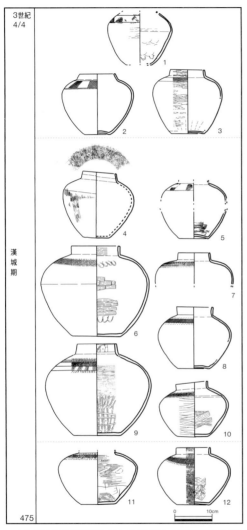

1. 서울 風納土城 慶堂地區 中層 196號 竪穴 倉庫(權五榮 外 2011), 2·3. 서울 可樂洞古墳群 2號墳 封土(尹世英 外 2012), 4. 華城 東灘2 新都市文化遺蹟 38地點 1號 土壙墓(畿湖文化財研究院 2013), 5·7. 華川 原川里遺蹟 33·99號 住居址(濊貊文化財研究院 2013), 6. 天安 龍院里古墳群 9號 石槨墓(李南奭 2000), 8. 同古墳群 72號 土壙墓(同上), 9. 天安 花城里古墳群 A地區 2號 木槨墓(金吉植 外 1991), 10. 龍仁 新葛洞 周溝土壙墓遺蹟 6號 周溝土壙墓(京畿文化財研究院 2010c), 11. 瑞山 富長里遺蹟 Ⅰ地域 8號 墳丘墓 墳丘 上面(忠淸南道歷史文化硏究院 2008b), 12. 海美 機池里遺蹟 Ⅱ-27號 墳丘墓 埋藏主體部 ①號 木棺墓(李南奭·李賢淑 2009)

도 69 직구광견호의 편년(S=1/10)

서 그 시기를 잠정적으로 4세기 말~5세기 초로 비정할 수 있다.

하한은 瑞山 富長里遺蹟 Ⅰ지역 8호 분구묘 분구 상면 출토품(도 69-11)을 들 수 있다. 8호 분구묘는 주구의 중복관계에서 6호 분구묘과 9호 분구묘보다 앞서 조영된 것으로 밝혀졌다. 6호 분구묘에서는 관련 연구(이한상 2009, p.103)에 따르면 5세기 3/4분기라고 한다. 이를 미루어 볼 때 8호 분구묘는 5세기 1/4~2/4분기경에 조영된 것으로 볼 수 있으며 8호 분구묘 분구 상면 출토품도 이 시기에 해당되는 것으로 생각된다. 다만 분구묘 상면에서 수습된 것을 고려하면 3/4분기까지 내려갈 가능성도 열어두고자 한다.

이상 공반유물을 통해 시기 비정이 가능한 자료들을 기준으로 편년표를 작성하면 시간의 경과에 따라 문양의 변화가 관찰된다. 이른 시기에 해당하는 풍납토성 출토품은 문양대 일부에만 문양이 새겨져 있으나 후대로 갈수록 빈틈없이 문양을 새기는 경향이 나타난다. 또한 문양대의 폭이 시간의 경과에 따라 넓은 것에서 상대적으로 좁은 것으로 변화하는 것으로 볼 수 있다. 저부에서도 최대경에 비해 저경이 좁은 것에서 비교적 넓은 것으로의 변화가 확인된다. 또 직구광견호의 가장 큰 특징인 어깨의 형태에서도 변화가 관찰된다. 이른 시기의 것들은 동체부 상부에 튀어나온 어깨를 만들었으나 늦은 시기의 것들은 어깨의 발달이 전보다 줄어들고 그 위치도 최대경 중간으로 이동한다.

상기의 양상을 통해 서울 可樂洞古墳群 2호분 봉토 출토품들(도 69-2 · 3)의 시간적 위치를 살펴보고자 한다. 이들에 대해서는 3세기 중엽경(박순발 2012)과 375년을 전후한 시점(김일규 2012a · 2013)으로 보는 의견이 대립하고 있으나 양측 모두 이 자료가 흑색마연 직구광견호의 最古形으로 보는 데에는 일치한다. 가락동 출토품은 직구광견호의 상한연대를 알리는 풍납토성 출토품과 같은 형태이므로 이 유물들은 늦어도 3세기 4/4분기에는 출현한 것임을 알 수 있다. 이는 직구광견호와 같은 봉토 출토품인 鐵矛의 시기와도 부합된다(박순발 2012).

이상의 내용을 정리하면 직구광견호의 존속기간은 3세기 4/4분기에서 5세기 3/4분기까지, 즉 한성기에만 제작 · 사용된 기종임을 알 수 있다.

(2) 直口短頸壺

분석 대상인 직구단경호는 완형이 126점이다. 먼저 A~J까지 총 10개의 계측점(도 70)을 설정 후 분석해 본 결과, 시간적 변화와 큰 상관관계를 나타내는 것으로 판단되는 계측적 속성인 저부비(D/C), 명목적 속성인 저부형태, 문양, 문양범위를 추출하였다.

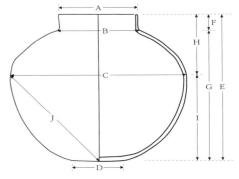

도 70 직구단경호의 계측점

① 計測的 屬性

상자도표[177])에서 볼 수 있다시피 시기가 내려갈수록 저부가 상대적으로 넓어졌음을 알 수 있다[178])(도 71). 한성기, 웅진기, 사비기 각각의 저부비 평균은 0.36, 0.37, 0.40이었다.

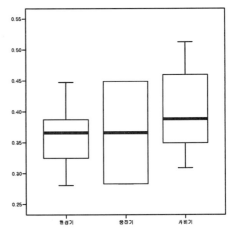

도 71 직구단경호의 시기별 저부비의 상자도표

② 名目的 屬性

a. 저부형태

저부형태는 크게 원저(a), 말각평저(b), 평저(c) 3유형으로 분류할 수 있다

---

177) 상자도표 중앙의 검은색 선은 중앙값을 의미한다. 중앙값이라는 것은 통계 집단의 관측값을 크기순으로 배열했을 때 전체의 중앙에 위치하는 수치를 말한다.

178) 상자도표에서 관찰된 수치적 차이와 시간과의 상관관계를 효과적으로 파악하기 위해 다중비교법을 실시한 결과 한성기·웅진기와 사비기 사이에는 저부비의 평균에 차이가 있음을 확인하였다. 즉 직구단경호의 저부비는 시간성을 반영하는 유효한 속성임을 알 수 있다.

a   b   c

도 72 직구단경호의 저부형태

표 27 직구단경호의 시기와 저부형태의 교차표

			저부형태			전체
			원저	말각평저	평저	
시기	한성기	빈도	15	52	0	67
		저부형태의 %	100.0%	85.2%	.0%	78.8%
	웅진기	빈도	0	2	0	2
		저부형태의 %	.0%	3.3%	.0%	2.4%
	사비기	빈도	0	7	9	16
		저부형태의 %	.0%	11.5%	100.0%	18.8%
전체		빈도	15	61	9	85
		저부형태의 %	100.0%	100.0%	100.0%	100.0%

(도 72).

저부형태와 시기에 대한 교차표[179]를 작성한 결과, 원저(a)와 말각평저(b)
는 한성기에 압도적으로 많이 확인되는 반면, 평저(c)는 사비기만 나타나는
경향이 있다[180] (표 27). 이처럼 시간의 흐름에 따라 원저(a)→말각평저(b)→
평저(c)로 변화했음을 알 수 있다.

b. 문양

동체부의 문양은 크게 7유형으로 분류할 수 있다. 문양이 없는 것(a), 2조의

---

179) 총 분석 대상은 126점이나, 시기를 명확히 판단할 수 없는 41점을 제외하고 교차표를
    작성하였다.
180) 교차표에서 확인된 양상들의 관련성을 알아보기 위해 카이제곱 검정을 실시한 결과 유
    의확률이 0으로 0.05보다 작기 때문에 대립가설이 선택된다. 따라서 시간과 저부형태는
    서로 관련이 있다고 판단했다.

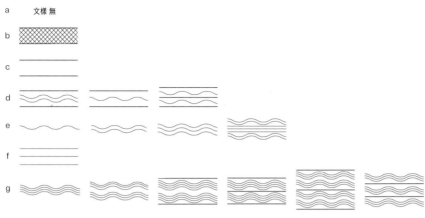

직구단경호의 동체부 문양

횡침선 사이에 격자문을 새긴 것(b), 2조의 횡침선만 있는 것(c), 2조의 횡침선 사이에 1~2조의 파상문을 새긴 것(d), 1~3조의 파상문을 새긴 것(e), 3~4조의 횡침선을 돌린 것(f), 밀집파상문을 새긴 것(g)으로 구분된다(도 73).

　　문양과 시기에 대한 교차표를 작성한 결과 무문은 백제가 존속한 전 기간에 걸쳐 확인되는 반면 有文樣인 b~d는 한성기에만 관찰된다(표 28). 그리고 e~g는 상대적으로 사비기에 확인되는 속성임을 알 수 있다.[181] 따라서 b~d→e~g로 시간적 변화를 나타내고 있는 것으로 생각된다. 이는 기존의 연구 성과(朴淳發 2003)와도 어느 정도 부합된다.

　　c. 문양범위

　　문양범위는 크게 5가지로 분류할 수 있다. 동최대경을 기준으로 문양이 동체부 상부에 위치한 것(a), 상부~동최대경 부근까지 시문한 것(b), 동최대경 부근에 시문한 것(c), 동최대경 부근~동체부 하부에 위치한 것(d), 동체부 전

---

181) 교차표에서 확인된 양상들의 관련성을 알아보기 위해 카이제곱 검정을 실시한 결과 유의확률이 0으로 0.05보다 작기 때문에 대립가설이 선택된다. 따라서 시간과 문양은 서로 관련이 있는 것을 알 수 있다.

표 28 직구단경호의 시기와 문양의 교차표

			문양							전체
			a	b	c	d	e	f	g	
시기	한성기	빈도	22	18	6	14	1	3	3	67
		문양의 %	84.6%	100.0%	100.0%	100.0%	25.0%	37.5%	33.3%	78.8%
	웅진기	빈도	0	0	0	0	1	0	1	2
		문양의 %	.0%	.0%	.0%	.0%	25.0%	.0%	11.1%	2.4%
	사비기	빈도	4	0	0	0	2	5	5	16
		문양의 %	15.4%	.0%	.0%	.0%	50.0%	62.5%	55.6%	18.8%
전체		빈도	26	18	6	14	4	8	9	85
		문양의 %	100.0%	100.0%	100.0%	100.0%	100.0%	100.0%	100.0%	100.0%

표 29 직구단경호의 시기와 문양범위의 교차표

			문양범위					전체
			a	b	c	d	e	
시기	한성기	빈도	38	6	1	0	0	45
		문양범위의 %	97.4%	60.6%	25.0%	.0%	.0%	76.3%
	웅진기	빈도	1	1	0	0	0	2
		문양범위의 %	2.6%	10.0%	.0%	.0%	.0%	3.4%
	사비기	빈도	0	3	3	4	2	12
		문양범위의 %	.0%	30.0%	75.0%	100.0%	100.0%	20.3%
전체		빈도	39	10	4	4	2	59
		문양범위의 %	100.0%	100.0%	100.0%	100.0%	100.0%	100.0%

체에 시문한 것(e)으로 구분된다.

문양범위와 시기에 대한 교차표를 작성한 결과[182] 한성기에는 문양이 동체부 상부에만 한정되어 있는 반면에 사비기에는 문양이 동최대경 부근~동체부 하부 또는 동체부 전체에 시문되는 경향이 확인된다[183](표 29). 이는 기존

---

182) 문양을 시문한 59점만 분석 대상으로 하였다.

183) 교차표에서 확인된 양상들의 관련성을 알아보기 위해 카이제곱 검정을 실시한 결과 유의확률이 0으로 0.05보다 작기 때문에 대립가설이 선택된다. 따라서 시간과 문양범위는 서로 관련이 있는 것을 알 수 있다.

의 연구 성과(金朝允 2010)와도 어느 정도 부합된다.

③ 型式設定과 編年 研究

앞에서 언급하였듯이 직구단경호에서는 문양과 관련된 속성이 시간적 변화를 더 잘 반영하고 있다.[184] 따라서 문양과 문양범위의 조합을 통해 직구단경호의 형식을 설정하고자 한다. 그러나 형식으로 인정하기에는 각 속성조합의 개체수가 적다는 것이 문제이다(표 30). 여기서는 문양을 하나의 형식으로 인정하고 논지를 전개해 나가고자 한다. 백제가 존속한 전 기간에 걸쳐 나타나는 문양이 없는 직구단경호를 제외하여, 2조의 횡침선 사이에 격자문을 새긴 것(1형식), 2조의 횡침선만 있는 것(2형식), 2조의 횡침선 사이에 1~2조의 파상문을 새긴 것(3형식), 1~3조의 파상문을 새긴 것(4형식), 3~4조의 횡침선을 돌린 것(5형식), 밀집파상문을 새긴 것(6형식)으로 설정하고자 한다.[185]

직구단경호의 편년을 실시하기 위한 기준 자료는 중국 자기와의 공반관계를 통해 4세기 중엽으로 비정된 原州 法泉里古墳群 2호분 파괴석실 출토품, 4세기 4/4분기 후반~5세기 1/4분기로 비정된 公州 水村里遺蹟 II지점 1호 토광목곽묘 출토품(도 74-18), 5세기 1/4~2/4분기로 비정된 서울 風納土城 경당지구 9호 유구 평면E 최상층 출토품(도 74-10), 5세기 2/4분기로 비정된 공주 수촌리유적 II지점 4호 횡혈식석실분 출토품(도 74-24), 서울 石村洞古

---

184) 후술할 기종(고배, 삼족토기, 단경병)들에 대해서는 다리형태, 구연형태 등 시간성을 반영하면서도 형태적 특징을 잘 드러내는 속성조합으로 형식을 설정하였다. 직구단경호의 경우 저부형태가 시간성을 반영하고 있다는 것은 앞서 살펴본 바와 같다. 원래대로라면 저부형태와 문양 또는 저부형태와 문양범위의 속성조합으로 형식을 설정하는 것이 가장 바람직하나 형식으로 인정하기에는 각 속성조합의 개체수가 적다는 것이 문제이다. 따라서 앞으로 완형품의 수량 증가를 기다린 후 재분석을 실시하고자 한다.

185) 직구단경호는 소형(기고 약 11cm)~대형(기고 약 30cm)까지 다양한 크기가 확인된다. 크기(용량)의 분석도 직구단경호를 이해하는데 중요한 속성임은 분명하나 크기는 시기를 결정하는 속성이 아니다. 필자는 크기와 시간의 변천을 분석하였으나 서로 관련이 없었음을 알 수 있었다. 즉 백제가 존속한 전 기간에 걸쳐 다양한 크기의 직구단경호가 제작된 것이다.

표 30 직구단경호의 문양과 문양범위의 교차표

			문양						전체
			b	c	d	e	f	g	
문양 범위	a	빈도	18	6	12	2	0	1	39
		문양의 %	100.0%	100.0%	85.7%	50.0%	.0%	11.1%	66.1%
	b	빈도	0	0	2	0	5	3	10
		문양의 %	.0%	.0%	14.3%	.0%	62.5%	33.3%	16.9%
	c	빈도	0	0	0	1	1	2	4
		문양의 %	.0%	.0%	.0%	25.0%	12.5%	22.2%	6.8%
	e	빈도	0	0	0	1	1	2	4
		문양의 %	.0%	.0%	.0%	25.0%	12.5%	22.2%	6.8%
	f	빈도	0	0	0	0	1	1	2
		문양의 %	.0%	.0%	.0%	.0%	12.5%	11.1%	3.4%
전체		빈도	18	6	14	4	8	9	59
		문양의 %	100.0%	100.0%	100.0%	100.0%	100.0%	100.0%	100.0%

墳群 3호분 동쪽 A지역 8호 토광묘 출토품(도 74-4), 신라(계) 토기와의 공반을 근거로 6세기 1/4분기로 비정된 公州 山儀里遺蹟 40호 횡구식석실분 출토품(도 74-26), 長水 東村里遺蹟 마지구 9호분 석곽묘 출토품(도 74-14), 소가야토기와의 공반관계로 5세기 3/4분기로 비정된 燕岐 松院里遺蹟 KM-046 횡혈식석실분 출토품(도 74-11)을 들 수 있다. 상기의 주요 연대결정자료를 기준으로 직구단경호의 명목적 · 계측적 속성의 변천과 공반유물을 통해 편년표를 작성하면 〈도 74〉와 같다.

공반유물을 통해 어느 정도 시기 비정이 가능한 직구단경호 중 가장 이른 시기에 해당하는 것은 1형식인 원주 법천리고분군 2호분 출토품과 華城 馬霞里古墳群 3호 석곽묘 출토품(도 74-1)이다. 법천리에서는 중국 양형기의 공반으로 4세기 중엽으로 비정이 가능한 것은 전술한 바와 같다.[186] 마하

---

186) 2호분에서는 양형기, 직구단경호와 함께 승문 타날 후 기벽 전체에 약 10조의 횡침선을 빈틈없이 돌린 심발형토기와 횡침선이 없는 승문 타날 심발형토기가 수습되었다. 전술한 바와 같이 승문 + 횡침선은 시기가 내려갈수록 소멸되는 경향이 관찰된다. 이들의 연대를 5세기 중엽으로 비정하려는 연구(김일규 2007a)도 있으나 필자의 심발형토기 변

리 출토 유물을 분석한 보고서와 직구단경호와 공반된 마구의 편년(諫早直人 2009)을 참고로 하면 4세기 3/4분기(중엽)가 타당하다. 이로 인해 4세기 3/4분기부터 지방의 무덤에 한성양식토기인 직구단경호의 부장이 시작되었음을 확인할 수 있다. 그리고 직구단경호의 상한은 4세기 3/4분기보다 앞섰음이 분명하다.

직구단경호의 출현시기를 구체적으로 언급한 논문을 참고하면 다음과 같다. 포항 옥성리 나지구 90호 목곽묘에서는 견부에 문양대가 없는 직구단경호가 출토된 바가 있는데, 이 목곽묘는 3세기 말~4세기 전엽으로 비정되고 있다(安順天 1998). 견부에 문양대가 없는 직구단경호는 이른 시기가 아니므로 이 직구단경호는 적어도 그보다 이른 시기에 등장하였다는 사실을 말해주는 자료이다. 즉 3세기 중후엽으로 보는 기존의 연대관과 같다는 것이다(박순발 2012). 직구단경호와 직구광견호의 가장 큰 특징은 견부 문양대인데 견부에 음각 격자문양대를 배치한 것은 서진대 장강유역 청자관의 특징이다(박순발 2012). 동진 이후에는 그러한 견부 문양대가 소멸되므로 직구단경호 등은 시기적으로 서진과 관련이 있음이 분명하다(韓志仙 2005).

뿐만 아니라 4세기 2/4분기로 비정 가능한 청자 완이 출토된 서울 風納土城 197번지 라-4호 주거지 내부토 상층(교란층)보다 먼저 퇴적한 층(내부토)에서는 경질무문토기와 함께 직구단경호 견부 문양편이 수습되었다. 내부토 상층과 내부토는 얼마나 시간을 두고 퇴적되었는지 알 수 없으나 늦어도 내부토 상층과 같은 시기에는 직구단경호가 존재했음을 시사한다.

이들을 감안하여 필자는 그 상한을 직구광견호와 같이 3세기 4/4분기로 비정해두고자 한다.

앞에서 언급하였듯이 1형식의 상한은 4세기 3/4분기, 하한은 475년이다. 1형식 중 天安 龍院里古墳群 1호 석곽묘 출토품(도 74-3)은 공반유물인 龍鳳文 環頭大刀의 편년(金宇大 2011)을 참고하여 5세기 1/4분기로,[187] 중국

천에서는 5세기대까지 내려가기 힘들다.

187) 공반유물인 마구와 평견호의 편년에 따르면 각각 5세기 후반대(諫早直人 2009)와 4세

자기와 공반된 서울 石村洞古墳群 3호분 동쪽 A지역 8호 토광묘 출토품(도 74-4)은 5세기 2/4분기로 비정할 수 있다.

동체부 상부에 2조의 횡침선만 있는 것도 한성기에만 확인된다. 5세기 1/4~2/4분기경에 조영된 것으로 추정되는 瑞山 富長里遺蹟 Ⅰ지역 8호 분구 2호 토광묘 출토품(도 74-7)이 이 형식의 기준이 된다.

2조의 횡침선 사이에 1~2조의 파상문을 새긴 3형식의 상한은 河南 渼沙里遺蹟 B2호 주거지 출토품이다(도 74-9). 이는 후술할 삼족토기와 공반되었기 때문에 4세기 4/4분기로 추정된다. 중국 자기와의 공반으로 5세기 1/4분기로 비정된 서울 풍납토성 경당지구 9호 유구 평면E 최상층 출토품(도 74-10)과 소가야토기와의 공반관계로 5세기 3/4분기로 비정된 燕岐 松院里遺蹟 KM-046 횡혈식석실분 출토품(도 74-11)이 형식의 편년 기준이 된다. 이 형식도 한성기에만 만들어졌다.

1~3조의 파상문을 새긴 4형식은 한성기~사비기에 걸쳐 확인된다. 정확한 상한시점을 정하기는 어려우나 3형식의 상한연대를 참고로 하면 5세기대에 출현하였을 것으로 생각된다. 이 형식에서는 가야(계) 토기와의 공반으로 6세기 1/4분기로 비정된 長水 東村里遺蹟 마지구 9호분 석곽묘 출토품(도 74-14)이 편년의 기준이 된다.

한성기에는 동체부 상단에 문양이 국한되었지만 시기가 내려갈수록 동최대경 부근까지 시문되었다. 또한 사비기에 이르러 기형에도 변화가 일어났다. 그 시기는 扶餘 官北里遺蹟 다지구 1호 목곽곳간 최하단부 출토품(도 74-16)을 통해 어느 정도 추정이 가능하다. 관북리 1호 목곽곳간은 사비기 제1차 생활면 단계에 축조되었으며, 제2차 생활면 단계(성토지대)에도 얼마간 존속하였을 가능성이 높은 유구이다. 성토지대는 중국 자기의 공반을 근거로 6세기 4/4분기에 조성된 것으로 알려져 있다. 제2차 생활면 이후에도 얼마간 존속하였다는 보고자의 견해를 따른다면 직구단경호의 폐기시점은 7세기 1/4분

기대(朴智殷 2007)로 차이를 보이고 있다. 심발형토기의 기형은 5세기 전반대의 특징이 잘 나타나고 있어서 일단 여기서는 5세기 1/4분기로 설정하였다.

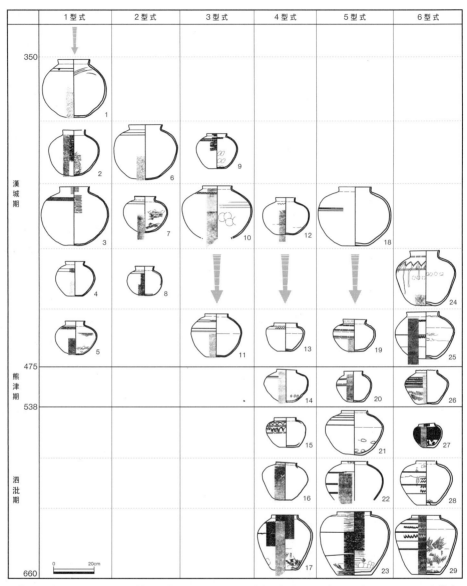

1. 華城 馬霞里古墳群 3號 石槨墓(李鮮馥·金成南 2004), 2. 原州 法泉里古墳群 21號 木槨墓(尹炯元 2002), 3. 天安 龍院里古墳群 1號 石槨墓(李南奭 2000), 4. 서울 石村洞古墳群 3號墳 東側 A地域 8號 土壙墓(金元龍·林永珍 1986), 5. 瑞山 富長里遺蹟 Ⅰ地域 2號 墳丘 4號 土壙墓(忠淸南道歷史文化硏究院 2008b), 6. 華城 馬霞里古墳群 Ⅷ號 木棺墓(李鮮馥·金成南 2004), 7. 瑞山 富長里遺蹟 Ⅰ地域 8號 墳丘 2號 土壙墓(忠淸南道歷史文化硏究院 2008b), 8. 龍仁 대덕골遺蹟 2號 土壙墓(畿甸文化財硏究院 2003b), 9. 河南 渼沙里遺蹟 B2號 住居址(林炳泰 外 1994), 10. 서울 風納土城 慶堂地區 9號 遺構 平面 E 最上層(權五榮 外 2004), 11. 燕岐 松院里遺蹟 KM-046 橫穴式石室墳(李弘鍾 外 2010), 12. 烏山 內三美洞遺蹟 7號 住居

址(京畿文化財研究院 2011a), 13. 扶餘 汾江·楮石里古墳群 가號 埋納遺構(李南奭 1997), 14. 長水 東村里遺蹟 마地區 9號墳 石槨墓(郭長根·趙仁振 2005), 15. 保寧 柳谷里遺蹟 地表收拾(金鍾萬 1995), 16. 扶餘 官北里遺蹟 다地區 1號 木槨곳간 最下端部(國立扶餘文化財研究所 2009a), 17. 舒川 堂丁里古墳群 5號墳 橫穴式石室墳(朴大淳 2010), 18. 公州 水村里遺蹟 Ⅱ地點 1號 土壙木槨墓(忠淸南道歷史文化研究院 2007a), 19. 華城 石隅里 먹실遺蹟 24號 竪穴(畿甸文化財研究院 2007), 20. 益山 熊浦里古墳群 93-13號墳 小型石槨墓(崔完奎 1995), 21. 扶餘 塩倉里古墳群 Ⅲ-62號墳 橫穴式石室墳(李南奭 外 2003), 22. 益山 王宮里遺蹟 燒土遺構(國立扶餘文化財研究所 2002b), 23. 扶餘 雙北里 두시럭골遺蹟 2地點 2號 住居址(朴大淳·鄭華榮 2008), 24. 公州 水村里遺蹟 Ⅱ地點 4號 橫穴式石室墳(忠淸南道歷史文化研究院 2007a), 25. 燕岐 松院里遺蹟 KM-032 土壙墓(李弘鍾 外 2010), 26. 公州 山儀遺蹟 40號 橫口式石室墳(李南奭 1999), 27. 瑞山 餘美里遺蹟 Ⅰ地區 8號 橫穴式石室墳(李尙燁 2001), 28. 保寧 蓮芝里遺蹟 KM-003號 橫穴式石室墳(李弘鍾 外 2002), 29. 扶餘 雙北里 280-5番地遺蹟 1號 建物址(鄭海濬·尹智熙 2011)

도 74 직구단경호의 편년표(S=1/18)

기경으로 추정할 수 있다. 즉 사비기의 기형 변화는 7세기 1/4분기 즈음에 일어난 것으로 여겨진다.

3~4조의 횡침선을 돌린 5형식의 상한 유물은 4세기 4/4분기 후반~5세기 1/4분기로 비정되는 공주 수촌리유적 Ⅱ지점 1호 토광목곽묘 출토품(도 74-18)이고 하한시점은 扶餘 雙北里 두시럭골遺蹟 2지점 2호 주거지 출토품(도 74-23)으로 보아 7세기 3/4분기이다.

밀집파상문을 새긴 6형식의 상한 유물은 5세기 2/4분기의 공주 수촌리유적 Ⅱ지점 4호 횡혈식석실분 출토품(도 74-24)이고 하한시점은 扶餘 雙北里 280-5番地遺蹟 1호 건물지 출토품(도 74-29)으로 보아 7세기 3/4분기이다. 5형식과 6형식에서는 4형식과 같이 7세기 1/4분기에 보이는 기형상의 변화와 동체부 하단부까지 새겨진 문양이 관찰된다.

(3) 高杯

분석 대상인 고배는 완형이 440점이다. 먼저 A~J까지 총 10개의 계측점(도 75)을 설정 후 분석해 본 결과, 시간적 변화와 큰 상관관계를 나타내는 것으로 판단되는 다리분산(D/C), 배신비율(J/E), 다리비율(G/E), 다리위치(C/B)의 4개의 계측적 속성조합을, 명목적 속성을 통해서는 6개의 뚜껑받침턱 형태와 2개

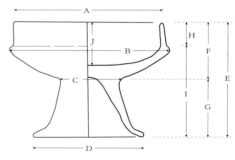

도 75 고배의 계측점

의 다리형태를 설정하였다. 또한 뚜껑받침턱 형태와 다리형태의 조합을 통해 형식을 설정한 후 연대결정자료와 공반된 토기를 통해 고배의 전체적인 편년 안을 제시하고자 한다.

① 計測的 屬性

a. 다리분산비

상자도표에서 볼 수 있듯이 사비기에 갈수록 다리가 상대적으로 일직선으로 뻗음을 알 수 있다[188](도 76). 한성기 다리분산의 평균은 1.42, 웅진기의 평균은 1.77, 사비기의 평균은 1.83이었다.

b. 배신비율

상자도표에서 볼 수 있듯이 사비기에 갈수록 배신이 상대적으로 얕아지는

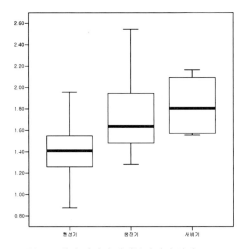

도 76 고배의 시기별 다리분산비의 상자도표

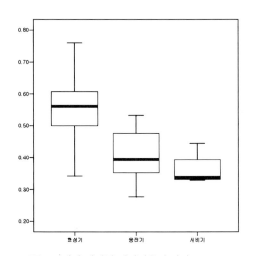

도 77 고배의 시기별 배신비율의 상자도표

---

188) 상자도표에서 구분된 수치적 차이와 시간과의 상관관계를 효과적으로 파악하기 위해 다중비교법을 실시한 결과 한성기와 웅진기 · 사비기 사이에는 다리분산비의 평균에 차이가 있음을 확인하였다. 즉 고배의 다리분산비는 시간성을 반영하는 유효한 속성임을 알 수 있다.

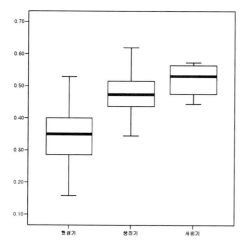

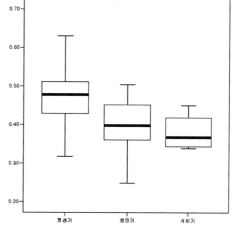

도 78 고배의 시기별 다리비율의 상자도표 | **도 79** 고배의 시기별 다리위치의 상자도표

것을 알 수 있다[189](도 77). 한성기 배신비율의 평균은 0.56, 웅진기의 평균은 0.41, 사비기의 평균은 0.36이었다.

c. 다리비율

상자도표에서 볼 수 있듯이 사비기에 갈수록 다리가 상대적으로 길어짐을 알 수 있다[190](도 78). 한성기 배신비율의 평균은 0.35, 웅진기의 평균은 0.48, 사비기의 평균은 0.52이었다.

---

189) 상자도표에서 구분된 수치적 차이와 시간과의 상관관계를 효과적으로 파악하기 위해 다중비교법을 실시한 결과 한성기와 웅진기·사비기 사이에는 배신비율의 평균에 차이가 있음을 확인하였다. 즉 고배의 배신비율은 시간성을 반영하는 유효한 속성임을 알 수 있다.

190) 상자도표에서 구분된 수치적 차이와 시간과의 상관관계를 효과적으로 파악하기 위해 다중비교법을 실시한 결과 한성기와 웅진기·사비기 사이에는 다리비율의 평균에 차이가 있음을 확인하였다. 즉 고배의 다리비율은 시간성을 반영하는 유효한 속성임을 알 수 있다.

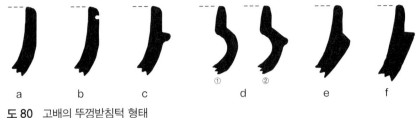

도 80 고배의 뚜껑받침턱 형태

d. 다리위치

상자도표에서 볼 수 있듯이 사비기에 갈수록 다리위치는 최대경에서 멀리 위치함을 알 수 있다[191](도 79). 한성기 배신비율의 평균은 0.47, 웅진기의 평균은 0.40, 사비기의 평균은 0.38이었다.

② 名目的 屬性

a. 뚜껑받침턱 형태

뚜껑받침턱은 크게 6유형으로 분류할 수 있다(도 80). 뚜껑받침턱이 없는 뚜껑받침턱 a, 횡침선을 돌린 뚜껑받침턱 b, 돌대의 뚜껑받침턱 c, 최대경을 만들어 돌출시킴으로서 뚜껑받침턱을 대신한 뚜껑받침턱 d, 뚜껑받침턱의 단이 경사로 된 뚜껑받침턱 e, 뚜껑받침턱의 단이 수평으로 된 뚜껑받침턱 f로 세분된다.

뚜껑받침턱과 시기에 대한 교차표[192]를 작성한 결과[193] 한성기에는 뚜껑

---

191) 상자도표에서 구분된 수치적 차이와 시간과의 상관관계를 효과적으로 파악하기 위해 다중비교법을 실시한 결과 한성기와 웅진기·사비기 사이에는 다리위치의 평균에 차이가 있음을 확인하였다. 즉 고배의 다리위치는 시간성을 반영하는 유효한 속성임을 알 수 있다.

192) 총 분석 대상은 440점이지만, 시기를 명확히 판단할 수 없는 92점을 제외하고 교차표를 작성하였다.

193) 교차표에서 확인된 양상들의 관련성을 알아보기 위해 카이제곱 검정을 실시한 결과 유의확률이 0으로 0.05보다 작기 때문에 대립가설이 선택된다. 따라서 시간과 뚜껑받침턱 형태는 서로 관련이 있는 것을 알 수 있었다.

표 31 고배의 시기와 뚜껑받침턱 형태의 교차표

			뚜껑받침턱형태						전체
			a	b	c	d	e	f	
시기	한성기	빈도	31	3	101	22	145	11	313
		뚜껑받침턱 형태의 %	96.9%	100.0%	98.1%	100.0%	85.8%	57.9%	89.9%
	웅진기	빈도	1	0	2	0	21	7	31
		뚜껑받침턱 형태의 %	3.1%	.0%	1.9%	.0%	12.4%	36.8%	8.9%
	사비기	빈도	0	0	0	0	3	1	4
		뚜껑받침턱 형태의 %	.0%	.0%	.0%	.0%	1.8%	5.3%	1.1%
전체		빈도	32	3	103	22	169	19	348
		뚜껑받침턱 형태의 %	100.0%	100.0%	100.0%	100.0%	100.0%	100.0%	100.0%

받침턱의 모든 형태가 확인되고 있지만 대체적으로 뚜껑받침턱 a~d는 한성기, 웅진기·사비기에는 뚜껑받침턱 e·f가 주를 이룬다[194](표 31).

b. 다리형태

도 81 고배의 다리형태

다리형태는 다리 끝이 뾰족한 것(a)과 평평한 것(b) 2개로 구분할 수 있다[195](도 81).

다리형태와 시기에 대한 교차표[196]를 작성한 결과(표 32), 한성기에는 다리형태 a·b 모두 출현하고 있으나 웅진기·사비기에 갈수록 다리형태 b의

---

194) 뚜껑받침턱은 형태의 차이뿐만 아니라 제작기법의 차이도 반영한다. 돌대를 붙여서 뚜껑받침턱을 만든 c에서 동체부에 구연부를 설치한 d~f로 변화된다. 이러한 변화는 고배의 대량생산 및 중국 자기와의 관련성을 상정할 수 있을 것으로 판단된다. 또한 후술할 삼족토기의 구연형태에서도 같은 양상이 관찰된다.

195) 다리형태 b는 평평한 것과 평평하면서도 외반된 것으로 세분할 수 있지만 이들의 시간 차는 없는 것으로 보아, 일단 하나로 합쳐서 분석한다.

196) 교차표에서 확인된 양상들의 관련성을 알아보기 위해 카이제곱 검정을 실시한 결과 유의확률이 0으로 0.05보다 작기 때문에 대립가설이 선택된다. 따라서 시간과 다리형태는 서로 관련이 있는 것을 알 수 있었다.

표 32 고배의 시기와 다리형태의 교차표

			다리형태		전체
			a	b	
시기	한성기	빈도	239	74	313
		다리형태의 %	93.7%	79.6%	89.9%
	웅진기	빈도	15	16	31
		다리형태의 %	5.9%	17.2%	8.9%
	사비기	빈도	1	3	4
		다리형태의 %	.4%	3.2%	1.1%
전체		빈도	255	93	348
		다리형태의 %	100.0%	100.0%	100.0%

비율이 많아진다. 따라서 고배의 다리형태는 점차 a에서 b로 이행해가는 양상이 보인다.

③ 型式設定과 編年 硏究

뚜껑받침턱 a·b·d·f는 개체수가 적어 하나의 형식으로 인정하기 부적절하기 때문에, 다리형태와 상관이 없이 뚜껑받침턱 a는 1형식, 뚜껑받침턱 b는 2형식으로 설정하였다(표 33). 뚜껑받침턱 c와 다리형태 a는 3형식, 뚜껑받침턱 c와 다리형태 b는 4형식, 뚜껑받침턱 d는 5형식, 뚜껑받침턱 e와 다리형태 a는 6형식, 뚜껑받침턱 e와 다리형태 b는 7형식, 뚜껑받침턱 f는 8형식, 이와 같이 총 8개 형식으로 분류하였다.

시기와 형식의 교차표(표 34)를 참고하면 큰 흐름 속에서는 1형식에서 8형식으로 시간에 따라 변화되는 것을 알 수 있다.[197] 모든 형식은 한성기에 출현하지만 한성기에는 2·3·5형식이, 웅진기·사비기에는 6~8형식이 집중된다.

고배의 편년을 실시하기 위한 기준 자료는 須惠器(系)와의 공반관계를 통

---

197) 교차표에서 확인된 양상들의 관련성을 알아보기 위해 카이제곱 검정을 실시한 결과 유의확률이 0으로 0.05보다 작기 때문에 대립가설이 선택된다. 따라서 시간과 형식은 서로 관련이 있는 것을 알 수 있다.

표 33 고배의 뚜껑받침턱 형태와 다리형태의 교차표

			다리형태		전체
			a	b	
뚜껑받침턱 형태	a	빈도	28	4	32
		다리형태의 %	11.0%	4.3%	9.2%
	b	빈도	1	2	3
		다리형태의 %	.4%	2.2%	.9%
	c	빈도	70	33	103
		다리형태의 %	27.5%	35.5%	29.6%
	d	빈도	16	6	22
		다리형태의 %	6.3%	6.5%	6.3%
	e	빈도	133	36	169
		다리형태의 %	52.2%	38.7%	48.6%
	f	빈도	7	12	19
		다리형태의 %	2.7%	12.9%	5.5%
전체		빈도	255	93	348
		다리형태의 %	100.0%	100.0%	100.0%

표 34 고배의 시기와 형식의 교차표

			형식								전체
			1형식	2형식	3형식	4형식	5형식	6형식	7형식	8형식	
시기	한성기	빈도	31	3	70	31	22	118	27	11	313
		형식의 %	96.9%	100.0%	100.0%	93.9%	100.0%	88.7%	75.0%	57.9%	89.9%
	웅진기	빈도	1	0	0	2	0	14	7	7	31
		형식의 %	3.1%	.0%	.0%	6.1%	.0%	10.5%	19.4%	36.8%	8.9%
	사비기	빈도	0	0	0	0	0	1	2	1	4
		형식의 %	.0%	.0%	.0%	.0%	.0%	.8%	5.6%	5.3%	1.1%
전체		빈도	32	3	70	33	22	133	36	19	348
		형식의 %	100.0%	100.0%	100.0%	100.0%	100.0%	100.0%	100.0%	100.0%	100.0%

해 6세기 1/4분기로 비정된 公州 金鶴洞古墳群 20호분 (횡구식)석곽묘 출토품(도 82-30), 중국 자기의 공반과 무덤의 형태로 고분의 조영 순서가 밝혀짐으로써 5세기 2/4~3/4분기로 비정된 公州 水村里遺蹟 II지점 5호 횡혈식석실분 출토품(도 82-23), 일본 출토 백제(계) 토기와의 비교로 5세기 3/4~4/4분기(한성기 말~웅진기 초)로 여겨지는 公州 艇止山遺蹟 17호 저장

공 하층 출토품(도 82-29), 소가야토기와의 공반관계를 통해 5세기 3/4분기로 비정된 燕岐 松院里遺蹟 KM-046 횡혈식석실분 출토품(도 82-15), 대가야토기와의 공반관계로 6세기 1/4분기로 비정된 鎭安 黃山里古墳群 가지구 6호 석곽묘 출토품(도 82-24)을 들 수 있다. 상기의 주요 연대결정자료 및 시기와 형식의 교차표(표 34)를 기준으로 고배의 명목적·계측적 속성의 변천과 공반유물을 통해 편년표(도 82)를 작성하였다.

앞서 검토한 바와 같이 고배는 시간의 경과에 따라 배신이 얕아지고 다리가 길어지는 양상이 확인된다. 그 중에서도 공주 수촌리유적 출토품과 공주 정지산유적 출토품을 기준으로 보면 5세기 3/4분기로 비정된 공주 수촌리유적 출토품의 다리비율은 0.40, 5세기 3/4~4/4분기(한성기 말~웅진기 초)로 비정된 정지산유적 출토품의 다리비율은 0.47이기 때문에 시간의 경과에 따라 다리가 길어지고 있음을 확인할 수 있다. 따라서 이 두 개체보다 상대적으로 다리가 짧고 배신이 깊은 형태가 선행하고, 다리가 길고 배신이 얕은 형태는 후행한다.

고배의 출현시기를 알 수 있는 절대연대자료는 없으나 공주 수촌리유적 출토품의 다리비율을 역산하면 다리비율이 0.11인 서울 風納土城 197번지 가-54호-2호 수혈 출토품(도 82-7)은 4세기 3/4분기경[198]으로 거슬러 올라갈 것으로 예상된다. 하지만 고배의 본격적인 성행은 4세기 4/4분기 이후에 이루어졌을 가능성이 높다.

1형식은 무개 고배로, 다리비율로 보면 4세기 4/4분기 이후에 출현한 것으로 볼 수 있으며 한성기에 한정된다.

2형식은 삼족토기에서도 확인되는 형식인데 지방에서 주로 출토되는 것이다. 이 형식은 4세기 4/4분기 이후 출현하여 5세기대에 성행하는 것으로 추정된다.

한성기에서만 확인되는 3형식 중 회색연질토기인 서울 풍납토성 197번지

---

198) 필자의 박사학위논문(2013a)에서는 고배의 출현시기를 4세기 2/4분기로 비정하였으나 4세기 3/4분기로 재설정하였다.

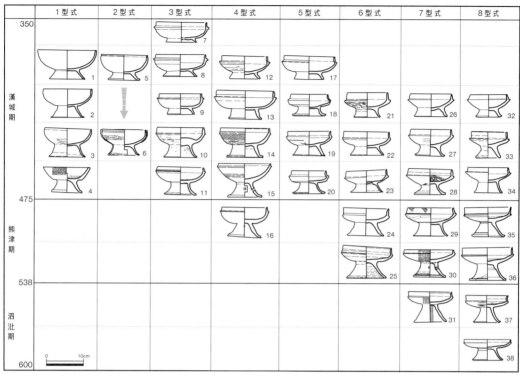

1. 서울 夢村土城 西南地區 出土地 不明(金元龍 外 1989), 2. 서울 夢村土城 第10號 貯藏孔(夢村土城發掘調査團 1985), 3. 烏山 內三美洞 遺蹟 19號 住居址(京畿文化財硏究院 2011a), 4. 利川 雪峰山城 나-C확-3트렌치 1號 土壙(朴慶植 外 2004), 5. 서울 風納土城 197番地(舊 未來마을) 가-3號 住居址 內部 上層 燒土廢棄層(國立文化財硏究所 2009), 6. 龍仁 淸德里 百濟竪穴遺蹟 1號 竪穴遺構(畿甸文化財硏究院 2006), 7. 서울 風納土城 197番地(舊未來마을) 가-54號-2號 竪穴(國立文化財硏究所 2009), 8. 同土城 現代聯合敷地 S4E0 內 土器散布遺 構 中層(國立文化財硏究所 2001), 9. 同土城 197番地(舊未來마을) 가-4號 住居址 內部 上層燒土 廢棄層(國立文化財硏究所 2009), 10. 龍 仁 水枝百濟遺蹟 Ⅰ-土器集中埋納遺構(李南珪 外 1998), 11. 大田 月坪洞遺蹟 4號 住居址(國立公州博物館 1999b), 12. 서울 風納土城 197 番地(舊未來마을) 가-그리드 Ⅲ層(國立文化財硏究所 2013), 13. 서울 夢村土城 東北地區 87-2號 住居址 Ⅲ層(金元龍 外 1987), 14. 牙山 小東里窯址 3號 窯 燒成室(柳基正 外 2012), 15. 燕岐 松院里遺蹟 KM-046 橫穴式石室墳(李弘鍾 外 2010), 16. 論山 茅村里古墳群 16號墳 石槨墓(安承周·李南奭 1993), 17. 서울 夢村土城 東北地區 87-2號 住居址 Ⅳ層(金元龍 外 1987), 18. 서울 風納土城 現代聯合敷地 가- S6W1 그리드(國立文化財硏究所 2001), 19. 利川 雪峰山城 나-C확-2트렌치 2號 土壙(朴慶植 外 2004), 20. 서울 風納土城 現代聯合敷地 가-S6W2 그리드(國立文化財硏究所 2001), 21. 高陽 覓節山遺蹟 1號 住居址(李憲載·權純珍 2005), 22. 서울 牛眠洞遺蹟 가地區 4號 住居 址(한얼文化遺産硏究院 2012), 23. 公州 水村里遺蹟 Ⅱ地點 5號 橫穴式石室墳(忠淸南道歷史文化硏究院 2007a), 24. 鎭安 黃山里古墳群 가 地區 6號 石槨墓(郭長根 外 2001), 25. 瑞山 餘美里遺蹟 Ⅰ地區 8號 土壙墓(李尙燁 2001), 26. 서울 風納土城 現代聯合敷地 S5,8E0 北便 土 器散布遺構(國立文化財硏究所 2001), 27. 同土城 197番地(舊未來마을) 가-5號 住居址(國立文化財硏究所 2009), 28. 淸州 石所洞遺蹟 1號 竪穴 구덩이(金花貞 2009), 29. 公州 艇止山遺蹟 17號 貯藏孔 下層(國立公州博物館 1999a), 30. 公州 金鶴洞古墳群 20號墳 (橫口式)石槨墓 (柳基正·梁美玉 2002), 31. 扶餘 塩倉里古墳群 Ⅲ-62號墳 橫穴式石室墳(李南奭 外 2003), 32. 河南 渼沙里遺蹟 B-6號 貯藏孔(任孝宰 外 1994), 33. 龍仁 麻北洞 聚落遺蹟 79號 竪穴(京畿文化財硏究院 2009), 34. 益山 笠店里古墳群 98-9號墳 石槨墓(崔完奎·李永德 2001), 35. 論山 茅村里古墳群 4號墳 石槨墓(安承周·李南奭 1994), 36. 同古墳群 8號墳 石槨墓(同上), 37. 論山 院北里·定止里遺蹟 Ⅱ-3地域 A 地點 百濟時代 1號 石室(忠淸南道歷史文化硏究院 2012), 38. 扶餘 官北里遺蹟 나地區 百濟 盛土層(國立扶餘文化財硏究所 2009a)

도 82 고배의 편년(S=1/10)

가-54호-2호 수혈 출토품(도 82-7)은 전체 고배 출토품 중에서도 가장 이른 형태인 것으로 판단된다.[199)]

4형식에는 편년의 기준이 되는 송원리 KM-046 출토품(도 82-15)이 포함된다. 이를 기준으로 4형식의 상한은 4세기 4/4분기, 하한은 웅진기까지였음을 알 수 있다.

5형식도 1·2·4형식과 같이 4세기 4/4분기에 출현하는 것으로 보인다. 이 형식은 도읍에서 주로 확인되는 것으로 보아 도읍 주변에서 생산되었을 것이다.

6형식에는 편년의 기준이 되는 수촌리 5호 출토품(도 82-23)과 황산리 6호 출토품(도 82-24)이 포함된다. 황산리 출토품은 대가야토기와의 공반으로 6세기 1/4~2/4분기로 비정하였으나 5세기 4/4분기 후반을 포함한 6세기 1/4분기로 수정하고자 한다. 이를 기준으로 6형식의 상한은 5세기 1/4분기, 하한은 웅진기로 비정된다.

7형식에도 편년의 기준이 되는 정지산유적 출토품(도 82-29), 금학동고분군 20호분 출토품(도 82-30)이 포함된다. 5세기 4/4분기로 비정되는 정지산유적 출토품보다 6세기 1/4분기로 비정되는 금학동고분군 출토품의 다리가 다소 길어지고 배신이 얕아진다. 제언하지만 다리의 길이와 배신의 높이가 시간성을 반영하는 속성임을 알 수 있다. 또한 이 형식은 5세기대부터 사비기 초까지 계속됐던 형식으로 보인다.

8형식도 7형식과 같이 5세기에 출현하여 사비기까지 계속되지만 扶餘 官北里遺蹟 나지구 백제 성토층 출토품(도 82-38)을 통해 백제 고배의 마지막 시기를 어느 정도 짐작할 수 있다. 성토층에서는 중국 진대 말로 추정되는 중국 자기가 수습된 것으로 성토층의 조성은 아무리 일러도 6세기 4/4분기에 들어서야 시작되었기 때문에 공반된 고배도 이즈음으로 비정이 가능할 것이다.

---

199) 2011년 서울 풍납토성 동성벽 절개조사에서는 초축 성벽의 완공 후 475년 이전까지 두 번의 증축이 이루어졌음이 밝혀졌다(이성준 외 2013). 이 두 차례의 증축 중 두 번째의 증축(2차 증축)에서는 고배가 수습되었고, 베이지안 통계학을 이용한 자연과학적 절대연대로 5세기 전반이라는 시간단위를 제시하였다. 출토 고배들은 필자의 편년에서도 5세기 전반에 비정되는 명목적 속성 및 계측적 속성과 일치함을 알 수 있다.

전체적으로 고배는 웅진기~사비기로 갈수록 그 양이 극히 줄어든다. 이는 고배의 기능이나 의미가 웅진기·사비기에 이르러 변화된 것인지, 아니면 고배를 대체하는 새로운 기종이 등장한 것인지는 알 수 없지만 이를 밝혀내는 것이 앞으로의 과제이다.

④ 起源

백제 고배는 초기철기시대나 원삼국시대의 토기에서는 보이지 않으며 신라·가야지역의 고배 역시 형태적으로 직접 연결시킬 수 없다(權五榮 2011). 권오영(2011)에 의하면 중국 江西省 洪州窯에서 백제 유개 고배와 유사한 형태의 청자 豆가 존재한다고 한다. 이 청자 豆의 출현은 東晉 이후 즉 316년 이후가 될 가능성이 있다는 것은 필자의 백제 고배의 상한을 4세기 3/4분기경으로 보는 것과 대략 부합된다. 중국 기물이 백제 고배의 조형이었다고 한다면, 백제 고배의 초출은 316년을 거슬러 올라가지 않음은 분명하다.

지역에 따라 다소 차이가 있겠지만 중국의 豆는 隋나라까지 지속되며 시간의 경과에 따라 배신이 얕아지고 다리가 길어진다. 이 점을 보더라도 백제 고배의 배신과 다리의 비율은 시간적 변화를 파악하는데 유효한 속성으로 판단된다.

⑤ 地域的 特徵

고배의 다리에 구멍을 뚫은 것이 약 24점 확인되고 있다(도 83). 분석 대상 고배 440점 중 불과 0.05%에 지나지 않지만 분포양상을 보면 이 고배들은 지역성을 반영하고 있음을 알 수 있다.

이들은 서울 풍납토성, 서울 몽촌토성, 청주 신봉동유적, 연기 송원리유적, 논산 표정리고분군, 익산 간촌리유적, 전주 마전유적 등 북은 서울에서 남은 전주, 진안까지 광범위하게 분포하고 있지만, 주로 금강유역 또는 금강유역의 하천들에 위치한 유적에서 수습되고 있음을 확인할 수 있다.

따라서 다리에 구멍이 뚫린 고배들의 출현지는 금강유역 근린으로 볼 수 있다. 그 후보가 되는 유적은 배신과 다리의 비율을 고려하였을 때 燕岐 松院里遺蹟(도 83-7), 論山 表井里古墳群(도 83-10), 論山 茅村里古墳群(도 83-

12) 등지를 제시할 수 있다. 다만 이들의 출현시기를 비정할 수 있는 근거자료의 부족으로 구체적인 시점은 알 수 없으나 대체로 5세기 전~중엽에는 금강유역에 출현하여 이후 웅진기까지 제작되었을 것으로 보인다. 서울 풍납토성, 서울 몽촌토성, 청주 신봉동고분군 출토품은 배신과 다리의 비율을 고려하였을 때 475년 이전인 5세기 3/4분기에 금강유역권에서 유입된 것으로 볼

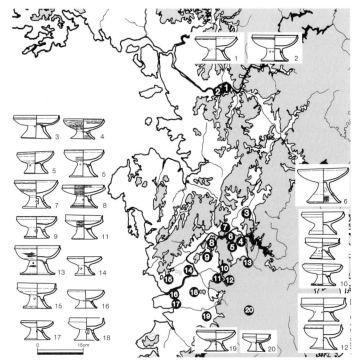

1. 서울 風納土城 197番地(舊未來마을) 가-그리드(國立文化財研究所 2013), 2. 서울 夢村土城 東南地區 88-4號 貯藏孔(金元龍 外 1988), 3. 淸州 新鳳洞古墳群 A-1號墳 土壙墓(車勇杰 外 2002a), 4. 大田 月坪洞遺蹟 地表收拾(國立公州博物館 1999b), 5. 大田 伏龍洞 堂山마을遺蹟 4地域 5號 住居址·溝狀遺構(田鎰溶 外 2012), 6. 燕岐 長川里遺蹟 103地點 15號 土壙墓(金榮國 外 2013), 7. 燕岐 松院里遺蹟 KM-046 橫穴式石室墳(李弘鍾 外 2010), 8. 公州 金鶴洞古墳群 20號墳 (橫口式)石槨墓(柳基正·梁美玉 2002), 9. 公州 花井里遺蹟 8號 竪穴(羅建柱 2003), 10. 論山 表井里古墳群 地表收拾·5號墳 石槨墓(尹武炳 1979; 安承周·李南奭 1988a), 11. 論山 斗月里遺蹟 12號 石槨墓(鄭海濬 外 2010), 12. 論山 茅村里古墳群 15號墳 石槨甕棺墓·16號墳 石槨墓(安承周·李南奭 1993), 13. 錦山 水塘里遺蹟 2號 石槨墓(忠淸南道歷史文化院 2007a), 14. 扶餘 歸德里古墳 橫穴式石室墳(沈相六 外 2011), 15. 舒川 鳳仙里遺蹟 1地域 1號 石槨墓(忠淸南道歷史文化院 2005), 16. 群山 余方里古墳群 68號墳 橫穴式石室墳(崔完奎 外 2001), 17. 群山 山月里遺蹟 나地區 7號墳 橫穴式石室墳(郭長根·趙仁振 2004), 18. 益山 間村里遺蹟 Ⅱ地區 1號 周溝墓 周溝 內 堆積土(湖南文化財研究院 2002), 19. 全州 馬田遺蹟 Ⅳ區域 2號墳 1號 石槨墓(湖南文化財研究院 2008d), 20. 鎭安 黃山里古墳群 가地區 11號墳 石槨墓(郭長根 外 2001)

도 83 고배의 지역적 양상(S=1/12)

수 있다. 그리고 한성기 말~웅진기에는 익산, 군산, 전주, 진안 방향에서도 유입되거나 금강유역권의 영향으로 제작되기 시작한다.

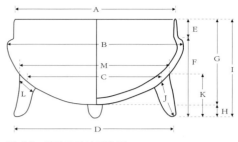

도 84 삼족토기의 계측점

(4) 三足土器

분석 대상인 삼족토기는 완형이 553점이다. 먼저 A~M까지 총 13개의 계측점(도 84)을 설정 후 분석해 본 결과, 시간적 변화와 큰 상관관계를 나타내는 것으로 판단되는 다리분산비(D/C),[200] 배신비율(G/I), 다리비율(K/I), 다리위치(M/B), 다리굵기(L×J/2)의 5개의 속성조합을 설정하였다. 삼족토기는 기형에 따라 대형반형, 소형반형, 호형, 배형으로 분류되지만 출토량이 가장 많은 배형 삼족토기를 중심으로 형식분류를 하였다. 배형 삼족토기의 명목적 속성은 5개의 뚜껑받침턱 형태와 3개의 다리형태를 설정하였다. 또한 시간적 변화와 관련이 있는 것으로 추정되는 뚜껑받침턱 형태와 다리형태의 조합을 통해 형식을 설정한 후 연대결정자료와 공반된 토기를 통해 삼족토기의 전체적인 편년안을 제시하고자 한다.

① 計測的 屬性

a. 다리분산비

상자도표에서 볼 수 있듯이 사비기에 갈수록 다리가 상대적으로 일직선으

---

200) 다리분산비에서는 다리가 배신에 부착되어 있는 부분이 얼마나 벌어져 있는지 알아보기 위해 계측점 D와 C의 비율로 계산하였다. 그 비율이 높을수록 다리가 더욱 벌어져 있다는 해석을 할 수 있다. 다만 D의 계측치는 다리 3개의 어느 부분을 관찰하느냐에 따라 차이가 있을 수 있다. 원래대로라면 명확한 기준을 가지고 필자가 재실측한 후에 계측적 속성으로 인정할 수 있을지 판단해야겠지만 시간적 제약으로 할 수 없었다. 여기에서는 다소의 수학적 혹은 통계적인 오류를 감수하고 삼족토기의 다리분산도를 분석한다.

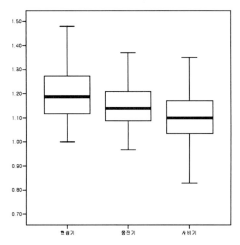
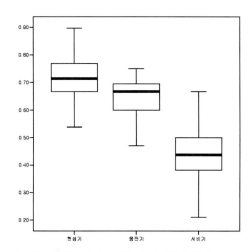

도 85 삼족토기의 시기별 다리분산비의 상자도표   **도 86** 삼족토기의 시기별 배신비율의 상자도표

로 뻗은 것에서부터 내경하는 것으로 변천됨을 알 수 있다[201](도 85). 한성기의 평균은 1.20, 웅진기의 평균은 1.16, 사비기의 평균은 1.09이다.

   b. 배신비율

상자도표에서 볼 수 있듯이 사비기에 갈수록 배신이 상대적으로 얕아지는 것을 알 수 있다[202](도 86). 한성기 배신비율의 평균은 0.71, 웅진기의 평균은 0.64, 사비기의 평균은 0.44이다.

   c. 다리비율

상자도표에서 볼 수 있듯이 사비기에 갈수록 다리가 상대적으로 길어짐을

---

201) 상자도표에서 구분된 수치적 차이와 시간과의 상관관계를 효과적으로 파악하기 위해 다중비교법을 실시한 결과 각각 한성기, 웅진기, 사비기 사이에는 다리분산비의 평균에 차이가 있음을 확인하였다. 즉 삼족토기의 다리분산비는 시간성을 반영하는 유효한 속성임을 알 수 있다.

202) 상자도표에서 구분된 수치적 차이와 시간과의 상관관계를 효과적으로 파악하기 위해 다중비교법을 실시한 결과 각각 한성기, 웅진기, 사비기 사이에는 배신비율의 평균에 차이가 있음을 확인하였다. 즉 삼족토기의 배신비율은 시간성을 반영하는 유효한 속성임을 알 수 있다.

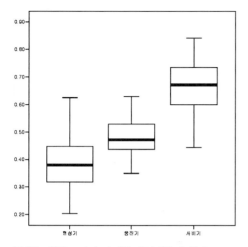 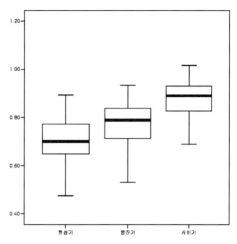

도 87 삼족토기의 시기별 다리비율의 상자도표   **도 88** 삼족토기의 시기별 다리위치의 상자도표

알 수 있다[203](도 87). 한성기 배신비율의 평균은 0.38, 웅진기의 평균은 0.48, 사비기의 평균은 0.67이다.

d. 다리위치

상자도표에서 볼 수 있듯이 사비기에 갈수록 다리위치는 최대경과 가까운 것에 위치함을 알 수 있다[204](도 88). 한성기 다리위치의 평균은 0.71, 웅진기의 평균은 0.78, 사비기의 평균은 0.89이다.

---

203) 상자도표에서 구분된 수치적 차이와 시간과의 상관관계를 효과적으로 파악하기 위해 다중비교법을 실시한 결과 각각 한성기, 웅진기, 사비기 사이에는 다리비율의 평균에 차이가 있음을 확인하였다. 즉 삼족토기의 다리비율은 시간성을 반영하는 유효한 속성 임을 알 수 있다.
204) 상자도표에서 구분된 수치적 차이와 시간과의 상관관계를 효과적으로 파악하기 위해 다중비교법을 실시한 결과 각각 한성기, 웅진기, 사비기 사이에는 다리위치의 평균에 차이가 있음을 확인하였다. 즉 삼족토기의 다리위치는 시간성을 반영하는 유효한 속성 임을 알 수 있다.

e. 다리굵기

상자도표에서 볼 수 있듯이 사비기에 다리가 굵어짐을 알 수 있다[205](도 89). 한성기 다리굵기 비율의 평균은 2.26, 웅진기의 평균은 2.72, 사비기의 평균은 4.10이다.

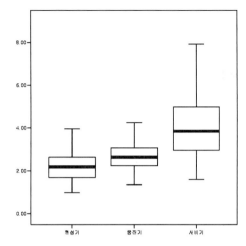

도 89 삼족토기의 시기별 다리굵기의 상자도표

② 名目的 屬性

삼족토기는 배신형태에 따라 盤形, 壺形, 杯形으로 구분이 가능한데 반형은 구경이 약 20cm 이상의 것(대병반형)과 구경이 20cm 이하의 것(소형반형)으로 세분된다. 여기서는 대형반형, 소형반형, 호형, 배형으로 구분하도록 한다. 배신형태와 시기에 대한 교차표를 작성한 결과 한성기에는 모든 배신이 출현하고 있지만 대형반형, 소형반형, 호형은 웅진기·사비기에서 확인되지 않은 형태임을 알 수 있다[206](표 35).

삼족토기의 형식설정에 앞서 세부적인 명목적 속성에 대한 시간적 변천을 검토해야 하지만 대형반형, 소형반형, 호형 삼족토기를 또 다시 세분해서 형식설정하기에는 개체수가 너무 적다. 따라서 여기서는 배형 삼족토기 411점의 명목적 속성을 통해서 시간적 변천을 알아보도록 한다.

---

205) 상자도표에서 구분된 수치적 차이와 시간과의 상관관계를 효과적으로 파악하기 위해 다중비교법을 실시한 결과 각각 한성기, 웅진기, 사비기 사이에는 다리굵기의 평균에 차이가 있음을 확인하였다. 즉 삼족토기의 다리굵기는 시간성을 반영하는 유효한 속성임을 알 수 있다.

206) 교차표에서 확인된 양상들의 관련성을 알아보기 위해 카이제곱 검정을 실시한 결과 유의확률이 0으로 0.05보다 작기 때문에 대립가설이 선택된다. 따라서 시간과 배신형태는 서로 관련이 있는 것을 알 수 있다.

표 35 삼족토기의 시기와 배신형태의 교차표

			배신형태				전체
			대형반형	소형반형	호형	배형	
시기	한성기	빈도	23	23	4	129	179
		배신형태의 %	100.0%	100.0%	100.0%	31.4%	38.8%
	웅진기	빈도	0	0	0	53	53
		배신형태의 %	.0%	.0%	.0%	12.9%	11.5%
	사비기	빈도	0	0	0	229	229
		배신형태의 %	.0%	.0%	.0%	55.7%	49.7%
전체		빈도	23	23	4	411	461
		배신형태의 %	100.0%	100.0%	100.0%	100.0%	100.0%

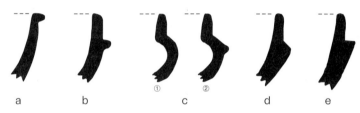

도 90 배형 삼족토기의 뚜껑받침턱 형태

a. 뚜껑받침턱 형태

뚜껑받침턱 형태는 크게 5유형으로 분류할 수 있다(도 90). 횡침선을 돌리거나 구연 끝을 살짝 외반시킨 뚜껑받침턱 a, 돌대의 뚜껑받침턱 b, 최대경을 만들어 돌출시킴으로서 뚜껑받침턱을 대신한 뚜껑받침턱 c, 뚜껑받침턱의 단이 경사로 된 뚜껑받침턱 d, 뚜껑받침턱의 단이 수평으로 된 뚜껑받침턱 e로 세분된다.

뚜껑받침턱과 시기에 대한 교차표를 작성한 결과 한성기에는 뚜껑받침턱의 모든 형태가 확인되고 있지만 대체적으로 뚜껑받침턱 a~c는 한성기, 웅진기 · 사비기에는 뚜껑받침턱 d · e가 주를 이룬다[207](표 36).

---

207) 교차표에서 확인된 양상들의 관련성을 알아보기 위해 카이제곱 검정을 실시한 결과 유

표 36 삼족토기의 시기와 뚜껑받침턱 형태의 교차표

			뚜껑받침턱형태					전체
			a	b	c	d	e	
시기	한성기	빈도	17	26	34	34	18	129
		뚜껑받침턱형태의 %	100.0%	100.0%	91.9%	26.6%	8.9%	31.4%
	웅진기	빈도	0	0	3	23	27	53
		뚜껑받침턱형태의 %	.0%	.0%	8.1%	18.0%	13.3%	12.9%
	사비기	빈도	0	0	0	71	158	229
		뚜껑받침턱형태의 %	.0%	.0%	.0%	55.5%	77.8%	55.7%
전체		빈도	17	26	37	128	203	411
		뚜껑받침턱형태의 %	100.0%	100.0%	100.0%	100.0%	100.0%	100.0%

표 37 삼족토기의 시기와 다리형태의 교차표

			다리형태			전체
			a	b	c	
시기	한성기	빈도	65	11	53	129
		다리형태의 %	74.7%	26.8%	18.7%	31.4%
	웅진기	빈도	3	21	29	53
		다리형태의 %	3.4%	51.2%	10.2%	12.9%
	사비기	빈도	19	9	201	229
		다리형태의 %	21.8%	22.0%	71.0%	55.7%
전체		빈도	87	41	283	411
		다리형태의 %	100.0%	100.0%	100.0%	100.0%

b. 다리형태

다리형태는 다리의 접지면이 편평한 것(a), 다리 끝이 외반된 것(b), 다리의 접지면이 뾰족한 것(c) 3개로 구분할 수 있다(도 91).

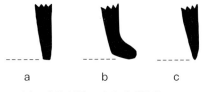

도 91 배형 삼족토기의 다리형태

의확률이 0으로 0.05보다 작기 때문에 대립가설이 선택된다. 따라서 시간과 뚜껑받침턱 형태는 서로 관련이 있는 것을 알 수 있다.

다리형태와 시기에 대한 교차표를 작성한 결과 한성기에는 다리형태 a, 웅진기에는 다리형태 b, 사비기에는 다리형태 c의 비율이 보다 많은 것을 알 수 있다[208](표 37).

③ 型式設定과 編年 研究

뚜껑받침턱 a~c는 개체수가 적어 하나의 형식으로 인정하기 부적절하기 때문에, 다리형태와 상관이 없이 뚜껑받침턱 a는 1형식, 뚜껑받침턱 b는 2형식, 뚜껑받침턱 c는 3형식으로 설정하였다(표 38). 뚜껑받침턱 d와 다리형태 a·b도 개체수가 적기 때문에 이를 합쳐서 4형식으로, 뚜껑받침턱 d와 다리형태 c는 5형식, 뚜껑받침턱 e와 다리형태 a·b는 6형식, 뚜껑받침턱 e와 다리형태 c는 7형식, 이와 같이 총 7개 형식으로 분류하였다.

표 38 삼족토기의 뚜껑받침턱 형태와 다리형태의 교차표

			다리형태			전체
			a	b	c	
뚜껑받침턱 형태	a	빈도	6	3	8	17
		다리형태의 %	6.9%	7.3%	2.8%	4.1%
	b	빈도	10	4	12	26
		다리형태의 %	11.5%	9.8%	4.2%	6.3%
	c	빈도	15	3	19	37
		다리형태의 %	17.2%	7.3%	6.7%	9.0%
	d	빈도	30	15	83	128
		다리형태의 %	34.5%	36.6%	29.3%	31.1%
	e	빈도	26	16	161	203
		다리형태의 %	29.9%	39.0%	56.9%	49.4%
전체		빈도	87	41	283	411
		다리형태의 %	100.0%	100.0%	100.0%	100.0%

---

208) 교차표에서 확인된 양상들의 관련성을 알아보기 위해 카이제곱 검정을 실시한 결과 유의확률이 0으로 0.05보다 작기 때문에 대립가설이 선택된다. 따라서 시간과 다리형태는 서로 관련이 있는 것을 알 수 있었다.

표 39 삼족토기의 시기와 형식의 교차표

			형식							전체
			1형식	2형식	3형식	4형식	5형식	6형식	7형식	
시기	한성기	빈도	17	26	34	24	10	12	6	129
		형식의 %	100.0%	100.0%	91.9%	53.3%	12.0%	28.6%	3.7%	31.4%
	웅진기	빈도	0	0	3	13	10	10	17	53
		형식의 %	.0%	.0%	8.1%	28.9%	12.0%	23.8%	10.6%	12.9%
	사비기	빈도	0	0	0	8	63	20	138	229
		형식의 %	.0%	.0%	.0%	17.8%	75.9%	47.6%	85.7%	55.7%
전체		빈도	17	26	37	45	83	42	161	411
		형식의 %	100.0%	100.0%	100.0%	100.0%	100.0%	100.0%	100.0%	100.0%

〈표 39〉의 시기와 형식과의 교차표를 참고하면 큰 흐름 속에서는 1형식에서 7형식으로 시간에 따라 변화되는 것을 알 수 있다.[209] 모든 형식은 한성기에 출현하지만 1~2형식은 한성기에서만 확인되는 형식이다. 웅진기·사비기에는 3~7형식이 확인되는데 그 중 웅진기는 4~7형식이, 사비기는 5~7형식이 주류를 이루고 있다.

삼족토기의 편년을 실시하기 위한 기준 자료는 중국 자기 공반과 무덤의 형태로 고분의 조영 순서가 밝혀짐으로써 5세기 2/4~3/4분기로 비정된 公州水村里遺蹟 II지점 5호 횡혈식석실분 출토품(도 92-11), 대가야토기와의 공반관계를 통해 5세기 3/4~4/4분기(한성기 말~웅진기 초)로 비정된 鎭安 黃山里古墳群 가지구 11호분 석곽묘 출토품(도 92-36·56), 일본 출토 백제(계)토기와의 비교로 6세기 1/4분기로 비정된 公州 宋山里古墳群 방단적석유구 출토품(도 92-47)을 들 수 있다. 또한 扶餘 王興寺址 목탑지 기단토 출토품[210]

---

209) 교차표에서 확인된 양상들의 관련성을 알아보기 위해 카이제곱 검정을 실시한 결과 유의확률이 0으로 0.05보다 작기 때문에 대립가설이 선택된다. 따라서 시간과 형식은 서로 관련이 있는 것을 알 수 있다.

210) 목탑지 수습 청동제 사리함의 명문을 통해 부여 왕흥사지가 577년에 건립되었던 것을 알 수 있다. 발굴 결과 577년 이전의 유구가 확인되지 않으므로 목탑지 기단토 출토 삼족토기는 577년 전후의 제품임이 확실하다.

(도 92-39)과 益山 帝釋寺址 목탑지 북편 계단지 서남측 부근 출토품[211](도 92-60)은 각각 청동제 사리함의 명문과 문헌기록을 통해 시기를 비정할 수 있는 유물들이다.

5세기 3/4~4/4분기로 비정된 황산리 11호분 출토품(도 92-36)의 배신비율은 0.70, 다리위치는 0.67이며 6세기 1/4분기로 비정된 송산리 방단적석유구 출토품(도 92-47)의 배신비율은 0.62, 다리위치는 0.74이다. 이를 보아 삼족토기는 시간의 경과에 따라 배신이 얕아지고 다리가 길어지며 점차 다리가 최대경과 가까운 곳에 위치하게 됨을 알 수 있다. 즉, 이 두 개체보다 상대적으로 다리가 짧고 배신이 깊은 것과 다리위치가 가운데로 모여 있는 것을 선행, 다리가 길고 배신이 얕은 것과 다리위치가 최대경과 가까운 곳에 위치하는 것은 후행임에 둘 수 있다. 상기의 주요 연대결정자료 및 시기와 형식의 교차표(표 39)를 기준으로 삼족토기의 명목적·계측적 속성의 변천과 공반유물을 통해 편년표를 작성하면 〈도 92〉와 같다.

삼족토기의 출현시점을 알 수 있는 절대연대자료는 없으나[212] 대형반형이 배형보다 다소 늦게 출현한 것으로 추정된다(도 92-1·2). 대형반형 삼족토기에는 몸체의 중간 부분에 돌대와 유사한 모양의 장식이 더해진 것들이 많은데, 이는 銅洗와 같은 금속용기에서 흔히 보이는 특징이다(박순발 2006, p.151). 백제 대형반형 삼족토기의 출현시기와 기원에 대해서는 연구자마다 의견의 일치를 볼 수 없는 상태이다. 이에 대한 내용은 후술할 바와 같은데 필자는 4세기 4/4분기에 출현한 것으로 생각된다.

---

211) 익산 제석사의 조영과 관련해서 중국 육조시대의 문헌인 『觀世音應驗記』가 유일하다. 이에 따르면 백제 武廣王(武王)이 枳慕蜜地(익산의 옛 지명)로 천도하여 帝釋精舍를 지었는데, 貞觀 十三年(639년, 무왕 40년) 뇌우로 인하여 佛堂과 7층 목탑 및 廊房이 모두 불탔으나 사리장엄구를 수습하여 다시 절을 세운 내용 등이 구체적으로 묘사되어 있다. 특히 백제 무왕이 익산지역으로 천도하여 제석사를 창건했다는 내용은 주목되는 부분이다(국립부여문화재연구소 2011a). 따라서 출토 삼족토기도 7세기 전반대 유물로 추정된다.

212) 3세기 중~말엽으로 비정되는 김해 회현리패총 출토 사족토기의 존재로 미루어 볼 때 백제 삼족토기가 4세기 3/4분기보다 더 선행할 가능성이 있다.

	大形盤形	小形盤形	壺形	杯形						
				1型式	2型式	3型式	4型式	5型式	6型式	7型式

漢城期 350
熊津期 475
泗沘期 538 / 660

1・2. 서울 夢村土城 土壙 第2號 土壙(夢村土城 發掘調查團 1985), 3. 서울 夢村土城 住居址(林炳泰 外 1994), 4. 同上, 5. 河南 渼沙里遺蹟 B2號 住居址(金元龍 外 1988), 6. 서울 風納土城 現代聯合敷地 SOW2 土器散布地(國立文化財研究所 2009), 7. 서울 風納土城 東南地區 88-1號 貯藏孔(金元龍 外 1988), 8. 同上遺蹟 西南地區 20-9號 貯藏孔(金元龍 外 1989), 9. 華城里 石隅里 몸집遺蹟 16號 住居址(畿甸文化財研究院 2007a), 10. 서울 風納土城 197番地(舊未來마을) 가-2號 住居址(國立文化財研究所 2009), 11. 公州 水村里遺蹟 II地點 5號 橫穴式石室墳(忠淸南道歷史文化研究院 2007d), 12. 洪城 神衿城遺蹟 II地點 2號 石槨墓(忠淸南道歷史文化院 2007d), 13. 서울 風納土城 慶堂地區 1號 遺構 最上層 廢棄場)(推定 廢棄場 外 2006), 14. 洪城 神衿城 中層(李康承 外 1994), 15. 牙山 草沙洞遺蹟 貯藏孔(李康承 外 1994), 16. 서울 風納土城 現代聯合敷地 S4EO 內 土器散布面 中層(國立文化財研究所 2001), 17. 서울 夢村土城 東南地區 88-4號 住居址(夢村土城 發掘調查團 1985), 18. 同上風納土城 197番地(舊未來마을) 가-35號 竪穴遺構 1 (國立文化財研究所 2009), 21. 龍仁 水枝白濟遺蹟(國立文化財研究所 2009), 22. 서울 風納土城 小規模住宅新築敷地 北便1地區 142-1號(國立文化財研究所 2007), 23. 同上風納土城 197番地(舊未來마을) 가-62號 竪穴遺構(國立文化財研究所 2001), 26. 서울 夢村土城 東北地區 遺物 散布地(夢村土城 發掘調查團 2009), 24. 洪城 神衿城 西壁 地表收拾(李康承 外 1994), 25. 서울 風納土城 現代聯合敷地 가-S6W2 그리드(國立文化財研究所 2001), 28. 서울 風納土城 慶堂地區 9號 遺構 平面 A 最上層(權五榮 外 2009), 27. 서울 風納土城 現代聯合敷地 가-S1W1 그리드 地表收拾(李康承 外 1994), 29. 論山 茅村里古墳群(高亭龍 外 2004), 31. 完州 龍興里遺蹟 17號住居址(國立公州博物館 1999a), 30. 公州 艇止山遺蹟 23號 貯藏孔(國立公州博物館 1999a), 31. 完州 龍興里遺蹟 17號住居址(國立公州博物館 1999a), 32. 서울 夢村土城 나마을 不明구(夢村土城 發掘調查團 1985), 33. 洪城 神衿城 7號 住居址(尹武炳 2010), 36・56. 鎭安 黃山里古墳群 가地區 11號墳 石槨墓(郭長根 外 2001), 37. 公州 丹芝里遺蹟 4地區 18號 橫口式石槨墓(朴大淳 外 2009c), 40. 扶餘 定林寺址 S1E2 東西方向 探索 트렌치 內 赤褐色砂質土層 地表收拾(朴淳發 外 2003), 43. 論山 表井里 석장리)(安承模 2010), 34. 牙山 草沙洞遺蹟 現代聯合敷地 가-N4W1 그리드遺蹟(夢村2 號 住居址(尹武炳 2010), 38. 瑞山 餘美里 방죽골遺蹟(李尚燁 2005), 39. 扶餘 王興寺址 木塔址 基壇土 內部(國立扶餘文化財研究所 2009c), 42. 扶餘 軍守里地點遺蹟 地表收拾(國立扶餘文化財研究所 2008a), 42. 扶餘 陵山里寺址 10次 調查 3建物址 黃褐色粘質土(國立扶餘文化財研究所 2011b), 41. 扶餘 陵山里東羅城(礎石面) 黃褐色砂質層 地表收拾(國立扶餘文化財研究所 2008a), 43.

古墳群 14號墳(安承周 · 李南奭 1988a), 44. 서울 風納土城 197番地(舊未來마을) 가-1號 住居址(國立文化財研究所 2009), 45. 高陽 筧節山遺蹟 1號 住居址(李憲載 · 權純珍 2005), 46. 公州 山儀里遺蹟 5號 橫穴式石室墳(李南奭 1999), 47. 公州 宋山里古墳群 方壇積石遺構(李漢祥 · 安敏子 1998), 48. 扶餘 東南里 702番地遺蹟 百濟時代 遺物包含層(Ⅳ層)(忠淸南道歷史文化院 2007c), 49. 益山 西城遺蹟 竪穴遺構(金建洙 外 2004), 50. 論山 表井里古墳群 A區 2號墳 橫口式石槨墓(尹武炳 1979), 51. 扶餘 井洞里遺蹟 百濟時代 Ⅲ層 周邊 地表收拾(李販燮 外 2008), 52. 扶餘 北浦遺蹟 Ⅱ文化層 1號 枝葉敷設(李浩炯 · 李販燮 2009), 53. 서울 夢村土城 東北地區 87-2號 住居址 Ⅲ層(金元龍 外 1987), 54. 同土城 第10號 貯藏孔(夢村土城發掘調査團 1985), 55. 同土城 東北地區 87-1號 住居址 床(Ⅳ層) 小形 貯藏孔(金元龍 外 1987), 57. 公州 丹芝里遺蹟 4地區 4號 橫穴墓(朴大淳 · 池珉周 2006), 58. 完州 배매山遺蹟 다-3地區 潭水址(尹德香 外 2002), 59. 舒川 花山里古墳群 18號墳 橫口式石槨墓(柳基正 外 2003), 60. 益山 帝釋寺址 木塔址 北便 階段址 西南側 附近(國立扶餘文化財研究所 2011a), 61. 扶餘 雙北里 252-1番地遺蹟 高麗時代 基壇 上部(忠淸南道歷史文化院 2008e), 62. 扶餘 花枝山遺蹟 마地區 赤褐色砂質粘土層(國立扶餘文化財研究所 2002a)

도 92 삼족토기의 편년(1~4 · 11 : S=1/20, 기타 : S=1/12)

대형반형 삼족토기 중 뚜껑받침턱이 있는 〈도 92-3 · 4〉는 동세의 대략적인 크기와 기형을 계승하고 있으나 뚜껑받침턱 형태는 2형식과 3형식과 같음을 알 수 있다. 이도 동세를 모방한 기타 대형반형과 얼마 시간을 두지 않은 시기에 출현한 것으로 보인다.

소형반형(도 92-5~8)은 구연이 외반된 것과 직립된 것으로 나누어지는 것으로 보이나 대부분 직립 구연을 가진 연질 소성이 많다. 이도 계측적 속성의 변천을 고려하면 4세기 4/4분기~5세기 3/4분기의 한성기에서만 성행한 것으로 이해된다.

호형 삼족토기는 현재 4점만 확인된다. 이들은 다른 형식에 비해 짧은 기간에 유행한 것으로 추정된다(도 92-9~11).

배형 1형식은 후술하겠지만 지역적 특징을 나타낸 기형이라 할 수 있다(도 92-12~15). 이 형식은 洪城 神衿城을 비롯한 서해안지역에서 높은 빈도로 출토되며, 4세기 4/4분기에 출현하여 5세기대의 한성기에서만 성행한 것으로 이해된다.

배형 2형식은 상대적으로 배신이 깊고 다리가 짧은데다가 다리의 위치가 가운데로 모여져 있는 서울 風納土城 현대연합부지 S4E0 내 토기산포유구 중층 출토품(도 92-16)이 시기적으로 가장 이른 형태로 보이며 4세기 3/4분기에 출현한 것으로 추정되지만 고배의 경우와 같이 삼족토기의 성행은 4세기 4/4분기 이후에 이루어졌을 가능성이 높다. 이 형식도 한성기에서만 유행한 것으로 이해된다.

배형 3형식도 계측적 속성의 변천을 통해 龍仁 水枝百濟遺蹟 Ⅰ지점 출토품(도 92-21)이 시기적으로 가장 이른 형태로 보이며 4세기 4/4분기에 출현한 것으로 추정된다. 이 형식은 일부 웅진기에도 확인되지만 한성기에 주로 성행한 것으로 보인다.

배형 4형식과 5형식도 2형식에 비해 다소 늦은 4세기 4/4분기에 출현한 것으로 이해된다. 그 이유는 2형식의 뚜껑받침턱

형태와 유사한 서울 풍납토성 현대연합부지 가-S6W2 그리드 출토품(도 92-25)과 서울 夢村土城 출토지 불명품(도 92-32)을 통해 어느 정도 짐작이 가능하기 때문이다. 만약에 2형식의 뚜껑받침턱 형태를 변형시킨 것이라면 2형식보다 늦은 4세기 4/4분기로 비정이 가능하다. 4형식의 하한은 6세기 2/4분기경으로 추정된다.

배형 5형식에는 편년의 기준이 되는 5세기 4/4분기의 황산리 11호분 출토품(도 92-36), 557년경의 왕흥사지 목탑지 기단토 출토품(도 92-39)이 있다. 황산리 출토품은 형태로 보아 한성기 말~웅진기 초에 해당됨을 알 수 있다. 이를 기준으로 5형식의 상한은 4세기 4/4분기, 하한은 백제 멸망 직전인 7세기 3/4분기까지로 추정된다.

배형 6형식은 편년의 기준이 되는 6세기 1/4분기의 송산리고분군 방단적석유구 출토품을 들 수 있다(도 92-47). 이를 기준으로 6형식의 상한은 5세기 1/4분기, 하한은 백제 멸망 직전인 7세기 3/4분기로 추정된다. 후술하겠지만 6·7형식의 초현형은 배신에 비해 구연이 상대적으로 짧고 배신의 저부가 원저로 된 것이 특징이다. 시간성을 잘 반영하고 있는 배신과 다리의 비율을 참고로 하면 論山 表井里古墳群 14호분 출토품(도 92-43)이 5세기 1/4분기로 가장 이른 것으로 추정된다. 따라서 6형식의 초현은 지방(논산지역)에 있기 때문에 서울 몽촌토성 출토품은 논산 출토품과 연관될 가능성이 높다.

배형 7형식은 6형식과 같은 5세기 1/4분기 또는 이보다 다소 늦을 가능성은 있다. 이 형식에도 편년의 기준이 되는 5세기 4/4분기의 황산리 11호분 출토품(도 92-56)과 7세기 전반대의 益山 帝釋寺址 목탑지 북편 계단지 서남측 부근 출토품(도 92-60)이 있다. 이를 기준으로 7형식의 상한은 5세기 1/4분기, 하한은 백제 멸망 직전인 7세기 3/4분기까지로 추정된다.

④ 起源

현재까지 자료를 보는 한 중국 孫吳時代(222~280년)에는 도제 삼족토기가 출현하고 남조시대(420~589년)까지 제작된 듯하다. 그 중 백제 삼족토기의 조형이 되는 기형은 손오시대 말과 西晉代에 출현한다.

鳳凰三年(274년)의 기년명이 수습된 南京市 東善橋 東吳墓 출토품(도 93-1)과 동오 만기로 비정되는 南京市 江寧鎭 上湖村 東吳墓 출토품(도 93-2)의 뚜껑받침턱 형태는 각각 1형식과 2형식에 해당된다. 東晉 만기~남조 조기에 비정되는 江蘇省 南京市 富貴山 六朝 6호묘 출토품(도 93-4)은 1형식인 서울 몽촌토성 동남지구 88-2호 주거지 출토품(金元龍 外 1988)과 유

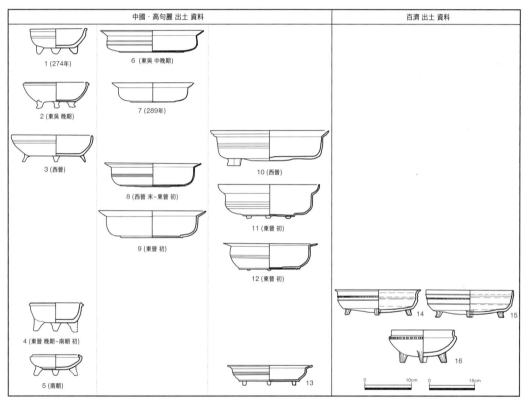

1. 江蘇省 南京市 東善橋 東吳墓(祁海寧 1999), 2. 江蘇省 南京市 江寧鎭 上湖村 東吳墓(王霞 2007), 3. 浙江省 奉化市 中心糧庫 13號墓(李永寧 外 2010), 4. 江蘇省 南京市 富貴山 六朝墓地 6號墓(祁海寧 外 1998), 5. 湖北省 巴東縣 西瀼口村 10號墓(李珍 2003), 6. 江蘇省 南京市 仙鶴山 1號墓(王志高·賈維勇 2007), 7. 山東省 臨沂市 洗硯池 1號墓 東室(李力 2005), 8. 江西省 南昌市 火車站 5號墓(趙德林·李國利 2001), 9. 江蘇省 南京市 富貴山 六朝墓地 4號墓(祁海寧 外 1998), 10. 江西省 南昌縣 小藍鄕 1號墓(李榮華 2006), 11. 吉林省 集安市 麻綿溝 2351號墳(魏存成 1996), 12. 江蘇省 南京市 富貴山 六朝墓地 2號墓(祁海寧 外 1998), 13. 吉林省 集安市 禹山 68號 積石墓(張雪岩 1979), 14~16. 서울 夢村土城 第2號 土壙(夢村土城發掘調査團 1985)

도 93 중국·고구려 출토품과 대형반형 삼족토기의 시간적 위치
　　　 (1·3~5·16 : S=1/8, 2·6~10·12~15 : S=1/12, 11 : 축척 부동)

사하다. 몽촌토성 출토품은 5세기 1/4분기에 해당되는 것인데 중국 출토품과의 시기와도 부합된다. 남조로 비정되는 湖北省 巴東縣 西瀼口村 10호묘 출토품(도 93-5)은 3형식과 대비시킬 수 있으며 특히 5세기 2/4분기로 비정되는 서울 풍납토성 197번지 가-62호 수혈 출토품(국립문화재연구소 2009)과 유사함을 알 수 있다. 서진대에 비정되는 浙江省 奉化市 中心粮庫 13호묘 출토품(도 93-3)은 소형반형과 유사하다.

앞에서 언급하였듯이 백제 대형반형 삼족토기의 기원은 중국 銅洗, 즉 다리가 셋 달린 형태의 세숫대야형 그릇에 있는 가능성이 높다(박순발 2006, p.151). 또한 배형 삼족토기도 서진대 자기와 동기에서 조형이 될 만한 것들이 많이 확인된다는 지적이 있다(權五榮 2011).

문제는 백제 대형반형 삼족토기의 출현시기를 서진대의 동세로 보는지(朴淳發 2001a, p.110; 2006, p.151) 아니면 5세기대로 내려 봐야할 것인지(定森秀夫 1989; 김일규 2007a · 2007b) 의견이 대립한 상태인 것이다. 그들이 백제 대형반형 삼족토기의 조형으로 주목하고 있는 유물은 吉林省 集安市 禹山 68호분 출토 동세에서 구하고 있음에도 불구하고 定森秀夫, 김일규, 毛利光 俊彦(2005, 附圖2)은 이 동세를 서진대의 것으로 보고한 발굴보고자의 연대관을 따르지 않고 5세기 전엽 또는 5세기 중엽경으로 비정하고 있다. 그러나 대형반형의 원형이 동세에 있다는 것은 대부분의 연구가가 인정하고 있는 듯하다. 따라서 여기서는 중국과 고구려 출토 동세의 변천을 살피도록 한다. 동세에는 저부에 다리(乳丁形 포함)가 있는 것(도 93-10~13)과 없는 것(도 93-6~9)으로 분류되지만 대략적인 변천은 같다. 동세의 시간적 변천을 나타내는 속성은 동체부의 형태와 저부의 형태, 다리를 제외한 높이(기고)를 들 수 있다. 동체부의 형태는 구연에서 약 90도로 내려가는 것에서 약 60~45도로 내려와 저부와 연결하는 것으로 변화한다. 저부에는 굽과 유사한 단이 확인되는데 동체부와 저부의 경계보다 안쪽에 단을 설치하는 것에서 점차 동체부와 저부가 만나는 부분에 단을 만든다. 마지막은 동세에 다리가 있는 경우 동세의 기고가 점차 낮아지는 양상을 볼 수 있다. 이러한 변천 양상을 참고로 하면 백제 대형반형 삼족토기는 동진 초 이후가 될 것으로 보인다. 문제는 吉林省 集安市 禹山 68호묘 출토품(도 93-13)의 연대인데, 왜냐하면 대형 반형 삼족토기가 우산 68호묘 출토품보다 다소 선행할 것으로 보이기 때문이다. 우산 68호묘는 석실의 구조도 명확히 밝히지 못했을 정도로 파괴가 심했고 청동기 4점만 수습된 상태이다. 보고서에서는 吉林省 集安市 七星山 96호묘와 병행하는 것으로 보고 있으며 小田富士雄(1979b)도 이에 동의하고 있다. 칠성산 96호묘에서는 많은 유물들이 수습되었는데 그 중 장경호에 주목하고자 한다. 고구려 장경호는 동체부의 형태가 球形에서 細長形의 변화가 관찰된다(崔鍾澤 1999, p.91). 이를 참고로 하면 칠성산 96호묘는 5세기대의 것임을 알 수 있다. 구체적인 연대는 서울 몽촌토성 제2호 토광(추정 제사유구) 출토품(도 93-16)을 통해 짐작할 수 있다. 이 출토품의 뚜껑받침턱 부분에는 도구를 이용해 원형을 찍었는데 이는 동일 유적에서 출토된 대형반형 삼족토기(도 93-14 · 15)에서도 보이는 것으로써, 같은 공인에 의해 제작된 것으로 판단된다. 몽촌토성 출토 배형 삼족토기는 백제 삼족토기의 변천을 통해 4세기 4/4분기에 해당되기 때문에 대형반형 삼족토기도 이즈음에 제작된 것으로 보인다.[213] 칠성산 96호묘 출토품은 백제 대형반형보다 기형이 다소 후행하는 것으로 그 시기는 5세기 1/4~2/4분기로 비정된다.[214]

어쨌든 중국의 삼족토기의 변천을 통해서도 배신과 다리의 비율은 유효한 속성이며, 뚜껑받침턱 형태 또한 서로 공통되고 있음을 알 수 있다.

⑤ 地域的 特徵

삼족토기 중 지역적 특징으로 볼 수 있는 형태는 2가지이다(도 94). 첫 번째는 서울지역, 아산지역, 서해안지역 등지에서 수습되는 횡침선을 돌리거나

---

213) 반면 朴普鉉(2011)은 황유도기가 출토된 集安市 三室塚의 일반적인 연대를 기준으로 삼아서 동세와 황유도기가 동반한 우산 68호묘의 연대도 5세기 중엽에서 후엽으로 상한연대을 설정하였다. 이를 통해 백제 대형반형 삼족토기 및 慶州 皇南大塚 출토 청동제 삼족반의 연대도 이와 같은 범주에서 정리된다고 한다.

214) 칠성산 96호묘의 연대에 대해서는 연구자마다 의견 차이가 있다. 4세기 중엽~5세기 초(諫早直人 2009), 4세기 후반~5세기 초(王巍 1997), 5세기 전~중엽(小田富士雄 1979b) 등이 제시된 상황이다.

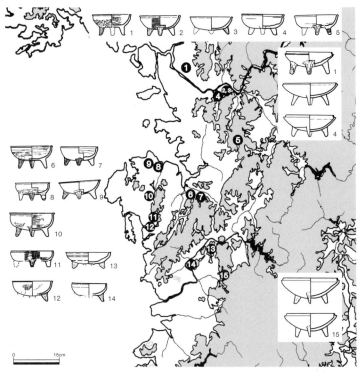

1. 高陽 覓節山遺蹟 S0E1 方眼 內 Ⅱ層 · 1號 住居址(李憲載 · 權純珍 2005), 2. 서울 風納土城 慶堂地區 1號 遺構 最上層(權五榮 外 2006), 3. 同遺蹟 197番地 가-34號 竪穴(國立文化財研究所 2009), 4. 서울 夢村土城 西南地區 11-6 百濟層(金元龍 外 1989) · 第10號 貯藏孔(夢村土城發掘調査團 1985), 5. 利川 雪城山城 地表收拾(朴慶植 外 2004), 6. 牙山 草沙洞遺蹟 Ⅱ地點 2號 石槨墓(忠淸南道歷史文化院 2007d), 7. 牙山 葛梅里遺蹟 Ⅲ地域 遺物包含層 A地區 (李弘鍾 外 2007), 8. 唐津 佳谷2里遺蹟 2號 住居址(崔秉柱 · 崔보람 2013), 9. 唐津 元堂里遺蹟 4號 住居址(鄭海濬 外 2009), 10. 瑞山 富長里遺蹟 Ⅰ地域 4號 墳丘 2號 土壙墓(忠淸南道歷史文化研究院 2008b), 11. 洪城 南長里遺蹟 3號 周溝(朴有貞 2010), 12. 洪城 神衿城 9號 貯藏孔(李康承 外 1994), 13. 公州 公山城 池塘2次 調査(李南奭 · 李勳 1999), 14. 扶餘 陵山里寺址 8次 調査(國立扶餘博物館 2007c), 15. 論山 表井里古墳群 14號墳(安承周 · 李南奭 1988a)

도 94 배형 삼족토기의 지역적 양상(S=1/12)

구연 끝을 살짝 외반시킨 뚜껑받침턱 a, 즉 배형 1형식이다. 주로 한성기의 유적에서 출토되며 한정된 지역에서 확인되는 것이 특징이다. 서울지역의 1형식의 점유율은 불과 0.6%인데 비해 서해안지역은 40%로 높은 빈도임을 확인할 수 있다.[215] 따라서 1형식은 서해안지역의 삼족토기로 이해되며 서울지역,

---

215) 홍성 신금성 출토품(李康承 外 1994)은 파편까지 포함하면 그 점유율은 더 높아진다.

아산지역, 금강유역에서 출토되는 1형식들은 5세기대에 서해안지역에서 유입되거나 이와 관련을 통해서 제작된 것으로 생각된다.

두 번째는 뚜껑받침턱 e에 대해 살펴보고자 한다. 초현기의 뚜껑받침턱 e는 배신에 비해 구연이 상대적으로 짧고 배신의 저부가 원저가 된 것이 특징이다. 시간성을 잘 반영하고 있는 배신과 다리의 비율을 참고로 하면 論山表井里古墳群 출토품(도 94-15)이 5세기 1/4분기로 가장 이른 것에 해당된다. 따라서 서울 몽촌토성 출토품(도 94-4)은 논산 출토품과 연관될 가능성이 높다.

(5) 短頸瓶

분석 대상인 단경병은 완형이 194점이다. 먼저 A~L까지 총 12개의 계측점(도 95)을 설정 후 분석해 본 결과, 시간적 변화와 큰 상관관계를 나타내는 것으로 판단되는 저부비(D/C)·최대경위치(G/J)·동상비(I/E)의 3개의 계측적 속성조합을, 명목적 속성을 통해서는 4개의 동부형태와 3개의 구연형태를 추출하였다. 또한 동부형태와 구연형태의 조합을 통해 형식을 설정한 후 연대결정자료와 공반된 토기를 통해 단경병의 전체적인 편년안을 제시하고자 한다.

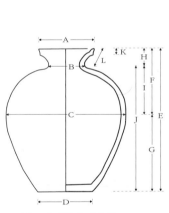

도 95 단경병의 계측점

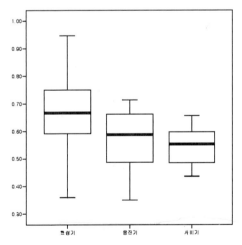

도 96 단경병의 시기별 저부비의 상자도표

① 計測的 屬性

a. 저부비

상자도표에서 볼 수 있듯이 사비기에 갈수록 저부가 상대적으로 좁아지는 것을 알 수 있다[216](도 96). 저부비 평균은 0.65, 웅진기의 평균은 0.56, 사비기 저부비의 평균은 0.54이다.

b. 최대경위치

상자도표에서 볼 수 있듯이 사비기에 갈수록 최대경의 위치가 동체 상부로 이동하는 것을 추정할 수 있다[217](도 97). 한성기 최대경의 위치 평균은 0.50, 웅진기의 평균은 0.58, 사비기의 평균은 0.61이다.

c. 동상비

상자도표에서 볼 수 있듯이 사비기에 갈수록 동상부의 비율이 작아지는 것을 알 수 있다[218](도 98). 한성기 동상비의 평균은 0.43, 웅진기의 평균은 0.36, 사비기의 평균은 0.33이다.

② 名目的 屬性

a. 동부형태

동부형태는 크게 4유형으로 분류할 수 있다(도 99). 동부형태 a는 최대경이

---

216) 상자도표에서 구분된 수치적 차이와 시간과의 상관관계를 효과적으로 파악하기 위해 다중비교법을 실시한 결과 한성기와 웅진기·사비기 사이에는 저부비의 평균에 차이가 있음을 확인하였다. 즉 단경병의 저부비는 시간성을 반영하는 유효한 속성임을 알 수 있다.

217) 상자도표에서 구분된 수치적 차이와 시간과의 상관관계를 효과적으로 파악하기 위해 다중비교법을 실시한 결과 한성기와 웅진기·사비기 사이에는 최대경위치의 평균에 차이가 있음을 확인하였다. 즉 단경병의 최대경위치는 시간성을 반영하는 유효한 속성임을 알 수 있다.

218) 상자도표에서 구분된 수치적 차이와 시간과의 상관관계를 효과적으로 파악하기 위해 다중비교법을 실시한 결과 한성기와 웅진기·사비기 사이에는 동상비의 평균에 차이가 있음을 알 수 있었다. 이것은 앞서 분석한 저부비와 최대경위치의 결과와도 관련되는 것으로 생각된다.

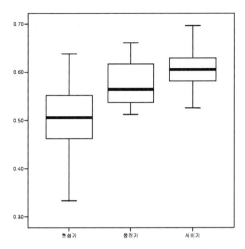

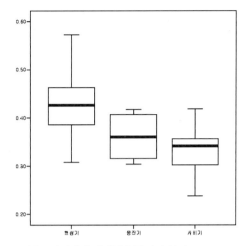

도 97 단경병의 시기별 최대경위치의 상자도표　　**도 98** 단경병의 시기별 동상비의 상자도표

동체 하부에 위치하고, 동부형태 b는 최대경이 동체부 중심에 위치하며 그 형태가 호와 비슷하고 저부가 다른 단경병에 비해 불명확하다. 동부형태 c는 동부형태 c①과 동부형태 c②로

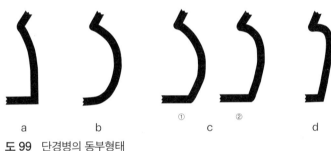

도 99 단경병의 동부형태

세분되는데, 동부형태 c①은 방유리(2001)가 분류한 반구형, 동부형태 c②는 구형에 해당될 듯하다. 여기서는 반구형의 개체수가 적기 때문에 동부형태 c 에 포함시킨다. 동부형태 d는 최대경이 동체 상부에 위치하며, 胴上比(I/E)가 상대적으로 작다.

　동부형태와 시기에 대한 교차표[219]를 작성한 결과 동부형태 a 및 동부형태

---

219) 총 분석 대상은 194점이나, 시기를 명확히 판단할 수 없는 55점을 제외하고 교차표를

표 40 단경병의 시기와 동부형태의 교차표

			동부형태				전체
			a	b	c	d	
시기	한성기	빈도	14	8	60	3	85
		동부형태의 %	100.0%	100.0%	63.8%	13.0%	61.2%
	웅진기	빈도	0	0	14	0	14
		동부형태의 %	.0%	.0%	14.9%	.0%	10.1%
	사비기	빈도	0	0	20	20	40
		동부형태의 %	.0%	.0%	21.3%	87.0%	28.8%
전체		빈도	14	8	94	23	139
		동부형태의 %	100.0%	100.0%	100.0%	100.0%	100.0%

b는 한성기에서만 확인되는 반면, 동부형태 c는 웅진기, 동부형태 d는 사비기에 집중되는 것을 알 수 있었다[220](표 40). 따라서 대체로 동부형태 a→동부형태 d로 시간적 변화를 나타내고 있는 것으로 생각된다.

동부형태는 형태적으로 최대경위치와 밀접한 관계가 있기 때문에, 동부형태와 최대경위치에 대한 다중비교법을 실시한 결과 각각 동부형태 a · b, 동부형태 c, 동부형태 d는 최대경위치가 다르다는 것을 알 수 있었다. 동부형태 a와 b의 최대경이 상대적으로 가장 아래에 위치하고 동부형태 c는 중간, 동부형태 d는 상대적으로 최대경의 위치가 높다고 할 수 있다. 그것은 중국 靑瓷 鷄首壺의 변천과도 관계가 있는 것으로 생각된다.

b. 구연형태

구연형태는 크게 3유형으로 분류된다(도 100). 구연형태 a는 구연부가 직선으로 되어 있는데, 구단부에 홈이 파여 있는 것(a②)과 없는 것(a①)으로 세분된다. 구연형태 b는 구연부가 외반되어 있는 것이다. 구체적으로 구연형태

작성하였다.

220) 교차표에서 확인된 양상들의 관련성을 알아보기 위해 카이제곱 검정을 실시한 결과 유의확률이 0으로 0.05보다 작기 때문에 대립가설이 선택된다. 따라서 시간과 동부형태는 서로 관련이 있는 것을 알 수 있었다.

표 41 단경병의 시기와 구연형태의 교차표

			구연형태			전체
			a	b	c	
시기	한성기	빈도	42	41	2	85
		구연형태의 %	89.4%	62.1%	7.7%	61.2%
	웅진기	빈도	3	9	2	14
		구연형태의 %	6.4%	13.6%	7.7%	10.1%
	사비기	빈도	2	16	22	40
		구연형태의 %	4.3%	24.2%	84.6%	28.8%
전체		빈도	47	66	26	139
		구연형태의 %	100.0%	100.0%	100.0%	100.0%

b①과 b②는 각각 구단부 홈의 여부에 따라 구분하였다. 구연형태 b③과 b④는 구순부 상단을 손가락으로 눌러 조정한 것인데 b④는 구단부에 홈을 판 것을 추가한 형태이다.[221] 구연형태 c는 구연형태 b를 더욱 발달시킨 형태인데, 구단부 하단에 홈을 돌렸다.

구연형태와 시기에 대한 교차표를 작성한 결과 한성기에는 구연형태 a · b가 많고 웅진기가 되면 구연형태 b가, 사비기가 되면 압도적으로 구연형태 c가 많다[222](표 41).

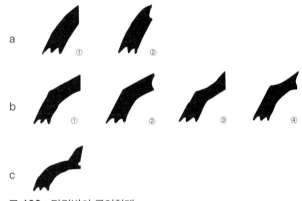

도 100 단경병의 구연형태

---

221) 필자는 구연형태 b를 4개로 세분하였으나 b① · b②와 b③ · b④로 구분이 가능할 것으로 생각한다. 그러나 각각의 개체수가 많지 않기 때문에 일단 구연형태 b로 포함시켰다.
222) 교차표에서 확인된 양상들의 관련성을 알아보기 위해 카이제곱 검정을 실시한 결과 유의확률이 0으로 0.05보다 작기 때문에 대립가설이 선택된다. 따라서 시간과 구연형태는 서로 관련이 있는 것을 알 수 있었다.

표 42 단경병의 동부형태와 구연형태의 교차표

			구연형태			전체
			a	b	c	
동부형태	a	빈도	7	7	0	14
		구연형태의 %	15.2%	11.1%	.0%	10.1%
	b	빈도	4	4	0	8
		구연형태의 %	8.7%	6.3%	.0%	5.8%
	c	빈도	35	44	15	94
		구연형태의 %	76.1%	69.8%	50.0%	67.6%
	d	빈도	0	8	15	23
		구연형태의 %	.0%	12.7%	50.0%	16.5%
전체		빈도	46	63	30	139
		구연형태의 %	100.0%	100.0%	100.0%	100.0%

③ 型式設定과 編年 研究

동부형태 a와 b는 개체수가 적어, 하나의 형식으로 인정하기 부적절하기 때문에 구연형태와 상관이 없이 동부형태 a는 1형식, 동부형태 b는 2형식으로 설정하였다(표 42). 동부형태 c와 구연형태 a는 3형식, 동부형태 c와 구연형태 b는 4형식, 동부형태 c와 구연형태 c는 5형식, 동부형태 d와 구연형태 b는 6형식, 동부형태 d와 구연형태 c는 7형식, 이와 같이 총 7개 형식으로 분류하였다.

〈표 43〉의 시기와 형식과의 교차표를 참고하면 큰 흐름 속에서는 1형식에서 7형식으로 시간에 따라 변화되는 것을 알 수 있다.[223] 1 · 2 · 3형식은 한성기, 4형식은 웅진기, 5 · 6 · 7형식은 사비기를 중심으로 출토되고 있다. 더욱 구체적으로 설명하자면 1형식 구연부는 시간에 따라 구단부에 홈이 돌아간다. 2형식은 저부가 좁은 몽촌토성 출토품과 저부가 넓은 군산 산월리 출토품으로 세분할 수 있는데, 후자의 형태가 웅진기까지 이어진다. 3 · 4 · 5형식

---

223) 교차표에서 확인된 양상들의 관련성을 알아보기 위해 카이제곱 검정을 실시한 결과 유의확률이 0으로 0.05보다 작기 때문에 대립가설이 선택된다. 따라서 시간과 형식은 서로 관련이 있는 것을 알 수 있다.

표 43 단경병의 시기와 형식의 교차표

| | | | 형식 | | | | | | | 전체 |
			1형식	2형식	3형식	4형식	5형식	6형식	7형식	
시기	한성기	빈도	14	8	31	27	2	2	1	85
		형식의 %	100.0%	100.0%	88.6%	61.4%	13.3%	25.0%	6.7%	61.2%
	웅진기	빈도	0	0	3	9	2	0	0	14
		형식의 %	.0%	.0%	8.6%	20.5%	13.3%	.0%	.0%	10.1%
	사비기	빈도	0	0	1	8	11	6	14	40
		형식의 %	.0%	.0%	2.9%	18.2%	73.3%	75.0%	93.3%	28.8%
전체		빈도	14	8	35	44	15	8	15	139
		형식의 %	100.0%	100.0%	100.0%	100.0%	100.0%	100.0%	100.0%	100.0%

은 점차 최대경이 상부에 올라가는 양상이 보인다. 그리고 5형식에서는 점차 구연부가 길어지는 양상이 확인되는데, 이것은 시간 및 지역적 특징을 나타내고 있는 것으로 생각된다. 6형식 및 7형식은 일부를 제외하고 사비기에만 한정되어 출토되는 형식들이다.

단경병의 편년을 실시하기 위한 기준 자료는 일본 출토 백제(계) 토기와의 비교로 5세기 중엽으로 비정된 論山 茅村里古墳群 15호분 석곽옹관묘 출토품(도 101-2), 6세기 4/4분기(6세기 말)로 비정된 保寧 蓮芝里遺蹟 KM-046호 횡혈식석실분 출토품(도 101-18), 7세기 1/4~2/4분기(7세기 전반)으로 비정된 같은 유적인 KM-049호 횡혈식석실분 출토품(도 101-25), 須惠器(系)와의 공반관계를 통해 5세기 3/4분기로 비정된 淸州 新鳳洞古墳群 B지구 2호 토광묘 출토품(도 101-9), 6세기 4/4분기(6세기 말)~7세기 1/4분기로 비정된 舒川 楸洞里遺蹟 A-25호분 수혈식석곽묘 출토품(田鎰溶 外 2006), 대가야토기와의 공반관계로 5세기 3/4분기로 비정된 鎭安 黃山里古墳群 가지구 1호 석곽묘 출토품(도 101-21), 6세기 2/4분기로 비정된 錦山 陰地里遺蹟 破壞墳(도 101-6) 등을 들 수 있다.

단경병은 삼족토기와 고배에 비해 출토량이 많지 않은 기종이다. 한성의 수도인 서울 풍납토성과 몽촌토성에서는 완형 12점만 수습되었는데 이는 삼족토기나 고배보다는 훨씬 늦은 시기에 출현한 것을 알 수 있는 근거가 될 듯하다. 실제로 일본에서는 5세기 2/4분기 후반(5세기 중엽)으로 비정되는 백제(계) 단경병이 수습되고 있기 때문에(土田純子 2011) 백제에서도 5세기 1/4~2/4분기쯤에는 단경병이 출현한 것으로 추정된다. 상기의 주요 연대결정자료 및 시기와 형식의 교차표(표 43)를 기준으로 단경병의 명목적·계측적 속성의 변천과 공반유물을 통해 편년표를 작성하면 〈도 101〉과 같다.

1형식에는 일본 출토 백제(계) 토기와의 비교로 5세기 2/4분기 후반(5세기 중엽)으로 비정된 논산 모촌리 15호분 출토품(도 101-2)이 기준이 된다. 모촌리보다 이른 구연형태를 가진 서울 石村洞古墳群 3호분 동쪽 A지역 11호 토광묘 출토품(도 101-1)을 5세기 1/4분기, 모촌리보다 늦게 출현한 형태를 가진 龍仁 麻北洞 聚落遺蹟 48호 주거지 출토품(도 101-3)은 5세기 3/4분기로 설정할 수 있다.

2형식의 구체적인 시기 비정을 가리키는 자료는 아직까지 없으나 다른 형식에 비해 출토량이 많지 않은 것으로 보아 5세기 2/4분기 후반(5세기 중엽) 이후에 출현하여 6세기 2/4분기까지 존속한 것으로 추정된다.

3형식에는 須惠器(系)와의 공반단계를 통해 5세기 3/4분기로 비정된 新鳳洞古墳群 B지구 2호 출토품(도 101-9)이 기준이 된다. 신봉동 출토품보다 이른 시기의 구연 및 동부형태를 가진 淸原 主城里遺蹟 7호 토광묘 출토품(도 101-7)을 5세기 1/4분기, 서울 風納土城 197번지 가-21호 수혈 출토품(도 101-8)을 5세기 2/4분기로 비정이 가능하다. 웅진기도 신봉동 출토품보다 늦게 출현한 형태를 가진 논산 모촌리고분군 4호분 석곽묘 출토품(도 101-10)을 5세기 4/4분기, 公州 丹芝里遺蹟 4지구 4호 횡혈묘 출토품(도 101-11)은 6세기 1/4분기로 설정할 수 있다. 5세기 3/4분기로 비정되는 신봉동과 같이 구연이 다소 길게 뻗은 형태는 5세기 중~후엽의 奈良縣 新澤千塚古墳群 281호분 墳頂 출토 백제(계) 단경병(奈良縣立橿原考古學硏究所 1981)에서 찾을 수 있는 것으로 보아 5세기 3/4분기의 특징적인 요소인 것으로 추정된다.

4형식은 일본 출토 백제(계) 토기와의 비교로 6세기 4/4분기(6세기 말)로 비정된 보령 연지리유적 KM-046호 출토품(도 101-18)과 다른 형식들의 변천을 참고로 편년을 하였다. 扶餘 東南里 172-2番地 一圓遺蹟 건물지9 출토품(도 101-20)은 구연부가 상실되어 있지만 일본 출토 백제(계) 토기와의 비교로 7세기 2/4~3/4분기의 것으로 추정된다. 이를 통해 4형식은 단경병 중에

1. 서울 石村洞古墳群 3號墳 東側 A地域 11號 土壙墓(金元龍·林永珍 1986), 2. 論山 茅村里古墳群 15號墳 石槨甕棺墓(安承周·李南奭 1993), 3. 龍仁 麻北洞 聚落遺蹟 48號 住居址(京畿文化財研究院 2009), 4. 서울 風納土城 삼화聯立再建築事業敷地 Ⅲ層 遺物包含層(李南珪 外 2003), 5·14. 서울 夢村土城 第2號 貯藏孔(夢村土城發掘調査團 1985), 6. 錦山 陰地里遺蹟 破壞墳(朴敬道 2002), 7. 淸原 主城里遺蹟 7號 土壙墓(韓國文化財保護財團 2000), 8. 서울 風納土城 197番地(舊未來마을) 가-21號 竪穴(國立文化財研究所 2009), 9. 淸州 新鳳洞古墳群 B地區 2號 土壙墓(車勇杰 外 1990), 10. 論山 茅村里古墳群 4號墳 石槨墓(安承周·李南奭 1994), 11. 公州 丹芝里遺蹟 4地區 4號 橫穴墓(朴大淳·池珉周 2006), 12. 烏山 內三美洞遺蹟 27號 住居址(京畿文化財研究院 2011a), 13. 瑞山 富長里遺蹟 Ⅱ地域 1號 石槨墓(忠淸南道歷史文化硏究院 2008b), 15. 論山 茅村里古墳群 5號墳 石槨墓(安承周·李南奭 1994), 16. 公州 丹芝里遺蹟 4地區 2號墳 橫穴式石槨墓(朴大淳·池珉周 2006), 17. 舒川 花山里古墳群 9號墳 橫口式石槨墓(柳基正 外 2003), 18. 保寧 蓮芝里遺蹟 KM-046號 橫穴式石室墳(李弘鍾 外 2002), 19. 同遺蹟 KM-029號(同上), 20. 扶餘 東南里 172-2番地 一圓遺蹟 建物址9(忠淸南道歷史文化硏究院 2007b), 21. 鎭安 黃山里古墳群 가地區 1號墳 石槨墓(郭長根 外 2001), 22. 益山 熊浦里古墳群 2號墳 橫穴式石室墳(金三龍·金善基 1988), 23. 群山 堂北里遺蹟 5號墳(群山大學校博物館 2002), 24. 扶餘 塩倉里遺蹟 Ⅴ-49號墳 橫穴式石室墳(李南奭 外 2003), 25. 保寧 蓮芝里遺蹟 KM-049號 橫穴式石室墳(李弘鍾 外 2002), 26. 同遺蹟 KM-024號 橫穴式石室墳(同上), 27. 保寧 長峴里古墳 橫穴式石室墳(池健吉 1978), 28. 論山 六谷里古墳群 7號墳 橫穴式石室墳(安承周·李南奭 1988b), 29. 保寧 保寧里古墳群 12號墳(成周鐸·車勇杰 1984), 30. 扶餘 芝仙里古墳群 8號 橫穴式石室墳(扶餘文化財研究所 1991), 31. 保寧 蓮芝里遺蹟 KM-016號 橫穴式石室墳(李弘鍾 外 2002), 32. 保寧 保寧里古墳群 4號墳(成周鐸·車勇杰 1984)

도 101 단경병의 편년표(S=1/15)

서도 가장 긴 시간동안 존속한 것임을 알 수 있다.

5형식에는 대가야토기와의 공반관계를 통해 5세기 3/4분기로 비정된 진안 황산리고분군 가지구 1호분 출토품(도 101-21)과 일본 출토 백제(계) 토기와의 비교로 7세기 1/4~2/4분기 전반(7세기 전반)으로 비정된 보령 연지리유적 KM-049호 출토품(도 101-25)이 기준이 된다. 황산리 출토품보다 후출하는 구연형태를 가진 益山 熊浦里古墳群 2호분 횡혈식석실분 출토품(도 101-22)은 6세기 1/4분기, 群山 堂北里遺蹟 5호분 출토품(도 101-23)은 6세기 2/4~3/4분기(6세지 중엽), 扶餘 塩倉里古墳群 Ⅴ-49호분 횡혈식석실분 출토품(도 101-24)은 6세기 4/4분기, 연지리 KM-024호 출토품(도 101-26)은 7세기 2/4분기 이후로 비정이 가능하다.

6·7형식은 일부 한성기에도 확인되지만 주로 사비기에 수습된다. 7세기대에는 단경병 동체부에 횡침선을 돌리는 것이 성행한다.

④ 起源

백제 단경병의 기원에 대해서는 평저에 몸통이 횡타원형으로 된 것을 중국 계수호[224]의 영향에 의해 나타난 요소 중 하나로 추정(金鍾萬 2004, p.117)하고 있듯이, 백제 단경병의 일부는 이러한 중국제 도자기를 모방해서 제작되었다고 보고 있다.

구체적으로 필자가 분류한 동부형태 중 동부형태 c②는 중국 동진의 청자 계수호 혹은 반구호 동부형태와 아주 유사한데, 실제로 청자 계수호는 한성기의 천안 용원리고분군에서, 반구호 구연부편도 4세기 후반으로 비정되는 석촌동고분군 2호 석곽묘에서 출토되었다. 지금까지 백제유적에서 확인되고 있는 중국 자기들을 감안하면 동부형태 c②의 단경병은 4세기 후반 이후에 등장하는 것으로 생각된다. 반면 동부형태 d는 盤口壺 및 四耳壺의 영향인 것으

---

224) 특히 백제 단경병은 계수호의 변천과 관계가 있는 것으로 생각된다. 계수호의 형태는 東晉(317~420년)까지 몸체가 둥근 球形이 중심을 이루나, 南朝로 들어가면서는 전체적인 비례가 細長해지고 보다 실용적인 기형으로 변모해가는 변천 양상을 보이는데, 백제 단경병의 동부형태의 변화와도 그 궤를 같이 한다.

로 보는 것이 타당하지만, 계수호의 변천도 고려할 필요는 있을 것이다.

이와 같이 백제의 단경병이라는 새로운 기종의 등장은 그와 관련된 음식문화와 불가분의 관계가 있을 것이다. 계수호나 반구호는 차나 술과 관계가 깊으므로 백제토기에서 단경병의 등장은 아마 술 또는 차의 보편화와 함께 생각해 볼 수 있다(박순발 2006, p.190).

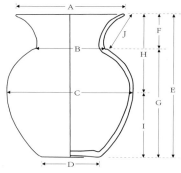

도 102 광구장경호의 계측점

(6) 廣口長頸壺

분석 대상인 광구장경호는 완형이 342점이다. 먼저 A~L까지 총 12개의 계측점(도 102)을 설정 후 분석해 본 결과, 시간적 변화와 큰 상관관계를 나타내는 것으로 판단되는 계측적 속성인 경부비(F/E), 명목적 속성인 4개의 경부문양과 3개의 구연형태를 추출하였다. 또한 경부문양과 구연형태의 조합을 통해 형식을 설정한 후 연대결정자료와 공반된 토기를 통해 광구장경호의 전체적인 편년안을 제시하고자 한다.

① 計測的 屬性

상자도표에서 볼 수 있듯이 시기가 내려갈수록 경부가 상대적으로 길어짐을 알 수 있다[225](도 103). 한성기의 경부비 평균은 0.22, 웅진기의 평균은 0.26이다. 또한 광구장경호의 경부비가 시간성을 반영하는 유효

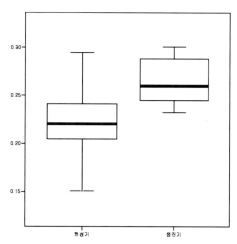

도 103 광구장경호의 시기별 경부비의 상자도표

---

225) 상자도표에서 구분된 수치적 차이와 시간과의 상관관계를 효과적으로 파악하기 위해 T 검정을 실시한 결과 한성기와 웅진기 사이에는 경부비의 평균에 차이가 있음을 확인하였다. 즉 광구장경호의 경부비는 시간성을 반영하는 유효한 속성임을 알 수 있다.

표 44 광구장경호의 시기와 경부문양의 교차표

			경부장식				전체
			a	b	c	d	
시기	한성기	빈도	5	79	14	191	289
		경부장식의 %	100.0%	95.2%	93.3%	99.5%	98.0%
	웅진기	빈도	0	4	1	1	6
		경부장식의 %	.0%	4.8%	6.7%	.5%	2.0%
전체		빈도	5	83	15	192	295
		경부장식의 %	100.0%	100.0%	100.0%	100.0%	100.0%

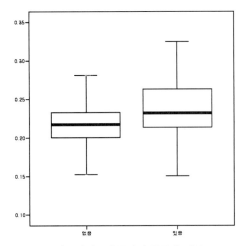

도 104 광구장경호의 문양의 유무에 따른 경부비의 상자도표

한 속성임은 신라·가야(계) 토기와 공반된 백제토기의 변천에서 앞서 밝힌 바와 같다.

② 名目的 屬性

a. 경부문양

경부의 문양은 파상문(a), 돌대(b), 파상문과 돌대의 복합문(c), 문양이 없는 것(d)으로 구분된다(표 44). 경부문양과 시기의 교차표226)를 작성하였는데, 한성기에는 문양이 없는 것이 압도적으로 많았고 그 다음으로 경부에 돌대가 있는 것으로 이어진다. 그러나 웅진기는 개체수가 많지 않아 이와 같은 문양들이 과연 시간을 반영하는 속성인지 더 검토할 필요가 있다.

앞서 살펴본 경부비는 광구장경호의 시간적 변화를 나타내는 계측적 속성임을 밝혔다. 문양의 유무에 따라 경부비에 어떤 변화가 관찰되는지 검토한 결과 경부가 상대적으로 긴 것에 문양이 시문되어 있었던 반면 문양이 없는 것은 경부가 상대적으로 짧은 것이었음을 알 수 있다(도 104).

---

226) 총 분석 대상은 342점이나, 시기를 명확히 판단할 수 없는 47점을 제외하고 교차표를 작성하였다.

b. 구연형태

다양한 형태의 구연이 확인되고 있으나 시간성을 반영하고 있는 것으로 생각되는 구연형태를 분류하면 다음과 같다(도 105). 구연형태 a는 구연부가 직선으로 되어 있는 것인데 구단부의 끝이 둥글게 처리된 것(a①)과 각지게 처리된 것(a②)으로 분류된다. 구연형태 b는 구연부가 직선으로 뻗고 구단부에 홈이 파여 있는 것(b①), 구연부가 외반되어 있는 것(b②)과 외반 구연의 구단부에 홈이 파여 있는 것(b③)으로 세분된다. 구연행태 c는 구연형태 b③을 더욱 발달시킨 형태인데, 구순부 상단을 손가락으로 눌러서 調成하고 구단부에 홈이 파여 있는 것이다.

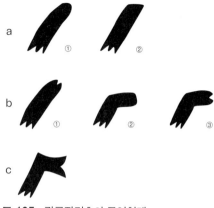

도 105 광구장경호의 구연형태

구연형태와 시기에 대한 교차표를 작성한 결과 웅진기에 해당하는 개체수가 많지 않아 구연형태가 과연 시간을 반영하는 것인지 더 살펴볼 필요가 있다(표 45).

다음은 경부비에 따라 구연형태가 어떤 변화가 있는지 알아보고자 한다. 그 결과 구연형태에 따라 경부비에 차이가 있었음을 확인할 수 있다(도 106).[227] 구연형태 a보다 구연형태 c는 상대적으로 경부가 긴 것과 결합된 속성인 것으로 보인다. 이를 통해 필자가 설정한 구연형태는 시간성을 충분히 반영하고

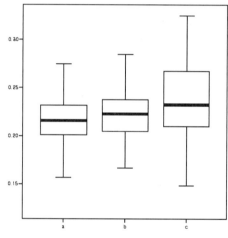

도 106 광구장경호의 구연형태에 따른 경부비의 상자도표

227) 상자도표에서 구분된 수치적 차이와 구연형태와의 상관관계를 효과적으로 파악하기 위해 다중비교법을 실시한 결과 구연형태 a · b와 구연형태 c 사이에는 경부비의 평균에 차이가 있음을 알 수 있었다.

표 45 광구장경호의 시기와 구연형태의 교차표

			구연형태			전체
			a	b	c	
시기	한성기	빈도	80	146	63	289
		구연형태의 %	97.6%	98.6%	96.9%	98.0%
	웅진기	빈도	2	2	2	6
		구연형태의 %	2.4%	1.4%	3.1%	2.0%
전체		빈도	82	148	65	295
		구연형태의 %	100.0%	100.0%	100.0%	100.0%

있는 유효한 속성으로 판단된다.

③ 型式設定과 編年 研究

경부비를 통해 어느 정도 시간성을 인정받은 경부장식의 유무와 구연형태로 형식설정을 하고자 한다. 구연형태 a와 경부장식이 없는 것을 1형식, 구연형태 b와 경부장식이 없는 것을 2형식, 구연형태 c와 경부장식이 없는 것을 3형식, 구연형태 a와 경부장식이 있는 것을 4형식, 구연형태 b와 경부장식이 있는 것을 5형식, 구연형태 c와 경부장식이 있는 것을 6형식으로 설정한다(표 46).

광구장경호는 주로 한성기에 성행하는 기종이므로 〈표 47〉의 시기와 형식

표 46 광구장경호의 경부장식 유무와 구연형태의 교차표

			문양유무		전체
			없음	있음	
구연형태	a	빈도	54	28	82
		문양유무의 %	28.3%	26.9%	27.8%
	b	빈도	101	47	148
		문양유무의 %	52.9%	45.2%	50.2%
	c	빈도	36	29	65
		문양유무의 %	18.8%	27.9%	22.0%
전체		빈도	191	104	295
		문양유무의 %	100.0%	100.0%	100.0%

표 47 광구장경호의 시기와 형식의 교차표

			형식						전체
			1형식	2형식	3형식	4형식	5형식	6형식	
시기	한성기	빈도	53	101	36	27	45	27	289
		형식의 %	98.1%	100.0%	100.0%	96.4%	95.7%	93.1%	98.0%
	웅진기	빈도	1	0	0	1	2	2	6
		형식의 %	1.9%	.0%	.0%	3.6%	4.3%	6.9%	2.0%
전체		빈도	54	101	36	28	47	29	295
		형식의 %	100.0%	100.0%	100.0%	100.0%	100.0%	100.0%	100.0%

과의 교차표에서 각각 형식의 변화 양상을 추정하는 것은 무리가 있다. 따라서 다음은 광구장경호의 편년을 실시하기 위해 기준이 되는 연대결정자료를 통해 각 형식 간의 선후관계를 알아보고자 한다.

광구장경호의 편년을 실시하기 위한 기준 자료는 일본 출토 백제(계) 토기인 大阪府 利倉西遺蹟 舊河道의 岸斜面地 출토품(豊中市 2005)과의 비교 결과 4세기 4/4분기로 볼 수 있는 大田 龍山洞遺蹟 3호 토광묘 출토품(도 107-5), 서울 풍납토성 197번지 다-그리드 출토품(국립문화재연구소 2013), 중국 자기와의 공반관계를 통해 4세기 4/4분기~5세기 1/4분기로 비정된 公州 水村里遺蹟 Ⅱ지점 1호 토광목곽묘 출토품(도 107-2·6·13)과 5세기 2/4분기로 비정된 같은 유적 4호 횡혈식석실분 출토품(도 107-14), 5세기 3/4~4/4분기로 비정된 益山 笠店里古墳群 1호 횡혈식석실분 출토품(도 107-23), 대가야토기와의 공반관계를 통해 5세기 2/4~3/4분기 전반으로 비정된 燕岐 松院里遺蹟 KM-003 석곽묘 출토품(도 107-7), 5세기 3/4분기로 비정된 鎭安 黃山里古墳群 가지구 1호분 석곽묘 출토품(도 107-4), 6세기 1/4~2/4분기로 비정된 같은 고분군인 6호분 석곽묘 출토품(도 107-16), 신라(계) 토기와의 공반관계를 통해 5세기 3/4분기~6세기 2/4분기로 비정된 全州 馬田遺蹟 Ⅳ구역 4호분 1호 토광묘 출토품(도 107-19), 왜(계) 유물과의 공반관계를 통해 5세기 1/4분기로 비정된 淸州 新鳳洞古墳群 77호 토광묘 출토품(도 107-9), 중국 자기 공반과 무덤의 형태로 고분의 조영 순서가 밝혀짐으로써 5세기 1/4~2/4분기로 비정된 공주 수촌리유적 Ⅱ지점 3호 석곽묘 출토품(도 107-

18), 5세기 2/4~3/4분기로 비정된 같은 유적 같은 지점의 5호 횡혈식석실분 출토품 등을 들 수 있다.

광구장경호의 초출시점을 제공해주는 자료는 바로 大阪府 利倉西遺蹟 출토 백제(계) 토기와 수촌리유적 1호 출토품이다. 중국 자기와의 공반관계로 4세기 4/4분기~5세기 1/4분기로 비정된 수촌리유적 1호 출토품보다 利倉西遺蹟 출토품은 경부가 상대적으로 낮은 것으로 미루어 볼 때 늦어도 4세기 4/4분기(4세기 말)에는 출현한 것으로 추정된다. 따라서 현재 자료로 보는 한 백제 광구장경호의 상한은 4세기 4/4분기로 보아야 할 것이다.

하한은 웅진기이다. 중국 자기와의 공반관계를 통해 5세기 3/4~4/4분기로 비정된 입점리고분군 1호 출토품보다 경부가 상대적으로 길어진 公州 金鶴洞古墳群 12호분 횡혈식석실 출토품(도 107-24)이 백제 광구장경호의 하한에 해당되며 그 시기는 6세기 1/4분기(6세기 전엽)로 비정이 가능하다.

상기의 주요 연대결정자료 및 시기와 형식의 교차표(표 47)를 기준으로 광구장경호의 명목적·계측적 속성의 변천과 공반유물을 통해 편년표를 작성하면 〈도 107〉과 같다.

1형식은 중국 자기와의 공반관계를 통해 4세기 4/4분기~5세기 1/4분기로 비정된 수촌리유적 1호 출토품(도 107-2)과 대가야토기의 공반관계로 5세기 3/4분기로 비정된 황산리고분군 1호분 출토품(도 107-4)이 기준이 된다. 수촌리 출토품보다 상대적으로 목이 짧은 서울 風納土城 대진·동산연립주택부지(410번지 외) 나-Tr. 井址 출토품(도 107-1)은 4세기 4/4분기에 해당되는 것으로 보인다. 수촌리보다 목이 긴 서울 石村洞古墳群 N5E2구 川石積石部 흑갈색부식점토층 출토품(도 107-3)은 5세기 2/4분기경에 해당될 것으로 추정된다. 5세기 3/4분기로 비정된 황산리 1호분 출토품은 5세기 3/4~4/4분기에 해당하는 입점리 출토품과 동체부 형태에 있어서 큰 차이가 있기 때문에 475년 이전으로 비정될 가능성이 높다.

2형식은 4세기 4/4분기로 비정되는 利倉西遺蹟 출토품과 비교되는 용산동유적 3호 출토품(도 107-5)을 시작으로 4세기 4/4분기~5세기 1/4분기의 수촌리 1호 출토품(도 107-6), 5세기 2/4~3/4분기 전반의 송원리유적 KM-003

석곽묘 출토품(도 107-7) 순으로 변천된다. 신봉동고분군 17호 토광묘 출토품(도 107-8)은 동체부가 상대적으로 작아지고 납작해지는 양상이 관찰된다. 이러한 특징은 웅진기의 광구장경호에서도 확인되기 때문에 5세기 3/4분기의 늦은 시점으로 볼 수 있다.

3형식은 왜(계) 유물이 공반됨으로써 5세기 1/4분기로 비정된 신봉동고분군 77호 토광묘 출토품(도 107-9)이 가장 이른 것으로 생각된다. 신봉동 출토품보다 목이 상대적으로 긴 용인 대덕골유적 5호 토광묘 출토품(도 107-10)은 5세기 2/4분기로 비정이 가능하다. 대덕골유적 출토품보다 목이 상대적으로 긴 연기 송원리유적 KM-024 토광묘 출토품(도 107-11)은 5세기 3/4분기에 해당된다. 경부비의 변천을 통한 3형식의 구연부는 시간의 경과에 따라 더욱 발달된 양상을 확인할 수 있다.

4형식은 4세기 4/4분기~5세기 1/4분기의 수촌리 1호 출토품(도 107-13), 5세기 2/4분기의 4호 출토품(도 107-14), 5세기 4/4분기~6세기 1/4분기의 황산리 6호분 출토품(도 107-16)이 기준이 된다. 수촌리 1호 출토품보다 목이 상대적으로 짧은 신봉동 A지구 41호 토광묘 출토품(도 107-12)은 4세기 4/4분기, 수촌리 4호 출토품보다 상대적으로 목이 긴 論山 表井里古墳群 7호분 석곽묘 출토품(도 107-15)은 5세기 3/4분기에 해당될 듯하다. 또한 동체부는 상대적으로 작아지고 납작해지는 양상이 관찰된다.

5형식은 5세기 1/4~2/4분기로 비정된 수촌리유적 3호 출토품(도 107-18)과 신라(계) 토기와의 공반으로 5세기 3/4분기~6세기 2/4분기로 비정된 마전유적 4호분 1호 출토품(도 107-19)이 기준이 된다.[228] 수촌리 3호보다 목이 상대적으로 짧은 신봉동고분군 29호 출토품(도 107-17)은 4세기 4/4분기에 해당되는 것으로 추정된다.

6형식은 중국 자기와의 공반관계를 통해 5세기 3/4~4/4분기로 비정된 입

---

228) 마전유적 출토 광구장경호는 신라(계) 토기와의 공반으로 5세기 3/4분기~6세기 2/4분기로 비정되었으나 백제 광구장경호의 변천에서 보면 6세기를 내려가지 않을 것으로 생각된다.

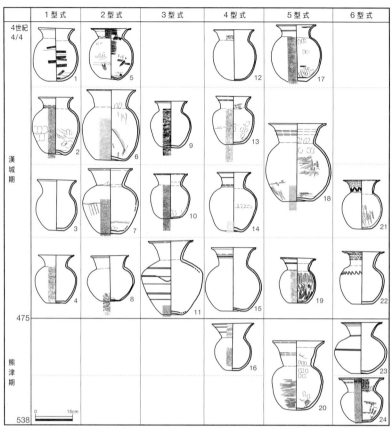

	1型式	2型式	3型式	4型式	5型式	6型式

1. 서울 風納土城 대진·동산聯立住宅敷地(410番地 外) 나-Tr. 井址(國立文化財研究所 2007),
2·6·13. 公州 水村里遺蹟 Ⅱ地點 1號 土壙木槨墓(忠淸南道歷史文化研究院 2007a), 3. 서울 石村洞古墳群 N5E2區 川石積石部 黑褐色腐食粘土層(石村洞發掘調査團 1987), 4. 鎭安 黃山里古墳群 가地區 1號墳 石槨墓(郭長根 外 2001), 5. 大田 龍山洞遺蹟 3號 土壙墓(成正鏞·李亨源 2002), 7. 燕岐 松院里遺蹟 KM-003 石槨墓(李弘鍾 外 2010), 8. 淸州 新鳳洞古墳群 17號 土壙墓(車勇杰 外 1995), 9. 同古墳群 77號 土壙墓(同上), 10. 龍仁 대덕골遺蹟 5號 土壙墓(畿甸文化財研究院 2003b), 11. 燕岐 松院里遺蹟 KM-024 土壙墓(李弘鍾 外 2010), 12. 淸州 新鳳洞古墳群 A地區 41號 土壙墓(車勇杰 外 1990), 14. 公州 水村里遺蹟 Ⅱ地點 4號 橫穴式石室墳(同上), 15. 論山 表井里古墳群 7號墳 石槨墓(安承周·李南奭 1988a), 16. 鎭安 黃山里古墳群 가地區 6號墳 石槨墓(郭長根 外 2001), 17. 淸州 新鳳洞古墳群 29號 土壙墓(車勇杰 外 2005), 18. 公州 水村里遺蹟 Ⅱ地點 3號 石槨墓(忠淸南道歷史文化研究院 2007a), 19. 全州 馬田遺蹟 Ⅳ區域 4號墳 1號 土壙墓(湖南文化財研究院 2008d), 20. 論山 院南里·定止里遺蹟 Ⅱ-3地域 A地點 百濟時代 1號 石槨墓(忠淸南道歷史文化研究院 2012), 21. 烏山 內三美洞遺蹟 31號 住居址(京畿文化財研究院 2011a), 22. 淸原 芙江里遺蹟 KM-003號 橫穴式石室墳(李弘鍾 外 2002), 23. 益山 笠店里古墳群 1號 橫穴式石室墳(文化財研究所 1989), 24. 公州 金鶴洞古墳群 12號墳 橫穴式石室(柳基正·梁美玉 2002)

도 107 광구장경호의 편년표(S=1/15)

점리고분군 1호 출토품(도 107-23)이 기준이 된다. 앞에서도 언급하였듯이 입점리 출토품보다 경부가 상대적으로 길어진 금학동 출토품이 백제 광구장경호의 하한에 해당되며 그 시기는 6세기 1/4~2/4분기(6세기 전반대)로 비정이 가능하다. 입점리 출토품보다 상대적으로 목이 짧고 동체부가 장방형이 되는 淸原 芙江里遺蹟 KM-003호 횡혈식석실분 출토품(도 107-22)은 5세기 3/4분기, 烏山 內三美洞遺蹟 31호 주거지 출토품(도 107-21)은 5세기 2/4분기에 해당될 것으로 추정된다. 따라서 6형식의 상한은 5세기 2/4분기로 볼 수 있다.

이상 광구장경호의 변천을 통해 시간의 경과에 따라 목이 길어지는 것뿐만 아니라 상대적으로 이른 시기의 것은 목의 벌어진 정도가 작고, 시간의 경과와 더불어 외반도가 더욱 커져 나팔 모양을 띄는 것이 많음을 알 수 있다(박순발 2006, p.170).

장경호라 부르는 목이 긴 토기는 백제뿐만 아니라 신라, 가야 등지에서도 모두 나타나고 있으나 어떤 계기로 등장하였는지에 대해서는 알려진 바가 없다. 이러한 백제의 광구장경호가 상기에서 본 고배, 삼족토기, 단경병과 같이 중국으로부터의 영향으로 출현한 것인지 아니면 기존의 단경호에서 변화가 이루어진 것인지는 향후의 연구과제로 남아 있다.

2) 漢城樣式土器의 展開

앞에서는 백제토기를 대표하는 직구광견호, 직구단경호, 고배, 삼족토기, 단경병, 광구장경호의 편년을 제시하기 위해 먼저 변천에 유효한 계측적 속성과 명목적 속성을 추출한 후 형식을 설정하였다. 그 다음 연대결정자료와 공반된 토기를 통해 각 기종의 형식변천을 검토함으로써 상한과 하한을 결정할 수 있었다.

서울 풍납토성은 경당지구 중층 196호 수혈 창고 출토품과 공반된 중국 도자기와 목탄을 시료로 한 C^{14}연대측정을 통해 직구광견호는 전체 백제토기 가운데 가장 이른 시기인 3세기 4/4분기경에 출현한 기종임을 알 수 있었다.

출토량이 적은데다가 존속기간이 길지 않았지만, 공반유물로 시기를 비정할 수 있는 자료들을 통해 직구광견호의 변천을 파악한 결과 시간의 경과에 따라 문양의 변화가 관찰되었다. 이는 후술할 직구단경호의 문양 변화와도 일치함을 알 수 있다. 직구광견호의 종언은 서산 부장리유적 출토품과 공반자료를 통해 5세기 2/4~3/4분기로 추정된다. 따라서 직구광견호의 존속기간은 3세기 4/4분기~5세기 3/4분기까지였다. 즉 한성기에만 제작·사용된 기종임을 알 수 있다.

직구단경호는 계측적 속성인 저부비, 명목적 속성인 저부형태, 문양, 문양범위가 시간적 속성임을 알 수 있었다. 연대결정자료와 공반된 직구단경호 중 가장 이른 시기에 해당하는 것은 4세기 3/4분기(중엽)로 비정되는 화성 마하리고분군 3호 석곽묘 출토품이다. 따라서 한성(서울)에서는 이보다 더 이른 시기에 출현했음이 분명하다. 백제 직구단경호의 상한에 대해서는 3세기 말~4세기 전엽으로 비정되는 포항 옥성리 나지구 90호 목곽묘 출토 직구단경호와의 비교와, 직구단경호의 견부 문양이 서진대 장강유역 청자관의 특징이라는 점을 감안하면 직구광견호의 상한과 같은 3세기 4/4분기였을 것으로 보인다. 하한은 부여 쌍북리유적 출토품 등으로 미루어 볼 때 백제 멸망시점까지로 추정된다. 따라서 직구단경호는 3세기 4/4분기(추정)~7세기 3/4분기까지 제작·사용된 것으로 생각된다.

고배는 기종의 변천을 잘 나타내고 있는 것으로 확인된 계측적 속성인 다리분산비, 배신비율, 다리비율, 다리위치와 명목적 속성인 뚜껑받침턱 형태와 다리형태를 형식분류 기준으로 설정하였다. 명목적 속성의 조합을 통해 8개의 형식으로 분류된 고배는 연대결정자료와 공반된 토기를 중심으로 그 변천을 검토한 결과 4세기 3/4분기에 출현하였으며 7세기를 전후한 시점까지 제작·사용된 것으로 보았다.

삼족토기는 기형에 따라 대형반형, 소형반형, 호형, 배형으로 분류되지만 출토량이 가장 많은 배형 삼족토기를 중심으로 검토하였다. 기종의 변천을 잘 나타내고 있는 것으로 확인된 계측적 속성인 다리분산비, 배신비율, 다리비율, 다리위치, 다리굵기와 명목적 속성인 뚜껑받침턱 형태와 다리형태를 형식분류 기준으로 설정하였다. 명목적 속성의 조합을 통해 7개의 형식으로 분류된 배형 삼족토기를 연대결정자료와 공반된 토기를 중심으로 그 변천을 검토한 결과, 상한은 4세기 3/4분기로 대형반형 삼족토기보다 다소 일찍 출현한 것으로 판단된다. 상한연대와 관련하여 3세기 중~말엽으로 비정되는 김해 회현리패총 출토 사족토기를 고려하면 백제 삼족토기가 4세기 3/4분기보다 선행했을 가능성이 남겨져 있다.

단경병은 기종의 변천을 잘 나타내고 있는 것으로 확인된 계측적 속성인 저부비, 최대경위치, 동상비와 명목적 속성인 동부형태, 구연형태를 형식분류 기준으로 설정하였다. 명목적 속성의 조합을 통해 7개의 형식으로 분류된 단경병을 연대결정자료와 공반된 토기를 중심으로 그 변천을 검토하여 그 상한은 5세기 1/4분기, 하한은 백제 멸망시점으로 판단했다.

광구장경호는 기종의 변천을 잘 나타내고 있는 것으로 확인된 계측적 속성인 경부비와 명목적 속성인 경부문양, 구연형태를 형식분류 기준으로 설정했다. 명목적 속성의 조합을 통해 6개의 형식으로 분류된 광구장경호를 연대결정자료와 공반된 토기를 중심으로 그 변천을 검토한 결과 그 상한은 4세기 4/4분기, 하한은 웅진기로 판단된다.

직구광견호, 직구단경호, 고배, 삼족토기, 단경병 모두 중국 기물과의 관련 속에서 출현했을 것이지만 각 기종마다 수용시기에는 다소 차이가 있었다. 직구광견호, 직구단경호와 삼족토기, 고배는 거의 같은 시기에 백제에서 제작되기 시작한 것으로 보이나 단경병은 5세기를 전후한 시기에 출현했다. 따라서 모든 백제토기는 백제의 국가형성기에 함께 출현한 것이 아니었음을 알 수 있다.

3. 泗沘樣式 百濟土器

사비기 백제토기에 고구려적인 요소가 많이 나타나는 점은 이미 선행 연구를 통해 수차례 언급된 바 있다. 이러한 고구려적인 요소들은 사비기 전 기간에 걸쳐 지속되면서 이전의 한성양식토기와는 구별되는 새로운 양식으로 정착되었는데 이를 '사비양식' 백제토기라고 부르고 있다(朴淳發 2005a). 고구려적 요소는 토기뿐만이 아니라 기와, 판석조 구들시설, 연가, 금공품에 이르기까지 폭 넓게 영향을 주었다.

475년 한강유역을 고구려에 빼앗긴 후 羅·唐連合勢力에 대항하기 위해 고구려와 和親을 맺은 643년까지 백제와 고구려는 서로 치열하게 싸운 매우 적대적인 관계였음에도 불구하고 衣食住 전반에 걸쳐 고구려적 요소가 나타날 수 있었던 까닭은 무엇일까. 그 이유에 대해서 이미 다양한 견해가 제시되었고 필자도 상당히 공감하는 부분이 많지만 여기에서는 토기의 분석을 통해 그 해답을 찾아보고자 한다.

사비양식토기 가운데 고구려토기에 기원을 두고 있는 것으로 파악되는 기종은 四耳甕, 兩耳甕, 자배기, 兩耳附자배기, 시루, 접시, 완, 전달린토기 등이 있다(朴永民 2002). 이들은 사비도성 및 그 주변, 그리고 익산 왕궁리유적 등지에서 출토되고 있어서 사비양식토기들이 사비도성 인근에서 제작·사용되었음은 분명하다(朴淳發 2005a).

여기서는 사비양식토기[229] 중 고구려토기와의 비교가 가능한 전달린토기, 대상파수부자배기, 대상파수부호를 선정한 후 고구려토기 및 나말여초~고려토기의 각 속성과 제작기술 등을 추출하여 각 기종의 상대편년에 반영한다. 또한 고구려토기와 사비양식토기 간의 관찰을 통해 사비양식토기의 성립주체와 배경에 대해 살펴보고자 한다.

1) 主要 器種의 成立과 變遷

(1) 전달린토기(鐸附土器)

전달린토기[230]는 완의 형태를 한 몸체 양쪽에 마치 손잡이 모양의 전이 달

---

229) 본고에서는 사비기 토기 중 중국의 영향으로 만들어진 기종은 제외하였다.
230) 같은 기종을 놓고 고구려토기에서는 耳杯(崔鍾澤 1999), 백제토기에서는 전달린토기,

린 특이한 형태의 토기인데, 왕실과 밀접한 관계가 있는 위상이 높은 유적에서 주로 출토된다. 이는 왕실이나 귀족 등 상류계층의 독특한 음식문화와 관련된 토기로 이해된다(박순발 2006, pp.206~207).

가장 이른 전달린토기는 서울 風納土城 197번지 나-60호 수혈(도 108-6 · 7), 라-109호 수혈(도 108-8 · 9), 마-8호 수혈(도 108-10), 라-105호 수혈(도 108-11 · 12) 출토품이지만 여기서 논하는 사비기 전달린토기의 기원은 한성기가 아니다. 한성기 출토 전달린토기와 사비기 출토 전달린토기에는 약 반세기 이상의 공백기가 있는데다가 한성기 출토품에는 사비기 출토품에서 관찰되는 굽이 없다. 물론 한성기 · 웅진기 자료의 축적을 기다려야 할 테지만 현재로서는 한성기의 절달린토기는 중국에서 유사한 기형이 확인되고 있기 때문에 중국의 영향을 상정할 수 있고, 사비기의 전달린토기는 고구려토기의 영향을 받아 등장한 것으로 봐야 할 것이다.

고구려의 전달린토기는 크게 굽이 있는 것(도 108-1 · 3 · 5)과 없는 것(도 108-2 · 4)이 공존하는데 비해 사비기 전달린토기는 모두 굽이 달려 있는 형태이다.[231] 고구려 전달린토기의 가장 큰 특징은 구연부의 끝에 바로 귀(전)가 부착되어 있다는 점인데, 귀는 구연부 선단에서 아래로 높이 약 1cm의 사이에 위치한다. 사비기의 전달린토기가 고구려토기의 영향으로 제작되었다는 것은 선행 연구에 의해 거듭 지적되었던 사실인데, 구연부가 없거나 구연부의 높이가 짧은 것으로부터 귀와 구연 끝이 상대적으로 떨어져 있는 것, 즉 귀의 위치가 동체부측에 가까운 쪽으로 변화하는 양상이 나타난다. 현재 고구려 전달린토기 중 가장 이른 시기에 해당되는 것은 5세기대의 吉林省 集安市 三室塚 출토품(도 108-1)이다. 앞서 언급한 서울 풍납토성 출토품(도 108-6 · 7)도 5세기대의 것으로 보고되었는데,[232] 형식학적인 변화를 고려하면 삼실총

일본에서는 鍔附土器로 표현하고 있다.

231) 한성기 출토 전달린토기의 경우 저부가 결실되어 있어서 굽의 유무는 명확히 알 수 없으나 원래부터 굽이 없었을 가능성이 있다.

232) 한성기 전달린토기는 수혈 공반유물을 통해 5세기 어느 시점에 출현한 것으로 여겨진다.

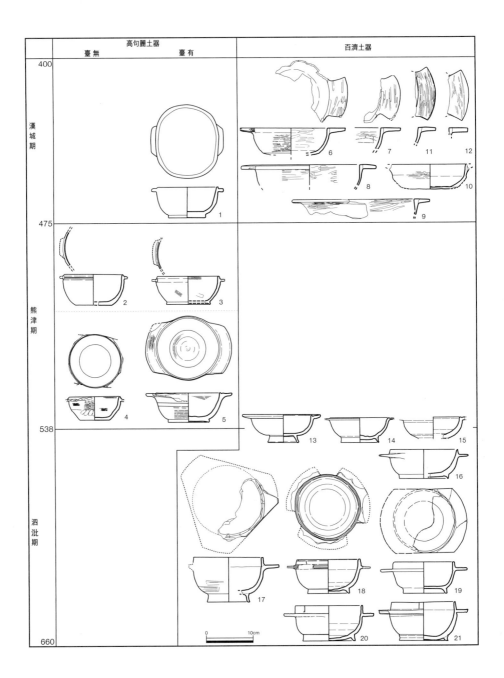

1. 吉林省 集安市 三室塚(李殿福 1983), 2. 서울 紅蓮峰 第1保壘 N1E1-Ⅳ(崔鍾澤 外 2007a), 3. 同保壘 S2E3(同上), 4. 서울 峨嵯山 第4保壘 2號 온돌 附近(任孝宰 外 2000), 5. 서울 龍馬山 第2保壘 2號 建物址 온돌 아궁이 附近(梁時恩 外 2009), 6 · 7. 서울 風納土城 197番地(舊未來마을) 나-60號 竪穴(國立文化財研究所 2012a), 8 · 9. 同土城 197番地(舊未來마을) 라-109號 竪穴(國立文化財研究所 2012b), 10. 同土城 197番地(舊未來마을) 마-8號 竪穴(同上), 11 · 12. 同土城 197番地(舊未來마을) 라-105號 竪穴(國立文化財研究所 2013), 13. 扶餘 陵山里寺址 S90W60 南北水路 有機物層(國立扶餘博物館 2007c), 14. 扶餘 宮南池 1次 調査(國立扶餘博物館 2007b), 15. 扶餘 東南里 136-4番地遺蹟 pit C의 1次 工程層(한얼文化遺産硏究院 2013a), 16. 扶餘 花枝山遺蹟 라地區 堆積層(國立扶餘文化財研究所 2002a), 17. 扶餘 東南里 702番地遺蹟 Ⅳ層(忠清南道歷史文化院 2007c), 18. 益山 王宮里遺蹟 西壁 內側 瓦列 웅덩이 南便의 瓦 密集地點 赤黃色 砂質粘土層(國立扶餘文化財研究所 2006), 19. 同遺蹟 西側 城壁(國立扶餘文化財研究所 1997a), 20. 同遺蹟 西壁 內側 瓦列 웅덩이 南便의 瓦 密集地點 黃赤褐色 砂質粘土層(國立扶餘文化財研究所 2006), 21. 扶餘 官北里遺蹟 89年度調査 建物址 周圍 排水溝 A 出土 地點(尹武炳 1999)

도 108　고구려 및 백제 전달린토기의 편년(S=1/8)

출토품보다 선행할 가능성이 있다.

이른 시기 귀의 제작법은 귀 2개를 따로 만들어 구연부에 부착하는 것이었다(도 108-1~3). 그러나 대략 6세기 이후의 출토품(도 108-4)에서는 평면 원형의 귀를 구연부 주위에 돌린 후 2~3곳을 절단하였다. 이러한 제작기법은 사비기 전달린토기에서도 재현되었다.

또한 삼실총 출토 토기(도 108-1)는 통굽인데 비해 시기가 내려갈수록 들린 굽의 비중이 많아진다.

현재까지 확인된 사비기에 해당하는 완형 전달린토기는 약 24점인데, 귀가 달린 부분의 구연 높이가 상당히 짧은 것이 扶餘 陵山里寺址 남북수로 내부 유기물층(도 108-13)과 扶餘 宮南池 1차 조사(도 108-14), 扶餘 東南里 136-4番地遺蹟 pit C의 1차 공정층(도 108-15) 등지에서 출토되었다. 이러한 특징의 전달린토기는 앞에서도 언급하였듯이 고구려토기와 상당히 유사한 양상을 보여주고 있기 때문에 사비기에 출토되는 전달린토기 중에서도 형태적으로 가장 이른 시기에 해당되는 것으로 생각한다.[233] 한편 구체적인 시기 비정에는 부여 능산리사지 남북수로 출토품을 들 수 있는데, 남북수로는 능산리사지가 들어서기 전에 형성된 것이며 1차 건축군의 축조시기와 관련이 있다. 이전의 연구 성과에 따르면 고구려적 건축형태를 보이는 1차 건축군은 6

---

233) 부여 능산리사지 남북수로 내부 출토 전달린토기는 이미 김종만(2007, p.176)에 의해 이른 시기에 나타난 것으로 보고되었다.

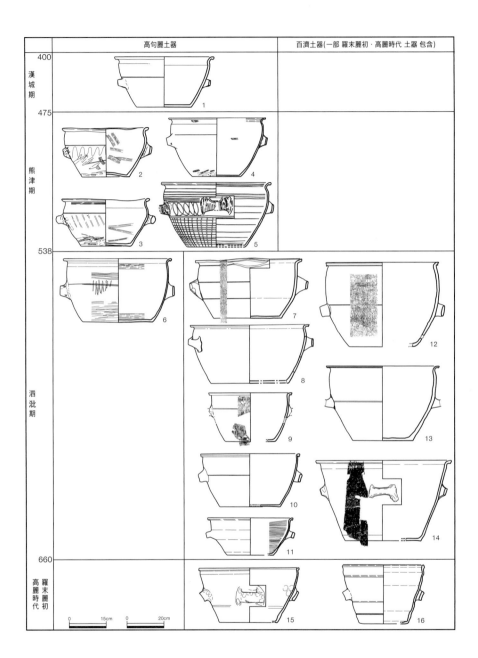

	高句麗土器	百濟土器(一部 羅末麗初・高麗時代 土器 包含)
400 漢城期	1	
475 熊津期	2 4 3 5	
538 泗沘期	6	7 8 9 10 11 12 13 14
660 高麗時代 羅末麗初		15 16

0 15cm 0 20cm

1. 遼寧省 本溪市 桓仁滿族自治縣 五女山城 第4期 2號 大型建物址(李新全 主編 2004), 2. 서울 峨嵯山 第3保壘 S2W4 그리드(崔鍾澤 外 2007c; 一部 修正), 3. 同保壘 S6W1 그리드(同上), 4. 서울 峨嵯山 第4保壘 N3W2 그리드(任孝宰 外 2000), 5. 서울 紅蓮峰 第2保壘 온돌 建物址(崔鍾澤 外 2007b), 6. 漣川 瓠蘆古壘 瓦集中堆積址 2號(沈光注 外 2014), 7. 扶餘 亭岩里窯址 A地區 灰丘部(國立扶餘博物館 1992), 8. 扶餘 扶蘇山城 마地區 貯藏孔 內 一括遺物(國立扶餘文化財研究所 1997b), 9. 扶餘 雙北里遺蹟 A地點 百済時代 水路 周邊(李康承 外 2013), 10. 益山 彌勒寺址 北僧房址 北側 基壇瓦部(國立扶餘文化財研究所 1996), 11. 益山 王宮里遺蹟 建物址12 調査過程 地表 下 50~60cm(國立扶餘文化財研究所 2008), 12. 扶餘 陵山里遺蹟 35號 甕棺墓(國立扶餘文化財研究所 1998), 13. 益山 王宮里遺蹟 建物址 8·9(國立扶餘文化財研究所 1997a), 14. 扶餘 官北里遺蹟 出土地 不明(尹武炳 1985), 15. 扶餘 北皐里遺蹟 高麗時代 3號 竪穴遺構(金榮國·李耿烈 2011), 16. 扶餘 官北里遺蹟 1區域 L字形 石列 周邊 灰褐色砂質粘土(羅末麗初 堆積層)(國立扶餘文化財研究所 2009b)

도 109 고구려 및 백제 대상파수부자배기의 편년(8·13·14 : S=1/20, 기타 : S=1/15)

세기 전엽대로 편년되는 고구려계 유물 등으로 보아서 사비천도 전후에 건립 되었던 것으로 파악된다(金吉植 2008).

고구려토기 및 백제토기 모두 양쪽에 귀가 달려 있는 것[234]이 대부분이 지만 사비기 출토품 중에서는 益山 王宮里遺蹟(도 108-18)에서 출토된 것과 같 이 3개의 부채꼴 형태의 귀가 달려 있거나,[235] 扶餘 東南里 702番地遺蹟 IV층 (도 108-17)에서 출토된 것처럼 평면형태가 사다리꼴이 되도록 3개의 방향 으로 귀의 양쪽을 절단하는 등 고구려의 전달린토기를 수용한 후 백제의 공 인들이 여러 모양의 귀를 창작해서 제작한 것으로 생각된다.

(2) 帶狀把手附자배기

자배기[236]는 일상생활용기로 형태상 크게 파수가 없는 것과 파수가 있는 것으로 구분된다. 파수가 없는 것은 서울 풍납토성(국립문화재연구소 2012a ·2012b) 등지에서도 확인되고 있기 때문에 한성기에 이미 출현했음을 알 수 있다. 반면 대상파수가 부착된 자배기는 한성기에 관찰되지 않기 때문에 후술

---

234) 2개의 귀가 달려 있는 경우에는 평면 원형의 귀 양쪽을 서로 수평이 되게 절단하여 양 손잡이와 같이 제작하였다.

235) 왕궁리 출토품은 서벽 내측의 와열 웅덩이 남편의 기와밀집지점에 대한 조사 중 지표 아래 100cm에서 출토되었다.

236) 같은 기종을 놓고 고구려토기에서는 동이(崔鍾澤 1999), 백제토기에서는 자배기 또는 세로 부르고 있다.

할 대상파수부호와 같이 고구려토기의 영향으로 출현한 것으로 추정된다.

고구려의 대상파수부자배기는 4세기 말~5세기 초로 비정되는 遼寧省 本溪市 桓仁滿族自治縣 五女山城 제4기 2호 대형건물지 출토품(梁時恩 2005 · 2013)(도 109-1)을 통해 늦어도 고구려 중기에는 출현한 기종임을 알 수 있다.[237] 또한 고구려토기도 후술할 백제의 대상파수부자배기와 같이 그릇 속이 비교적 얕은 것(도 109-2 · 3)과 깊은 것(도 109-4 · 5)으로 구분이 가능하다. 제4기의 오녀산성 출토품과 6세기 중 · 후엽으로 비정되는 漣川 瓠蘆古壘 기와집중퇴적지 2호 출토품(도 109-6)을 통해 고구려의 대상파수부자배기는 시기가 내려갈수록 저경이 넓어지는 경향을 확인할 수 있다.

백제의 대상파수부자배기[238]는 절대연대를 알 수 있는 근거가 빈약하므로, 고구려토기와 나말여초~고려시대 토기의 시간성을 참고하고자 한다. 고구려의 대상파수(도 109-1~6)는 상대적으로 동체부와 수평하게 부착된 것에 비해 나말여초~고려시대의 대상파수(도 109-15 · 16)는 아래쪽을 향해 부착하는 양상을 확인할 수 있다. 또한 대상파수부자배기에는 파수를 수평으로 부착시키기 위한 기준선(횡침선)이 관찰된다. 이른 것(도 109-1~5)은 기준선 바로 아래에 파수를 부착하지만 늦은 것(도 109-10 · 13)은 기준선 가운데에 파수를 붙이는 경향으로 변화하는데 이는 후술할 대상파수부호의 변천과도 일치한다. 이 외에도 고구려 대상파수부자배기의 동최대경은 구연부 바로 아래에 있는데 비해 나말여초~고려시대에는 동최대경이 관찰되지 않는다. 이상과 같이 파수의 방향 및 기준선 대비 파수의 위치, 동최대경의 유무 등을 참고하여 상대편년안을 마련했다.

앞에서 언급하였듯이 파수가 부착되지 않는 자배기는 이미 한성기에 출현하였으나 사비기의 자배기 중에는 고구려토기의 영향으로 만들어진 것도 관

---

237) 오녀산성 제4기 출토품들은 서울 峨嵯山 보루군 출토품과 유사한 부분이 많기 때문에 5세기 후엽 이후로 볼 수도 있으나 여기서는 보고서(李新全 主編 2004)와 양시은(2005 · 2013)의 견해를 수용하였다.

238) 고구려토기와 같이 백제 대상파수부자배기도 그릇 속이 비교적 얕은 것(도 109-7~11)과 깊은 것(도 109-12~14)으로 구분이 가능하다.

찰된다. 그 중 扶餘 宮南池 木造 貯水槽 동편에 접한 수로 2 내부에서 수습된 자배기편을 살펴보겠다(도 110). 이 편은 회청색경질이며, 표면은 평행문 타날 후 회전물손질을 하였다. 그 후 동체부에 먼저 가로방향의 暗文을, 그 위에 연속고리문의 암문을 시문한 것이 관찰되었다. 암문은 주지하는 바와 같이 고구려토기의 특징적인 요소 중 하나로 토기

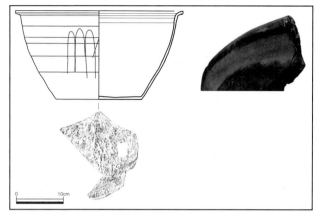

도 110 부여 궁남지 출토 자배기편
(國立扶餘文化財硏究所 1999, 筆者實測 · 撮影 · 拓本, S=1/8)

표면을 눌러 문질러서 시문하였는데, 고구려 중기 후반(5세기대)부터 나타나기 시작하며, 후기(6 · 7세기)를 거쳐 일부 발해토기에까지 사용된다(崔鍾澤 1999). 또한 저부 외면에는 토기 중앙에서 약 5cm 떨어진 곳에 2.0×3.2cm의 장방형 凹흔이 관찰되는데 이는 轆轤盤과 下盤(蹴板)을 연결하는 支柱의 흔적이라고 생각된다.[239) 구연부는 구단부를 밖으로 말아 접고 있다. 이러한 구연부의 제작기법은 한강유역의 고구려토기에서 가장 많이 출토되는 D형에 해당되는데 북쪽지방 늦은 시기의 고구려토기에서 주로 발견되고 있다(梁時恩 2003).

이상 이들 자배기편은 회청색경질이라는 점과 평행문 타날을 이용해서 토기를 제작하고 있는 점으로 보아 백제에서 제작되었다는 것을 알 수 있다. 그러나 자배기 동체부의 암문과 구연부의 제작기법을 볼 때 고구려토기 제작에 능숙한 공인이 만든 토기인 것으로 생각된다. 이처럼 고구려적 요소가 관찰되

---

239) 장방형 凹흔과 대칭되는 위치에 또 하나의 장방형 凹흔이 관찰된다는 가정하에서 언급하였다.

는 이 자배기편은 사비기 중에서도 비교적 이른 시기에 해당될 것으로 추정된다.

그렇다면 이 토기는 백제인이 고구려토기를 모방해서 제작한 것인가 아니면 고구려토기 제작에 능숙한 공인이 제작한 백제토기인가. 결론부터 말하자면 필자는 고구려토기 제작에 능숙한 공인이 만든 토기라고 생각한다. 토기 제작에는 반죽, 쌓기, 두드리기, 깎기, 마연 등 제공정에서 motor habit[240]이 구사되고 있다. 숙달에 시간이 걸리고 장기적으로 보유되는 것이 motor habit이기 때문에 자배기편에 나타난 구연부의 제작기법은 고구려토기를 모방한다고 해서 쉽게 습득하기 어려운 부분이라 생각된다. 이는 고구려토기를 장기간에 걸쳐 제작한 공인의 버릇이면서 문화나 집단에 공유되고 있었기에 가능했으며, 그 공인이 오랫동안 속해 있었던 문화 또는 집단은 바로 고구려인 것이다.

(3) 帶狀把手附壺

상기의 자배기와 같이 대상파수부호[241]도 일상생활용기로 사용되었지만 옹관으로 전용된 경우도 있다. 백제 대상파수부호와 직접적으로 관련되는 고구려 대상파수부호는 4세기 말~5세기 초로 비정되는 遼寧省 本溪市 桓仁滿族自治縣 五女山城 제4기 문화층 F32 출토품(도 111-1)을 들 수 있다. 고구려토기 중 기형을 알 수 있는 대상파수부호는 고구려토기 전체 구성비의 2.1%인 9점뿐이다. 표면색으로는 황색·흑색·회색이 있으며, 유문·무문 모두가 출토되고 있다(崔鍾澤 1999, pp.21~22). 그 중 실물을 관찰할 수 있었던 서울 峨嵯山 제4보루 출토품은 경부 바로 아래에 橫走魚骨文과 같은 집선문

---

240) motor habit이란 장기적인 반복훈련에 의해 근육운동과 연결된 버릇이며, 문화나 집단에 공유되는 것에서 개인적인 것까지 포함한다. 이는 異文化에 대한 사람의 이동이나 이문화간의 모방을 이해하는데 유용하다(中園聰 2003).

241) 같은 기종을 놓고 고구려토기에서는 耳附壺(崔鍾澤 1999), 백제토기에서는 (대상)파수부호로 부르고 있다.

이 시문되었다(도 111-2). 동체부에 부착되고 있는 파수 상부에는 횡침선이 돌려져 있는데 이는 파수를 부착하는 다른 기종에서도 관찰된다. 이러한 기능은 파수를 거의 비슷한 높이에 부착시키기 위한 것으로, 문양적인 측면보다는 기능적인 측면에 더 중점을 둔 것으로 생각된다(양시은 2005). 파수를 부착한 후 파수부 겉면에는 상하 방향으로 집선문을, 파수부와 같은 높이의 기벽에는 연속고리문을 시문했고 동체부 하단부에서는 단단하고 매끄러운 도구를 이용해서 회전 깎기를 한 흔적이 관찰된다.

고구려의 대상파수부호는 동체가 납작해지고 어깨가 더욱 발달된 형태로 변천하는 것으로 보인다.[242] 한편 후술할 백제의 대상파수부호는 고구려토기와 같은 변화를 겪지 않는데 이는 고구려토기의 영향이 한정된 시기에 이루어진 결과로 해석된다. 즉 백제의 대상파수부호는 세장한 형태를 띠는 오녀산성 출토품을 비롯해 5세기 중엽으로 비정되는 漣川 隱垈里城 출토품(梁時恩 2013, p.113), 5세기 후엽으로 추정되는 淸原 南城谷山城 출토품(崔鍾澤 2004 · 2006 · 2008)의 영향으로 5세기 후엽~6세기 전엽에 출현한 것으로 생각된다.

백제 대상파수부호에 대한 편년 및 연구를 실시한 연구자는 김종만이 유일한데 그는 中形外反壺의 ⅢB형식 중에 설정하였다. 또한 일상생활용보다 관용(옹관, 골장기)으로 사용되며, 扶餘 汾江 · 楮石里古墳群 5호 옹관은 비교적 이른 단계로 보았다(김종만 2007, pp.158~159).

현재 기형을 복원할 수 있는 백제 대상파수부호는 약 30점이다. 그 중 13점은 옹관으로 사용된 것이다. 백제 대상파수부호도 절대연대를 알 수 있는 근거가 빈약하므로, 고구려토기와 나말여초~고려시대 토기의 시간성을 참고하였다. 백제 대상파수부호에는 파수를 수평으로 부착시키기 위한 기준선이 확인되는데 고구려토기의 경우 그 기준선이 파수의 바로 위에 있지만(도 111-1~3) 나말여초~고려시대에 들면 그 기준선이 파수에서 한참 떨어진 곳(도

---

242) 이에 대해서는 韓國土地住宅公社 土地住宅博物館의 李炯祜 선생님으로부터 교시를 받았다.

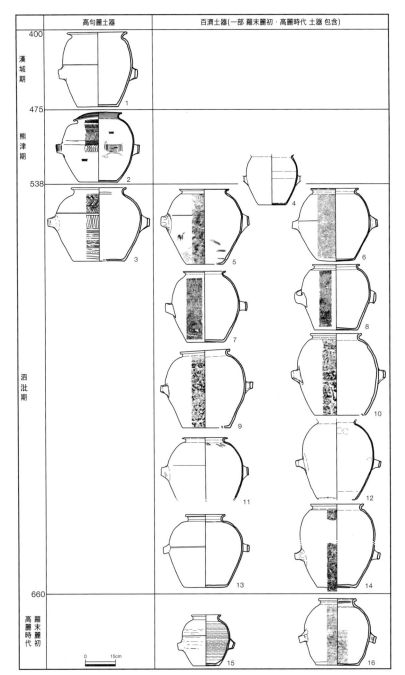

高句麗土器	百濟土器(一部 羅末麗初·高麗時代 土器 包含)

漢城期 400
熊津期 475
538
泗沘期
660
羅末麗初 高麗時代

0   15cm

1. 遼寧省 本溪市 桓仁滿族自治縣 五女山城 第4期 文化層 F32(李新全 主編 2004), 2. 서울 峨嵯山 第4保壘 N3W1-Ⅳ 그리드(任孝宰 外 2000), 3. 漣川 瓠蘆古壘 N3W4·N3W3(地下式建物址) pit(沈光注 外 2007), 4. 扶餘 軍守里地點遺蹟 出土地 不明(朴淳發 外 2003), 5. 益山 西豆里 2遺蹟 2號 甕棺墓(湖南文化財研究院 2013), 6. 扶餘 松菊里遺蹟 76-68地區 合口式 甕棺墓(權伍榮 1991), 7·8. 扶餘 舊衙里遺蹟 北便 井戶址下層部(國立扶餘文化財研究所 1993), 9·10. 扶餘 軍守里 耕作遺蹟 2地點 甕棺墓(田鎰溶 外 2013), 11. 扶餘 吾水里 큰독골遺蹟 A-3地點 1號 甕棺墓(한얼文化遺産研究院 2013b), 12. 同遺蹟 C地點 2號 甕棺墓(同上), 13. 扶餘 扶蘇山城 圓形 貯藏孔 2·四角竪穴1 一括(沈正輔 外 1996), 14. 論山 虎岩里 절골遺蹟 2號 甕棺墓(千昇玄·金羅美 2012), 15. 保寧 聖住寺址 出土地 不明(忠南大學校博物館 1998), 16. 鎭川 石帳里遺蹟 Ⅰ地點 1號 住居址(李承源 外 2013)

도 111 고구려 및 백제 대상파수부호의 편년(S=1/16)

111-15)에 있다. 이는 횡침선을 기준으로 삼아 파수를 동일한 높이에 부착시키려 했던 의도가 점차 퇴색된 결과로 볼 수 있다. 또한 앞에서 살펴본 대상파수부자배기와 같이 고구려의 대상파수(도 111-1~3)는 상대적으로 동체부와 수평으로 부착된 것에 비해 나말여초~고려시대의 대상파수(도 111-15 · 16)는 아래쪽을 향해 부착하는 변화도 관찰된다. 이상을 통해 백제 대상파수부호는 동체부의 횡침선이 파수의 바로 위에 있는 것에서 점차 기준선 가운데에 파수를 부착하는 경향으로, 대상파수의 방향이 수평 또는 다소 하향한 것에서 더욱 하향하는 쪽으로 변화한 것으로 보인다(도 111-4~14).

〈도 111-4〉의 대상파수부호는 扶餘 軍守里地點遺蹟에서 출토되었으나 출토 위치가 불명확하다. 출토품은 구연부 부분이 결실되어 있으나, 대체로 전체 모습을 복원할 수 있다. 표면색은 탄소흡착으로 인해 흑색, 속심은 회색을 띠며,[243] 수비[244]로 調製된 니질태토를 사용하였다. 경부를 제외한 동체부 전체에 격자문의 암문을 그린 후 파수 상부에는 폭 약 0.2cm의 횡침선을 돌렸다. 암문은 고구려토기의 특징이기 때문에 표면에 타날흔적이 관찰되는 것보다 이른 시기에 제작된 것으로 생각된다.

2) 泗沘樣式土器 成立 背景

사비양식토기에 고구려적인 요소가 많이 나타나고 있는 현상의 배경과 관련해서는 고구려토기 문화가 가지는 편의성을 수용한 결과(權五榮 1991), 6세기 중엽경 백제의 한강유역 진출을 통한 고구려토기와의 접촉(金容民 1998), 한강유역 고구려 문화와의 지속적 접촉보다는 사비천도를 전후한 무

---

243) 전자는 燻燒로 토기 표면에 탄소입자를 정착시킨 것이고, 후자는 토기가 산화소성 후 환원소성이 된 것에 의한 현상이다. 이 2개의 현상은 인과관계에 있는데 환원현상은 탄소입자의 정착을 목적으로 한 훈소공정의 부수적 현상이라 이해된다(川越俊一 · 井上和人 1981).

244) 이는 수중 속 沈降 속도의 차이를 이용해서 고체입자를 크기별로 나누는 방법을 가리킨다.

렵의 급격하고 일시적인 유입(朴永民 2002), 羅 · 唐연합세력에 대항하기 위한 백제와 고구려의 연계(山本孝文 2005a), 웅진기 이래 高句麗 治下에 노출되었던 구백제민들이 사비지역에 이주 · 정착한 사회적 현상(朴淳發 2005a) 등으로 그 해석이 다양하다.

전술한 바와 같이 사비기에 출현하는 고구려토기와 관련이 있는 기종들은 단순히 기형만을 모방한 것이 아니라 고구려토기의 제작기법도 그대로 계승하고 있는 것으로 생각된다(土田純子 2009). 이는 문화의 접촉이나 정치적인 연계의 현상 속에서 나타난 것이라기보다는 고구려토기 제작기술을 가진 공인과의 관계 속에서 비로소 성립할 수 있는 것이다.

부여 능산리지점 동나성 절개 조사시 성벽에 선행하는 유구층에서 표면이 무문양이고 표면색이 고구려토기와 흡사한 자배기가 수습되었다는 점(朴淳發 · 成正鏞 2000)을 감안하면 늦어도 사비로 천도한 538년 이전에는 고구려토기 제작에 능숙했던 사람들이 부여에 정착해서 생활하고 있었음을 알 수 있다. 사비도성의 조성은 천도시점인 538년 이전이었을 것이라는 의견이 지배적이다. 이는 고고학적 자료를 통해 나성이나 부소산성 등 중요시설을 포함하여 왕궁, 관아 등 핵심시설이 이미 완성되었을 것으로 판단하고 있기 때문이다. 천도계획의 수립시점은 웅진기의 武寧王代에 구체화되었을 가능성이 높고 실제의 공사는 聖王代에 이루어졌을 것이며,[245] 新都 造成의 공역에는 고구려 치하의 수복 지역 주민들이 다수 동원되었을 것으로 보고 있다(박순발 2008). 그 근거가 되는 고고학 자료로서 淸原 南城谷遺蹟 출토 고구려토기 가운데 표면이 타날된 토기를 들 수 있으며, 백제토기 제작기법에 능통한 현지의 도공이 고구려토기 제작에 참여하였음을 보여주는 것으로 이해되고 있

---

245) 사비천도에 대해 양기석(2007)은 동성왕대 이후 부여가 군사적인 거점지역이었다가, 무령왕대에 이르러 기와, 토기 등을 생산하는 웅진도성의 배후 산업기지로서 중요한 역할을 맡았기 때문에 천도는 성왕 즉위 초부터 치밀한 준비 계획하에서 실시되었다고 파악하였다. 반면 김수태(2008)는 이에 대해 그대로 수용하기 어렵다고 하여 소급시키더라도 천도계획은 대외적으로 다시 강국이 되었음을 선언한 무령왕 말기인 21년(521년)의 일이고 무령왕대의 왕권 강화를 바탕으로 성왕에 의해 계획 · 추진되었다고 보았다.

다(朴淳發 2005a). 이에는 고구려토기에 始終 타날기법이 채택되지 않았다는 것이 전제가 되어 있다. 반면 양시은(2011)은 임진강유역에서 금강유역에 이르는 남한의 전 영역에서 확인되는 타날 고구려토기를 고구려 공인이 제작한 것으로 보고 이를 비판하는 입장을 취하고 있다.

필자 역시 사비양식 백제토기 가운데 고구려계 기종들은 사람의 이주 정착과 밀접한 관련이 있다는 것은 공감하지만 그것이 과연 고구려 치하에 노출되었던 구백제민들의 사비지역으로의 이주와 관련이 있는지에 대해 재검토할 필요가 있다고 생각한다.

(1) 打捺 高句麗土器에 대한 檢討

고구려토기에서 시종 타날기법이 채택되지 않았던 것은 아니다. 중국 동북지방 출토 무期 고구려토기에서는 소수지만 타날흔적이 관찰된다고 한다.[246] 427년 수도를 집안에서 평양으로 옮긴 후 제작한 토기들의 타날 여부에 대해서는 알 수 없으나, 남한의 고구려유적을 대표하는 시루봉, 아차산 등 서울에 위치한 고구려 보루에서 출토된 토기들의 표면을 관찰하면 무문이 대부분이다. 아차산 보루에는 일부 타날된 토기도 관찰된다고 하나 극히 소수일 것이며, 서울 龍馬山 제2보루에서도 타날된 토기를 관찰할 수 없다. 적어도 5세기 후엽~6세기대 남한지역의 고구려토기에서 타날문이 남겨진 것은 거의 없음을 알 수 있다. 그렇다면 漣川 江內里遺蹟, 漣川 隱垈里城, 漣川 瓠蘆古壘, 서울 夢村土城, 華城 清溪里遺蹟, 忠州 豆井里遺蹟, 鎭川 松斗里遺蹟, 清原 南城谷遺蹟[247] 등지에서 확인되고 있는 소수의 타날 고구려토기들을 어떻게 이해

---

246) 遼寧省 本溪市 桓仁滿族自治縣에 위치한 五女山城은 고구려의 첫 수도(卒本 또는 홀본)에 축조된 고구려 최초의 산성이다. 고구려 초기에 해당하는 제3기 문화층과 고구려 중기에 해당하는 제4기 문화층에서 수많은 고구려토기가 출토되어서 고구려토기 연구에 상당히 중요한 정보를 제공하고 있다. 그 발굴보고서를 작성한 遼寧省文物考古研究所 李新全 선생님께 중국 동북지방 출토 고구려토기에 대한 조언을 받았다.

247) 연천 강내리유적, 연천 은대리성, 연천 호로고루, 서울 몽촌토성, 화성 청계리유적, 청원 남성골유적 출토 고구려토기는 남한에서도 비교적 이른 5세기 중~후엽으로 편년되고

해야 할지가 문제일 것이다.

토기의 제작에 있어서 성형과 정면에 걸쳐서 중요한 기법 중의 하나로 알려져 있는 것이 타날기법이다. 타날기법은 外拍子와 內拍子를 사용하여 器壁을 두드려줌으로써 성형시 점토띠와 점토띠의 결합을 강화하거나, 토기 기벽의 두께를 일정하게 해주기 위해 이용된다. 또한 점토 내의 氣泡를 제거하여 소성시 공기의 팽창에 의해 기벽이 파열되는 것을 방지해주는 역할(金斗喆 2001; 이은정 외 2008)도 한다. 그런데 남한 출토 대부분의 고구려토기에서는 타날흔적이 관찰되지 않는다. 이유는 고구려토기에서 사용되고 있는 니질태토와 관련이 있는 듯하다. 한강유역 출토 고구려토기는 84% 이상 니질태토로 구성[248]되고 있는데 이와 같이 사립이 적고 粘性이 강한 태토를 사용하면 타날을 사용하지 않아도 점토를 강하게 밀어붙이면 토기 제작은 가능하다. 남한 출토 고구려토기에도 테쌓기 및 손가락으로 점토띠들을 눌러 접합한 흔적이 관찰되는데, 현재 일본 愛知縣 常滑燒나 福井縣 越前燒에서는 점토띠만으로 60cm 이상의 大甕을 제작[249]하고 있다. 조기의 고구려토기에는 청동기시대의 특징인 조질태토를 사용하고 있기 때문에 타날이 관찰되는 반면 중기 이후 니질태토의 비중이 현저히 높아지면서 고구려토기에는 타날이 더 이상 채택되지 않았던 것으로 이해된다.[250]

있다(崔鍾澤 2006; 梁時恩. 2010). 진천 송두리유적 출토 고구려토기는 남성골유적 토기류와 유사한 특징을 가지고 있기 때문에(崔鍾澤 2007) 이도 역시 5세기 후엽대로 비정이 가능하다. 또한 충주 두정리유적 B지역 2호 횡혈식석실분 출토품(도 112-9)은 5세기 후엽의 고구려토기와, 같은 유적의 온돌유구 출토품(도 112-10)은 6세기 중·후엽의 고구려토기와 비교할 수 있다.

248) 구의동 보루에서는 95%, 아차산 4보루에서는 92%의 높은 빈도를 보이고 있다(梁時恩 2003).

249) 옹은 서서히 건조시키면서 만드는데, 점토띠와 점토띠의 접합부는 나무판을 이용해서 쓸어올리면서 제작해간다. 이상의 내용은 일본 駒澤大學 酒井淸治 선생님의 교시에 의한다.

250) 낙랑토기 중에서는 니질태토임에도 불구하고 타날을 한 토기(원저단경호, 분형토기)도 확인(谷豊信 1986)되고 있기 때문에 니질태토에는 반드시 타날을 실시하지 않았던 것은 아닌 듯하다.

또한 전기 이후의 고구려토기에서 타날이 관찰되지 않았던 또 다른 이유는 樂浪土器와의 상관성 속에서 추정해볼 수 있다. 낙랑토기로 대표되는 戰國 또는 漢 토기문화가 한강유역은 물론이고 영남지역의 원삼국시대 토기에 영향을 주었을 것이라는 점은 여러 연구자가 공감하는 바(朴淳發 2004)이다. 뿐만 아니라 平肩壺의 갑작스러운 출현은 313년 낙랑의 멸망 이후 유민의 백제지역 이주로 인한 신기술의 유입으로 보는 견해(朴智殷 2008)도 제기되고 있다. 낙랑토기에는 타날토기와 무문토기가 존재하는데 부장토기에서 보는 한 승문은 감소하여 소멸된다. 單葬木槨墓, 倂穴合葬木槨墓 시기의 소형·중형 罐에는 승문이 관찰되지만 기원전후 이후부터 罐은 무문화되어 同一內槨型 木槨墓·塼室墓의 罐에는 승문이 보이지 않는다(谷豊信 1986). 이러한 낙랑토기 타날기법의 변천이 적지 않게 고구려토기 타날기법의 변천[251]에 영향을 주지 않았을까 추정해 볼 수 있다.

이와 같이 니질태토를 사용하고 있는데도 불구하고 타날이 시문된 소수의 고구려토기는 고구려와 다른 정치체에 속한 공인들이 토기 성형시 계속적으로 사용해왔던 토기 제작기술(타날기법)을 무의식적으로 이용한 결과로 볼 수 있다. 이는 옛 백제 땅에 속해 있었던 백제토기 제작에 능숙한 공인들이 일부 고구려토기 제작에 참여한 증거로 생각된다.

타날된 고구려토기에는 격자문과 승문이 확인되고 있으며, 타날 후 회전물손질로 지워져 희미하게 남아 있는 사례가 대다수를 차지하고 있다. 예를 들어 연천 은대리성에서 출토된 고구려토기는 모두 65점이지만 기종을 확인할 수 있는 토기의 경우 27점 중 3점에서 승문을 타날한 후 정면하여 지운 흔적이 관찰된다(박경식 외 2004; 최종택 2007). 또한 연천 호로고루에서 출토된 동이편 외면에는 회전물손질로 인해 문양이 희미하나 승문계열의 타날흔적이 남아 있다(도 112-1).

---

251) 오녀산성 출토 조기 고구려토기에는 소수지만 타날이 관찰되지만 전기 이후의 토기에는 타날이 관찰되지 않는 것(李新全 선생님의 가르침에 의함)은 남한 출토 6세기대의 고구려토기와 상동된다. 즉 고구려토기에서도 시간의 경과와 더불어 무문화되는 낙랑토기 타날기법의 변천과 같은 양상이 관찰되기 때문이다.

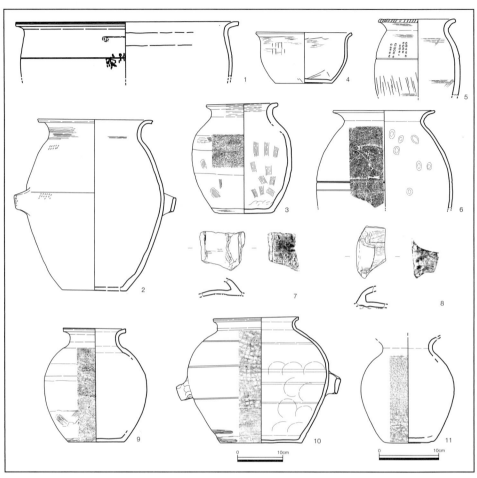

1. 漣川 瓠蘆古壘 N4W2 土壙遺構(沈光注 外 2007), 2. 漣川 隱垈里城 東壁1 內壁 溝(朴慶植 外 2004), 3. 漣川 江內里遺蹟 8號 橫穴式石室墳(金秉模 外 2012), 4. 서울 夢村土城 東南地區 2號 住居址(金元龍 外 1988), 5. 同土城 同地區 出土地 不明(同上), 6. 鎭川 松斗里遺蹟 東側 遺物散布地(韓國文化財保護財團 2005), 7·8. 淸原 南城谷 高句麗遺蹟 竪穴 9號·土器窯址 6號(車勇杰 外 2004), 9. 忠州 豆井里遺蹟 B地域 2號 橫穴式石室墳(金炳熙 外 2010), 10. 同遺蹟 同地域 온돌遺構(同上), 11. 華城 淸溪 里遺蹟 가地區 1號 橫穴式石室墳(韓白文化財硏究院 2013)

도 112 남한지역 출토 타날된 고구려토기(1·2·4·6·10 : S=1/8, 기타 : S=1/6)

서울 몽촌토성 동남지구 88-2호 주거지 출토 소형 동이(자배기)는 회전물
손질로 인해 희미하나, 승문계 타날이 관찰된다(도 112-4). 진천 송두리유적
에서는 격자문과 승문이 타날된 예가 3점 발견되었는데 그 중 2점이 회전물

손질로 지워져 희미하게 남아 있다(도 112-6). 청원 남성골유적 출토 고구려 토기 중에서는 승문과 격자문이 최소 6점이 관찰되나 그 중 5점은 회전물손질로 지워져 희미하게 남아 있다. 이렇듯 타날 후 회전물손질로 외면을 정리하는 것은 백제토기에서 흔히 확인할 수 있는 제직기법이지만 기종에 따라서는 타날을 살리는 경우도 있다. 예를 들어 청원 남성골유적 출토 대상파수부호의 손잡이 외면(도 112-7·8)과 충주 두정리유적 온돌유구 출토 대상파수부호(도 112-10)에는 각각 승문과 격자문이 그대로 남아 있다. 또한 진천 송두리유적 출토 直口短頸壺[252) 외면에도 격자문 타날 후 2조의 횡침선을 기벽에 돌리고 침선 사이에는 2조의 파상문을 시문하였다[253)(도 113-1).

타날을 안 지우고 바로 파상문을 새기는 사례는 扶餘 軍守里地點遺蹟(도 113-3), 扶餘 松菊里遺蹟 토광묘(도 113-5) 등 주로 백제 사비기 출토 직구단경호에서도 확인된다.[254) 한성기~웅진기의 직구단경호는 타날 성형 후 토기의 상단부분만을 회전물손질로 타날흔적을 없앤 다음 파상문 등의 문양을 돌린다. 반면 사비기의 직구단경호부터는 타날 위에 그대로 파상문을 돌리는 변화가 보이기 시작하는데 이는 진천 송두리유적 출토품에서도 관찰된다.[255) 또한 백제 직구단경호는 구연부 바로 아래에 문양을 돌리는 것에서 점차 구

---

252) 보고서에는 직구단경옹이라고 기술되어 있다. 복원된 구경은 21.3cm, 기고는 43.35cm 이며 일반적인 백제 직구단경호보다 상대적으로 대형이었기 때문에 옹으로 명명하였을 것으로 생각된다. 이보다는 다소 작지만 華城 馬霞里古墳群 출토 직구단경호(金載悅 外 1998)는 구경 13.6cm, 기고 29.0cm에 달하는 것도 있기 때문에 여기서는 명칭의 혼동을 피하기 위해 직구단경호로 설명하였다.

253) 보고서에서는 "2조의 횡침선 사이에 2조의 파상문을 시문하였다"고 기술하고 있는 동시에 도면도 이와 같이 표현되어 있다. 그러나 필자는 2조의 횡침선 바로 아래에 2조의 파상문이 시문된 사실을 실견 결과 알 수 있었다. 따라서 〈도 113-1〉에 게재한 도면은 보고서 도면을 수정한 것임을 밝혀둔다.

254) 청원 남성골유적에서도 타날을 안 지우고 바로 파상문을 돌린 토기편이 수습되었다(도 113-2). 이 편은 진천 송두리유적 출토 직구단경호와 같은 기종이었을 것으로 추정된다.

255) 참고로 遼寧省 朝陽市 后燕崔遹墓 출토 단경호(陳大辦·李宇峰 1982), 吉林省 集安市 山城下墓區 JMS 332호 봉토석실 출토 四耳長頸甕(李殿福 1983), 桓仁滿族自治縣 五女 山城 第四期 地層 출토 長胴壺(李新全 主編 2004) 어깨부분에서도 파상문이 관찰된다.

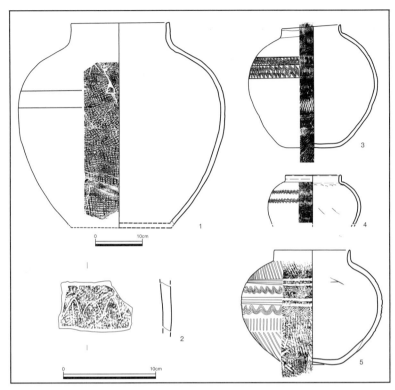

1. 鎭川 松斗里遺蹟 東側 遺物散布地(韓國文化財保護財團 2005), 2. 淸原 南城谷 高句麗遺蹟 壕 4號 (車勇杰 外 2004), 3. 扶餘 軍守里地點遺蹟 S12mE29m地點 H-2號 埋納遺構(朴淳發 外 2003), 4. 同遺 蹟 N1W4地點(同上), 5. 扶餘 松菊里遺蹟 百濟土壙墓(國立扶餘博物館 2000)

도 113 고구려토기로 추정되는 직구단경호 및 사비기 출토 직구단경호 (2 : S=1/4, 기타 : S=1/8)

연부에서 멀어져 동최대경에 위치하게 되는데 송두리유적 출토 직구단경호 의 문양대는 백제 직구단경호의 변화와 같은 맥락상에 있다.

송두리 출토 직구단경호는 태토 및 소성에 있어서 분명히 고구려적인 요소 가 보이나 타날기법의 사용, 타날 위의 문양, 문양대 위치에 있어서 모두 백제 직구단경호 변천의 연장선에 있다. 무엇보다 이 기종의 형태와 유사한 것은 아직 고구려토기에서 찾아보기 힘들다.

이상 타날된 고구려토기에는 백제토기 제작에 익숙한 공인들이 참여했던 것으로 보인다. 또한 고구려토기 중에서는 일부 백제 공인이 옛날 백제토기 기종을 再製作해서 만든 것도 존재했다.[256] 이와 같은 필자의 해석은 5세기 후엽~6세기대 남한 출토 고구려토기에는 타날이 거의 채택되지 않았다는 것을 전제로 하고 있다. 남한에서 출토되는 타날 고구려토기를 백제 공인의 참여 결과로 보는지, 고구려 공인이 제작한 토기로 보는지에 대한 의견 대립은 고구려의 수도였던 평양의 고구려토기를 조사해야만 해결할 수 있다. 과연 고구려 수도 출토품에서 타날문을 발견할 수 있을지, 필자도 기대하고 있다.

(2) 成立 背景

앞에서도 검토하였듯이 남한에서 출토된 타날 고구려토기는 백제 공인이 제작한 고구려토기로 볼 수 있다.[257] 타날 고구려토기가 출토된 연천 은대리 성, 서울 몽촌토성, 진천 송두리유적, 청원 남성골유적 등지는 남한에서 확인되고 있는 고구려유적 중에서도 비교적 이른 5세기 후반대로 편년되고 있다[258]

---

256) 진천 송두리유적 출토 직구단경호는 정선된 니질태토를 사용하고 색조는 황적색을 띤다. 구연부 외면에는 단단하고 매끄러운 도구로 문질러서 정면한 類似磨研(梁時恩 2007)이 관찰되는데, 이는 고구려토기에서 확인할 수 있는 요소 중 하나이다.

257) 고구려 영토확장지역에서 백제 공인이 참여하여 토기를 만들었다고 한다면 과연 '고구려토기'라는 명칭을 사용할 수 있는지 검토가 필요하다. 필자도 이 부분에 대해 상당히 고민을 한 부분이었는데, 백제 공인이 참여해서 토기를 만들었다고 해도 제작한 토기의 기형은 고구려토기이기 때문에 '고구려토기'라는 명칭을 그대로 사용하였다. 예를 들어 한반도에서 출토되는 須惠器는 일본에서 직접 가져온 것을 須惠器, 반드시 그렇다고 할 수 없는 것은 須惠器系로 분류되고 있다. 이 사례를 적용한다면 고구려 영토확장지역에 백제 공인이 참여한 토기를 '고구려계 토기'로 명명할 수 있을 것이다. 다만 과연 5~6세기대 고구려토기에는 타날이 적용되지 않았던 것인가? 고구려의 지방토기 제작양식일 가능성은 없는 것인지? 아차산, 시루봉 등 서울의 고구려 보루 출토 토기에는 왜 타날 기술을 가진 백제 공인이 참여하지 않았는지 아직 해결해야 하는 문제들이 많기 때문에 이 책에서는 일단 고구려토기라는 명칭을 사용하도록 한다.

258) 이 유적들에서는 타날된 토기가 출토되고 있을 뿐만 아니라 황색조의 토기가 상대적으로 적고, 니질태토라고 할지라도 고운 사립이 소량 섞여 있는 경우가 많이 확인되고 있는 공통성을 갖고 있다(최종택 2007). 이와 같은 유적 간의 태토 구성비의 차이를 유발하는 중요한 요인 중의 하나로 시간성이 제기되고 있다(梁時恩 2003, p.20).

(崔鍾澤 2006 · 2007). 특히 진천 송두리유적은 3~5세기를 중심으로 한 마한 ~백제의 유적이며 그 유적 바로 남쪽에 大母山城이 인접하고 있다. 이 산성은 484년 고구려의 남하에 맞서 백제 · 신라가 母山城 아래에서 싸워 이겼다는 『三國史記』의 기록[259]을 통해 오늘날의 대모산성으로 비정(閔德植 1980)되기도 하는 등 고구려의 영역확장을 증명할 수 있는 유적이다.[260]

東城王 16년(494년) 고구려와 신라가 지금의 청원 미원일대로 비정되고 있는 薩水[261] 벌판에서 싸울 때 백제는 신라를 구원하기 위하여 3,000명의 병력을 파견하여 고구려의 포위를 푼 일이 있는데, 이는 타날 고구려토기가 출토된 청원 남성골유적이 온존한 채로는 가능하지 않았을 것으로 생각된다. 이러한 점으로 볼 때 남성골유적 출토 고구려토기는 5세기 말엽을 하한으로 보는 것이 좋을 듯하다.[262] 그들이 사비지역에 이주하였다는 상세한 기록은 어떤 사서에도 보이지 않지만 백제의 백성 가운데는 신라인 · 고구려인 · 왜인 등과 함께 중국인도 있다는 기록[263]에도 어느 정도 이를 뒷받침할 수 있는 근거가 될 것으로 보인다.[264]

사비기에는 토기에서만 고구려적 요소가 관찰되는 것이 아니다. 부여 능산리사지 1차 건축군은 고구려 東臺子遺蹟과 定陵寺址와 같은 건물배치형태와 건축구조를 보이고 있어 성왕이 백제에 거주하던 고구려 주민을 의도적으로 가담시켜 건립한 仇台廟로 特定되었다. 성왕은 천도 직전까지 완성시킨 1

---

259) 『三國史記』新羅本紀 炤知麻立干 六年(484年) 「六年春正月 以烏含爲伊伐湌 三月 土星 犯月 雨雹 秋七月 高句麗侵北邊 我軍與百濟 合擊於母山城下 大破之」

260) 기록에서 보이는 母山城이 진천의 大母山城인지는 확실하지 않지만 고구려는 진천지역을 영유하면서 今勿奴郡을 설치해 다스렸다(『三國史記』地理2 黑壤郡; 韓國文化財保護財團 2005).

261) 양기석 2001을 참고.

262) 李浩炯 · 姜秉權 2003을 참고.

263) 『隋書』卷81 列傳 第46 東夷 百濟條 「其人雜有新羅高麗倭等亦中國人」

264) 백제지역에서 조사된 橫穴墓는 당시 백제에 와서 생활하던 倭人들의 무덤으로 보고 있다(李浩炯 2008). 뿐만 아니라 대통사식 와당의 성립 계기를 534년 遣使 기록을 중시하면서 기술 공인의 이주를 상정(淸水昭博 2003)하고 있는 논문에서 볼 수 있듯이 여러 나라의 사람들이 백제로 이주해 와서 활약한 상황을 알 수 있다.

차 건축군의 구태묘에서 천도와 함께 백제에 거주하는 凡夫餘系 주민들(고구려 주민들)을 통합시키고자 하였던 것으로 이해되고 있다(金吉植 2008). 그 외에 고구려적 요소가 관찰되는 수막새(龜田修一 2000; 金鍾萬 2003; 朴淳發 2005a), 판석조 구들시설(柳基正 2003), 연가(金圭東 2002), 橫孔鐵斧, 金工品(金吉植 2008)의 존재로 미루어 볼 때 고구려의 각종 기술자들이 적어도 능산리사지 1차 건축군이 건립되는 6세기 전엽대에는 이미 사비지역에 거주하고 있었던 것으로 추정된다. 또한 사비천도 후 국호를 '南扶餘'로 개명해서 부여 기원의 出自觀을 강조한 것은 1차 건축군의 구태묘와 함께 성왕이 이러한 고구려 주민들을 회유하고 새로운 국가 귀속감을 부여하기 위한 정책이 아니었을까 한다(박순발 2008 · 2010, p.243).

그럼 언제, 어떤 상황 속에서 이러한 이주민들이 사비지역으로 오게 된 것일까? 『삼국사기』 백제본기 무령왕 10년(510년)에 堤防을 견고히 하고 내외의 유식하는 자를 몰아 歸農케 하였다는 기사가 있다.[265] 이는 사비도성 공역에 소요되는 인력을 확충하기 위해 고구려 치하에 있었던 수복 지역의 주민들을 徙民하고 사비도성 공역에 투입시킨 결과로 이해된다(박순발 2008). 구체적으로는 웅진기인 5세기 4/4분기의 늦은 시점부터 계룡산지와 금강을 사이에 두고 대치하던 고구려를 물리치면서 수복 지역의 구백제민들을 미개발 지역이었던 사비지역으로 이주시켜 저습지 개발과 더불어 新都 造成 준비를 진행한 것으로 볼 수 있다(박순발 2005a). 화제는 바뀌지만 『續日本紀』 靈龜二年(716년)에 의하면 駿河 · 甲斐 등 7개국의 고구려 유민 1,799명을 모아 武藏國[266]에 처음으로 高麗郡을 建郡했다고 한다.[267] 朝廷이 渡來人(이주민)을 한데에 모아서 郡을 설치한 것은 그들의 선진적인 지식이나 기술로 동국의 未開拓의 땅을 열고 동국지방 경영에 나선 것으로 생각된다. 이는 사비 신

---

265) 『三國史記』 百濟本紀 武寧王 十年(510年) 「下令完固堤防 驅內外遊食者歸農」
266) 현 埼玉縣, 東京都의 대부분 및 神奈川縣의 일부 지역에 해당된다.
267) 『續日本紀』 卷第七 靈龜二年(716年) 「辛卯以駿河 甲斐 相模 上總 下總 常陸 下野七國 高麗人千七百九十九人 遷于武藏國 始置高麗郡焉」

도 조성에 이주민들을 투입시킨 상황을 이해하는데 도움을 줄 것이다.

필자 역시 박순발과 같이 사비양식 백제토기 가운데 고구려계 기종들은 사람의 이주 정착과 밀접한 관련이 있다는 것은 공감한다. 하지만 그것이 고구려 치하에 1세대 이상 노출되었던 구백제민들에게 국가 귀속감을 조기에 부여하고, 이들의 지지를 통해 구도읍 귀족세력들의 천도에 대한 반발을 극복하여 왕권을 강화하기 위한 조치였던 것은 아닐 것이다. 고구려가 남진한 시기부터 백제가 고구려를 물리치면서 수복 지역을 회복한 5세기 4/4분기의 늦은 시점까지는 불과 20~30년인데 고구려의 문화에 접하며 지배를 받았다고 하더라도 얼마나 고구려에 귀속감을 가지게 되었을지는 납득하기 어렵다. 성왕이 국호를 '남부여'로 개칭한 사실과 부여 능산리사지 1차 건축군(구태묘)을 건립한 것은 1세대 이상 노출되었던 구백제민의 국가 귀속감을 부여시킨 목적이 아니라, 그 당시 다수의 고구려인들이 사비지역에 거주하고 또 사비지역 개발에 많은 기여를 하고 있었기 때문에 실시된 정책이었다고 보는 것이 더 타당할 것이다. 또한『삼국사기』백제본기에 의하면 웅진기는 飢饉 등으로 인해 많은 주민이 토지로부터 이반되어 있던 상태였다.[268] 주민의 유출은 곧 租稅 및 노동력의 疲弊와 연결되어 백제 경제에 대단히 큰 타격을 주었을 것으로 추측된다. 국호의 개칭과 구태묘의 건립은 이러한 인력의 확보와 함께 그들의 再流出을 방지하기 위한 회유책이었던 것으로 생각된다.

이상에서 살펴본 바와 같이 사비양식 백제토기는 고구려의 영향으로 성립되었다. 필자는 남한지역에서 출토된 고구려토기들을 관찰하여 사비양식토기 중 비교적 개체수가 많은 전달린토기, 대상파수부자배기, 대상파수부호를 중심으로 상대편년안을 마련하였다.

고구려 전달린토기의 특징들을 살펴본 결과 백제 전달린토기에서 귀(전)의 위치는 시간의 경과에 따라 동체부쪽으로 가까워지는 흐름을 파악할 수 있었

---

268) 『三國史記』百濟本紀 東城王 十三年(491年)「秋七月 民饑 亡入新羅者 六百餘家」, 同二十一年(499年)「夏大旱 民饑相食 盜賊多起 臣寮請發倉賑救 王不聽 漢山人亡入高句麗者二千」, 武寧王 二十一年(521年)「秋八月 蝗害 民饑 亡入新羅者 九百戶」

다. 귀가 달려 있는 것 중에 익산 왕궁리유적 및 부여 동남리 702번지유적의 것들은 서로 다른 방법으로 3개의 귀를 만든 것이 확인되었다. 이는 고구려의 전달린토기를 수용한 백제의 공인들이 여러 모양의 귀를 창작해서 제작한 것임을 알 수 있다.

옹관으로 전용되기도 한 백제 대상파수부자배기에서는 시간의 경과에 따라 대상파수가 수평에서 아래쪽을 향해 부착되고 동최대경은 관찰되지 않는다. 또한 기준선(횡침선) 바로 아래에 파수가 수평으로 설치되다가 점차 기준선 가운데에 파수가 부착되었음을 확인했다. 파수가 없는 자배기는 한성기에도 있었지만, 사비기 자배기 중에는 고구려토기의 영향을 받은 것들이 있다. 그 중 부여 궁남지 목조 저수조 동편에 접한 수로2 내부 출토 자배기편의 표면에는 가로방향과 연속고리형태의 암문이 시문되었는데 암문은 고구려토기의 특징적인 요소 중 하나이다. 또한 이 토기의 구연부는 구단부를 밖으로 말아 접고 있는데 이와 같은 제작기법은 한강유역의 고구려토기에서 가장 많이 확인되고 있다. 뿐만 아니라 이 구연형태는 북쪽지방 늦은 시기의 고구려유적들에서도 출토되고 있는 것으로 미루어 볼 때 고구려토기 성형에 능숙한 공인이 제작에 참여했던 것임을 알 수 있다.

가장 이른 시기에 해당되는 백제 대상파수부호는 부여 군수리지점유적 출토품인데 경부를 제외한 동체부 전체에 격자문양의 암문을 돌렸다. 앞에서 언급하였듯이 암문은 고구려토기의 특징이기 때문에 대상파수부호는 표면 타날이 관찰되는 것보다 이른 시기에 제작된 것으로 생각된다. 대상파수부호에는 파수를 수평으로 부착시키기 위한 기준선이 확인되는데 시간의 경과에 따라 점차 기준선을 벗어나서 부착하는 경향이 관찰된다. 이는 공인들 사이에서 기준선의 의미가 점차 없어진 것을 반영한 결과가 아닐까 생각된다. 또한 시간의 경과에 따라 대상파수가 수평에서 아래쪽을 향해 부착되는 경향이 관찰된다.

남한 출토 타날 고구려토기에 대해서는 고구려토기 제작 전통의 일부로 인정할 수 있는 것인지 아니면 백제토기 제작기법에 능통한 도공이 고구려토기 제작에 참여한 결과로 봐야할 것인지 검토하였다. 니질태토로 토기를 제작하는 고구려는 기본적으로 타날기법을 사용하지 않아도 토기성형이 가능하였을 것이다. 고구려토기에는 테쌓기 및 손가락으로 점토띠들을 눌러 접합한 경우가 많은 것이 이를 뒷받침하고 있다. 또 태토 및 소성으로 미루어 볼 때 분명히 고구려적인 요소가 관찰되는 타날 직구단경호는 파상문의 위치, 타날 위에 시문된 파상문 등 백제 직구단경호 변천의 연장선에 있었음을 확인하였다. 이로써 타날된 고구려토기의 제작에는 백제토기 제작에 익숙한 공인들이 참여했다는 결론을 내렸다.

이상 사비양식토기의 성립에는 크게 보아 두 가지의 요인이 있었다고 볼 수 있다. 첫째 고구려 공인들이 사비지역으로 이주한 결과이다. 둘째 고구려토기 제작에 능통한 백제 공인의 역할도 중요했을 것이다. 다만 고구려 공인들은 한 번에 이주가 완료된 것이 아니라 전쟁 등을 피해서 수차례에 걸쳐서 들어온 것으로 추정된다. 이러한 사람들의 이주를 구체적으로 뒷받침해줄 수 있는 사료는 없지만 타날된 고구려토기가 만들어졌던 청원 등지가 다시 백제에 의해 수복되었을 5세기 후엽 즈음에 이루어졌을 것이다. 뿐만 아니라 무령왕대에 실시된 유식자들에 대한 귀농 조치와도 관련이 있을 것이라고 생각한다. 그 후 성왕이 국호를 '남부여'로 개칭해서 부여 기원의 출자관을 강조한 것과 구태묘를 건립한 것은 사비지역에 다수 거주하고 있었던 고구려인들을 회유하고 새로운 국가 귀속감을 부여하기 위한 목적과 더불어서 그들의 이탈을 방지하기 위한 것으로 해석된다.

V. 結論

　백제토기는 시기에 따라 형태·소성·장식 등의 변화가 관찰되기 때문에 백제 고고학에서 편년의 중요한 지표로 활용되어 왔다. 특히 토기의 여러 특징들을 분류한 형식으로 형식간의 선후관계를 파악하는 상대연대법이 일반적으로 이용되었다. 그러나 각 형식의 시간성을 파악하기 위해서는 절대연대법을 고려할 수밖에 없다. 현재 백제 고고학계는 국가단계의 백제가 등장한 시점을 대체로 기원후 3세기 중후반으로 비정하고 있다. 이러한 시기 비정에 대해서는 중국 도자기 또는 이를 모방한 새로운 기종의 출현을 지표로 삼고 있는데, 이는 중국 기년명 자료와의 비교를 전제로 한 절대연대에 해당된다. 상대연대법은 고고학적 조사나 연구의 기초가 되는 것이지만 어디까지나 선후관계를 결정할 수 있을 뿐이기 때문에 역사시대는 특히 절대연대에 근접시키려는 노력이 필요하다.

　본 연구의 목표는 그동안 형식학적 분류에 치우쳤던 백제토기의 연구, 애매모호하거나 근거가 없는 편년에서 탈피하고, 다양한 연대결정자료를 활용해서 보다 안정적인 백제토기 편년을 수립하는 것에 있었다. 그 내용을 정리하면 다음과 같다.

　Ⅱ장에서는 과연 중국 도자기가 백제 고고학의 연대결정자료로 이용될 수

있는지를 검토해 보았다. 백제유적 출토 중국 도자기들은 중국의 기년명 자료와의 교차편년을 통해 제작연대를 추정할 수 있기 때문에 백제 고고학에서는 가장 믿을만한 연대결정자료로서 편년에 이용되어 왔다. 하지만 한국 고고학계에서는 여전히 전세를 감안하지 않는 입장과 일부 인정하는 입장이 양립하고 있다. 필자는 고대 중국과 일본의 전세 사례를 살핀 후 백제인들이 중국 도자기에 대해 가졌을 태도를 검토하였다. 중국과 일본의 사례를 개관한 결과 물품의 전세는 첫째 사회 공동의 소유물로서 강제되었을 때, 둘째 개인의 취향이나 소집단 내의 약속이 성립되었을 때, 셋째 내재한 역사성이 전세를 정당화했을 때 발생한 것으로 파악했다. 그런데 현재 한국 고고학계에서 백제의 지방 수장층이 사여 받은 중국 도자기들을 공동으로 소유했다고 주장하는 연구자는 거의 없을 것이다. 또한 귀중품을 보관했을 특별한 창고의 고고학적 증거도 아직 보이지 않는다. 한편 백제유적 출토 중국 도자기들은 대개 실용품이었고, 이와 관련한 문화의 도입도 상정되고 있는 상황이다. 또한 마구의 편년과 비교해도 전세로 인정할 만큼의 시차는 감지할 수 없었다. 이와 같이 전술한 세 가지 패턴에 대입해 본 결과 중국 도자기를 전세품으로 판정할 근거는 희박하다는 점을 확인할 수 있었다. 따라서 필자는 백제유적 출토 중국 도자기를 백제 고고학의 교차편년자료로서 충분히 활용할 수 있다는 결론을 내리게 되었다. 한편 고대 중국과 일본에서는 금속제품의 전세 사례가 압도적인데도 불구하고 백제의 편년 체계를 연구할 때에는 유독 중국 도자기를 전세품으로 언급하고 있다. 그 이유는 바로 대부분의 전세론 지지자들이 공반된 철제품의 연대로 전세 여부를 결정하고 있기 때문이다. 이러한 연대결정은 백제 안에서의 형식학적 검토로 산출한 연대가 아니라, 영남지역의 연대관 그대로를 백제 자료에 대입하는 것이다. 하지만 각 형식의 존속기간이 철기보다 짧다고 알려진 토기야말로 공반유물의 전세 여부를 결정하는 자료로서 더욱 적합하다고 생각한다.

Ⅲ장에서는 백제토기와 공반된 주요 연대결정자료에 대해 검토했다. 이는 백제토기 각 형식의 명확한 연대를 결정하기 위한 사전 작업이었다. 우선 연대결정자료를 선정·정리하고 이들에 대한 연대관을 살펴보았다. 백제토기와 공

반된 주요 연대결정자료로서 백제유적 출토 중국 도자기, 왜(계) 유물, 신라·가야(계) 토기 그리고 일본 출토 백제(계) 토기 및 신라·가야유적 출토 백제(계) 토기를 선정하였다. 기년명 무덤 출토 중국 도자기, 일본 須惠器 또는 백제토기와 공반된 왜(계) 유물을 이용한 연대 비정은 역연대 자료가 부족한 백제 고고학에서 구체적인 시기를 밝혀줄 열쇠이다. 물론 신라·가야(계) 토기의 편년도 간과할 수 없다. 출토량에서 백제토기를 능가하는 신라·가야토기에 대한 편년 연구는 많은 연구자에 의해 진행되어 왔다. 그 중 이들과 공반된 왜(계) 유물 등과의 교차편년이 반영된 연구들을 참고하여 백제유적 출토 신라·가야(계) 토기의 시기를 비정하려고 노력하였다. 이러한 작업을 통해 주변 국가의 편년을 모두 아우른 백제토기의 편년에 대한 기초가 마련된 셈이다.

Ⅲ장의 내용을 구체적으로 살펴보면 다음과 같다. 백제유적 출토 중국 도자기는 중국 본토 출토품의 교차편년을 통해 역연대 추정이 가능한 자료이다. 본 장에서는 국내의 연구 성과가 비교적 많은 양형기와 계수호를 제외한 나머지 기종들의 시기를 추적하였다. 일부 기종에 대해서는 선행연구 성과를 따랐으나 연구가 부족한 기종에 대해서는 중국 본토 출토품의 변천을 고려해 시기를 설정하였다. 즉, 주로 기년명 무덤 출토품과의 비교를 통해 시기를 비정한 기존의 연구와 달리 중국 본토 출토품의 전체적인 시간적 흐름 속에서 백제유적 출토품과의 교차편년을 시도하였다. 그 결과 중국 도자기의 시간성에 맞추어 배열한 백제유적의 시간적 순서와 금공품·마구 등의 형식변화 순서가 대체로 일치함을 확인할 수 있었다. 이는 중국 도자기가 백제유적의 연대결정에서 중요한 근거로 활용될 수 있음을 의미한다. 다음으로 중국 도자기들과 공반된 고배, 광구장경호, 광구단경호, 심발형토기, 직구단경호 등에서 시간의 경과에 따른 변천을 파악했다. 고배는 시간의 흐름에 따라 배신이 얇아지고 다리가 길어지는 경향을 보이는데, 이는 기존 고배의 상대편년과도 부합된다. 광구장경호는 백제토기 중에서도 상대적으로 연구가 미진한 기종 중 하나인데 중국 도자기들과의 교차편년 결과를 살펴볼 때 늦은 시기일수록 동체부는 작아지고 목이 길어지는 것을 확인하였다. 또한 구연형태가 광구장경호 형식변화의 유효한 속성임을 알 수 있었다. 한편 직구단경호의 시간성을

잘 반영하는 속성 중에 견부의 문양대가 있다. 이른 것들은 구연부에 가까운 동체부 상부에 위치하는데 비해 보다 늦은 것들은 문양대가 동최대경쪽으로 이동한다.

Ⅲ장의 두 번째 요지는 왜(계) 유물과 공반된 백제토기에 대한 것으로 일본 출토 백제(계) 토기와 백제유적 출토 왜(계) 유물로 구분하여 살펴보았다. 먼저 일본 출토 백제(계) 토기에 대해서는 일본 출토 백제(계) 토기 연구에 대한 성과를 집성한 후 공반된 須惠器의 편년을 통해 백제토기 편년의 흐름을 파악하고자 하였다. 일본 출토 백제(계) 토기 중 개배, 삼족토기, 사족토기, 고배의 배신은 시간의 경과에 따라 점차 얕아지는 경향이 확인됐다. 단경병은 일본 출토품 중에서 수량이 비교적 많은 편이다. 이와 공반된 須惠器의 연대를 토대로 배열한 결과 기존 필자의 단경병에 대한 상대편년과 일치함을 알 수 있었다. 백제유적에서 출토되는 백제토기의 상한연대는 일본 출토 백제(계) 토기와 같거나 이보다 앞서 있었음은 분명하기 때문에 일본 출토 백제(계) 토기는 시기 비정의 근거로 삼을 수 있다.

다음으로 백제유적에서 확인된 왜(계) 유물은 크게 須惠器, 甲冑, 鐵鏃으로 구분된다. 그 수량은 백제유적 출토 중국 도자기에 비해 현저히 적기 때문에 서로 상반된 양상을 보여주고 있다. 백제유적 출토 須惠器(系)는 5세기~7세기대에 관찰된다. 한성기와 웅진기에는 개배가 많은데 비해 사비기에는 호 또는 옹이 주류를 이루게 된다. 이는 시간이 지남에 따라 개배와 같은 배식기류보다 호나 옹과 같은 저장용기류에 담겨진 내용물을 중요시하게 된 결과로 볼 수 있다. 왜(계) 갑주, 철촉의 출토 사례는 5세기대에 한정됐다. 왜(계) 무기의 이입에 대해서는 고구려에 대한 대책으로 왜 왕권으로부터 군사적 원조를 받은 결과로 해석된다. 왜(계) 유물과 공반된 백제토기의 시간적 위치와 변천을 살펴본 결과 고배, 삼족토기, 개배, 광구장경호, 광구단경호, 심발형토기, 단경병 등에서 시간의 경과에 따른 변천을 파악했다.

Ⅲ장의 마지막은 백제유적에서 출토된 신라·가야(계) 토기와 신라·가야 유적에서 출토된 백제(계) 토기에 대한 것이다. 신라·가야(계) 토기의 시기 비정에는 일본 須惠器와의 교차편년을 활용한 연구들을 주로 참고하였으며

일부 마구 등의 연구 성과와도 대조하였다. 이를 통해 설정된 신라·가야(계) 토기의 연대에 따라 나열한 백제토기의 시간적 순서가 기존의 백제토기 연구 성과와 어느 정도 일치함을 확인하였다. 이는 백제유적에서 출토된 신라·가야(계) 토기의 편년이 백제유적의 연대결정에서 근거로 활용될 수 있음을 의미한다. 또한 신라·가야(계) 토기와 공반된 삼족토기, 고배, 단경병, 심발형토기, 직구단경호 등에서 시간의 경과에 따른 변천을 파악했다. 특히 백제 직구단경호의 어깨에 시문된 문양대가 신라·가야유적의 대부직구호에서도 관찰된다. 이는 5세기 초에 백제 직구단경호의 영향을 받아 출현한 것으로 추정된다. 이러한 해석은 앞으로 개별 기종의 편년 작업시 활용할 수 있을 것이다. 또한 기존의 영남지역 편년관과 백제토기의 편년관 사이의 괴리는 일본의 편년관을 반영한 신라·가야토기의 연구 성과를 참고로 할 경우 불식시킬 수 있음을 알 수 있었다.

Ⅳ장 '백제토기의 성립과 전개'에서는 Ⅲ장에서 검토한 백제토기와 공반된 주요 연대결정자료를 적용해 취사용 토기, 한성양식 백제토기, 사비양식 백제토기로 나누어 그 성립 및 전개에 대해 살펴보았다. 취사용 토기 중 심발형토기, 장란형토기, 시루를 출토지역마다 문양별(승문계 또는 격자계)로 나누어 백제가 존속한 전 시기 동안의 변천 양상을 확인하였다.

심발형토기의 경우 구경에 비해 저경이 좁은 기형에서 구경과 저경의 차이가 사라지고 저부가 상대적으로 넓고 안정된 기형으로, 대형에서 소형으로 변화된다. 자비용기(심발형토기와 장란형토기) 소형화의 원인은 음식 조리법, 재료, 식사방법 등 식생활의 변화나, 원삼국시대에서 백제 한성기로 이행하며 점차 소형화되어 간 주거지의 면적 등을 고려해볼 수 있을 것이다.

장란형토기는 시간의 경과에 따라 동최대경의 위치가 상부에서 중앙으로, 저부형태는 첨저에서 원저로, 전체적인 기형은 대형에서 소형으로 변화되었다.

시루는 대체로 저부형태가 원저에서 평저로, 증기공의 형태가 (불)규칙적으로 배치된 원공에서 중앙 원형 1개를 중심으로 주변에 다각형을 배치한 형태로, 파수형태가 봉형 → 우각형 → 대상으로, 파수의 천공형태가 무천공에서 파수의 측면을 짼 것으로 변화된다.

또한 취사용기의 기형에는 지역별로 차이가 있음을 알 수 있었다. 그 중 금 강 이남(일부 對岸도 포함) 출토 심발형토기는 세장한 기형에 짧게 외반한 구연부, 장란형토기는 동체부에서 곧바로 외반하는 짧은 구연부, 시루는 직립 구연부에 세장방형의 동체부가 특징이다. 이러한 지역 고유의 기형은 백제의 영역확대 과정에서 점차 사라져 갔다.

동체부 외면의 각종 타날문에 대해서는 타날문의 종류가 기형과 상관관계 가 있음을 알 수 있었다. 다만 이 타날문의 차이와 기형의 관계는 백제의 영역 확대 과정에 따라 격자문계의 기형이 승문계화로 바뀌면서 점차 생산되지 않 는다.

또한 백제의 영역확대 과정에 대해서도 진일보한 결과를 도출할 수 있었다. 본 연구에서 승문계 취사용기의 출현은 한성으로부터의 거리와 함께 교통상 의 요충지나 중요 거점 등과 더욱 관련이 있음을 확인할 수 있었다.

백제의 국가 성립 무렵 또는 그 이후 원삼국시대 토기와 전혀 다른 새로운 토기가 출현했다. 한성지역을 중핵으로 새로 등장한 직구광견호, 직구단경호, 고배, 삼족토기, 단경병, 개배 등은 차후 주변지역으로 확산되었다. 이와 같은 고유한 기종만을 포괄하여 '한성양식토기'라 지칭하고 있다. 한성양식 백제 토기의 기본 구성은 웅진기·사비기까지 계속되었으나 사비기에는 고구려적 요소를 갖춘 기종 또는 고구려토기에 기원을 둔 새로운 기종들이 출현하기 시작했는데, 이는 한성양식 백제토기와 상당히 다르므로 '사비양식토기'로 명 명되었다. 따라서 백제토기의 연구에서 한성기 출현 토기뿐만 아니라 사비기 전후에 출현하는 고구려토기의 영향을 받은 새로운 기종들에 대한 이해와 시 기 비정이 시급할 것이다.

한성양식토기를 대표하는 직구광견호, 직구단경호, 고배, 삼족토기, 단경병, 광구장경호의 편년을 제시하기 위해 먼저 변천에 유효한 계측적 속성과 명목 적 속성을 추출한 후 형식을 설정하였다. 유효한 계측적 속성과 명목적 속성 에 대해서는 공반된 연대결정자료 토기의 변천을 통해 파악된 부분을 반영시 켰다. 그 다음으로는 연대결정자료와 공반된 토기를 통해 각 기종의 형식변천 을 파악함으로써 상한과 하한을 결정할 수 있었다.

직구광견호는 전체 백제토기 중 가장 이른 시기인 3세기 4/4분기경에 출현한 기종임을 알 수 있었다. 이는 서울 풍납토성 경당지구 중층 196호 수혈 창고 출토품과 공반된 중국 도자기의 연대와 목탄을 시료로 한 C¹⁴연대가 그 근거이다. 직구광견호는 출토량이 적은데다 존속기간이 길지 않기 때문에 시기 비정이 가능한 공반유물을 활용하였다. 직구광견호의 변천을 보면 시간의 경과에 따라 문양의 변화가 가장 뚜렷하다. 직구광견호의 종언은 서산 부장리유적 출토품과 그 공반자료를 통해 5세기 2/4~3/4분기로 보았다. 따라서 직구광견호의 존속기간은 3세기 4/4분기~5세기 3/4분기의 한성기였음을 알 수 있었다.

직구단경호의 편년에서는 계측적 속성인 저부비, 명목적 속성인 저부형태, 문양, 문양범위가 유효한 속성이었다. 그 중 문양이라는 명목적 속성을 통해 6개의 형식으로 분류된 직구단경호를 연대결정자료와 공반된 토기를 통해 검토한 결과 가장 이른 시기에 해당하는 것은 4세기 3/4분기(중엽)로 비정되는 화성 마하리고분군 3호 석곽묘 출토품이다. 따라서 한성(서울)에서는 이보다 더 이른 시기에 출현했을 것으로 판단된다. 3세기 말~4세기 전엽의 포항 옥성리 나지구 90호 목곽묘 출토 직구단경호와, 직구단경호의 견부 문양이 서진대 장강유역 청자관의 특징이라는 점을 감안하면 상한은 3세기 4/4분기로 거슬러 올라갈 가능성이 있다. 하한은 부여 쌍북리유적 출토품으로 보아 백제 멸망시점으로 여겨진다.

고배에서 유효한 속성은 계측적 속성인 다리분산비, 배신비율, 다리비율, 다리위치의 4가지와 명목적 속성인 뚜껑받침턱 형태와 다리형태 2가지였다. 이 명목적 속성의 조합을 통해 8개의 형식으로 분류된 고배를 연대결정자료와 공반된 토기를 통해 검토한 결과 상한은 4세기 3/4분기, 하한은 7세기를 전후한 시점이었다. 고배는 중국 도자기를 모방한 기종으로 추정된다. 중국 江西省 洪州窯 출토품과 기형이 유사하다는 보고가 있으나 아직 정식 보고서의 출판이 안 된 상황이기 때문에 중국측의 자료 증가를 기다릴 필요가 있을 것이다.

삼족토기는 기형에 따라 대형반형, 소형반형, 호형, 배형으로 분류된다. 이 중 출토량이 가장 많은 배형 삼족토기를 중심으로 검토하였다. 배형 삼족토기는 기종의 변천을 잘 나타내고 있는 것으로 확인된 계측적 속성인 다리분신비, 배신비율, 다리비율, 다리위치, 다리굵기의 5가지와 명목적 속성인 뚜껑받침턱 형태와 다리형태의 2가지를 설정하였다. 명목적 속성의 조합을 통해 7개의 형식으로 분류된 삼족토기를 연대결정자료와 공반된 토기를 통해 검토한 결과 상한은 4세기 3/4분기로, 대형반형 삼족토기보다 다소 일찍 출현한 것으로 추정했다. 다만 3세기 중~말엽으로 비정되는 김해 회현리패총 출토 사족토기로 보아 백제 삼족토기가 4세기 3/4분기보다 더 선행했을 가능성이 남아 있다. 삼족토기는 중국 도자기를 모방하여 제작한 것이며, 배형 삼족토기의 조형은 중국 손오~서진대로 거슬러 올라간다. 그러나 삼족토기의 상한이 4세기 중엽이기 때문에 동진 출토품을 모방했을 가능성이 높으나 중국에서 해당시기의 삼족기가 많지 않아 추후의 과제로 남기고자 한다. 중국에서도 시간의 경과에 따라 배신이 얕아졌으며 뚜껑받침턱 형태 또한 서로 공통된다. 이는 중국 도자기의 출토량에서 볼 수 있듯이 중국과 백제의 활발하고 긴밀한 교류의 일단을 엿볼 수 있는 자료일 것으로 생각한다. 반면 서울 풍납토성 및 몽촌토성에서 출토되는 대형반형 삼족토기는 중국 銅洗가 조형인 것으로 추정된다. 이는 기형으로 보아 5세기 1/4~2/4분기로 비정되는 집안 우산 68호묘 출토품보다 선행하기 때문에 4세기 4/4분기경으로 잠정할 수 있다.

단경병은 기종의 변천을 잘 나타내고 있는 것으로 확인된 계측적 속성인 저부비, 최대경위치, 동상비의 3가지와 명목적 속성인 동부형태, 구연형태의 2가지를 설정하였다. 명목적 속성의 조합을 통해 7개의 형식으로 분류된 단경병을 연대결정자료와 공반된 토기를 통해 검토한 결과 상한은 5세기 1/4분기로 추정되며 하한은 백제 멸망시점이었다. 단경병이 중국 자기를 모방하여 제작된 것은 주지의 사실이다. 구체적으로 필자가 분류한 동부형태 c②는 중국 동진 청자 계수호 혹은 반구호의 동부형태와 아주 유사한데, 실제로 청자 계수호는 한성기의 천안 용원리고분군에서, 반구호 구연부편도 4세기 후반으로 비정되는 석촌동고분군 2호 석곽묘에서 출토되었다. 백제유적에서 확인되고 있는 중국 자기들로 보아 동부형태 c②의 단경병은 4세기 후반 이후에 등장한 것으로 여겨진다. 이와 같이 백제의 단경병이라는 새로운 기종의 등장은 그와 관련된 음식문화와 불가분의 관계에 있었을 것인데, 계수호와 반구호는 차나 술과 관련성이 깊으므로 단경병의 등장은 아마 술 또는 차의 보편화와 함께 생각해 볼 수 있을 것이다.

광구장경호는 기종의 변천을 잘 나타내고 있는 것으로 확인된 계측적 속성인 경부비와 명목적 속성인 경부문양과 구연형태의 2가지를 설정하였다. 명목적 속성의 조합을 통해 6개의 형식으로 분류된 광구장경호는 연대결정자료와 공반된 토기를 통해 변천을 검토한 결과 상한은 4세기 4/4분기, 하한은 웅진기로 추정된다.

다음은 사비양식토기의 등장과 성립배경에 대해서 살펴보았다. 사비양식토기 중 검토가 가능한 기종은 전달린토기, 대상파수부자배기, 대상파수부호이다. 이들은 고구려토기 및 나말여초~고려시대의 토기와의 비교를 통해 기형의 변천을 살펴본 후 상대편년에 반영시켰다. 이와 같이 시대와 국적을 달리하는 토기를 상대편년에 참고한 이유는 한성기와 달리 사비기 출토품은 역연대 자료가 절대적으로 부족하기 때문이다. 이른 시기의 토기에는 暗文이 시문되었고 구단부를 밖으로 말아 접는 등 고구려토기의 제작기법이 채택되었다. 이처럼 사비양식토기 중에는 기형의 모방뿐만 아니라 세부적인 제작기법까지 그대로 계승한 토기도 관찰된다. 또한 토기뿐만 아니라 衣食住 전 분야에 걸쳐서 고구려적 요소가 나타났는데, 이는 숙련된 고구려토기 제작기술을 가진 공인들을 포함한 고구려 주민들이 부여지역으로 이주했기 때문으로 판단된다. 그러나 아직까지 당시의 이주를 구체적으로 뒷받침해줄 수 있는 사료는 존재하지 않는 형편이다. 다만 청원 등지에서 타날 고구려토기가 출토되는 상황을 볼 때 고구려 유민의 이주시점은 이 지역이 다시 백제에 의해 수복된 5세기 말 이후의 일일 것이다. 또한 이것은 무령왕대에 실시된 유식자들에 대한 귀농 조치의 기사와 관련이 있을 것으로 생각된다. 이 후 성왕이 국호를 '남부여'로 개칭한 것과 능산리사지에 구태묘를 건립한 것은 사비지역에 다수 거주하고 있었던 고구려인들을 회유하고 새로운 국가 귀속감을 부여하기 위한 목적과 더불어 그들의 이탈을 방지하기 위한 것으로 이해된다.

이상 주요 백제토기의 변천 양상을 정리하면 다음과 같다(도 114). 직구광

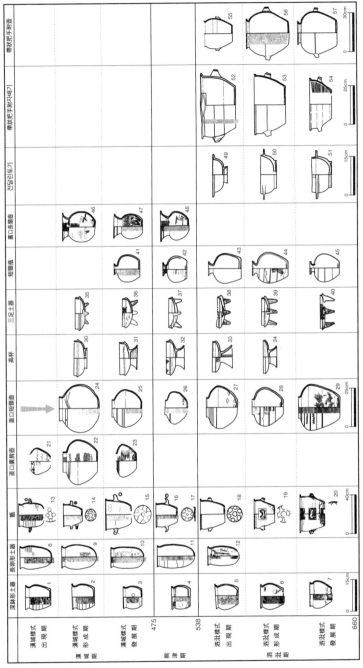

	深鉢形土器	長卵形土器	甑	直口廣肩壺	直口短頸壺	高杯	三足土器	短頸壺	廣口長頸壺	전달린토기	帶狀把手附자비기	帶狀把手附壺
漢城樣式 出現期	1	8	13	21	24	30	35	41	46	49	52	55
漢城樣式 形成期	2	9	14	22	25	31	36	42	47	50	53	56
漢城樣式 發展期 (475)	3	10	15	23	26	32	37	43	48	51	54	57
熊津期 (538)	4	11	16,17		27	33	38	44				
泗沘樣式 出現期	5	12	18		28	34	39	45				
泗沘樣式 形成期	6		19		29		40					
泗沘樣式 發展期 (660)	7		20									

1. 서울 風納土城 現代聯合敷地聯代地區(權五榮 外 2004). 2. 同土城 197番地(舊未知마을) 가-3號 住居址(國立文化財研究所 2001). 4. 同土城 慶堂地區 9號 遺構(權五榮 外 2004). 6. 扶餘 中井里遺蹟 遺構 露出面(忠淸南道歷史文化研究院 2008d). 7. 扶餘 舊衙里 319 扶蘇山中央聖潔敎會遺蹟(沈相六 2012). 8. 서울 風納土城 現代聯合敷地 가-土器窖址(國立文化財研究所 2001). 9. 同土城 197番地(舊未知마을) 가-54號-2號 竪穴(國立文化財研究所 2009). 10. 同土城 慶堂地區 9號 遺構(權五榮 外 2004). 11. 論山 院北里遺蹟 나-地區 56號 竪穴(中央文化財研究院). 12. 舒川 鳳仙里遺蹟 3地域 3-1區域 8號 住居址(忠淸南道歷史文化産業硏究院 2012). 13. 서울 風納土城 慶堂地區 나-2號 窖(國立文化財研究所 2001). 14. 서울 牛眠洞遺蹟 가地點(・朴智殷 2009). 16・17. 鎭安 臥亭-遺蹟 3號 住居址(柳澤 外 2001). 18. 扶餘 松菊里遺蹟 가地點(・朴智殷 2009). 16・17. 鎭安 陵山里遺蹟 1地域(東羅城 東側 外 2000). 23. 瑞山 富長里遺蹟 319 扶蘇山中央聖潔敎會遺蹟 1號 住居址(柳澤 外 2001). 19. 扶餘 井洞里遺蹟 中層 196號 竪穴(權五榮 外 2005). 20. 扶餘 陵山里古墳群 9號 石槨墓(李南奭 2000). 23. 瑞山 富長里遺蹟 中央聖潔敎會遺蹟(沈相六 2012). 21. 서울 風納土城 慶堂地區 4號 建物址(金虎炅 外 2011). 22. 天安 龍院里古墳群 C地區 竪穴遺構(徐五善 外 2011). 22. 天安 龍院里古墳群 C地區 竪穴遺構(李尚燁 2001). 8. 서울 風納土城 現代聯合敷地 가-土器窖址 046 橫六式石室墳(李弘鍾 外 2010). 26. 長水 東村里遺蹟 가地區(李尚燁 2002). 29. 扶餘 雙北里 280-5番地遺蹟(鄭海準・尹智熙 2011). 30. 서울 風納土城 197番地(舊未知마을) 가-54號-2號 竪穴(國立文化財研究所 2009). 25・31. 瑞山 松院里遺蹟 KM-003號 橫穴式石室墳 上面(忠淸南道歷史文化研究院 2009a). 33. 扶餘 富含里古墳群 Ⅲ-62號墳 橫六式石室墳(李南奭 外 2003). 34. 扶餘 富含里古墳群 Ⅲ-62號墳 橫六式石室墳(李南奭 外 2003), 35. 서울 風納土城 現代聯合敷地 S4E0 內 土器가마聯合敷地(中央文化財研究院) 中層(國立文化財研究所 2001). 36.

견호, 직구단경호, 고배, 삼족토기, 단경병 모두 중국 기물과의 관련 속에서 출현했지만 각 기종마다 수용시기에는 다소 차이가 있었다. 직구광견호와 직구단경호, 고배와 삼족토기는 거의 같은 시기 한성에서 제작되기 시작한 것으로 보이나 단경병은 5세기 전후의 시기에 출현한다. 따라서 한성양식토기는 백제의 국가형성과 동시에 등장한 것이 아니다. 각 기종마다 수용 및 제작시기에 차이가 있었으며, 한성양식토기는 5세기 1/4분기에 이르러 마침내 완성되었다. 한성양식은 수도를 웅진으로 천도한 후에도 그대로 유지된 것으로 보인다. 하지만 사비천도 전후 무렵 고구려토기의 영향으로 사비양식토기가 등장한다. 사비양식토기의 주요 기종으로서는 전달린토기, 대상파수부자배기, 대상파수부호 등을 들 수 있다. 이 무렵 한성양식토기의 주요 기종이었던 광구장경호의 소멸은 새로운 양식의 출현과 무관하지 않을 것이다. 반면 사비양식토기와 공존한 한성양식토기인 삼족토기와 단경병은 백제 멸망시점까지, 고배는 7세기 이전까지 제작 · 사용된 것으로 보아 기종에 따라 사용 시간의 폭에 차이가 있었음을 알 수 있다.

지금까지 백제토기 편년의 상당 부분이 형식분류를 기초로 한 상대연대법에 의지해 왔다. 그 편년들은 결국 객관적인 근거 제시가 부족했기 때문에 그 상대편년의 定義조차 판단하기 어려웠다. 이 연구에서는 백제토기 편년의 중심축이 되는 역연대 자료의 확보와 검토에 노력을 기울였다. 주요 연대결정자료를 최대한 수집하려 노력하였으나 아직도 검토가 충분하지 못한 자료들이 많을 것이다. 앞으로 더욱 많은 연대결정자료들을 편년에 활용한다면 상기의 기종들뿐만 아니라 비교적 변천과정의 파악이 어려운 기종들의 분석에도 큰 도움이 될 것으로 기대된다.

洪城 神衿城 西壁 地表收拾(李康承 外 1994), 37. 論山 茅村里古墳群 13號墳(安承周 · 李南奭 1994), 38. 瑞山 餘美里 방죽골墳墓群 3號 石槨墓(李浩炯 2005), 39. 論山 表井里古墳群 A區 2號墳 橫口式石槨墓(尹武炳 1979), 40. 扶餘 北浦遺蹟 II文化層 1號 枝葉敷設(李浩炯 · 李販燮 2009), 41. 서울 夢村土城 第2號 貯藏孔(夢村土城發掘調査團 1985), 42. 公州 丹芝里遺蹟 4地區 2號墳 橫口式石槨墓(朴大淳 · 池珉周 2006), 43. 保寧 長峴里古墳 橫穴式石室墳(池健吉 1978), 44. 保寧 蓮芝里遺蹟 KM-016號 橫穴式石室墳(李弘鍾 外 2003), 45. 公州 保寧里古墳群 4號址(成周鐸 1984), 46. 大田 龍山洞遺蹟 3號 土壙墓(成正庸 · 李享源 2002), 47. 全州 馬田遺蹟 IV區域 4號墳(國立全州博物館 2007c), 50. 扶餘 花枝山遺蹟 다地區 堆積層(國立扶餘文化財研究所 2002a), 51. 扶餘 官北里遺蹟 S90W60 南北 水路 內部 有機物層(國立扶餘文化財研究所 2007c), 50. 扶餘 花枝山遺蹟 다地區 堆積層(國立扶餘文化財研究所 2002a), 51. 扶餘 官北里遺蹟 89年度 建物址 周圍 排水口(尹武炳 1999), 52. 扶餘 亭岩里黑色址 A地區 灰口部(國立扶餘博物館 1992), 53. 益山 彌勒寺址 北僧房址 北側房址(國立扶餘文化財研究所 1996), 54. 益山 王宮里遺蹟 建物址12 調査過程 地表 下 50~60cm(國立扶餘文化財研究所 2008b), 55. 扶餘 軍守里地點遺蹟 出土地 不明(朴淳發 外 2003), 56. 扶餘 松菊里遺蹟 76~68地區 甕棺墓(權五榮 1991), 57. 扶餘 扶蘇山城 圓形 貯藏穴・四角形穴(沈正輔 外 1996)

도 114 주요 백제토기의 변천(1~7 : S=1/16, 8~20, 21~29 : S=1/40, 52~54 : S=1/25, 55~57 : S=1/30, 기타 : S=1/15)

表 1 한성기 백제유적 출토 중국 도자기 일람표

番號	遺蹟	調査·次數·地點·遺構	種類	器種·部位	個體 數	共伴 遺物	製作 年代	出典
1	傳 開城城	(中央博物館)	青瓷	虎子	1		4世紀 前半	①·②
2	抱川 自作里 遺蹟	1號 住居址	青瓷	胴部	1	直口壺, 硬質無文土器, 大甕, 鐵製小札 等	4世紀(東晉)	③·④
3	서울 風納土城	現代聯合敷地 土器陵東遺構	青瓷	雙耳壺 胴部	1	硬質無文土器, 深鉢形土器, 蓋, 三足土器, 短頸壺, 高杯 等	4世紀 後半 ~5世紀 前半 (東晉)	
			青瓷	頸部	1			
				胴部	1			
				底部	1			
			黑釉	鷄首壺 口緣部	1			
				底部	1			
			黑褐釉陶器	四耳附錢文 無頸甕 口緣部	1		4世紀 後半 以後	
			黑褐釉陶器	無頸甕 口緣部	1			
				底部片 2	2			
		現代聯合敷地 가-西 트렌치	黑褐釉陶器	直立口緣甕 口緣部	1		4世紀代 (東晉)	⑤·⑥
		現代聯合敷地 가-S3W1 그리드	黑褐釉陶器	盤口壺 口緣部	1			
		現代聯合敷地 가-S4W2 그리드	青瓷	直立口緣壺 口緣部	1			
		現代聯合敷地 가-S5W1 그리드 中層	黑褐釉陶器	直立口緣甕 口緣部	1	그리드 中層 一括遺物 (高杯, 蓋, 把手片, 甑片 等)		
		現代聯合敷地 가-S6W1 그리드 中層	青瓷	耳片	1	그리드 中層 一括遺物 (器臺, 把手片 等)		
		現代聯合敷地 가-南 트렌치	青瓷	直口壺	1		4世紀代 (東晉)	
		삼화聯立敷地 Ⅲ層 3號 竪穴	黑褐釉陶器	直立口緣甕 口緣部片 2	1			⑦
				胴部 1				
				胴部 1				

番號	遺蹟	調査 次數・地點・遺構 溝	釉種	器種・部位	個體數	共伴 遺物	製作 年代	出典
		분취聯立敷地 III層 2號 溝	黑褐釉陶器	胴部片 2	1	三足土器, 蓋, 長卵形土器 等		⑥・⑦
		慶堂地區 堆積土	青瓷	碗 口緣部	1		5世紀	②・⑧
			門瓦	陰刻文片	1			
			黑褐釉陶器	甕 底部	1			
		慶堂地區 遺物包合層	黑褐釉陶器	錢文 胴部	1			⑨・⑩
		慶堂地區 上層 2號 竪穴	黑褐釉陶器	胴部	1	硬質無文土器, 高杯, 蓋, 洗, 器臺, 直口短頸壺, 廣口短頸壺 等 盌, 器臺, 深鉢形土器		⑪
		慶堂地區 上層 5號 竪穴	黑褐釉陶器	胴部片 2	1+	硬質無文土器, 直口短頸壺, 深鉢形土器, 大甕 等		
		慶堂地區 上層 9號 遺構 平面E 竪穴	黑褐釉陶器	無頸甕 口緣部	1	高杯, 三足土器, 蓋, 器臺, 直口短頸壺, 廣口短頸壺, 甑, 長卵形土器 等 深鉢形土器, 直口短頸壺, 甑, 長卵形土器 等	5世紀 1/4~2/4分期 (東晉 末~南朝)	⑫
			黑褐釉陶器	直立口緣甕 口緣部	4			
			黑褐釉陶器	甕 底部	2			
			黑褐釉陶器	胴部 8	1+			
			黑褐釉陶器	耳片	1			
			青瓷	碗(盌) 口緣部	1			
			黑釉	胴部片 2	1+			
		慶堂地區 上層 31號 竪穴	黑褐釉陶器	胴部片 8	1+	硬質無文土器, 高杯, 三足土器, 蓋, 直口短頸壺, 廣口短頸壺, 器臺, 深鉢形土器, 甑, 長卵形土器, 瓦 等		⑪
		慶堂地區 上層 58號 竪穴	黑褐釉陶器	直立口緣部	2	硬質無文土器, 高杯, 三足土器, 蓋, 器臺, 直口短頸壺, 廣口短頸壺, 深鉢形土器, 甑, 長卵形土器 等		
		慶堂地區 上層 127號 竪穴	黑褐釉陶器	胴部 6	1+	蓋, 直口短頸壺, 深鉢形土器 等 蓋, 直口長頸壺, 短頸瓶, 甕 等		
		慶堂地區 中層 101號 竪穴	黑褐釉陶器	胴部片 5	1+	硬質無文土器, 深鉢形土器, 長卵形土器, 盌, 瓦 等		⑬

番號	遺蹟	調查 次數·地點·遺構	釉種	器種·部位	個體數	共伴遺物	製作年代	出典
		慶堂地區 中層 196號 竪穴會軍	黑褐釉陶器	四耳附外反口緣甕	10	蓋, 直口短頸壺 壺, 瓿, 甕, 魚骨 等	3世紀 後半~4世紀 前半(西晉)	⑨·⑩
				外反口緣甕	7			
				直立口緣甕	12			
				錢文 無頸甕	3			
				錢文 直立口緣甕	1			
		慶堂地區 I區域 245號 六角形住居址	黑褐釉陶器	胴部	1+	黑色磨硏土器, 平底壺, 直口短頸壺, 硬質無文土器, 大甕, 瓦, 瓿 等		⑭
		慶堂地區 I區域 246號 竪穴	黑褐釉陶器	胴部	1+	壺片 等		
		慶堂地區 I區域 249號 溝狀遺構	黑褐釉陶器	胴部	1+	硬質無文土器, 長卵形土器, 高杯, 直口短頸壺 等		
		慶堂地區 IV區域 244號 長方形住居址	黑褐釉陶器	胴部	1+	壺片 等		
		197番地 7-4號 住居址	黑褐釉陶器	甕 胴部	1	三足盤, 三足土器, 高杯, 蓋, 直口短頸壺, 短頸瓶, 器臺, 壺, 卵形甕, 甑, 平瓦 等		⑮
		197番地 7-5號 住居址	黃褐釉陶器	胴部	1	高杯, 蓋, 廣口長頸壺, 短頸瓶 等		
		197番地 7-30號 住居址	黑褐釉陶器	底部	1	硬質無文土器, 底部片, 蓋, 盌, 塼, 瓦 等		
		197番地 7-4號 竈	黑褐釉陶器	甕 胴部	1	三足盤, 三足土器, 高杯, 蓋, 直口短頸壺, 短頸瓶, 長卵形土器, 甑, 甕 等		
		197番地 7-1號 竪穴	菁瓷	碗(蓋)	1	瓦當 等	340~360年(東晉)	⑥·⑮
			黑褐釉陶器	錢文 胴部	1			
		197番地 7-4號 住居址	黑褐釉陶器	甕 胴部	1	三足盤, 三足土器, 高杯, 蓋, 直口短頸壺, 短頸瓶, 器臺, 壺, 卵形甕, 甑, 平瓦 等	3世紀 末(西晉)	⑮
		197番地 7-5號 住居址	黃褐釉陶器	胴部	1	高杯, 蓋, 廣口長頸壺, 短頸瓶 等		
		197番地 7-30號 住居址	黑褐釉陶器	底部	1	硬質無文土器 底部片, 蓋, 盌, 塼, 瓦 等		

番號	遺蹟	調査 次數・地點・遺構	釉種	器種・部位	個體數	共伴遺物	製作年代	出典
		197番地 가-4號 부뚜막	黑褐釉釉陶器	甕 胴部	1	三足盤, 三足土器, 高杯, 蓋, 直口短頸壺, 短頸瓶, 長卵形土器, 甑, 甕 等		
		197番地 가-12號 竪穴	黑褐釉陶器	鐓文 胴部	1			
		197番地 가-20號 竪穴	褐釉陶器	頸部	1			
		197番地 나-2號 住居址	黑褐釉陶器	胴部	1	蓋, 深鉢形土器, 長卵形土器, 瓦 等		
		197番地 나-4號 住居址	黑褐釉陶器	胴部	1	三足土器片, 蓋, 深鉢形土器片 等		
		197番地 나-7號 住居址	褐釉陶器	底部	1	土器片		
		197番地 나-18號 住居址	青瓷	碗 口緣部	1	三足土器片, 蓋, 深鉢形土器 等		
		197番地 나-2號 竪穴	黑褐釉陶器	胴部	1			
		197番地 나-5號 竪穴	黑褐釉陶器	甕 口緣部	1			
		197番地 나-21號 竪穴	褐釉陶器	頸部	1			
				底部	1			⑯
		197番地 나-22號 竪穴	黑褐釉陶器	胴部	1			
		197番地 나-24號 竪穴	黑褐釉陶器	甕 口緣部	1			
		197番地 나-25號 竪穴	青瓷	盤口壺 頸部	1			
		197番地 나-41號 竪穴	褐釉陶器	胴部	1			
		197番地 나-3號 溝狀遺構	青瓷	(推定)蓮瓣文 碗 底部	1			
		197番地 다-1號 建物址	黑褐釉陶器	甕 口緣部	1	三足土器片, 高杯, 瓦 等		
				甕 胴部	1			
				甕 底部	2			
		197番地 다-14號 竪穴	褐釉陶器	胴部	1			
		197番地 다-38號 竪穴 出土 甕	青瓷	蓮瓣文 臺附碗	1	大甕 3個體, 小札	5世紀 中葉(劉宋代)	⑰
		197番地 다-60號 竪穴	青瓷	底部	1			
		197番地 다-84號 竪穴	黑褐釉陶器	胴部	1			
		197番地 다-90號 竪穴	綠釉陶器	胴部	1			
		197番地 다-96號 竪穴	黑褐釉陶器	胴部	1			
		197番地 다-101號 竪穴	黑褐釉陶器	胴部	1			
		197番地 다-103號 竪穴	黑褐釉陶器	胴部	1			

番號	遺蹟	調査・次數・地點・遺構	釉種	器種・部位	個體數	共伴遺物	製作年代	出典
		197番地 다-3號 竪穴	黑褐釉陶器	甕 口緣部	1			
			靑瓷	把手附壺	1			
		197番地 다-13號 竪穴	黑褐釉陶器	胴部	1			
		197番地 다-16-1號 竪穴	黑褐釉陶器	胴部	1			
		197番地 다-108-1號 竪穴	黑褐釉陶器	甕 口緣部	1			
		197番地 다-115號 竪穴	黑褐釉陶器	胴部	1			
			黑褐釉陶器	底部	2			
		197番地 마-24號 竪穴	黑褐釉陶器	甕 口緣部	3			
				胴部	1			
		197番地 다-3號 溝狀遺構	褐釉陶器	底部	1			
		197番地 다-13號 溝狀遺構	黑褐釉陶器	胴部	2			
		197番地 가-1號 竪穴	靑瓷	碗	1			
			黑褐釉陶器	錢文 胴部	1			
			褐釉陶器	甕 口緣部	2			
			黑褐釉陶器	胴部	3			
		197番地 다-6號 住居址 攪亂部	綠釉釉陶器	胴部	1			
		197番地 다-9號 住居址	黑褐釉陶器	頸部	1	硬質無文土器, 壺片		
		197番地 다-1號 住居址	靑瓷	蓮瓣文 臺附碗 胴部	1	三足土器, 蓋, 深鉢形土器, 長卵形土器 等		⑱
			黑褐釉陶器	口緣部	1			
		197番地 다-4號 住居址 攪亂部	黑褐釉陶器	頸部	1			
			黑褐釉陶器	胴部	1			
			靑瓷	碗	1			
		197番地 다-15號 住居址	靑瓷	盤口壺 口緣部	1	高杯, 蓋 等		
		197番地 다-21號 住居址	綠釉釉陶器	口緣部	1	蓋, 直口短頸壺, 大甕 等		
		197番地 다-39號 竪穴	黑褐釉陶器	胴部	1			
		197番地 다-80號 竪穴	黑褐釉陶器	胴部	1			
		197番地 다-86號 竪穴	綠釉釉陶器	胴部	1			
		197番地 다-105號 竪穴	黑褐釉陶器	胴部	4			

番號	遺蹟	調査 次數·地點·遺構	釉種	器種·部位	個體 數	共伴 遺物	製作 年代	出典
		197番地 다-12號 溝狀遺構	褐釉陶器	胴部	1			
			青瓷	底部	1			
		197番地 다-13號 溝狀遺構	青瓷	盤口壺 口緣部	1			
		197番地 나-그리드	黑褐釉陶器	口緣部	4			
				頸部	1			
				胴部	3			
		197番地 다-그리드	青瓷	蓮瓣文 臺附碗 胴部	1			
				胴部	1			
			黑褐釉陶器	口緣部	1			
				胴部	2			
		197番地 라-그리드	青瓷	瓶 頸部	1			
				蓮瓣文 臺附碗 頸部	1			
				臺附碗 底部	1			
			黑褐釉陶器	口緣部	2			
				錢文 胴部	1			
		197番地 마-그리드	青瓷	口緣部	1			
				胴部	2			
				底部	3			
			黑褐釉陶器	口緣部	1			
				胴部	6			
				底部	1			
4	서울夢村土城	85-2號 住居址	青瓷	頸部 1 胴部 1	1+	壺, 器臺, 平瓦, 深鉢形土器, 高杯, 直口短頸壺 等	4世紀 中~後葉(東晉)	⑲
		85-3號 貯藏孔	黑釉	壺 口緣部	1	短頸壺, 高杯, 三足土器, 黑色磨硏土器, 須惠器	4世紀(東晉)	
		85-SW20-2 pit	青瓷	耳附壺 口緣部	1			
		85-NE1-27 pit	青瓷	碗 底部	1			
		85-NE11-19 pit	青瓷	耳附壺 胴部	1			

番號	遺蹟	調查·次數·地點·遺構	釉種	器種·部位	個體數	共伴遺物	製作年代	出典
		85-SE15-24 pit	青瓷	耳附壺 胴部	1			
		85-NE26-4 pit	黑釉	胴部	1			
		85-Tr	黑褐釉陶器	胴部片 4	1+		3世紀 末~4世紀 前半 (西晉 末~東晉)	
		85-NE6-13, SE2-5pit	黑褐釉陶器	錢文 胴部片 2	1+			
		87-1號 貯藏孔 2層	黑褐釉陶器	頸部	1	把手片		
		87-1號 貯藏孔 3層	黑褐釉陶器	甕口緣部	1	橫甁, 器臺, 廣口長頸壺	4世紀 後半 以後 (東晉)	⑳
		87-1號 貯藏孔 4層	青瓷	耳附壺 口緣部	1	高杯, 三足盤, 三足罐, 甁, 盞	4世紀 中葉 (東晉)	
		87-1號 貯藏孔 6層	青瓷	碗(盞)	1			
		87- 廢棄場	青瓷	硯	1	三足土器, 高杯, 蓋, 三足盤, 長卵形土器, 瓦當		⑳·㉑
		88-S14E22-IVpit 坡壁 版築土	青瓷	頸部	1		東晉~南朝代	㉒
		88-S14E21 坡壁 版築土	青瓷	底部	1			
		88-4號 貯藏孔	黑褐釉陶器	甕 胴部	1	三足土器, 高杯, 蓋, 直口短頸壺, 廣口長頸壺, 長卵形土器, 深鉢形土器, 甑, 甕, 器臺 等		⑥·㉑
		89-S9W7 南北 Tr 盛土層	黑褐釉陶器	錢文 胴部	1		3世紀 末~4世紀 前半 (西晉 末~東晉)	
		89-S11W6-3pit 盛土層	青瓷	碟	1		4世紀~5世紀 (東晉~南朝代)	㉓
			青瓷	(盤口)壺 頸部	2	土器片 等		
		87-2號 石槨墓	黑褐釉陶器	鷄首壺	1		4世紀 後半(東晉)	
5	서울 石村洞 古墳群	87-2號墳 周邊	黑褐釉陶器	錢文甕 口緣部	1			
			黑褐釉陶器	小甁 頸部	1			
			綠釉陶器	壺 頸部	1			
		1984年 3號墳 N1E3~E5	青瓷	注口附壺 口緣部	1			㉔·㉕
			青瓷	盤口壺 口緣部	1			
			黑褐釉陶器	壺 胴部	1			
				壺 口緣部	1			

番號	遺蹟	調查 次數・地點・遺構	釉種	器種・部位	個體 數	共伴 遺物	製作 年代	出典
		1984年 3號墳 (巨제리)	綠釉陶器	甁 口緣部	1			
			黑褐釉陶器	壺	1			
		3號墳	黑褐釉陶器	壺 胴部	1			
				壺 口緣部	1			
		4號墳	靑瓷	臺附碗 底部	1			
			靑瓷	壺 底部	1			
		86-A地域 8號 土壙墓	靑瓷	四耳附壺	1	直口短頸壺・深鉢形土器 等	5世紀 2/4分期 (東晉 末~南朝 初)	㉖
		87-4號 石槨墓	靑瓷	耳附壺 胴部片 2	1+	廣口長頸壺・壺・釘 等		㉕
				胴部片 15	1+			
6	原州 法泉里 古墳群	2號墳 破壞石室	靑瓷	羊形器	1	直口短頸壺・深鉢形土器 等	4世紀 中葉(東晉)	㉗
		2號墳 周邊	靑瓷	鉢	1			
		地表收拾	靑瓷	底部片 3	1+			
7	龍仁 古林洞 遺蹟	B地區 7號 六角形住居址		胴部片 4	1+	竈嶺飾、高杯、蓋、黑色磨研土器、器臺、瓦、直口壺 等		㉘
		B地區 8號 長方形住居址				圓底短頸壺、硬質無文土器 等		
		B地區 23號 圓形 竪穴	黑褐釉陶器	胴部	1	深鉢形土器、大甕片、短頸壺片 等		
		B地區 25號 圓形 竪穴		胴部	1	大甕片、硬質無文土器、深鉢形土器 等		
		B地區 45號 圓形 竪穴		胴部	1	直口壺、甑、鳥足文土器、深鉢形土器、盌 等		
		C地區 8號 圓形 竪穴		胴部	1	大甕、高杯 脚片、長明形土器 等		
8	烏山 水淸洞 古墳群	4地點 25號 木棺墓	靑瓷	盤口壺	1	圓底短頸壺、直口短頸壺、廣口壺 等 馬具、盛矢具、環頭大刀	5世紀 2/4分期 (南朝)	㉙
9	瑞山 富長里 遺蹟	I地域 6號 墳丘墓 周溝	靑瓷	四耳壺 胴部	1			㉚
		試掘調査	黑褐釉	四耳小壺	1			
10	洪城 神衿城	N17W7 表土	黑褐釉	錢文 胴部	1			㉛
		南門址 表土	黑褐釉陶器	胴部片 3	1+			

番號	遺蹟	調査 次數·地點·遺構	釉種	器種·部位	個體數	共伴 遺物	製作 年代	出典
11	天安 花城里 古墳群	申告品	青瓷	盤口壺	1	廣口長頸壺, 把杯, 壺, 삼足, 鐵斧 等	4世紀 後半(東晉)	㉜
12	天安 龍院里 遺蹟	9號 石槨墓	黑釉	鷄首壺	1	黑色磨研直口短頸壺, 蓋, 壺, 深鉢形土器, 耳飾, 環頭大刀 等	4世紀 4/4世紀~1/4分期(東晉)	㉝·㉞
		C地區 橫穴式石室墳	青瓷	蓮瓣文·臺附碗	1	深鉢形土器, 小壺, 口緣片, 馬具類, 武器類 等	5世紀 3/4分期(南朝)	㉟
				臺附碗	2			
13	傳 淸州	圓光大學校博物館 所藏	青瓷	鷄首壺	1		4世紀 後半(東晉)	②·㊱
14	公州 水村里 遺蹟	II 地點 1號 土壙木槨墓	青瓷	有蓋四耳壺	1	直口短頸壺, 廣口長頸壺, 器臺 等 二重口緣土器 等	4世紀 末~5世紀 1/4分期(東晉)	㉞·㊲·㊳
		II 地點 4號 橫穴式石室墳	黑釉	鷄首壺	1	直口短頸壺, 廣口長頸壺, 器臺, 壺 等	5世紀 2/4分期 (東晉 末~南朝 初)	
			黑褐釉陶器	兩耳附盤口壺	1			
			黑褐釉陶器	袋文甕	1			
			青瓷	臺附碗	1			
15	錦山 水塘里 遺蹟	2號 石槨墓	黑釉	(推定)長頸甁 口緣部	1	廣口長頸壺, 高杯	5世紀 3/4分期 以後(南朝)	㊴·㊵
16	益山 笠店里 古墳群	1號 橫穴式石室墳	青瓷	四耳壺	1	直口小壺, 廣口長頸壺, 短頸壺, 鎧子, 杏葉, 飾履, 冠帽	5世紀 3/4~4/4分期(南朝)	㊶
17	扶安 竹幕洞 祭祀遺蹟	不明	青瓷	盤口壺 口緣部 1 甕 口緣部 1 底部 1	1		晉	㊷
			黑褐釉陶器					
18	高敞 鳳德里 古墳群	1號墳 1號 橫穴式石室	青瓷	壺 胴部	1	蓋杯, 器臺, 高杯, 壺 等		㊸
		1號墳 3號 橫穴式石室	青瓷	瓶片	1	有孔廣口小壺, 瓦片, 金製耳飾 等	5世紀 3/4分期(南朝)	
		1號墳 4號 竪穴式石室	青瓷	盤口壺	1	臺附直口小壺, 器臺, 小壺裝飾有孔廣口小壺, 器臺, 蓋杯, 金銅飾履, 金製耳飾, 盛矢具, 大刀, 馬具 等		

① 國立中央博物館, 1999, 『百濟』.

② 成正鏞, 2003, 「百濟와 中國의 貿易陶磁」, 『百濟研究』 第38輯, 忠南大學校百濟硏究所.

③ 未滿榮·李慧載·權純姬, 2004, 「抱川 自作里遺蹟 I -긴급발굴조사보고서-」, 경기도박물관.

④ 국립공주박물관, 2011, 『中國 六朝의 陶磁』.

⑤ 국립문화재연구소, 2001, 『風納土城 I -현대연합주택 및 1지구 재건축 부지-』.

⑥ 한시선·한시수, 2011, 「제2경 유출입 중국」, 『한국 출토 외래유물1』, 한국문화재조사연구기관협회.

⑦ 李南珪·權五榮·李基星, 1997, 『風納土城III』, 한신大學校博物館.

⑧ 한신대학교박물관, 1997, 『風納土城發掘調查報告書 -삼화연립再建築敷約地』.

⑨ 韓芝守, 2010, 「百濟 風納土城 출토 施釉陶器研究 -경당지구 196호 유구 출토품과 중국자료와의 비교를 중심으로-」, 『百濟研究』 第51輯, 忠南大學校百濟硏究所.

⑩ 權五榮·韓芝守·李美善·李恩姃·李善王, 2011, 『風納土城XII -慶堂地區 196號 遺構에 대한 報告-』, 한신大學校博物館.

⑪ 權五榮·朴智殷, 2006, 『風納土城VII』, 한신大學校博物館.

⑫ 權五榮·韓度希, 2004, 『風納土城IV』, 한신大學校博物館.

⑬ 權五榮·韓志仙, 2005, 『風納土城VI』, 한신大學校博物館.

⑭ 서울역사박물관·한신대학교박물관, 2008, 『풍남토성 경당지구 제2발굴조사 보고서』.

⑮ 국립문화재연구소, 2009, 『風納土城XI』.

⑯ 국립문화재연구소, 2012, 『風納土城XIII』.

⑰ 국립문화재연구소, 2012, 『風納土城IX』.

⑱ 국립문화재연구소, 2013, 『風納土城XV』.

⑲ 夢村土城發掘調查團, 1985, 『夢村土城發掘調查報告』.

⑳ 金元龍·任孝宰·林永珍, 1987, 『夢村土城 -東北地區發掘報告-』, 서울大學校博物館.

㉑ 山本孝文, 2003, 「百濟 泗沘期의 陶硯」, 『百濟研究』 第38輯, 忠南大學校博物館.

㉒ 金元龍·任孝宰·朴淳發, 1988, 『夢村土城 -東南地區發掘報告-』, 서울大學校博物館.

㉓ 金元龍·任孝宰·崔種圭, 1989, 『夢村土城 -西南地區發掘調查報告-』, 서울大學校博物館.

㉔ 이성목·양시은·조가영·조가연·김조구, 2013, 『서울동고분군 I』, 서울대학교박물관.

㉕ 石村洞發掘調查團, 1987, 『石村洞古墳群發掘調查報告』.

㉖ 金元龍·林永珍, 1986, 『石村洞3號墳東쪽古墳群整理調查報告』, 서울大學校博物館.

㉗ 未義政·尹炯元, 2000, 『法泉里 I』, 國立中央博物館.

㉘ 한신대학교박물관, 2009, 「용인 고림동 유적 발굴조사 2차 지도위원회의 자료」.

㉙ 京畿文化財硏究院, 2012, 『烏山 水淸洞 百濟 墳墓群』.

㉚ 忠淸南道歷史文化硏究院, 2008, 『瑞山 富長里遺蹟』.

㉛ 李康承·朴淳發·成正鏞, 1994, 『神衿城』, 忠南大學校博物館.

㉜ 小田富士雄, 1982, 「越州窯青磁를 伴出한 百濟土器」, 『百濟研究』 特別號, 忠南大學校百濟硏究所.

㉝ 李南奭, 2000, 『龍院里古墳群』, 公州大學校博物館.
㉞ 성정용, 2010, 「백제 관련 연대결정자료와 연대관」, 『湖西考古學』 22, 湖西考古學會.
㉟ 임효재·최인규·정운경, 2001, 『龍院里遺蹟 C地區 發掘調査報告書』, 서울대학교박물관.
㊱ 국립공주박물관, 2001, 『百濟 斯麻王』.
㊲ 이훈, 2004, 「묘제를 통해 본 수촌리유적의 연대와 성격」, 『百濟文化』 第三十三輯, 公州大學校百濟文化研究所.
㊳ 박순발, 2005, 「公州 水村里 古墳群 出土 中國瓷器와 交叉年代 問題」, 『4~5세기 금강유역의 백제문화와 공주 수촌리유적』(충청남도역사문화원 제5회 정기심포지엄), 충청남도역사문화원.
㊴ 충청남도역사문화원, 2007, 『錦山 水淸里遺蹟』.
㊵ 박순발, 2007, 「묘제으로 본 漢城期 百濟의 地方編制 過程」, 『韓國古代史研究』 48, 한국고대사학회.
㊶ 문화재연구소, 1989, 「익산 입점리고분」.
㊷ 國立全州博物館, 1995, 『바다와 祭祀 -扶安 竹幕洞 祭祀遺蹟-』.
㊸ 國立全州博物館, 1994, 『扶安 竹幕洞 祭祀遺蹟』.
㊹ 馬韓·百濟文化研究所, 2012, 『高敞 鳳德里 1號墳』.

표 2 웅진·사비기 백제유적 출토 중국 도자기 일람표

番號	遺蹟	調査 次數·地點·地形·遺構	種類	釉種	器種·部位	個體數	共伴遺物	製作年代	出典
1	公州 公山城	S2W4·S2W5의 中間地點으로 大略 赤褐色의 黃土層 及 붉에 탄 層位	黑褐釉陶器		甕 口緣部·胴部	1			①
2	公州 武寧王陵			青瓷	連瓣文 六耳壺	2	環頭大刀, 銅托銀盞, 冠帽, 金製耳飾 等	6世紀 前葉	②·③
					六耳壺盞	1			
				黑釉	四耳瓶	1			
				青瓷 또는 白瓷	燈盞(그 중 하나는 슬간으로 추정)	6			
3	傳 扶餘地域	不明		青瓷	五脚硯	1		6世紀	
4	扶餘 扶蘇山 廣場 附近	不明		青瓷	六脚硯	1		6世紀	④
5	傳 扶蘇山城	不明		白瓷	多脚硯	1		7世紀	⑤

番號	遺蹟	調査 次數·地點·遺構	釉種	器種·部位	個體 數	共伴 遺物	製作 年代	出典
6	扶餘 扶蘇山城	東門址 版築 柱孔內	黑褐釉	兩耳附壺	1		7世紀 前~中葉(唐代初)	⑥
			青瓷	碗	1			
		東門址 坡壘內部 敷石列 上面	青瓷	三耳附壺 口緣部	1		7世紀(唐)	
		東門址 北側 坡壁內部 堆積層	青瓷	兩耳附壺 口緣部	1			
		東門址 南側 連接城壁 貫通部 다짐흙	青瓷	耳附壺 胴體部	1		6世紀 後半~7世紀 初(隋~唐代 初)	
		南門址 周邊	青瓷	耳附壺 頸部	1		7世紀 初(隋末~唐代初)	⑦
			青瓷	獸脚硯	1			
		軍倉址 나地區 土壙施設 內 下層	黑褐釉	兩耳附壺	1		7世紀 前~中葉(唐代初)	⑧
			青瓷	碗	1			
		軍倉址 北門址 舊地表層 直下 다짐흙	青瓷	壺 口緣部	1			
		86年調査 南門址	青瓷	六耳附壺片 9	1+	百濟 瓦當片	6世紀 前半	⑨
		D트렌치 排水路瓦積層 內 表土層 除土時	青瓷	獸脚硯片	1			⑩·⑪
		나地區 3pit Ⅱ層	青瓷	耳附壺	1			
		石築列 周邊 Ⅱ層	青瓷	頸部	1			
		2트렌치와 7트렌치 사이의 Ⅱ層	不明	底部	1			⑫
		나地區 Ⅱ層	黃綠釉陶器	底部	1			
			淡綠釉陶器	底部	1			
			青瓷	硯	1			
7	扶餘 官北里遺蹟	가地區 蓮池 內部 灰黑色 粘質層	黑褐釉陶器	胴部	1			⑬
		나地區 3號 木槨倉庫 內部	灰綠褐釉陶器	胴部	1			
		다地區 4號 木槨倉庫 內部	灰綠褐釉陶器	胴部	1			
		마地區 1號 瓦溝水管路 內部 黃褐色砂質層	黑褐釉陶器	口緣部	1	蓋		

番號	遺蹟	調查 次數·地域·地點·遺構	釉種	器種·部位	個體數	共伴 遺物	製作 年代	出典
8	扶餘 雙北里遺蹟	다地區 1區域 土製導水管 埋立 盛土層(遺物廢棄層+木炭層)	青瓷	耳附蓮瓣文壺片 3	1	서랍口壺器, 臺附盌, 盤, 臺附長頸瓶 等	6世紀 4/4分期(梁)	⑭
9	扶餘 舊衙里 319番地 扶餘中央聖潔教會會遺蹟	巨刭제 最下部	黃褐釉陶器	蓮瓣文 頸部·胴部	1			⑮
		1-3段階面 遺構 5	青瓷	獸脚硯	1	器臺, 蓋杯, 瓦 等	6世紀 末~7世紀初(隋~唐代初)	⑯
10	扶餘 定林寺址	講堂址 周邊	青瓷	蓮瓣文壺	1		6世紀 前半	⑰·⑱
			青瓷	沈片 3	1+			⑲
		講堂址 東便 瓦積基壇 北側列 外郭의 後代基壇 內 黑褐色砂質粘土層	青瓷	蓋	1			
		瓦積基壇建物址 基壇土 上部 黑褐色砂質粘土層	青瓷	底部	1		南朝~隋代	⑳
		N7E3Grid 內 赤褐色砂質粘土(築臺 引渠 各呈)	白瓷	口緣部	1			
		講堂址 東便 廢棄物 埋立 竪穴 黑褐色砂質粘土層(攪亂)	綠褐釉陶器	硯	1			
11	扶餘 東南里遺蹟	N2E6 Grid	青瓷	耳附壺 口緣部	1			㉑~㉓
		S1E6 Grid 堆積土 下面	青瓷	蓮瓣文 臺附盌	1		隋~初唐	
		池遺構	青瓷	耳附盌 口緣部	1		7世紀	㉑·㉓
		記載 無	青瓷	瓶 胴部·底部	1			㉑
			青瓷	壺 胴部	1			
		建物址 廢棄後 瓦積層	白瓷	壺 口緣部	1	煙筒, 蓋片 等		
12	扶餘 東南里 523-11番地 一圓 하이마트遺蹟	5層 黃褐色砂質粘土層(泗沘期 盛土層)	青瓷	碗 底部	1	三足土器, 蓋, 器臺 等	7世紀 1/4~3/4分期 前半	㉔
13	扶餘 옹니골遺蹟	5區域 百濟時代 II文化層 生活面	青瓷	頸部	1	蓋杯, 短頸瓶, 臺附盌, 蓋片, 高杯 等	6世紀 後半~7世紀初	㉕
14	扶餘 北浦里遺蹟	百濟時代 II文化層	青瓷	頸部	1			㉖
15	扶餘 王興寺址	5號 竪穴 灰口部 埋沒層	青瓷	甕 底部	1			㉗

番號	遺蹟	調查 次數・地點・遺構	釉種	器種・部位	個體數	共伴遺物	製作 年代	出典
16	扶餘 陵山里寺址	5次調查 岱地造成土 下의 沼澤地層	靑瓷	貼花蓮瓣文樽 口緣部	1		6世紀 中~後葉 初	㉘・㉙
		西側 大排水路 內部	黑褐釉陶器	曽脚硯片	1			㉘・㉚
		西側 大排水路 內部・東回廊址 北端建物址	黑褐釉陶器	胴部片 3	1+			㉚・㉛
		7次調查 S100W60~64 南北 自然水路 內部	靑瓷	臺附碗	1			⑪・㉘
		9次調查 北便 中央水路	黑褐釉陶器	胴部片 2	1+			⑪・㉛・㉜
17	扶餘 陵山里 東羅城 內部 百濟遺蹟	II地域(東羅城 內部) 2次 建物址 造成面段階 上面堆積層	靑瓷	曽脚硯片	1			㉝
18	洪城 南長里遺蹟	(推定)木槨施設遺構	靑瓷	臺附碗	1	쇠덜인토기, 器片, 環頭大刀, 鐵鎌, 鐵鋌, 鐵斧 等	6世紀 末~7世紀 初	㉞
19	益山 王宮里遺蹟	東西石築2	靑瓷	貼花蓮瓣文樽 胴部 1	1			㉙・㉟
		東西石築4 石築 出面	靑瓷	貼花蓮瓣文樽 蓋 1	1			㊱・㊲
		東西石築3 南便(建物址12 南便) 方形竪穴遺構(廢棄場)	靑瓷	貼花蓮瓣文樽 胴部片 4	1		6世紀 3/4分期	㊳
		講堂址 南便 階段 上面	靑瓷	貼花蓮瓣文樽 胴部片 1				
		東西石築4 附近 竪穴 黑褐色砂質土	靑瓷	貼花蓮瓣文樽 胴部 1	1			㉟
		講堂址 下層遺構	白瓷	口緣部	1			㊳
		講堂址 下層遺構(N9W2)	白瓷	口緣部	1			㊳
		東西石築3 南便(建物址12 南便) 附近	靑瓷	陰刻蓮瓣文碗 胴部	1			㊴
		建物址14 南便 圓形竪穴 內部	靑瓷	壺 口緣部	1			
20	南原 月山里古墳群	M5號墳 竪穴式石槨墓	靑瓷	鷄首壺	1	筒形器臺, 高杯, 蓋, 有蓋長頸壺, 鐵製鎌斗, 甲冑, 金製耳飾, 馬具 等		㊵

番號	遺蹟	調查 次數·地點·遺構	釉種	器種·部位	個體 數	共伴 遺物	製作 年代	出典
21	海南 龍頭里古墳 (前方後圓墳)	葺石(W2)		胴部片 2	1+		5世紀 後葉	㊶
		墳丘(W2)		胴部片	1			
		墳丘(E3)		底部片 2	1+			
		溝(E2)	黑褐釉陶器	錢文 胴部片 2	1+			
		溝(W2)		胴部片	1			
		羨道 上部		胴部片	1			
		石室 內部土		胴部片 2	1+			

① 安承周·李南奭, 1987, 『公山城 百濟推定王宮址 發掘調查報告書』, 公州師範大學博物館.
② 文化財管理局, 1973, 『武寧王陵發掘調查報告書』.
③ 강상기, 2006, 「武寧王陵 出土 中國 陶磁에 대한 檢討」, 『武寧王陵 출토 유물 분석 보고서(Ⅱ)』, 국립공주박물관.
④ 金妍秀, 1994, 「博 扶餘 出土 中國 靑磁研究에 대하여」, 『考古學誌』 第6輯, 韓國考古美術研究所.
⑤ 國立中央博物館, 1999, 『百濟』.
⑥ 扶餘文化財研究所, 1995, 『扶蘇山城 發掘調查中間報告』.
⑦ 沈正輔·洪鍾必·尹根一·崔孟植, 1996, 『扶蘇山城 -竪六建物址, 西門址, 南門址 發掘調查報告-』, 『扶蘇山城 發掘調查報告書』, 國立扶餘文化財研究所.
⑧ 國立扶餘文化財研究所, 1997, 『扶蘇山城 發掘調查 中間報告 Ⅱ』.
⑨ 尹龍二, 1988, 「扶蘇遺蹟 發見된 中國陶磁를 통해 본 南朝와의 교섭」, 『震檀學報』 第六十六號, 震檀學會.
⑩ 國立扶餘文化財研究所, 2000, 『扶蘇山城 發掘中間報告書 Ⅲ』.
⑪ 한지선·한지수, 2011, 「제2장 유물집성 중국」, 『扶蘇 출토 외래유물』, 한국 출토 외래유물 의래유물1』, 한국 출토 외래유물제소사연구회편찬.
⑫ 國立扶餘文化財研究所, 2003, 『扶蘇山城 發掘調查報告書 Ⅴ』.
⑬ 국립부여문화재연구소, 2009, 「扶餘 官北里百濟遺蹟 發掘報告 Ⅲ -2001~2007年 調查區域 百濟遺蹟篇-」.
⑭ 국립부여문화재연구소, 2009, 「扶餘 官北里百濟遺蹟 發掘報告 Ⅳ -2008年 調查區域-」.
⑮ 尹武炳, 1982, 「扶餘 雙北里遺蹟 發掘調查報告書」, 『百濟硏究』 第13輯, 忠南大學校百濟硏究所.
⑯ 심상육·이명호, 2012, 「부여 구아리 319 부여중앙성결교회 유적」.
⑰ 金鍾萬, 2003, 「泗沘時代 百濟土器와 對外交流」, 『科技考古研究』 第9號, 아주대학교박물관.
⑱ 金鍾萬, 2004, 「泗沘時代 百濟土器 研究」, 충남대학교 대학원 박사학위논문.
⑲ 李柄鎬, 2006, 「扶餘 定林寺址 出土 塑造像의 製作時期와 系統」, 『美術資料』 第七十四號, 國立中央博物館.
⑳ 국립부여문화재연구소, 2011, 『扶餘 定林寺址』.
㉑ 成正鏞·辛正宰·韓辰娸·朴辰淑·朴美羅, 2013, 「扶餘 東南里遺蹟」, 충남대학교박물관.
㉒ 李蘭英, 1998, 「百濟 지역 출토 中國陶瓷 研究 -古代의 交易陶瓷를 중심으로-」, 『百濟研究』 第28輯, 忠南大學校百濟研究所.
㉓ 成正鏞, 2003, 「百濟와 中國의 貿易陶磁」, 『百濟研究』 第38輯, 忠南大學校百濟研究所.

㉔ 忠清南道歷史文化研究院, 2008, 『扶餘 中井里建物址 扶餘 東南里遺蹟』.
㉕ 심상육·이미현·이효중, 2011, 『부여 하이마트 유적 발굴조사 보고서』, 부여군문화재보존센터.
㉖ 李販燮, 2009, 『扶餘 雙北里 현내들·北浦遺蹟』, 忠清文化財研究院.
㉗ 國立扶餘文化財研究所, 2007, 『王興寺址 Ⅱ -기와 가마터 發掘調査 報告書-』.
㉘ 國立扶餘博物館, 2000, 『陵寺』.
㉙ 박순발, 2009, 「東아시아 都城史에서 본 益山 王宮里 遺蹟」, 『익산 왕궁리유적의 조사성과와 의의』(제18회 문화재연구 국제학술대회), 국립문화재연구소.
㉚ 金鍾萬, 2003, 「泗沘時代 扶餘地方出土 外來系 遺物의 性格」, 『湖西地方史研究』, 景仁文化社.
㉛ 국립부여박물관, 2010, 『백제 중흥을 꿈꾸다 능산리사지』.
㉜ 정석배·김현·신승철·조용선·마원영·김은숙·주혜미·정은지, 2010, 『扶餘 陵山里寺址 제9차 발굴조사 보고서』, 한국전통문화학교고고학연구소.
㉝ 李漢祥·丘冀鍾, 2006, 『扶餘 陵山里 東羅城 內·外部 百濟遺蹟』, 忠清文化財研究院.
㉞ 朴有貞, 2010, 『洪城 南長里遺蹟』, 忠清文化財研究院.
㉟ 扶餘文化財研究所, 1992, 『王宮里遺蹟發掘中間報告』.
㊱ 國立扶餘文化財研究所, 2008, 『王宮里 Ⅵ』.
㊲ 이병호, 2009, 「東아시아 都城史에서 본 益山 王宮里 遺蹟에 대한 토론문」, 『익산 왕궁리유적의 조사성과와 의의』(제18회 문화재연구 국제학술대회), 국립문화재연구소.
㊳ 國立扶餘文化財研究所, 2010, 『王宮里發掘中間報告Ⅶ』.
㊴ 국립부여문화재연구소, 2010, 「2010년도 익산 왕궁리유적 발굴조사 자문회의 회의자료」.
㊵ 김영태·정재영, 2011, 『南原 月山里遺蹟』, 「2010·2011 호남지역 문화유적 발굴조사 성과」, 湖南考古學會.
㊶ 趙現鐘·曹漢柄·林東中, 2011, 『海南 龍頭里古墳』, 國立光州博物館.

표 3 출토 위치 미상 중국 도자기 일람표

番號	遺蹟	調査 次數·地點·遺構	釉種	器種·部位	個體 數	共伴 遺物	製作 年代	出典
1	未詳	忠南大學校博物館 所藏	青瓷	鷄首壺	1		4世紀 後半	
2		中央博物館 所藏		鷄首壺	1			
3		韓南大學校博物館 所藏		鷄首壺	1		5世紀 前半	①·②
4		中央博物館 所藏		鷄首壺	1		5世紀 中葉	
5		韓南大學校博物館 所藏		有蓋四耳壺	1			

① 국립공주박물관, 2001, 『百濟 斯麻王』.
② 成正鏞, 2003, 「百濟와 中國의 貿易陶磁」, 『百濟研究』 第38輯, 忠南大學校百濟研究所.

표 5 일본 출토 백제(계) 완 일람표

番號	遺蹟	調査 次數·地點·遺構	器種	個體數	共伴 遺物	年代	出典
1	福岡 富地原遺蹟	SB-16 住居址	盌	1	土師器 甕, 鉢 等	5世紀 前~中葉	①
2	福岡 吉武遺蹟群	3次調査 EII區 SX-14號 土壙	盌	2	土師器 高杯 等, 滑石製白玉	5世紀 中~後葉	②
3	兵庫 尾崎遺蹟	包含層	盌	1		5世紀 後半?	③
4	大阪 大坂城跡	谷地形 第5b層	盌	1	TK73~TK217型式期의 須惠器, 土師器 等	5世紀 前葉~7世紀 中葉	④
5	大阪 伏尾遺蹟	包含層	盌	1	須惠器 等	5世紀 中葉	⑤
6	大阪 部屋北遺蹟	大溝 E0900001	盌	1	TK216型式期(5世紀 1/4分期) 以前의 須惠器 蓋杯 等	5世紀 前葉	⑥
7	大阪 長原遺蹟	YS92-18 SD-101 溝狀遺構	盌	1	ON231~TK73型式期의 須惠器, 韓式系土器 等	5世紀 前葉	⑦·⑧
8	滋賀 谷遺蹟	方墳 SX1	盌	1	TK208~TK47型式期의 須惠器, 土師器 等	5世紀 中~後葉	⑨
9	千葉 大森第2遺蹟	68號 住居址	盌	2	百濟系 深鉢形土器	5世紀 後半	⑩

① 宗像市教育委員會, 1995, 『富地原木』.
② 福岡市教育委員會, 1986, 『吉武遺跡群 I』.
③ 龍野市教育委員會, 1995, 『尾崎遺跡 II』(龍野市文化財調査報告14).
④ 大阪市文化財協會, 2002, 『大坂城跡V』.
⑤ 大阪府教育委員會, 1990, 『陶邑·伏尾遺跡 A地區』.
⑥ 大阪府教育委員會, 2010, 『部屋北遺跡 I』.
⑦ 八尾市文化財研究會, 2008, 『八尾南遺跡第18次發掘調査報告書』.
⑧ 田中淸美, 2010, 「長原遺跡出土の韓式系土器」, 『韓式系土器研究會.
⑨ 辻川哲朗, 2013, 「近江地域における百濟系土器の一樣相 -草津市谷遺蹟出土盌形土器について-」, 『紀要』 26, 公益財團法人滋賀縣文化財保護協會.
⑩ 酒井淸治, 2002, 「第3節 關東の朝鮮半島系土器」, 『古代關東の須惠器と瓦』, 同成社.

표 6 일본 출토 백제(계) 무개 일람표

番號	遺蹟	調査 次數·地點·遺構	器種	個體數	共伴 遺物	年代	出典
1	大阪 部屋北遺蹟	北東居住域 住居址 C3840	蓋	1	TK208型式期의 須惠器	5世紀 中葉	①
		大溝 E0900001	蓋	1	TK216型式期 以前의 須惠器	5世紀 前葉(1/4分期)	

① 大阪府教育委員會, 2010, 『部屋北遺跡 I』.

표 7 일본 출토 백제(계) 개배 일람표

番號	遺蹟	調査 次數·地點·遺構	器種	個體 數	共伴 遺物	年代	出典
1	熊本 江田船山古墳	前方後圓墳 橫口式家形石棺	蓋杯	1	銀錯銘大刀, 銅鏡, 玉類, 耳飾, 馬具類, 甲冑類 等	5世紀 後葉~6世紀 初	① · ②
		梅原末治 採集 資料		1			
2	岡山 天狗山古墳	가리비 형 前方後圓墳 側面 突出部 上面	蓋杯	2	TK47型 式期의 須惠器 杯身	5世紀 後葉~末	③ · ④

① 木村豪章, 1991, 「古墳時代の基礎研究序稿 -資料篇(Ⅱ)-」, 『東京國立博物館研究誌要』 第一六號, 東京國立博物館.
② 菊水町史編纂委員會, 2007, 『菊水町史 江田船山古墳編』.
③ 松木武彦, 2001, 『吉備地域における『雄略朝』期の考古學的研究』, 岡山大學文學部.
④ 國立公州博物館, 2002, 『日本所在 百濟文化財 調査報告書 Ⅲ -近畿地方-』.

표 8 일본 출토 백제(계) 삼족토기 일람표

番號	遺蹟	調査 次數·地點·遺構	器種	個體 數	共伴 遺物	年代	出典
1	佐賀 野田遺蹟	SD-102 大溝 埋土 下層	三足土器	1	TK23型 式期의 須惠器 蓋, 土師器 壺 等	5世紀 後葉	①

① 蒲原宏行·多々良友博·藤井伸幸, 1985, 「佐賀平野の初期須惠器·陶質土器」, 『古文化談叢』 第15集, 九州古文化研究會.

표 9 일본 출토 백제(계) 사족토기 일람표

番號	遺蹟	調査 次數·地點·遺構	器種	個體 數	共伴 遺物	年代	出典
1	大阪 四ツ池[요츠이케] 遺蹟	第100地區 SD-04 溝狀遺構 第2層 埋土	四足土器	1	TG232~TK73型 式期의 須惠器 等	5世紀 前葉	①

① 堺市教育委員會, 1991, 「四ツ池遺跡發掘調査槪要報告書 -YOB第100地區·第101地區-」, 『堺市文化財調査槪要報告書』 第18冊.

표 10 일본 출토 백제(계) 고배 일람표

番號	遺蹟	調査 次數·地點·遺構	器種	個體 數	共伴 遺物	年代	出典
1	福岡 西森田遺蹟	第3號 溝	高杯	1	TK23型式期의 甕, 百濟系 廣口長頸壺, 土師器	5世紀 後葉	①
2	山形 東金井遺蹟	不明	高杯	3			②·③

① 大刀洗町敎育委員會 2000, 『西森田遺蹟2-IV·V·VI地點福岡縣三潴郡大刀洗町大字本鄕所在遺跡の調査-』.
② 小野忍, 1980, 「山形縣における古式須恵器の樣相」, 『庄内考古學』第17號, 庄内考古學會.
③ 定森秀夫, 1999, 「陶質土器からみた東日本と朝鮮」, 『靑丘學術論集』15, 韓國文化硏究振興財團.

표 11 일본 출토 백제(계) 단경병 일람표

番號	遺蹟	調査 次數·地點·遺構	器種	個體 數	共伴 遺物	年代	出典
1	福岡 糸島地域	出土地 不明	短頸甁	1			①
2	福岡 廣石古墳群	I-1號墳 橫穴式石室墳	短頸甁	1	須恵器 蓋杯, 壺 等	6世紀 末	②
3	福岡 吉武遺蹟群	IX區 SD-07 溝狀遺構	短頸甁	1	須恵器, 土師器, 陶質土器 等	5世紀 中~後葉	③·④
4	福岡 劍塚遺蹟	第1號墳 西堡北半	短頸甁	1	須恵器 蓋杯, 壺 等	6世紀 中葉	⑤
		第3號墳 周溝	短頸甁	1			
5	福岡 堤ヶ浦(츠츠미가우라)古墳群	12號墳 羨道~羨道 內	短頸甁	1	須恵器 蓋, 高杯, 短頸壺 等	6世紀 後半~7世紀 前半	④·⑥
6	熊本 野原古墳群	7號墳 封土	短頸甁	1	MT15型式~TK46型式期의 須恵器 等	6世紀 前葉~7世紀 後葉	⑦·⑧
7	大阪 三宅西遺蹟	3009流路	短頸甁	1	TK216~TK208型式期의 須恵器, 韓式系土器, 土師器 等	5世紀 中葉	⑨·⑩
8	大阪 難波宮址	NW87-20次調査 SB306 前期難波宮 內裏西方官衙 倉庫 柱拔取穴	短頸甁	1		686年 以前	⑪·⑫
		NW90-7次調査 第7b2層 (前期難波宮 造營期의 整地層)	短頸甁	1	難波Ⅲ中段階(7世紀 2~3/4分期)의 土器	7世紀 中葉	⑬·⑭
9	大阪 都屋北遺蹟	北東居住域 包含層	短頸甁	1	須恵器 高杯, 有孔廣口壺 等	5世紀 中葉	⑮
		南東居住域 井戶 A590	短頸甁	1	TK208型式期의 須恵器 蓋杯, 有孔廣口小壺 等	5世紀 中葉	
		大溝 H11 3層	短頸甁(平行文+鳥足文)	1	TK208型式期의 須恵器 蓋杯, 壺 等	5世紀 中葉	

番號	遺蹟	調査·次數·地點·遺構	器種	個體數	共伴遺物	年代	出典
10	奈良 新澤千塚古墳群	281號墳 墳頂	短頸瓶	1	TK208~TK47型式期의 須惠器 蓋杯, 高杯, 器臺, 有孔廣口小壺 等	5世紀 中~後葉	⑯
11	奈良 石光山古墳群	43號墳	短頸瓶	1	TK209型式期의 須惠器 杯, 土師器 盌, 刀子, 鐵鎌	7世紀 前葉	⑰
12	奈良 土庫長田遺蹟	包含層 3層	短頸瓶	1	TK208~TK23型式期의 須惠器, 韓式系土器, 土師器 等	5世紀 中~後葉	⑱
13	長野 長原石塚圓墳	7號墳 積石塚圓墳	短頸瓶	1	須惠器 細頸瓶 等	7世紀 後半	⑲
14	東京 伊興遺蹟	B-p-2區 No.47 立坑	短頸瓶	1		5世紀 後半 以後	⑳·㉑

① 前原市立伊都歷史資料館, 1997, 『再見! 糸島の博物館』.
② 福岡市教育委員會, 1977, 『廣石古墳群』.
③ 福岡市教育委員會, 2001, 『吉武遺跡群XIII』.
④ 菅波正人·稲崎直子·池ノ上弘·重藤輝行·岸本圭, 2005, 『吉武遺跡群 2·3·5次』, 『九州における渡來人の受容と展開(第8回九州前方後圓墳研究會資料集).
⑤ 福岡縣教育委員會, 1978, 『九州縱貫自動車道關係埋藏文化財調査報告-XXIV-福岡縣筑紫野市所在劍塚遺跡群の調査』 上卷.
⑥ 福岡市教育委員會, 1987, 『堤ヶ浦古墳群發掘調査報告書』.
⑦ 坂本經堯, 1979, 『荒尾野原古墳』, 『肥後上代文化の研究』, 肥後上代文化研究所 肥後考古學會.
⑧ 中原幹彦, 2005, 『平底甁と提甁』, 『肥後考古』第13號, 肥後考古學會.
⑨ 清水梨代, 2008, 『三宅西遺跡出土百濟系土器について』, 『大阪府文化財研究』第33號, 大阪府文化財センター.
⑩ 大阪府文化財センター, 2009, 『三宅西遺跡』.
⑪ 大阪市文化財協會, 1992, 『難波に運ばれた土器』第九.
⑫ 寺井誠, 2010, 『難波に運ばれた加耶·新羅·百濟土器 -6~7世紀を中心に-』, 『東アジアにおける難波宮と古代難波の國際的性格に關する總合研究』, 大阪市文化財協會.
⑬ 大阪市文化財協會, 2004, 『難波宮址の研究』第十二.
⑭ 寺井誠, 2008, 『古代難波における2つの甁を巡って』, 『大阪歷史博物館 研究紀要』第7號, 大阪歷史博物館.
⑮ 大阪府教育委員會, 2010, 『部屋北遺跡Ⅰ』.
⑯ 奈良縣立橿原考古學研究所, 1980, 『新澤千塚古墳群』.
⑰ 奈良縣立橿原考古學研究所, 1976, 『葛城·石光山古墳群』.
⑱ 大和高田市教育委員會, 2010, 『土庫古墳群』.
⑲ 大塚初重, 1982, 『長原古墳群』, 『長野縣史』, (社)長野縣史刊行會.
⑳ 足立區伊興遺跡公園調査團, 1997, 『東京都足立區 伊興遺跡』.
㉑ 酒井淸治, 2002, 『第3節 關東の朝鮮半島系土器』, 『古代關東の須惠器と瓦』, 同成社.

표 12 일본 출토 백제(계) 배부병 일람표

番號	遺蹟	調査 次數・地點・遺構	器種	個體數	共伴 遺物	年代	出典
1	愛媛 別所遺蹟	横穴式石室墳(推定)	杯附瓶	1		6世紀 後半 前後	①・②
2	愛媛 土壇原古墳群	9號 横穴式石室墳	杯附瓶片	1		5世紀 後半	③
3	大阪 鬼虎川遺蹟	大溝	杯附瓶	2	TK23~TK47型式期의 須惠器, 土師器	5世紀 後葉	④
4	奈良 外山古墳	横穴式石室墳(推定)	杯附瓶	1	TK10~TK43型式期의 須惠器, 土師器	6世紀 中~後葉	④・⑤ ⑥・⑦

① 正岡睦夫, 1993, 「愛媛縣玉川町出土の杯付壺と鈴付椀」, 『古文化談叢』第31號, 九州古文化研究會.
② 三吉秀充, 2002, 「伊予出土の陶質土器と市場南組窯系須恵器をめぐって」, 『陶質土器の受容と初期須恵器の生産 -古墳時代愛媛の一側面-』.
③ 松山市考古館, 2002, 「海を渡ってきたひと・もの・わざ -陶質土器・初期須恵器からみる朝鮮半島と伊予の國際交流-」.
④ 大阪府教育委員會, 2002, 『鬼虎川遺跡 第22次調査概要報告』.
⑤ 齋藤忠, 1938, 「磯城郡城島村大字外山の出土遺物」, 『奈良縣史蹟名勝天然記念物調査會抄報』第一輯.
⑥ 小島俊次, 1958, 『古墳 -櫻井市古墳綜覽-(櫻井市古墳書第1輯), 櫻井市役所.
⑦ 東京國立博物館, 1994, 『東京國立博物館藏須惠器集成Ⅰ(近畿篇)』.

표 13 일본 출토 백제(계) 파배 일람표

番號	遺蹟	調査・次數・地點・遺構	器種	個體數	共伴 遺物	年代	出典
1	大阪 長原遺蹟	NG95-36次調査 7B包含層	把杯	1	TG232~TK73型式期의 須惠器, 韓式系土器 等	5世紀 前葉	①
2	大阪 四ツ池 [요츠이케]遺蹟	第100地區 SD-04 溝状遺構 第1層 埋土	把杯	1	TG232~TK73型式期의 須惠器 等	5世紀 前葉	②
3	奈良 山田道遺蹟	SD-2570 河川蹟 上層	把杯片	1	布留式土器, 陶質土器 高杯, 韓式系土器 等	4世紀 後葉	③

① 櫻井久之, 1998, 「鳥足文タタキメのある土器の一群」, 『大阪市文化財協會研究紀要』創刊號.
② 堺市教育委員會, 1991, 「四ツ池遺跡發掘調査概要報告書 -YOB第100地區・第101地區-」, 『堺市文化財調査概報』21.
③ 奈良國立文化財研究所, 1991, 『飛鳥・藤原宮發掘調査概報』第18冊.

표 14 일본 출토 백제(계) 광구장경호 일람표

番號	遺蹟	調査 次數·地點·遺構	器種	個體 數	共伴 遺物	年代	出典
1	福岡 西森田遺蹟	第3號 溝	廣口長頸壺	1	TK23型式期의 甕, 百濟系 高杯, 土師器	5世紀 後葉	①
2	大阪 利倉西遺蹟	2區 南 舊河道의 岸斜面地	廣口長頸壺	1		4世紀 後葉	②·③

① 大刀洗町教育委員會, 2000, 『西森田遺跡2-IV·V·VI地點福岡縣三井郡大刀洗町大字本鄕所在遺跡の調査-』.
② 柳本照男, 1984, 「豊中市周邊」, 『日本陶磁の源流 -須惠器出現の謎を探る』, 柏書房.
③ 豊中市, 2005, 『新修豊中市史』 第4卷 考古.

표 15 일본 출토 백제(계) 평저호류 일람표

番號	遺蹟	調査 次數·地點·遺構	器種	個體 數	共伴 遺物	年代	出典
1	對馬 恵比須山遺蹟	7號 石棺	直口短頸壺	1	土師器 壺, 有孔廣口小壺	5世紀 後半	①
2	福岡 城山遺蹟(推定)	出土地 不明	小壺	1			②
3	福岡 西森田遺蹟	第1號 溝	直口短頸壺	1	TK23型式期의 須惠器 蓋杯, 提甁, 土師器	5世紀 後葉	③
4	福岡 有田遺蹟群	SD-07 溝狀遺構 上層 上面	平底短頸壺	1	鑄型片		④
5	大阪 城山遺蹟	6號墳 主體部 南 周溝 底面	平底短頸壺	1	TK216型式期 前後	5世紀 前葉	⑤·⑥

① 坂田邦洋·永留史彦, 1974, 『恵比須山遺跡發掘調査報告』, 峰村教育委員會.
② 前原市立伊都歷史資料館, 1997, 『再見! 糸島の博物館』.
③ 大刀洗町教育委員會, 2000, 『西森田遺跡2-IV·V·VI地點福岡縣三井郡大刀洗町大字本鄕所在遺跡の調査-』.
④ 福岡市教育委員會, 1986, 『有田遺跡群 -第81次調査-』.
⑤ 大阪府教育委員會, 1986, 『城山(その1)』.
⑥ 大阪府敎育委員會 大阪府文化財調査硏究センター, 2000, 『河內平野遺跡群の動態Ⅷ』.

표 16 일본 출토 백제(계) 호류·옹 일람표

番號	遺蹟	調査 次數·地點·遺構	器種	個體 數	共伴 遺物	年代	出典
1	對馬 ハロウ [하로우]遺蹟	2號 箱式石棺 外	圓底壺 (平行文·格子文)	1		6世紀頃	①
2	長崎 佐保浦赤崎遺蹟	3號 石室	壺 (縄文+沈線)	1	韓半島系 土器, 土師器	5世紀 後半	①
3	福岡 久原瀧ヶ下 [쿠바라타키가시타]遺蹟	2次調査 K區 SC-72號 住居址 北側 床面	甕 (縄文)	1	土師器 高杯 等	5世紀 前半	②
4	福岡 西新町遺蹟	3次調査 2號 住居址	壺(平行文·格子文+沈線)	1	西新町IV 新段階의 土師器	4世紀 中~後葉	③~⑤
		3次調査 5號 住居址	壺(打捺 후 옹 含)	1			
5	福岡 石ヶ元 [이시가모토]古墳群	9號 横穴式石室墳	壺(平行文+沈線)	1	須惠器 蓋杯, 高杯 等	6世紀 後葉 以後	⑥
6	大阪 難波宮址	NW90-7次調査 第7b1層 (前期難波宮 造營期의 整地層)	壺 底部片(平行文)	1	難波III 中段階 (7世紀 前期 후반~後期 전엽)의 土器	7世紀 前期 前葉 ~後期 前葉	⑦·⑧
		NW90-7次調査 第7b2層 (前期難波宮 造營期의 整地層)	壺 底部片(各各 平行文 및 格子文)	2	難波III 中段階 (7世紀 前期 후반~後期 전엽)의 土器 等	7世紀 前期 後葉 ~後期 前葉	
		OS92-74次調査 III8B層	壺 底部片 (平行文)	1	難波宮IV 新段階(8世紀 前半)의 須惠器 蓋杯 等	8世紀 前半	⑨·⑩
		OS03-13次調査 第9層 上面 SK901+SK902 土壙遺構	壺(縄文+沈線)	1	難波宮IV 古段階(7世紀 3~4分期)의 須惠器 蓋杯, 百済系 臺附盌 等	7世紀 後期 前葉 ~後期 後葉	⑧·⑪
7	大阪 蓄星北遺蹟	大溝 E0900001	壺(平行文+沈線)	1	TK216型式期(5世紀 1/4分期) 以前의 須惠器 蓋杯 等	5世紀 前葉	⑫
			壺(格子文+沈線)	1			
8	大阪 四條畷小學校內遺蹟	1959年 採集	壺(平行文+沈線)	1			⑬
9	大阪 利倉西遺蹟	2區 南 舊河道의 岸斜面地	壺(縄文·平行文+沈線)	1		4世紀 後葉 ~5世紀 前葉	⑭·⑮
10	奈良 唐古·鍵遺蹟	84次調査 ST-101 方墳 南側 周溝	壺(縄文)	1	TK47型式期의 須惠器 蓋杯	5世紀 後葉	⑯·⑰
11	奈良 西河內堂田遺蹟	詳細不明	壺(格子文?)	1		5世紀 後葉	⑱·⑲

番號	遺蹟	調査 次數・地點・遺構	器種	個體數	共伴 遺物	年代	出典
12	京都 末垣外遺蹟	2次調査 SK-131 住居址	壺(繩文+沈線)	1	MT15型式期ヲ 須惠器 蓋杯 等	6世紀 前葉	⑳~㉒
13	岐阜 篠ヶ谷 [시トケトロ]遺蹟	瑞龍寺山 中腹 採集	壺(平行文)	1			㉓・㉔

①長崎縣教育委員會, 1974, 『對馬 -淺茅灣と その周邊の考古學』.
②宗像市教育委員會, 2000, 『久原瀧ヶ下』.
③福岡縣教育委員會, 1985, 『西新町遺蹟』.
④武末純一, 1996, 「西新町遺蹟の竈」, 『頓晤尹容鎭刻夑停年退任紀念論叢』, 頓晤尹容鎭刻夑停年退任紀念論叢刊行委員會.
⑤福岡縣教育委員會, 2009, 『西新町遺蹟IX』.
⑥福岡市教育委員會, 2003, 『元岡・桑原遺蹟群2』.
⑦大阪市文化財協會, 2004, 『難波宮址の研究』第十二.
⑧寺井誠, 2008, 「古代難波における2つの瓶を巡って」, 『大阪歷史博物館 研究紀要』第7號, 大阪歷史博物館.
⑨大阪市文化財協會, 2002, 『大坂城VI』.
⑩寺井誠, 2004, 「古代難波の外來遺物」, 『難波宮址の研究』第十一, 大阪市文化財協會.
⑪大阪市教育委員會, 2005, 「大坂城跡發掘調査(OS03-13)報告書」, 『大阪市內埋藏文化財包藏地發掘調査報告書(2002・03・04)』.
⑫大阪府教育委員會, 2010, 『部屋北遺蹟 I 』.
⑬野島稔, 1987, 「四條畷小學校內遺跡」, 『彌生・古墳時代の大陸系土器の諸問題』第 II 分冊, 埋藏文化財研究會.
⑭柳本照男, 1984, 「豐中市周邊」, 『日本陶磁の源流 -須惠器出現の謎を探る』, 柏書房.
⑮豐中市, 2005, 『新修豐中市史』第4卷 考古.
⑯田原本町教育委員會, 2002, 『田原本町埋藏文化財調査年報』11, 2001年度.
⑰田原本町教育委員會, 2009, 『唐古・鍵遺蹟 I 』.
⑱五條市立五條文化博物館, 2008, 『五條市 西河內堂田遺蹟發掘調査の槪要』.
⑲金鍾萬, 2008, 「日本出土百濟系土器の研究」, 『朝鮮古代研究』第9號, 朝鮮古代研究刊行會.
⑳京都府埋藏文化財調査硏究センター, 1999, 『末垣外遺蹟 第2次發掘調査槪要』, 『京都府遺蹟調查槪報』第86冊.
㉑京都府埋藏文化財調查硏究センター, 2001, 『3. 末垣外遺蹟 第4・5次』, 『京都府遺蹟調查槪報』第96冊.
㉒國立公州博物館, 2002, 『日本所在 百濟文化財 調查報告書 III』.
㉓岐阜市, 1979, 『岐阜市史』(史料編).
㉔井藤徹・藤田憲司・井藤曉子 外編 1987, 「彌生・古墳時代の大陸系土器の諸問題」第 II 冊, 埋藏文化財研究會.

表 17 일본 출토 백제(계) 조족문토기 일람표

番號	遺蹟	調査 次數·地區·遺構	器種	個體 數	共伴 遺物	年代	出典
1	佐賀 相賀古墳	石室	壺(鳥足文)	1	把手附壺	6世紀 前半	①·②
2	福岡 夜白·三代遺蹟群	OMR(大森)地區 第6區 第7層	壺(鳥足文)	1	布留式期IV의 土師器, 韓式系壺 等	5世紀 前葉	③·④
3	福岡 井原上學遺蹟	3號 溝 埋土下層	卵形壺(鳥足文)	1	土師器 壺 等	4世紀 後半	⑤
4	福岡 井原塚迴遺蹟	2號 住居址	壺(鳥足文)	1	土師器 高杯, 鉢形土器 等	4世紀 後半	⑥
5	福岡 御床松原遺蹟	27號 住居址	片(鳥足文)	1	須惠器 蓋 等	5世紀 中~後葉	⑦
6	福岡 吉武遺蹟群	5次調査 SK-08 土壙	片(鳥足文)	1	須惠器 杯, 土師器 高杯 等	5世紀 中~後葉	⑧
		G區 表土	片(鳥足文)	1	土師器 等	5世紀代	⑨
7	福岡 在自小田遺蹟	SB-01 掘立柱建物址 13pit 第2 巨大깊이	片(鳥足文)	1	土師器 等	5世紀 前半	
		包含層	片(鳥足文)	1	土師器 等	5世紀 前半	
8	福岡 在自上ノ原遺蹟 [아타지카미노하루]	SK-03 土壙	片(鳥足文)	4	土師器 高杯 等	5世紀 前半	⑩
9	福岡 在自下ノ原遺蹟 [아타지시모노하루]	SC-015 住居址		1	須惠器 杯, 土師器 甕	6世紀 中葉	⑪
		SK-03 土壙		1	土師器 等	5世紀 中葉	
		SD-161 溝	片(鳥足文)	1	須惠器 杯, 甕 等	8世紀(混入의 可能性)	
		I區 包含層		1			
		J區 包含層		1			
		L區 土器溜	壺 口緣部片(鳥足文)	1	須惠器 壺, 有孔廣口小壺 等	5世紀 中葉	
10	福岡 富地原川原田遺蹟	SB-14 住居址	壺(鳥足文)	1	須惠器 高杯, 土師器 等	6世紀代	⑫
		SB-32 住居址	片(鳥足文)	1	土師器 鉢, 壺 等	5世紀 後半	
11	福岡 梅林古墳	前方後圓墳 橫穴式石室墳	壺(鳥足文)	1	須惠器 器臺 等	5世紀 後葉~6世紀 前葉	⑬
12	福岡 井ノ浦[이노우라]古墳	南側 周溝 內	壺(鳥足文)	1	TK73~TK208型式期의 須惠器 蓋杯 等	5世紀 中葉	⑭
13	福岡 番塚古墳	前方後圓墳 初期橫穴式石室墳	壺(鳥足文)	1	TK47型式期의 MT15型式期의 須惠器 蓋杯 等	5世紀 末~6世紀 前葉	⑮

番號	遺蹟	調査 次數・地點・遺構	器種	個體數	共伴 遺物	年代	出典
14	福岡 三雲南小路遺蹟	435番地 方形土壙	壺(鳥足文)	1	土師器 甕片	4世紀 後半	⑯
15	福岡 石ヶ元[이시가모토]古墳群	7號 橫穴式石室墳	壺口緣部片(鳥足文)	1	須惠器 蓋杯, 高杯 等	6世紀 後葉~7世紀 末	⑰
16	愛媛 岩木河內谷遺蹟	傳世 資料	壺(鳥足文)	1			⑱
17	山口 御手洗遺蹟	小學校運動場 C트렌치 古墳時代 遺物包含層	移動式竈片(鳥足文)	1			⑲・⑳
18	大阪 長原遺蹟	地下鐵 31工區 SD-03 溝狀遺構	壺(鳥足文)	1	初期須惠器 等	5世紀 前葉	㉑・㉒
		16次調査地區	片(鳥足文)	1	TK73型式期의 須惠器, 加耶系土器 等	5世紀 前葉	㉒
		93-34次調査 13層 包含層	片(鳥足文)	1	韓式系土器片 等		㉓
		95-14次調査 SD-701 溝狀遺構	片(鳥足文)	1	ON46~TK23型式期의 須惠器, 土師器 等	5世紀 中~後葉	㉔
		95-36次調査 長原TB層 包含層	把手附壺片(鳥足文)	1	TG232~TK73型式期의 須惠器, 韓式系土器 等	5世紀 初頭 ~前葉	㉑・㉕・㉖
		95-49次調査 第7a~第7b 包含層	移動式竈片(推定)	3	TK23~TK47型式期의 須惠器, 土師器 等	5世紀 後葉	㉔
			片(鳥足文)	3			
		96-71次調査 SD-701 溝狀遺構	片(鳥足文)	4	TK216~MT85型式期의 須惠器, 土師器 等 (主體는 TK23~47型式期)	5世紀 前葉 ~6世紀 後葉	㉗
			移動式竈片(鳥足文)	4			
		96-71次調査 第7b 包含層	片(鳥足文)	2			
		00-11次調査 SD-701 溝狀遺構	移動式竈片(鳥足文)	3	TK216~TK43型式期의 須惠器 等	5世紀 前葉 ~6世紀 後葉	㉘
		02-8次調査 包含層 第11層	片(鳥足文)	9	TK216型式期의 須惠器, 土師器 等	5世紀 前葉	㉘
		03-6次調査 SD-063 溝狀遺構	壺底部片(鳥足文)	6	TG232~TK208型式期의 須惠器, 土師器 等	5世紀 初頭~中葉	㉖・㉙
		06-3次調査 第7a・b層	深鉢形土器 口緣部片(鳥足文)	1	土師器 高杯 等	5世紀代 ~8世紀 初	㉚

番號	遺蹟	調查·次數·地點·遺構	器種	個體數	共伴遺物	年代	出典
		06-4차調査 第14層	片(鳥足文)	1	TG232~ON231型式期의 須惠器, 韓式系土器 等	5世紀 初頭~前葉	㉖·㉚
		NG-1 23A 巨蜀지 古代 包含層	片(鳥足文)	1			㉖·㉛
19	大阪 都宮居北遺蹟	YS92-18차調査 SD-101 溝狀遺構	把手附壺(鳥足文)	1	ON231~TK73型式期의 須惠器, 土師器 等	5世紀 初頭~前葉	㉖·㉜
		南西居住域 土壙 A1135	壺(鳥足文)	1	TK23型式期의 須惠器 蓋杯, 高杯, 壺 等	5世紀 後葉	㉝
		西居住域 土壙 F1120	壺(鳥足文)	1	須惠器 蓋		
20	大阪 城山遺蹟	SX-0743 土壙狀遺構	甑, 口緣部片(鳥足文)	1	TK73型式期의 須惠器 高杯, 土師器 高杯 等	5世紀 前葉	㉒·㉖
		E트렌치 SD-0804 溝	長胴形土器(鳥足文)	1	土師器 甕	5世紀 前~中葉	㉛·㉞
21	大阪 ノコ[미고구고]遺蹟	地表收拾	片(鳥足文)	1	須惠器, 土師器, 埴輪 等	5~6世紀代	㉟·㊱
		SX-201 不明遺構	片(鳥足文)	3			
22	大阪 瓜破遺蹟	包含層	片(鳥足文)	1	TK216~TK23型式期 (主體는 TK23型式期)의 須惠器 等	5世紀 後葉	㉒·㊲
		第8c層 包含層	片(鳥足文)	1	TK208~TK10型式期의 須惠器, 土師器 等	5世紀 中葉~6世紀 中葉	㊳
23	大阪 楠遺蹟	I區 第V層 最下部	壺(鳥足文)	1	須惠器 蓋杯, 土師器 等		㊴
		NR-4003 自然河川蹟	深鉢形土器 口緣部片(鳥足文)	1	庄內式期~布留式期 後半의 高杯, 壺 等	3世紀 中葉~4世紀 中葉	㊵·㊶
24	大阪 久寶寺遺蹟	95-9트렌치 第2面 第2層 包含層	片(鳥足文)	1	土師器 甕	6世紀 後半	㊷
25	大阪 城遺蹟	24차調査 SK-21046 土壙 包含層	片(鳥足文)	1			㊸
26	大阪 木間北方·城遺蹟	溝1	片(鳥足文)	1			㊹
		舊河川	片(鳥足文)	1			
27	大阪 大坂城遺蹟	1A·3A·5B調査區 谷	片(鳥足文)	1	大坂城 築造 以前의 須惠器, 土師器 等		㊺
		5B調査區 包含層	片(鳥足文)	1	古墳時代의 土器		㊻
28	大阪 池島·福万寺遺蹟	94-1·2調査區 第10層 包含層	片(鳥足文)	1	彌生土器, 須惠器, 土師器, 鐵製品	古代~近·現代	㊼
29	大阪 太田遺蹟	C2區 包含層	底部片(鳥足文)	1			㊽
30	大阪 八尾南遺蹟	遺構面	片(鳥足文)	2	初期須惠器, 韓式系土器 等	5世紀 前葉	㉒·㊾

番號	遺蹟	調査 次數・地點・遺構	器種	個體 數	共伴 遺物	年代	出典
31	奈良 布留遺蹟	杣之內地區 土壙(L.N.120)	把手附壺(鳥足文)	1	TK73型式期의 須惠器, 土師器 等	5世紀 前葉	(50)
32	奈良 杣之內古墳群	赤坂支群 14號 圓墳 西側堀	壺(鳥足文)	1			(51)
		詳細不明	壺(鳥足文)	1			(52)
33	奈良 星塚古墳	1號墳 前方後圓墳 周濠	壺(鳥足文)	1	TK43型式期의 須惠器 蓋杯 等	6世紀 後葉	(51)・(53)
			片(鳥足文)	3	周濠와 同一品		
		1號墳	片(鳥足文)	3			
34	奈良 赤尾崩谷古墳群	1號墳 北側 斜面	壺(鳥足文)	1		5世紀 末	(54)
35	京都 中臣遺蹟	79次調査 墓2 木棺墓	壺(鳥足文)	1	須惠器 蓋杯 等	6世紀 前葉	(55)・(56)
36	滋賀 太鼓塚遺蹟	溝 上層	片(鳥足文)	4	須惠器 蓋杯 等	6世紀代	(57)

① 小田富士雄, 1960,「九州古式須惠器集成(二) -佐賀縣唐津市相賀の古墳-」,『九州考古學』9, 九州考古學會.
② 田中清美, 1994,「鳥足文タタキメと百濟系土器」,『韓式系土器研究Ⅴ』, 韓式系土器研究會.
③ 新宮町教育委員會, 1994,『夜臼・三代遺跡群』第4分册.
④ 西村大輔, 1996,「夜臼・三代地區遺跡群出土の韓式系土器について-」,『韓式系土器Ⅵ』, 韓式系土器研究會.
⑤ 前原市教育委員會, 1987,『井原遺跡群』.
⑥ 前原町教育委員會, 1992,『井原塚廻遺跡』.
⑦ 志摩町教育委員會, 1983,『御床松原遺跡』.
⑧ 福岡市教育委員會, 1989,『吉武遺跡群Ⅳ』.
⑨ 津屋崎町教育委員會, 1994,『在自遺跡群Ⅰ』.
⑩ 津屋崎町教育委員會, 1995,『在自遺跡群Ⅱ』.
⑪ 津屋崎町教育委員會, 1996,『在自遺跡群Ⅲ』.
⑫ 宗像市教育委員會, 1994,『富地原川原田Ⅰ』.
⑬ 福岡市教育委員會, 1991,『梅林古墳』.
⑭ 前原市教育委員會, 1994,『井ノ浦古墳・辻ノ田古墳群』.
⑮ 九州大學文學部考古學研究室, 1993,『番塚古墳 -福岡縣京都郡刈田町所在前方後圓墳の發掘調查-』.
⑯ 前原市教育委員會, 2002,『三雲・井原遺跡Ⅱ』.
⑰ 福岡市教育委員會, 2003,『元岡・桑原遺跡群2』.
⑱ 三吉秀充, 2002,「伊予出土の陶質土器と市場南組窯系須惠器をめぐって」,『陶質土器の受容と初期須惠器の生産 -古墳時代愛媛の一側面-』.
⑲ 山口大學埋藏文化財資料館, 2001,『山口大學埋藏文化財資料館收藏考古資料 -出土品にみる山口縣の歷史』.
⑳ 田畑直彦, 2004,「第8章 平成7・10~14年度山口大學構內遺跡調查の概要」,『山口大學構內遺跡調查研究年報XVI・XVII』, 山口大學埋藏文化財資料館.

㉑ 田中清美, 1985, 「長原遺跡出土の特異なタタキメのみられる土器について」, 『考古學論集Ⅰ』, 歴史堂書房.

㉒ 田中清美, 1994, 「鳥足文タタキメと百済系土器」, 『韓式系土器研究Ⅴ』, 韓式系土器研究會.

㉓ 大阪市文化財協會, 1999, 「93-34次調査」, 『長原 瓜破遺跡發掘調査報告ⅩⅢ』.

㉔ 大阪市文化財協會, 2000, 「95-14次調査」, 『長原 瓜破遺跡發掘調査報告ⅩⅤ』.

㉕ 櫻井久之, 1998, 「鳥足文タタキメのある土器の一群」, 『大阪市文化財協會 研究紀要』 創刊號.

㉖ 田中清美, 2010, 「長原遺跡出土の韓式系土器」, 『韓式系土器ⅩⅠ』, 韓式系土器研究會.

㉗ 大阪市文化財協會, 2001, 『長原 瓜破遺跡發掘調査報告ⅩⅥ』.

㉘ 大阪市文化財協會, 2002, 『長原遺跡發掘調査報告Ⅸ』.

㉙ 大阪市文化財協會, 2005, 『長原遺跡發掘調査報告ⅩⅡ』.

㉚ 大阪市文化財協會, 2008, 『長原遺跡發掘調査報告ⅩⅦ』.

㉛ 大阪府教育委員會・大阪府文化財調査研究センター, 2000, 『河内平野遺跡群の動態Ⅷ』.

㉜ 八尾南遺跡調査會, 2008, 『八尾南遺跡第18次發掘調査報告書』.

㉝ 大阪府教育委員會, 2010, 『部屋北遺跡Ⅰ』.

㉞ 大阪文化財センター, 1986, 『城山Ⅰ(その2)』.

㉟ 中辻健一, 1993, 「大東市メノコ遺跡出土の韓式系土器」, 『韓式系土器研究Ⅳ』, 韓式系土器研究會.

㊱ 中辻健一, 1998, 『メノコ遺跡發掘調査報告書』, 大東市教育委員會.

㊲ 鎌田博子, 1987, 『瓜破』, 『韓式系土器研究Ⅰ』, 韓式系土器研究會.

㊳ 大阪市文化財協會, 2002, 『瓜破遺跡發掘調査報告Ⅱ』.

㊴ 寝屋川市教育委員會, 2001, 『楠遺跡Ⅱ』.

㊵ 大阪府教育委員會, 1987, 『久寶寺北』(その1~3).

㊶ 大阪府教育委員會・大阪府文化財調査研究センター, 1999, 『河内平野遺跡群の動態Ⅶ』.

㊷ 大阪市文化財調査研究センター, 1996, 『久寶寺遺跡・龍華地區』(その1)發掘調査報告書』.

㊸ 八尾市文化財調査研究會, 2001, 『久寶寺遺跡第24次發掘調査報告書』.

㊹ 四條畷市教育委員會, 2006, 「木間池北方遺跡(99-1)・城遺跡(99-1)・木間池北方遺跡(01-1)・木間池北方・城遺跡(KMH・J003-1)・木間池北方・城遺跡(KMO・J003-2)發掘調査概要報告書』.

㊺ 大阪府文化財センター, 2002, 『大阪城跡發掘調査報告Ⅰ』.

㊻ 大阪市文化財研究センター, 1996, 『大阪城跡の發掘調査6』.

㊼ 大阪府文化財調査研究センター, 1997, 『池島・福万寺遺跡 發掘調査概要ⅩⅧ-94-1・2調査區の概要-』.

㊽ 名神高速道路内遺跡調査會, 1998, 『太田遺跡發掘調査報告書』.

㊾ 西村公助, 1993, 「八尾南遺跡」, 『韓式系土器研究Ⅳ』, 韓式系土器研究會.

㊿ 竹谷俊夫・日野宏, 1993, 「布留遺跡杣之内地區出土の初期須惠器と韓式系土師器 -土壙(L.N.120)出土の遺物をめぐって-」, 『韓式系土師器研究Ⅳ』, 韓式系土器研究會.

51 竹谷俊夫, 1995, 「日本と朝鮮半島出土の鳥形足形タタキ文土器の蒂例」, 『西谷眞治先古稀記念論文集, 勉誠社.

㉒ 國立公州博物館, 2002, 『日本所在 百濟文化財 調査報告書Ⅲ -近畿地方-』.
㉓ 天理市教育委員會, 1990, 『星塚·小路遺跡の調査』.
㉔ 大阪府近つ飛鳥博物館, 2004, 『今米才伎』.
㉕ 内田好昭, 2000, 「中臣遺跡(79次)の調査」, 『第129回京都市考古資料館文化財講座資料』.
㉖ 京都市埋藏文化財研究所, 2002, 「Ⅳ 中臣遺跡」, 『京都市埋藏文化財調查概要』.
㉗ 大津市教育委員會, 1992, 『大鼓塚遺跡發掘調查報告書 一般國道161號(西大津バイパス)建設に伴う-』.

표 18 일본출토 백제(계) 대부완 일람표

番號	遺蹟	調査 次數·地點·遺構	器種	個體 數	共伴 遺物	年代	出典
1	大阪 難波宮址	OS03-13次調査 第9層 上面 SK-901+SK-902 土壙遺構	臺附盌	1	TK217型式期의 須惠器 蓋杯, 難波宮Ⅳ古段階의 土器 (7世紀 3~4/4分期)의 土器	7世紀 中~後葉	① · ②

① 大阪市教育委員會, 2005, 「大坂城跡發掘調査(OS03-13)報告書」, 『大阪市内埋藏文化財包藏地發掘調査報告書(2002·03·04)』.
② 寺井誠, 2008, 「古代難波における2つの瓶を巡って」, 『大阪歷史博物館 研究紀要』第7號, 大阪歷史博物館.

표 19 일본출토 백제(계) 전달린토기 일람표

番號	遺蹟	調査 次數·地點·遺構	器種	個體 數	共伴 遺物	年代	出典
1	大阪 難波宮址	NW90-7次調査 第7b1層 (前期難波宮 造營期의 整地層)	전달린토기	1	難波Ⅲ 中段階(7世紀 2~3/4分期)의 土器	7世紀 中葉	① · ②

① 大阪市文化財協會, 2004, 『難波宮址の研究』第十二.
② 寺井誠, 2008, 「古代難波における2つの瓶を巡って」, 『大阪歷史博物館 研究紀要』第7號, 大阪歷史博物館.

표 20 한성기·웅진기 백제유적 출토 須惠器(系) 일람표

番號	遺蹟	調査次數·地點·地區 / 遺構	器種	個體數	共伴遺物	年代	出典
1	서울 夢村土城	第3號 貯藏孔	杯(TK23型式期)	1	高杯, 蓋, 馬具	5世紀 後葉	①·②
2	淸州 新鳳洞古墳群	A地區 32號 土壙墓	杯(TK23型式期)	1	平肩壺	5世紀 後葉	②·③
		B地區 1號 土壙墓	蓋(TK23型式期)	2	三足土器, 高杯, 深鉢形土器, 壺 等	5世紀 後葉	
			杯(TK23型式期)	4	三角板鋲留短甲, 鐵鏃, 鐵斧, 馬具 等		
3	公州	4號 楕圓形竪穴 堆積層 上層	有孔廣口小壺 口緣部片(MT15型式期)	1		6世紀 前葉	②·④
		地表收拾	蓋(TK47型式期)	1		5世紀 後葉	
4	公州 艇止山遺蹟	23號 住居址 堆積層 上層	高杯 杯身(TK47型式期)	2		5世紀 後葉	⑤
5	公州 金鶴洞古墳群	20號墳 (橫口式)石槨墓	杯(MT15型式期)	1	高杯, 小壺	6世紀 前葉	⑥
6	舒川 鳳仙里遺蹟	3地域 3-Ⅰ 區域 1號 貯藏孔	高杯 脚部(TK23型式期)	1		5世紀 後葉	⑦
7	群山 山月里遺蹟	나地區 6號墳 橫穴式石室墳	杯(TK47型式期)	1	三足土器, 高杯, 蓋, 鐵鎌 等	5世紀 末	⑧
		나地區 8號 橫穴式石室墳	杯(TK47型式期)	2	三足土器, 高杯, 蓋, 短頸瓶, 鐵鎌 等	5世紀 末	
8	完州 上雲里遺蹟	라地區 3號 墳丘墓 1號 甕棺墓	高杯(TK208~23型式期)	2	甕棺	5世紀 中~後葉	⑨
9	扶安 竹幕洞遺蹟	가·나2區 사이의 傾斜面	蓋(TK47型式期)	1		5世紀 後葉	⑩
		가2區 傾斜面	蓋(TK47型式期)	1		5世紀 後葉	
		나2區 北側 平坦面	高杯(TK47型式期)	1		5世紀 後葉	
10	高敞 鳳德里古墳	1號墳 方形推定墳 南側周溝	小壺裝飾有孔廣口壺(TK208型式期)	1	靑瓷 盤口壺, 器臺, 蓋杯, 金銅飾履, 金製耳飾, 盛矢具, 大刀, 馬具 等	5世紀 中葉	⑩
		나地區 溝 1	鈴附器臺	1			
	高敞 鳳德遺蹟	가地區 地表收拾	杯(TK23型式期)	2		5世紀 後葉	⑪
			蓋杯(TK47型式期)	5		5世紀 末	⑫
		가地區 地表收拾	杯(TK47型式期)	1		5世紀 末	

① 夢村土城發掘調査團, 1985, 『夢村土城發掘調査報告』.
② 木下亘, 2003, 「韓半島 出土 須惠器(系) 土器에 다하야」, 『百濟硏究』 第37輯, 忠南大學校百濟硏究所.
③ 車勇杰·禹鍾允·趙詳紀·吳允淑, 1990, 『淸州 新鳳洞 百濟古墳群 發掘調査報告書 -1990年度 調査-』, 忠北大學校博物館.

④ 國立公州博物館, 1999, 『艇止山』.

⑤ 柳基正·梁美玉, 2002, 『公州 金鶴洞 古墳群』, 忠淸埋藏文化財硏究院.

⑥ 忠淸南道歷史文化院, 2005, 『舒川 鳳仙里 遺蹟』.

⑦ 곽장근·조인진, 2004, 『군산 산월리 유적』, 군산대학교박물관.

⑧ 金承玉·李澤求, 2010, 『上雲里 Ⅱ -라地區 墳丘墓 및 나·다地區 木棺墓群-』, 全北大學校博物館.

⑨ 國立全州博物館, 1994, 『扶安 竹幕洞 祭祀遺蹟』.

⑩ 馬韓·百濟文化硏究所, 2012, 『高敞 鳳德里 1號墳』.

⑪ 김건수·노미선·양해웅, 2003, 『高敞 鳳德遺蹟 Ⅰ』, 湖南文化財硏究院.

⑫ 김건수·노미선·양해웅, 2003, 『高敞 鳳德遺蹟 Ⅱ』, 湖南文化財硏究院.

表 21 사비기 백제유적 출토 須惠器(系) 일람표

番號	遺蹟	調査·次數·地點·遺構	器種	個體數	共伴 遺物	年代	出典
1	扶餘 쌍북리遺蹟	百濟時代 Ⅱ文化層 2號 竪穴	壺 口緣片	1	蓋杯, 直口壺片, 鉢, 壺 口緣片, 전달린토기 等		①
2	扶餘 井洞里遺蹟	7號 建物址	壺(TK43型式期)	1	壺, 甕片 等	6世紀 後葉	②
3	扶餘 陵山里寺址	6次調査 S130W60 西石橋 進入路 附近 갱이 깊이 50~60cm 地點 黑色砂質土	壺 口緣片	1	蓋, 臺附盌, 燈盞 等		③
4	扶餘 官北里遺蹟	가地區 蓮池 內部 灰色粘質層群	杯(TK43型式期)	1		6世紀 後葉	④
5	扶餘 花枝山遺蹟	나地區 表土下의 形成된 黃褐色砂質粘土層	壺	1		6世紀 後葉~7世紀 前葉	⑤
6	扶餘 東南里遺蹟	上部堆積層	壺 頸部片	1			⑥
7	扶餘 軍守里地點遺蹟	S3E3 pit	壺 胴體部片	1	三足土器, 深鉢形土器, 蓋, 鉢, 臺附盌 等		⑦
8	扶餘 雙北里 280-5遺蹟	4號 建物址	壺 胴體部片	1			⑧
9	扶餘 佳塔里遺蹟	4wn Tr Ⅲ層	壺 胴體部片	1			⑨
10	扶餘 쌍북리 쌍북유적地點遺蹟	百濟時代 Ⅲ文層 周邊 地表收拾	壺 胴體部片	2			⑩
11	扶餘 雙北里 146-7遺蹟	百濟時代層(4-3層)	壺 胴體部片	1	杯, 蓋 等		⑪
12	扶餘 聖興山城	Tr.3番	壺 胴體部片	1			⑫
13	舒川 鳳仙里遺蹟	3-Ⅱ區域 7號 住居址	蓋(TK10型式期)	1	高杯片, 蓋 等	6世紀 中葉	⑬
14	舒川 楸洞里遺蹟	A-25號墳 石槨墓	蓋(飛鳥Ⅰ)	1	短頸甁	590~640年代	⑭

① 李浩炯·李販燮, 2009, 『扶餘 雙北里 숙뮋믈·北浦遺蹟』, 忠淸文化財研究院.
② 柳基正·柳昌善·朴大淳·梁美玉·田鎰溶, 2005, 『扶餘 井洞里遺蹟』, 忠淸文化財研究院.
③ 國立扶餘博物館, 2007, 『陵寺』.
④ 정석배·정치영·구해미·이동희, 2011, 『扶餘 陵山里寺址 제11차 발굴 조사 보고서』, 한국전통문화학교 고고학연구소.
⑤ 國立扶餘文化財研究所, 2009, 『扶餘 官北里百濟遺蹟 發掘報告 Ⅲ』.
⑥ 國立扶餘文化財研究所, 2002, 『花枝山』.
⑦ 忠淸南道歷史文化研究院, 2008, 『扶餘 中井里建物址 扶餘 東南里遺蹟』.
⑧ 朴淳發·李亨源·山本孝文·董寶璟·姜秉權·李昊炯·李販燮, 2003, 『泗沘都城』, 忠南大學校百濟研究所.
⑨ 鄭海濬·尹智熙, 2011, 『扶餘 雙北里 280-5遺蹟』, 百濟文化財研究院.
⑩ 金成南·黃在焄·李在英·沈相六, 2010, 『扶餘 佳塔里 百濟遺蹟』, 扶餘郡文化財保存센터.
⑪ 李販燮·金妌希, 2008, 『扶餘 井洞里 오얏골·꿩말遺蹟』, 忠淸文化財研究院.
⑫ 沈相六·李美賢, 2012, 『扶餘 雙北里 146-7遺蹟』, 扶餘郡文化財保存센터.
⑬ 沈相六·成懸華, 2013, 『聖興山城 Ⅱ』, 扶餘郡文化財保存센터.
⑭ 忠淸南道歷史文化研究院, 2005, 『舒川 鳳仙里遺蹟』.
⑮ 田鎰溶·李仁鎬·尹淨賢, 2006, 『舒川 楸洞里 遺蹟 -Ⅰ地域-』, 忠淸文化財研究院.

표 22 백제유적 출토 왜(계) 갑주 일람표

番號	遺蹟	調查 次數·地點·遺構	器種	個體數	共伴 遺物	年代	出典
1	坡州 舟月里遺蹟	96年度 地表收拾	帶金式甲胄 (三角板釘結短甲)	1+		4世紀 後葉 ~5世紀 前葉	①
2	陰城 望夷山城	山城 內 烽燧臺 南側 傾斜面 下	帶金式甲胄 (橫矧板釘結短甲)	1		5世紀 中~後葉	②
3	天安 道林里遺蹟	3號 石槨墓	帶金式甲胄	1	杯、平肩壺、青銅環鈴、鐵劍、鐵矛、鐵鏃 等	5世紀 中葉	③
4	淸州 新鳳洞古墳群	B地區 1號 土壙墓	帶金式甲胄 (三角板釘結短甲)	1	三足土器、高杯、深鉢形土器、壺、鐵鏃、馬具 等	5世紀 中葉	④
5	燕岐 松院里遺蹟	KM-094 石槨墓	帶金式甲胄	1	土器片、鐵劍、鐵鏃、鐵斧、鐵矛 等		⑤

① 李仁淑·金圭相, 1999, 『坡州 舟月里 遺蹟』, 京畿道博物館.
② 權相烈·尹鍾均·成在賢, 2005, 『望夷山城 出土遺物의 性格』, 『考古學誌』 第14輯, 韓國考古美術研究所.
③ 尹淨賢, 2011, 『天安 柳里·獨井里 遺蹟』, 忠淸文化財研究院.
④ 車勇杰·禹鍾允·趙詳紀, 吳允淑, 1990, 『淸州 新鳳洞 百濟古墳群 發掘調査報告書 -1990年度 調査-』, 忠北大學校博物館.
⑤ 이홍종·허의행·오보람·오규진, 2010, 『燕岐 松潭里·松院里 遺蹟 -本文(1)-』, 韓國考古環境研究所.

表 23 백제유적 출토 왜(계) 철촉 일람표

番號	遺蹟	調查 次數·地點·遺構	器種	個體數	共伴 遺物	年代	出典
1	天安 道林里遺蹟	3號 石槨墓	二重逆刺鐵鏃(TK208型式期)	7	杯, 平肩壺, 靑銅環鈴, 鐵劍, 鐵矛, 鐵鏃 等	5世紀 中葉	①
2	淸州 新鳳洞 古墳群	B地區 1號 土槨墓	片刃式二段逆刺鐵鏃(TK23型式期)	38	三足土器, 高杯, 深鉢形土器, 壺, 三角板鋲留短甲, 鐵鏃, 鐵斧, 馬具 等	5世紀 後葉	②
			短莖三角形式二重逆刺鐵鏃(TK23型式期)	1			
		B地區 2號 土壙墓	獨立片逆刺鐵鏃(TK23型式期)	1	杯, 小壺, 短頸瓶, 鐵劍 等	5世紀 後葉	
			片刃式鐵鏃(TK216~TK23型式期)	1			
		B地區 9號 土壙墓	片刃式鐵鏃(TK23型式期)	1	大刀, 刀子 等	5世紀 後葉	③
			短莖長三角形式鐵鏃(TK23型式期)	2			
		77號 土壙墓	鳥舌式鐵鏃(TG232~TK73型式期)	1	壺, 鐵刀鎌	5世紀 前葉	
		108號 土壙墓	獨立片逆刺鐵鏃(TK23型式期)	3	壺, 環頭大刀 等	5世紀 後葉	
3	淸州 明岩洞遺蹟	4號 土壙墓	短莖三角形式鐵鏃(TK23型式期)	2	深鉢形土器, 壺, 鐵鎌 等	5世紀 後葉	④
4	燕岐 松院里遺蹟	KM-061 土壙墓	二段逆刺鐵鏃	2	鐵矛, 鐵刀子, 鐵鎌 等	5世紀 後葉	⑤
		KM-094 石槨墓	獨立片逆刺鐵鏃(TK216~TK208型式期)	7	土器片, 鐵劍, 帶金式甲冑, 鐵斧, 鐵刀子 等	5世紀 前~中葉	
5	完州 上雲里遺蹟	나地區 1號 粘土槨 1號 粘土槨墓	二重逆刺鐵鏃(TK73型式期)	1	壺, 鐵鏃, 環頭刀, 鐵刀, 鐵斧, 鐵鉇, 玉類 等	5世紀 前葉	⑥

① 尹淨賢, 2011, 『天安 柳里·獨井里·道林里 遺蹟』, 忠淸文化財硏究院.
② 車勇杰·再鍾允·趙詳紀·吳允淑, 1990, 『淸州 新鳳洞 百濟古墳群 發掘調查報告書 -1990年度 調查-』, 忠北大學校博物館.
③ 車勇杰·趙詳紀·吳允淑, 1995, 『淸州 新鳳洞 古墳群』, 忠北大學校博物館.
④ 國立淸州博物館, 2000, 『淸州 明岩洞遺蹟(I)』.
⑤ 이홍종·허의행·조보람·오원철, 2010, 『燕岐 松院里 遺蹟 -本文(1)-』, 韓國考古環境硏究所.
⑥ 金承玉·李澤求·李承泰, 2010, 『上雲里 I -가·나·다地區 墳丘墓-』, 全北大學校博物館.

表24 백제유적 출토 신라·가야(계) 토기 일람표

番號	遺蹟	調查 次數·地點·遺構	搬入·影響地域	器種·部位	個體 數	共伴 遺物	製作 年代	出典
1	서울 風納土城	現代聯合敷地 가~9號 住居址 爐址 周邊	大加耶	高杯 臺脚片	1	竈頸飾, 深鉢形土器, 蓋, 瓦片	4世紀 3/4分期	①
		慶堂地區 上層 住居址 9號 竪穴	小加耶	蓋	1			②
		慶堂地區 上層 24號 竪穴	小加耶	蓋	1			
		慶堂地區 上層 178號 竪穴	加耶	高杯 臺脚片	1			③·④
		慶堂地區 上層	加耶	蓋片	1			
		慶堂地區 1區域 上層	小加耶	高杯 臺脚片	1			
		慶堂地區 1區域 上層	加耶	蓋	1			⑤
		慶堂地區 S2W1	加耶	高杯 臺脚片	1			
			加耶	高杯 臺脚片	1			
		I區域 171號 遺構(住居址)	加耶	高杯 臺脚片	1	高杯, 壺, 甑 等		⑥
		出土地 不明	新羅	短頸高杯 臺脚片	1			
		197番地 다-109號 竪穴	大加耶	蓋	1		4世紀 中葉	⑦
2	槐山 儉承里遺蹟	4號 石槨墓		長頸壺	1	平肩壺 等	4世紀 4/4分期	
		5號 石槨墓	新羅	把杯	1			⑧·⑨
		6號 石槨墓		高杯 杯片	1	短頸壺片, 短頸瓶 等		
		B區		把杯	1	短頸壺片, 鐵斧, 鐵鎌, 鐵鏃 等	4世紀 4/4~5世紀 1/4分期	
3	天安 龍院里古墳群	130號 土壙墓	大加耶	長頸壺	1	深鉢形土器 器, 長頸壺, 環頭大刀, 鐵頭大刀, 鐵刀子 等	5世紀 2/4分期	⑩
4	鎮川 石張里遺蹟	A-사號 竪穴	大加耶	長頸壺	1	注口土器(주구토기), 深鉢形土器, 把手附壺 等	5世紀 中葉	④·⑪
		B區	新羅	高杯	1			
5	烏山 外三美洞遺蹟	가地區 26號 竪穴	大加耶	有蓋長頸壺	1	長卵形土器, 深鉢形土器 等	5世紀 後葉	⑫
6	龍仁 麻北洞 聚落遺蹟	19號 住居址	大加耶	長頸壺	1	長卵形土器, 深鉢形土器 等	5世紀 中~後葉	⑬
7	天安 斗井洞遺蹟	I地區-3號 住居址	加耶	爐形器臺	1	深鉢形土器 等	4世紀 中葉	⑭

番號	遺蹟	調查 次數・地點・遺構	搬入・影響地域	器種 部位	個體 數	共伴 遺物	製作 年代	出典
8	淸州 新鳳洞古墳群	72號 土壙墓	小加耶(系)	廣口長頸壺	1	深鉢形土器, 鳥足文壺片, 馬具 等	5世紀 3/4分期	⑮
		107號 土壙墓		廣口長頸壺	1	壺, 鐵鎌, 鐵斧 等		⑯
9	淸原 主城里遺蹟	A-27號 土壙墓	凡大加耶	有蓋長頸壺	1	廣口長頸壺	5世紀 2/4 後半~475年 前後	⑯
		1號 橫穴式石室墳	小加耶	高杯 杯身片	1		5世紀 2/4分期後半	⑰・⑱
10	大田 九城洞洞遺蹟	D-1號 土壙墓		長頸壺	1	把手附鍋, 短頸壺, 盌, 鐵刀子	4世紀 後葉 前半	
		D-2號 土壙墓	嶺南(系)	長頸壺	1	短頸壺, 鐵斧, 鐵刀子, 鐵鎌	4世紀 後葉 後半 以前	⑲
		D-8號 土壙墓		長頸壺	1	短頸壺, 鐵鏃, 鐵斧	4世紀 後葉 前半~後半	
11	大田 梧井洞遺蹟	2號 土壙墓	大加耶(系)	長頸壺	1	小壺, 盌, 鐵鎌		⑳
12	燕岐 松院里遺蹟	KM-001 石槨墓	加耶(系)	蓋片	1	鐵刀子 等		
		KM-003 石槨墓	大加耶	把手附 直口短頸小壺	1	外反口緣小壺, 臺附直口壺, 廣口壺, 馬具 等	5世紀 2/4~3/4分期 前半	
		KM-005 石槨墓		蓋	1	三足土器, 外反口緣小壺 等		㉑
		KM-092 石槨墓	加耶(系)	蓋	1	蓋, 外反口緣小壺, 廣口長頸壺, 鐵刀, 鐵子 等		
		KM-046 橫穴式石室墳	小加耶	鉢形器臺	1	直口短頸壺, 高杯, 蓋, 馬具, 鐵鎌 等	5世紀 3/4分期	
13	燕岐 松潭里遺蹟	KM-025 橫穴式石室墳	新羅(系)	鉢	1	三足土器, 短頸壺, 杯, 馬具 等	5世紀 3/4分期	㉑
14	公州 山儀里遺蹟	40號 橫穴式石室墳	新羅	臺附盌	1	直口短頸壺, 三足土器, 鐵斧	6世紀 1/4分期	㉒
15	論山 定止里遺蹟	III地域 21號 貯藏孔	小加耶	高杯	1	深鉢形土器	6世紀 前葉	㉓
16	論山 院南里・定止里遺蹟	II-3地域 A地點 百濟時代 2號 土壙墓	新羅(系)	鉢	4	深鉢形土器, 把杯		㉔
17	錦山 倉坪里遺蹟	石槨墓(推定)	加耶	高杯	4	鐵斧, 鐵刀	5世紀 2/4分期	㉕・㉖
				長頸壺	1			
18	錦山 陰地里遺蹟	破壞墳	大加耶	有蓋長頸壺	1	短頸瓶, 蓋杯, 紡錘車	6世紀 2/4分期	㉖

番號	遺蹟	調査·次數·地點·遺構	搬入·影響地域(系)	器種·部位	個體數	共伴遺物	製作年代	出典
19	錦山 水塘里遺蹟	2號 橫穴式石室墳	嶺南(系)	臺附長頸壺	1	三足土器片, 廣口長頸壺, 鐵矛, 鑌鏃, 鐵斧 等	5世紀 4/4分期	㉗
20	完州 上雲里遺蹟	다地區 1號 墳丘墓 22號 木棺墓	大加耶	有蓋長頸壺	1	壺, 玉 等		㉘
				長頸壺	1			
21	全州 馬田遺蹟	IV區域 4號墳 1號 土壙墓	新羅(系)	鉢	2	蓋, 廣口長頸壺, 鐵斧 等	5世紀 3/4分期 ~6世紀 2/4分期	㉙
			小加耶(系)	高杯	1			
22	扶餘 陵山里寺址	北便 建物址 1	新羅	蓋	1		6世紀 4/4分期	㉚
		北便 建物址 2		臺附偏球形瓶	1			
23	扶餘 官北里遺蹟	瓦積立基層(百濟 盛土層)	新羅	蓋	1	開元通寶, 瓦, 燈盞 等	7世紀 1/4 ~2/4分期	㉛
				臺附偏球形瓶	1			
24	扶餘 北浦遺蹟	百濟時代 I 文化層 1-1號 道路遺溝	新羅	偏口瓶	1	蓋杯, 盌, 三足土器, 臺附盌, 短頸瓶, 器臺, 壺 等	7世紀 2/4分期	㉜·㉝
		百濟時代 II 文化層 1號 枝葉敷設		臺附盌	2	蓋杯, 盌, 三足土器, 臺附盌, 臺, 壺 等	7世紀 3/4分期	
25	扶餘 雙北里 146-7遺蹟	百濟時代 4層 上部土	新羅	胴體部片	1			㉞
26	扶餘 雙北里 602-10番地遺蹟	文化層	新羅	臺附偏球形瓶	1			㉟
				胴體部片	1			
27	扶餘 官北里 160番地 百濟遺蹟	II-2層	新羅	蓋	1		7世紀 1/4 ~3/4分期	㉟
				胴體部片	1			
		III層		蓋	1			

① 국립문화재연구소, 2001, 『風納土城 I -현대연합주택 및 1지구 재건축 부지-』.

② 權五榮·權度希·韓志仙, 2004, 『風納土城IV』, 한신大學校博物館.

③ 成正鏞, 2002, 「풍납토성 외대무물에 대한 검토」, 『百濟研究』 第36輯, 忠南大學校百濟研究所.

④ 成正鏞, 2007, 「漢江·錦江流域의 嶺南地域系統 文物과 그 意味」, 『百濟研究』 第46輯, 忠南大學校百濟研究所.

⑤ 權五榮·朴智殷, 2009, 『風納土城X』, 한신大學校博物館.

⑥ 서울역사박물관·한신대학교박물관, 2008, 『풍납토성 경당지구 재발굴조사 보고서』.

⑦ 국립문화재연구소, 2012, 『風納土城XIV』.

⑧ 손명수·김태중, 2009, 『槐山 儉承里遺蹟』, 한국선사문화연구원.

⑨ 최병현, 2009, 「중원의 신라고분」, 『중원의 고분』, 국립중원문화재연구소.

⑩ 李南奭, 2000, 『龍院里古墳群』, 公州大學校博物館.

⑪ 이영훈·이규산·신종환·윤동군, 2004,「鎭川 石張里 鐵生産遺蹟」, 國立淸州博物館.

⑫ 한백문화재연구원, 2011,「오산 외삼미동 유적[본문1]」.

⑬ 京畿文化財研究院, 2009,「龍仁 麻北洞 聚落遺蹟[본문1]」.

⑭ 李南奭, 2000,「斗井洞遺蹟」, 公州大學校博物館.

⑮ 車勇杰·趙詳紀·吳允淑, 1995,「淸州 新鳳洞 古墳群」, 忠北大學校博物館.

⑯ 차용걸·노병식·박중균·한선경, 2002,「淸州 新鳳洞 百濟古墳群 −2000年度發掘分 調査報告書−」, 忠北大學校博物館.

⑰ 韓國文化財保護財團, 2000,「淸原 主城里遺蹟」.

⑱ 金武重, 2012,「新鳳洞古墳群にみられる日本文化系要素」에 대한 토론문」,「淸州 新鳳洞古墳群 發掘 30周年 紀念 國際學術會議」, 忠北大學校博物館.

⑲ 崔秉鉉, 1997,「大田 九城洞遺蹟」, 韓南大學校博物館.

⑳ 崔秉鉉, 1998,「大田 梧井洞遺蹟」, 韓南大學校博物館.

㉑ 이훈·조중·오원철, 2010,「燕岐 松潭里·松院里 遺蹟」, 韓國考古環境研究所.

㉒ 李南奭, 1999,「公州 山儀里遺蹟」, 公州大學校博物館.

㉓ 嘉耕考古學研究所, 2013,「論山 定止里 遺蹟」.

㉔ 중앙문화재연구원, 2012,「論山 院北里·定止里遺蹟」.

㉕ 姜仁求, 1973,「錦山의 古墳과 土器類」,「百濟研究」第4輯, 忠南大學校百濟研究所.

㉖ 朴敬道, 2002,「錦山地域 出土 加耶土器」,「考古學誌」第13輯, 韓國考古美術研究所.

㉗ 忠淸南道歷史文化院, 2007,「錦山 水塘里遺蹟」.

㉘ 金承玉·李宗泰·李澤求·李보담, 2010,「上雲里 Ⅱ −리地區 墳丘墓 및 나·다地區 木棺墓群−」, 全北大學校博物館.

㉙ 湖南文化財研究院, 2008,「全州 馬田遺蹟(Ⅳ)」.

㉚ 정석미·김민정·신승철·마원영·김은옥·주혜미·정은지, 2010,「扶餘 陵山里寺址 제9차 발굴 조사 보고서」, 한국전통문화학교 고고학연구소.

㉛ 국립부여문화재연구소, 2009,「扶餘 官北里百濟遺蹟 發掘報告Ⅳ −2008年 調査區域−」.

㉜ 李浩炯·李販燮, 2009,「扶餘 雙北里 현내들·北浦遺蹟」, 忠淸文化財研究院.

㉝ 이미지, 2012,「백제 멸망 전후의 토기에 관한 검토 −사비양식토기와 신라후기양식토기의 검토−」,「제63회 백제연구공개강좌」, 충남대학교 백제연구소.

㉞ 沈相六·李美賢, 2012,「扶餘 雙北里 146-7遺蹟」, 扶餘郡文化財保存센터.

㉟ 최봉균·엄승용·천승현·천윤지, 2010,「扶餘 雙北里 602-10番地遺蹟」, 백제문화재연구원.

㊱ 김성남·이화영, 2013,「扶餘 관북리 160番地 百濟遺蹟」, 부여군문화재보존센터.

표 25 신라·가야유적 출토 백제(계) 토기 일람표

番號	遺蹟	調査 次數·地點·遺構	器種·部位	個體 數	共伴 遺物	製作 年代	出典
1	金海 會峴里貝塚	22·23層	四足土器	1	爐形土器, 高杯 脚片, 壺 口緣部片, 把手片 等	3世紀 中葉~末	①
2	釜山 東萊貝塚	F河口 8層	二重口緣土器 口緣部片	1	土師器系土器 等	3世紀 後半~4世紀 初	②
3	釜山 樂民洞貝塚	2次調査 Ⅱ層	壺 口緣部片	1	短頸壺, 甕, 直口壺, 爐形土器, 高杯, 土師器系土器 等	3世紀 後半	③
		出土位置 不明	胴體部片	1			
4	金海 龜旨路古墳群	18號 木槨墓	圓底短頸壺	1	圓底短頸壺, 鐵鏃, 鐵斧, 鐵鎌 等	3世紀 後半~4世紀 初	④
		51號 木槨墓	圓底短頸壺	1	爐形土器, 鐵鉾, 大刀片	3世紀 2/4分期	
5	金海 鳳凰臺遺蹟	8巨 벽이	兩耳附短頸壺 蓋	1	把手附鍋	4世紀 末~5世紀 初	⑤
6	釜山 福泉洞萊城遺蹟	3號 木棺墓	把手附短頸壺	1	高杯, 把手附蓋, 深鉢形土器, 鐵鎌, 鐵鏃	4世紀 末~5世紀 初	⑥
		10號 甕棺墓	長卵形土器	1	把手附短頸壺	4世紀 初	
7	慶州 竹東里古墳群	1號 木槨墓	短頸壺	1	高杯, 短頸壺, 臺附短頸壺臺, 鉢形土器臺, 鐵鉾, 鐵鎌 等	4世紀 初	⑦
8	鎭海 龍院里遺蹟	2號 住居址	甑 底部片	1	高杯, 把手片	4世紀 中~後葉	⑧
		34號 住居址	甑	1	高杯, 把手片 等	4世紀 中葉~末	
		貝塚 頂上部 pit	甑 底部片	1	高杯 脚片, 廣口小壺, 把手片	4世紀 中葉~末	
		貝塚 第Ⅰ層	深鉢形土器	1			
		貝塚 第Ⅹ層		1			
9	昌寧 桂城里遺蹟	邑저 3號 住居址	注口土器(주전자)	1	長卵形土器, 壺片, 蓋片 等	5世紀 中~後葉	⑨
		읍하성 Ⅰ2號 住居址	甑	1	蓋, 壺, 胴體部片 等	5世紀 前葉	
10	陜川 倉里古墳群	A地區 80號墳 ㄷ遺構 石槨墓	三足土器	1	長頸壺, 短頸壺, 蓋 等	5世紀 末~6世紀 初	⑩
11	山清 坪村里遺蹟	12號 石槨墓	直口 短頸壺	1	長頸壺, 蓋杯	5世紀 末~6世紀 初	⑪
12	河東 古梨里遺蹟	나-12號壙 石槨墓	鳥足文 短頸壺	1	鐵製品	6世紀 2/4分期	⑫
13	昌原 道溪洞古墳群	12號 石槨墓	鳥足文 短頸壺	1	臺附長頸壺, 深鉢形土器, 蓋杯, 長頸壺, 圓底短頸壺, 鐵鋌 等	5世紀 後葉~6世紀 前葉	⑬

番號	遺蹟	調查·次數·地區·遺構	器種·部位	個體數	共伴遺物	製作年代	出典
14	高靈 古衙洞 壁畵古墳	封土中	鳥足文 土器片	1	胴體部片, 蓋片	6世紀 前葉	⑭
15	鎭安 臥亭遺蹟	4號 住居址	三足土器片	1	深鉢形土器, 短頸壺, 長卵形土器, 蓋, 蓋杯 等	5世紀 中葉	⑮
			短頸甁片	1			
16	鎭安 黃山里古墳群	가地區 1號墳 石槨墓	三足土器	1	有蓋長頸壺, 蓋, 高杯	5世紀 3/4分期	⑯
			廣口長頸壺	1			
			短頸甁	1			
		가地區 6號墳 石槨墓	三足土器	1	有蓋長頸壺, 筒形器臺, 臺附鉢, 蓋, 高杯	6世紀 1/4~2/4分期	
			高杯	3			
			廣口長頸壺	1			
		가地區 11號墳 石槨墓	三足土器	1	蓋, 高杯, 有蓋長頸壺, 廣口長頸壺	5世紀 3/4~4/4分期	
			高杯	3			
17	長水 東村里遺蹟	나地區 9號墳 石槨墓	直口短頸壺	1	有蓋長頸壺, 蓋, 蓋 高杯片 等	6世紀 1/4分期	⑰

① 慶南考古學研究所, 2009, 『金海 會峴里貝塚 I』.
② 釜山廣域市立博物館, 1998, 『釜山의 三國時代 遺蹟과 遺物 I –東萊貝塚–』.
③ 國立中央博物館, 1998, 『東萊 樂民洞貝塚』.
④ 申敬澈·金宰佑·沈載龍, 2000, 『金海 龜旨路貝塚群』, 慶星大學校博物館.
⑤ 釜山大學校博物館, 1998, 『鳳凰臺遺蹟』.
⑥ 朱桂鉉·河仁秀, 1990, 『東萊 福泉洞來城遺蹟』, 釜山直轄市立博物館.
⑦ 尹炯元·朴文洙, 1998, 『慶州 竹東里 古墳群』, 國立慶州博物館.
⑧ 沈奉謹·李東注, 1996, 『鎭海 龍院院遺蹟』, 東亞大學校博物館.
⑨ 우리문화재연구원, 2008, 『昌寧 桂城里城遺蹟』.
⑩ 沈奉謹, 1987, 『陜川 倉里古墳群』, 東亞大學校博物館.
⑪ 慶南發展研究院 歷史文化센터, 2006, 『山淸 坪村里遺蹟』.
⑫ 趙榮濟·朴升圭·朴鍾益·姜旻希, 1990, 『河東 古梨里 遺蹟』, 慶尙大學校博物館.
⑬ 金亨坤·文栢成, 2000, 『昌原 遷善洞古墳群』, 昌原大學校博物館.
⑭ 啓明大學校博物館, 1984, 『高靈古衙洞壁畵古墳實測調查報告』.
⑮ 全北大學校博物館·群山大學校博物館, 2001, 『III. 鎭安 黃山里 古墳群」,「鎭安 臥亭遺蹟」, 『鎭安 龍潭댐 水沒地區內 文化遺蹟 發掘調查 報告書IV』, 群山大學校博物館.
⑯ 郭長根·韓修英, 趙仁振·李恩廷, 2001, 『III. 鎭安 黃山里 古墳群」,「鎭安 臥亭遺蹟」, 『鎭安 龍潭댐 水沒地區內 文化遺蹟 發掘調查 報告書IV』, 群山大學校博物館.
⑰ 郭長根·조인진, 2005, 『장수 삼고리·동촌리 고분군』, 군산대학교박물관.

Research on the Cross-dating of
Baekje Pottery in East Asia

In this book it is attempted to establish the chronology of pottery produced during the Baekje Dynasty. It serves as the preliminary reference source for the general purposes of archaeology - understanding the society, economy and culture in the past. Pottery is a standard and plentiful resource that can be frequently found inside the archaeological sites. For this reason, there is a substantial amount of data accumulated on Baekje pottery from historic sites.

However, there is a discrepancy among researchers when it comes to research on Baekje pottery. The reason is that there are frequent relative chronology research works and a lack of evaluation of resources based on absolute date. Moreover, even if the research was grounded on absolute date, there are many opinions that these resources cannot be reliable due to various reasons.

Thus, this research aims to establish the chronosequence of Baekje pottery based on various absolute date resources in order to serve as the standard for other relative chronology recordings.

"Chapter II - The review on the Written text related to Baekje Pottery and Future Direction: Methodology and Perspective" defines the temporal and spatial range of Baekje pottery required for analysis and a further integrated interpretation. In addition, the discussion addresses the current situation and challenges of Baekje pottery literature research. Furthermore, the chapter evaluates the usefulness of Chinese porcelain excavated from the sites while acknowledging the fact that there are disputable opinions in this matter. Thus, in this book inherited pottery case studies in China and Japan are compiled in order to confirm as to whether the excavated Chinese porcelain pieces could be used as cross-dating references in the study of Baekje archaeology without worrying about the risk of them passed down.

The most important factor in understanding Baekje pottery's relative chronology is undoubtedly establishing the chronology based on the production of the pottery type. Therefore, "Chapter III - The Crucial Resources in Identifying the Chronology of Baekje Pottery", presents the key identification pieces selected and evaluation on the resource for absolute date of the pottery determination which has been frequently cited. This chapter also presents the morphological changes in Baekje pottery based on the temporal order of the Baekje pottery remains excavated within the same historical site. The identification pieces included Chinese porcelain excavated from the site and confirmed as non-inherited ones, Japanese relics (or imitations of these pieces), as well as Silla and Gaya Dynasty pottery (or imitations of these pieces). The Chinese porcelain discovered within Baekje's territory can be compared to those pieces found inside the contemporaneous Chinese tombs. The Japanese relics (including imitations) can be conveniently identified through the comparison with a well-established data set which has been arduously researched over a long period of time. The written texts on Silla and Gaya pottery (including imitations) are differently interpreted depending on the researcher. However, there are researches who had attempted to do cross-dating with absolute age references. Accordingly, the Silla and Gaya potteries accompanied with the Baekje potteries can also be cross-dated.

"Chapter IV - The Establishment and Development of Baekje Pottery" illustrates the development of mainly used pottery types of Baekje cookery pots including the deep bowls, elongated egg shaped jars and steamers discovered from settlement and burials before the state formation of the Baekje kingdom, and the development process of Hanseong style potteries and Sabi style potteries under the influence of Goguryeo potteries during the state formative period of Baekje.

Rather than employing the typological analysis regarded as the main method, it is attempted to set chronology of domestic cooking wares based on the established date in the chapter III and accompanied Hanseong styled pottery revealing a series of changes in pottery shapes which had not been clearly explained before. In addition, cord-patterned decoration by anvil and paddles, is used to explain the process of geographic expansion of Baekje's influence. However, appearance of cord patterned cooking wares in the local area indicates the locale's significance as a traffic junction or strategic point considering the distance from Hanseong.

The formal changes within the representative types of Hanseong pottery including the broad-shouldered jars with straight neck(*Jikgugwanggyounho*), the globular jars with straight neck(*Jikgudangyoungho*), the mounted flat dishes(*Gobae*), the tripods with stubby legs(*Samjoktogi*), the short-necked jars(*Dangyoungbyeong*), and the wide and long-necked jars(*Gwanggujangkyoungho*). Then, these findings are compared with the data set mentioned in Chapter III regarding the chronological key pieces in order to determine the existing period for each pottery type. In particular, the emergence of Baekje pottery reflects the establishment of the Baekje Dynasty within the Han River region and therefore the implications - the study of the typology and the chronological key pieces will be significant. The Sabi style potteries, which are distinct from the Hanseong style pottery, are composed of the extended rim bowls(*Jeondalrintogi*), the round and large bowls with bridge shaped-handle(*Daesangpasubujabaegi*) as well as the jars with bridge shaped-handle(*Daesangpasubuho*). Upon conducting the a relative chronology recording of these types of Sabi style pottery, the research examined the background in which new types of pottery that are grounded on Goguryeo pottery were able to emerge.

In summary, it was found that major types of Hanseong style pottery-the globular jars with straight neck, the mounted flat dishes, the tripods with stubby legs, the short-necked jars? emerged in relation to the Chinese relics. Still, it can be seen that all of them were not contemporaneously used. In the case of the Hanseong style pottery, some types did not last until the establishment of the Baekje Dynasty(c.a late 3rd-early 4th Centuries AD). The short-necked jars, which can be classified as one of the latest Hanseong style pottery, reveals that the Hanseong style pottery was completed approximately in the 5th century AD. Similarly, broad-shouldered jars with straight neck, which can be classified as one of the earliest Hanseong style pottery, reveals that the Hanseong style pottery emerged during the 3rd century in the 4/4 period AD. The emergence of the Baekje pottery is the basis in evaluating the time frame of the establishment of Baekje Dynasty in the Han River region. Thus, it can be inferred that the Baekje Dynasty was formed in approximately the 3rd century AD. It can also be noted that few types of Hanseong style had coexisted with the Sabi style pottery even after relocation of capitals to Woongjin and Sabi regions.

百済土器東アジア交差編年研究

　本研究は、百済土器の時間性を明らかにすることにある。これは考古学が指向すべき社会，経済，文化に対する理解を時間的・空間的に明確にするための基礎作業だと言うことができる。土器とは遺跡の性格に関わらず普遍的で出土量も多い遺物であるため、今まで個別の器種もしくは遺跡・遺構単位で百済土器の編年が行われてきた。

　しかし百済土器編年最大の問題は、研究者によって百済土器の時期比定に差異があることである。その理由は相対編年を主体とする研究が大部分であると同時に、編年の基準となる絶対年代資料の提示と検討が十分に行われていなかったことに起因する。また仮に絶対年代資料の提示があったとしても、その年代について異なる意見を持った研究者が資料の性格上編年基準と成り得ないとする。

　諸前提を勘案した本研究の目的は、百済土器の各器種に対する相対編年において基準となる多様な年代決定資料を挿入し、より安定的な百済土器編年を樹立することにある。

　Ⅱ章「百済土器編年研究の現況と課題：方法論と観点」では、実質的な分析と考察に先立ち、百済土器の定義と時空間的範囲、百済土器編年研究の現況と問題点について言及した。そして百済土器の編年体系樹立のため交差編年資料として百済遺跡出土中国陶瓷器が持つ有用性を検討した。つまり百済遺跡出土中国陶瓷器が伝世期間に対する考慮なく百済考古学の交差編年資料として活用できるのか、中国と日本の伝世資料を概観し、百済遺跡出土中国陶瓷器の伝世性について考察した。

　Ⅲ章「百済土器主要年代決定資料」においては、百済土器相対編年時、最も重要な各型式の前後関係を明確にするため、年代決定資料を選定・整理し、これらに対する年代観を検討した後、共伴した百済土器の時間的順序を通し百済土器の型式学的変遷を把握した。百済土器と共伴した主要年代決定資料とは、Ⅱ章で伝世していないことが明らかとなった百済遺跡出土中国陶瓷器をはじめ、倭(系)遺物，新羅・加耶(系)遺物を選定した。中国陶瓷器は中国

本土紀年銘墓出土品との、倭(系)遺物はこれまでの研究成果で明らかとなった詳細な須恵器編年との交差編年が可能である。新羅・加耶(系)遺物は研究者によって編年差があるが、暦年代資料との交差編年を試みた研究を参考に百済土器と共伴した新羅・加耶(系)遺物の時期比定を行った。

　Ⅳ章「百済土器の成立と展開」では、百済成立以前に出現したが百済主要器種として生活・墳墓遺跡から出土する炊事用土器(深鉢形土器・長卵形土器・甑)、百済国家形成期に出現した漢城様式土器と泗沘期に高句麗土器の影響を受け新しく登場した泗沘様式土器の成立と展開について考察した。炊事用土器は既存の研究で行われてきた型式学的変遷は敢えて行わず、Ⅲ章で検討した年代決定資料と共伴した漢城様式土器の型式変遷を参考にした編年をすることにより、今まで詳しく説明されてこなかった器形の変化を把握することができた。また土器表面の打捺文様中縄文系は百済領域過程を言及する場合引用されてきたが、地方における縄文系炊事用土器の出現は、漢城からの距離と共に交通上の要衝地や重要拠点と関連があることがわかった。漢城様式土器はこれを代表する器種である直口広肩壺，直口短頸壺，高杯，三足土器，短頸瓶，広口長頸壺の各型式学変遷を把握した後、Ⅲ章で検討した年代決定資料と共伴した土器を通し各器種の型式変遷を検討することによって各器種の上限と下限を決定した。この漢城様式土器と区別される泗沘様式土器の主要器種は鍔付土器，帯状把手付鍋，帯状把手付壺である。これらの相対編年を行った後、高句麗土器に起源を置く新しい器種が泗沘期に出現する背景について詳しく見た。

　上記の研究から、直口広肩壺，直口短頸壺，高杯，三足土器，短頸瓶は中国の器物との関連から出現したが、各器種ごと受容時期には多少差異があった。つまり漢城様式土器の全てが百済国家形成と同時に出現したのではなかった。漢城様式土器の中で最も遅く出現する短頸瓶から漢城様式土器は、5世紀を前後した時期に至りついに完成したようである。その中でも直口広肩壺が漢城様式土器つまり百済土器の中で最も早い3世紀第4四半期に出現した。百済土器の出現時点は漢江流域において百済の国家形成時期を言及する基準であるため、百済の国家形成時期もこの頃に該当するものと思われる。漢城様式土器は一部器種を除いて首都を熊津、泗沘に遷都した後にも泗沘様式土器と共存していたが、器種により製作・使用期間の幅に差異があったことが明らかとなった。

〈中文摘要〉

百济陶器东亚交叉编年研究

　　本文采用类型学方法对百济陶器进行整理，以明确其考古学编年与时空框架，并试图通过这一研究进一步丰富社会经济、文化等方面的相关认识。鉴于出土百济陶器的遗迹种类各异且陶器出土量较大，以往学者也进行过许多以器类或遗迹为单位的编年研究。

　　在陶器研究过程中，如果掌握了绝对年代的材料，编年就较为容易。只需以该材料为标尺，学者们可以很快形成统一的意见。但是，目前可见的可以提供绝对年代的材料很少，大部分陶器材料的研究都是以相对年代为基础的。针对这一问题，为多样化的百济陶器编年结果竖立一个标准体系就显得尤为重要。因此，本文引入可以作为百济陶器提供编年基准的各种年代断定材料，力图树立准确的百济陶器编年系统。

　　第2章-百济陶器编年研究的现状及课题：方法论和观点。在这部分中，首先对百济陶器的概念、时空范围、编年研究的现状进行阐述。最后，为确立百济编年体系，探究了百济遗址中出土的中国陶瓷器作为交叉断年材料的可用性。即，结合中国和日本的传世品材料，对于百济遗址出土陶器中有没有传世品，以及这些材料能不能成为断年依据的问题进行了讨论。

　　第3章-百济陶器主要年代的判定材料。在这一章中，对选定的百济陶器进行了类型学的划分与分期，并明确了百济陶器的类型、器物组合和形制。文中所采用的断年标准主要是第二章所明确的百济遗迹中出土的中国陶瓷器，以及日本列岛系遗物及新罗、加耶系陶器的编年体系。也就是说，借助年代已明确的中国墓葬中出土的陶瓷器与日本列岛出土遗物的编年结果进行交叉断代。直到现在，新罗·加耶陶器的编年意见仍不统一，本文也试图参考众学者的研究成果对百济陶器伴出的新罗·加耶陶器进行编年研究。

第4章-百济陶器的形成与发展。文中介绍了百济国家形成期出现的汉城样式陶器，以及受高句丽陶器影响的泗沘样式陶器的形成与发展。在把握汉城样式陶器的代表器型：直口广肩壶、直口短颈壶、高杯、三足陶器、短颈瓶和广口长颈壶等的类型学变迁的基础之上，依据第三章中探讨的年代判定材料和共出陶器，对各种器型的陶器进行年代上下限断定。区分汉城样式和泗沘样式的重要陶器器型是锷附陶器、带状把手附洗、带状把手附壶等，完成对这些典型器型的相对编年研究之后，对新出现的高句丽陶器起源类型在泗沘期陶器产生过程中的背景作用进行了说明。

通过研究可知，虽然直口广肩壶、直口短颈壶、高杯、三足陶器、短颈瓶等的出现与中国的器物存在一定的关联性，但各种器型的流入年代存在差异。即，并非所有的汉城样式陶器都出现在百济国家形成期。最晚出现的短颈瓶揭示出，汉城样式的陶器在5世纪前后最终全部登场。另外，3世纪末，汉城样式陶器中出现了最早的直口广肩壶。百济陶器出现与百济国家形成具有一致的时间基准，因此也可以说百济陶器出现是在百济国家形成期。另外，除了汉城样式陶器中的一部分器型以外，大多数汉城样式陶器与熊津迁都到泗沘后出现的泗沘期陶器持续共同出现。进而根据陶器功能可以厘清汉城样式陶器和泗沘期陶器在这段时间内的、各种器类制作的差异及使用时间区段的差异。

參考文獻

1. 史料

『三國史記』

『續日本紀』

『隋書』

『周禮』

『晉書』

『後漢書』

2. 圖錄

국립공주박물관, 2001, 『百濟 斯麻王』.

국립공주박물관, 2011, 『中國 六朝의 陶磁』(百濟文化 國外調査報告書Ⅶ).

국립부여박물관, 1995, 『박만식교수 기증 백제토기』.

百濟文化開發研究院, 1984, 『百濟土器圖錄』(百濟遺物圖錄 第2輯).

忠南大學校博物館, 1983, 『忠南大學校博物館圖錄』(百濟資料篇).

3. 國文 論著

姜元杓, 2001, 『百濟 三足土器의 擴散과 消滅過程 研究』, 高麗大學校大學院碩士學位論文.

姜仁求, 1973, 「錦山의 古墳과 土器類」, 『百濟研究』 第4輯, 忠南大學校百濟研究所.

강종원, 2012, 『백제 국가권력의 확산과 지방』, 서경문화사.

郭長根, 1999, 『湖南 東部地域 石槨墓 研究』, 書景文化社.

국립문화재연구소 고고연구실 · 보존과학연구실, 2011, 『漢城地域 百濟土器 分類標準化 方案研究』.

권도희, 2012, 「오산 수청동 분묘군 馬具에 대하여」, 『烏山 水淸洞 百濟 墳墓群』, 京畿文化財研究院.

권도희, 2013, 「화천 원천리유적 출토 마구에 대하여」, 『백제의 변경(邊境)-화천 원천리유적』(한림고고학연구소 학술세미나), 한림대학교 한림고고학연구소.

權相烈 · 尹鍾均 · 成在賢, 2005, 「望夷山城 出土遺物의 性格」, 『考古學誌』 第14輯, 韓國考古美術研究所.

권오영, 2002, 「풍납토성 출토 외래유물에 대한 검토」, 『百濟研究』 第36輯, 忠南大學校百濟研究所.

권오영, 2011, 「漢城百濟의 時間的 上限과 下限」, 『百濟研究』 第53輯, 忠南大學校百濟研究所.

권준현, 2011, 「국내 소장 六朝 鷄首壺의 시기 설정」, 『考古學論叢』(慶北大學校 考古人類學科 考古學論叢 II), 考古學論叢 刊行委員會.

吉井秀夫, 1999, 「日本 近畿地方의 百濟系 考古資料에 관한 제문제」, 『日本所在 百濟文化財 調査報告書 I -近畿地方-』, 國立公州博物館.

吉井秀夫, 2002, 「日本出土 百濟(馬韓)土器의 諸問題」, 『日本所在 百濟文化財 調査報告書 III -近畿地方-』, 國立公州博物館.

金圭東, 2002, 「百濟 土製 煙筒 試論」, 『科技考古研究』 第8號, 아주대학교박물관.

金吉植, 2008, 「百濟 始祖 仇台廟와 陵山里寺址 -仇台廟에서 廟寺-」, 『韓國考古學報』 第69輯, 韓國考古學會.

金大元, 2013, 『湖西地域의 3~7世紀 시루 研究』, 韓南大學校大學院碩士學位論文.

金斗權, 2003, 『漢城期 百濟土器의 뚜껑 研究』, 崇實大學校大學院碩士學位論文.

金斗喆, 2001, 「打捺技法의 研究 -金海 禮安里遺蹟 出土品을 中心으로-」, 『嶺南考古學』 第28輯, 嶺南考古學會.

金斗喆, 2011, 「加耶 · 新羅 古墳의 年代觀」, 『考古廣場』 第9號, 釜山考古學研究會.

김량훈, 2007, 『4~5세기 남부가야제국과 백제의 교섭 추이』, 부산대학교대학원석사학위논문.

金武重, 1994, 『中部地方 百濟土器의 形成過程 研究 -渼沙里 遺蹟을 中心으로-』, 崇實大學校大學院碩士學位論文.

金武重, 2012, 「「新鳳洞古墳群にみられる日本文化系要素」에 대한 토론문」, 『淸州 新鳳洞古墳群 發掘 30周年 紀念 國際學術會議』, 忠北大學校博物館.

金寶淑, 2008, 『咸安 道項里古墳群 出土 5~6世紀 土器 研究』, 東亞大學校大學院碩士學位論文.

金三龍 · 金善基, 1988, 「益山 熊浦里 百濟古墳群 發掘調査 報告書」, 『馬韓 · 百濟文化』 第十一輯, 圓光大學校 馬韓 · 百濟文化研究所.

김성남, 2000, 『中部地方 3~4世紀 古墳群 一研究:細部編年과 古墳群 造營 樣相 分析』, 서울大學校大學院碩士學位論文.

김성남, 2001, 「中部地方 3~4世紀 古墳群 細部編年」, 『百濟研究』第33輯, 忠南大學校百濟研究所.

김성남, 2003, 「백제 한성양식토기 편년을 위한 예비 고찰」, 『한성기 백제고고학의 제문제(Ⅰ) -연대문제를 중심으로-』(제2회 서울경기고고학회 학술대회 발표요지문), 서울경기고고학회.

김성남, 2004, 「백제 한성양식토기의 형성과 변천에 대하여」, 『고고학』3권 제1호, 서울경기고고학회.

김성남, 2014, 「백제 漢城期 편년의 현상과 성찰」, 『쟁점, 중부지역 원삼국시대~한성백제 물질문화 편년』(제11회 매산기념강좌), 숭실대학교 한국기독교박물관.

김수태, 2008, 「백제의 사비천도와 불교」, 『定林寺 -역사문화적 가치와 연구현황-』(정림사고증연구학술심포지엄논문집), 국립문화재연구소.

김영표 · 임은선 · 김연준, 2004, 『한반도 산맥체계 재정립 연구:산줄기 분석을 중심으로』, 國土研究院.

金容甲, 2013, 『原三國時代 炊事施設과 深鉢形土器의 地域性』, 慶熙大學校大學院碩士學位論文.

金容民, 1998, 「百濟 泗沘期土器에 대한 一考察 -扶蘇山城 出土 土器를 중심으로-」, 『文化財』第三十一號, 文化財管理局.

金宇大, 2011, 「製作技法을 中心으로 본 百濟 · 加耶의 裝飾大刀」, 『嶺南考古學』第59號, 嶺南考古學會.

金元龍, 1986, 『韓國考古學槪說』(第3版), 一志社.

金殷卿, 2008, 『京畿地方 3~5世紀代 土壙墓 一考察』, 崇實大學校大學院碩士學位論文.

김은혜, 2014, 『백제 직구단경호 연구 -중서부지역 분묘 출토 유물을 중심으로-』, 경희대학교대학원석사학위논문.

김일규, 2007a, 「漢城期 百濟土器 編年再考」, 『先史와 古代』 27, 韓國古代史學會.

김일규, 2007b, 「韓半島 中西部地域 三韓 · 三國時代 土器編年」, 『한일 삼국 · 고분시대의 연대관(Ⅱ)』, 國立釜山大學校博物館 · 國立歷史民俗博物館.

김일규, 2012a, 「可樂洞 二號墳의 編年」, 『可樂洞 二號墳』, 고려대학교박물관 · 서울문화유산연구원.

김일규, 2012b, 「백제 고고자료의 연대 시론」, 『釜考研』102(第102回 釜山考古學研究會 發表要旨文), 釜山考古學研究會.

김일규, 2013, 「가락동2호분 출토유물을 통한 조영시기 재검토」, 『百濟學報』제10호, 백제학회.

김일규, 2014a, 「웅진기 백제양식 연대시론」, 『百濟文化』第50輯, 公州大學校 百濟文化研究所.

김일규, 2014b, 「백제 국가형성 단계의 연대검토」, 『쟁점, 중부지역 원삼국시대~한성백제 물질문화 편년』(제11회 매산기념강좌), 숭실대학교 한국기독교박물관.

김재현, 2011, 『서천 봉선리유적 고분출토 토기의 변천 양상』, 공주대학교대학원석사학위논문.

金朝允, 2010, 『百濟 直口短頸壺의 變遷』, 全南大學校大學院碩士學位論文.

金鍾萬, 1995, 「忠南西海岸地方 百濟土器研究 -保寧 · 舒川地方을 中心으로-」, 『百濟研究』第25輯, 忠南大學校百濟研究所.

金鍾萬, 2003,「泗沘時代 扶餘地方出土 外來系 遺物의 性格」,『湖西地方史研究』, 景仁文化社.

金鍾萬, 2004,『泗沘時代 百濟土器 研究』, 忠南大學校大學院博士學位論文.

金鍾萬, 2007,『백제토기의 신연구』, 서경문화사.

金鍾萬, 2008b,「鳥足文土器의 起源과 展開樣相」,『韓國古代史研究』52, 한국고대사학회.

金鍾萬, 2012a,『백제토기』, 글을읽다.

金鍾萬, 2012b,「百濟 臺附杯 小考」,『百濟와 周邊世界』(성주탁 교수 추모논총 간행위원회), 진인진.

金鍾萬, 2013,「공주지역 고분출토 백제토기」,『百濟文化』第四十八輯, 公州大學校 百濟文化研究所.

김진홍, 2008,『한성 백제 후기토기 연구 -경기지역 출토 심발형토기와 장란형토기를 중심으로-』, 수원대학교 대학원석사학위논문.

나혜림, 2011,『百濟 器臺의 變遷과 機能』, 한신大學校大學院碩士學位論文.

南浩鉉, 2010,「扶餘 官北里 百濟遺蹟의 性格과 時間的 位置 -2008년 조사구역을 중심으로-」,『百濟研究』第51輯, 忠南大學校百濟研究所.

鈴木一有, 2012,「淸州 新鳳洞 古墳群의 鐵器에 보이는 被葬者集團」,『淸州 新鳳洞 古墳群 發掘 30周年 紀念 國際學術會議』, 충북대학교박물관.

류기성, 1984,『百濟土器 變遷過程의 研究』, 檀國大學校大學院碩士學位論文.

柳基正, 2003,「泗沘期 구들시설 建物址에 대한 一考」,『國立公州博物館紀要』第3輯, 국립공주박물관.

柳本照男, 2012,「漢城百濟期 編年 再考」,『百濟研究』第55輯, 忠南大學校百濟研究所.

리쉐친(심재훈 옮김), 2005,『중국 청동기의 신비』, 학고재.

木下亘, 2003,「韓半島 出土 須惠器(系) 土器에 대하여」,『百濟研究』第37輯, 忠南大學校百濟研究所.

木下亘, 2011,「백제와 일본의 문물교류」,『백제사람들, 서울 역사를 열다』(2011년도 국제학술회의 발표요지문), 한성백제박물관.

武末純一, 2000,「九州의 百濟系 土器 -4·5世紀를 中心으로-」,『日本所在 百濟文化財 調査報告書Ⅱ -九州地方-』, 國立公州博物館.

武末純一, 2012,「신봉동고분군에서 보이는 일본문화계 요소」,『淸州 新鳳洞 古墳群 發掘 30周年 紀念 國際學術會議』, 충북대학교박물관.

문지연, 2009,『영산강유역 옹형토기의 고찰』, 목포대학교대학원석사학위논문.

閔德植, 1980,「鎭川 大母山城의 分析的 研究」,『韓國史研究』29, 韓國史研究會.

朴敬道, 2002,「錦山地域 出土 加耶土器」,『考古學誌』第13輯, 韓國考古美術研究所.

朴敬信, 2003,『韓半島 中部以南地方 土器 시루의 成立과 展開』, 崇實大學校大學院碩士學位論文.

朴敬信, 2004,「韓半島 中部以南地方 土器 시루의 發展過程」,『崇實史學』第17輯, 崇實史學會.

朴敬信, 2007,「시루를 통해 본 유적의 연대 측정」,『華城 石隅里 먹실遺蹟』, 畿甸文化財研究院.

朴普鉉, 2011,「三足盤의 年代와 性格」,『科技考古研究』17, 아주대학교박물관.

朴淳發, 1989, 『漢江流域 百濟土器의 變遷과 夢村土城의 性格에 對한 一考察 -夢村土城 出土品을 中心으로-』, 서울大學校大學院碩士學位論文.

朴淳發, 1992, 「百濟土器의 形成過程 -한강유역을 중심으로-」, 『百濟研究』第23輯, 忠南大學校百濟研究所.

朴淳發, 1998, 『百濟 國家의 形成 研究』, 서울大學校大學院博士學位論文.

朴淳發, 1999, 「「艇止山 遺蹟 출토 土器의 檢討」를 읽고」, 『艇止山』, 국립공주박물관.

朴淳發, 2000a, 「4~6世紀 榮山江流域의 動向」, 『百濟史上의 戰爭』, 書景文化社.

朴淳發, 2000b, 「百濟의 南遷과 榮山江流域 政治體의 再編」, 『韓國의 前方後圓墳』, 충남대학교 출판부.

朴淳發, 2000c, 「加耶와 漢城百濟」, 『加耶와 百濟』(第6回 加耶史 學術會議), 金海市.

朴淳發, 2001a, 『漢城百濟의 誕生』, 서경문화사.

朴淳發, 2001b, 「深鉢形土器考」, 『湖西考古學』第4·5合輯, 湖西考古學會.

朴淳發, 2003, 「熊津·泗沘期 百濟土器 編年에 대하여 -三足器와 直口短頸壺를 中心으로-」, 『百濟研究』第37輯, 忠南大學校百濟研究所.

朴淳發, 2004, 「百濟 形成期에 보이는 樂浪土器의 影響 -深鉢形土器 및 長卵形土器 形成 過程을 中心으로-」, 『百濟研究』第40輯, 忠南大學校百濟研究所.

朴淳發, 2005a, 「高句麗와 百濟」, 『고구려와 동아시아 -문물교류를 중심으로-』(국제학술심포지움 학술14), 고려대학교박물관.

朴淳發, 2005b, 「公州 水村里 古墳群 出土 中國 瓷器와 交叉年代 問題」, 『4~5세기 금강유역의 백제문화와 공주 수촌리 유적』(충청남도역사문화원 제5회 정기 심포지엄), 충청남도역사문화원.

朴淳發, 2006, 『백제토기 탐구』, 주류성.

朴淳發, 2007, 「墓制의 變遷으로 본 漢城期 百濟의 地方 編制 過程」, 『韓國古代史研究』48, 한국고대사학회.

朴淳發, 2008, 「사비도성의 공간구조 -사비 도성과 정림사-」, 『定林寺 -역사문화적 가치와 연구현황-』(정림사 고증연구학술심포지엄논문집), 국립문화재연구소.

朴淳發, 2009, 「硬質無文土器의 變遷과 江陵 草堂洞遺蹟의 時間的 位置」, 『江陵 草堂洞遺蹟』, 韓國文化財調査研究機關協會.

朴淳發, 2010, 『백제의 도성』, 충남대학교 출판부.

朴淳發, 2012, 「백제, 언제 세웠다」, 『백제, 누가 언제 세웠나』('백제사의 쟁점' 집중토론 학술회의), 한성백제박물관.

朴淳發, 2013, 「한성기 백제와 화천」, 『백제의 변경(邊境) -화천 원천리유적』(한림고고학연구소 학술세미나), 한림대학교 한림고고학연구소.

朴淳發·李亨源, 2011, 「原三國~百濟 熊津期 盌의 變遷樣相 및 編年 -漢江 및 錦江流域을 中心으로-」, 『百濟研究』第53輯, 忠南大學校百濟研究所.

朴永民, 2002, 「百濟 泗沘期遺蹟 出土 高句麗系 土器」, 『2002年報』, 국립부여문화재연구소.

朴智殷, 2007, 『百濟 平底壺 研究』, 忠南大學校大學院碩士學位論文.

朴智殷, 2008,「百濟 平底壺類의 分布와 變遷」,『湖西考古學』18, 湖西考古學會.

朴天秀, 2006,「榮山江流域 前方後圓墳을 통해 본 5~6세기 韓半島와 日本列島」,『百濟研究』第43輯, 忠南大學校百濟研究所.

朴天秀, 2010a,『가야토기 -가야의 역사와 문화-』, 진인진.

朴天秀, 2010b,「新羅 加耶古墳의 曆年代」,『韓國上古史學報』第69號, 韓國上古史學會.

方瑠梨, 2001,『利川 雪峰山城 出土 百濟土器 研究』, 檀國大學校大學院碩士學位論文.

변희섭, 2013,『금강유역 4~7세기 단경병 연구』, 全北大學校大學院碩士學位論文.

山本孝文, 2003a,「百濟 泗沘期의 陶硯」,『百濟研究』第38輯, 忠南大學校百濟研究所.

山本孝文, 2003b,「百濟滅亡에 대한 考古學的 接近」,『百濟文化』第三十二輯, 公州大學校 百濟文化研究所.

山本孝文, 2005a,「百濟 臺附碗의 受容과 變遷의 劃期」,『國立公州博物館紀要』第4輯, 국립공주박물관.

山本孝文, 2005b,「百濟 泗沘期 土器樣式의 成立과 展開」,『百濟 泗沘時期 文化의 再照明』(第14回 文化財研究 國際學術大會), 국립부여문화재연구소.

徐賢珠, 2003,「三國時代 아궁이틀에 대한 考察」,『韓國考古學報』第50輯, 韓國考古學會.

徐賢珠, 2006,『榮山江流域 三國時代 土器 研究』, 서울大學校大學院博士學位論文.

徐賢珠, 2010,「완형토기로 본 영산강유역과 백제」,『湖南考古學報』第34輯, 湖南考古學會.

徐賢珠, 2011,「영산강유역 토기문화의 변동양상과 백제화 과정」,『백제와 영산강』, 백제학회.

徐賢珠, 2012,「百濟 漢城期 打捺文 短頸壺의 地域性과 交流」,『湖西考古學』27, 호서고고학회.

徐賢珠, 2014,「嶺南地域에 나타난 京畿·湖西地域 馬韓·百濟系 土器와 그 意味」,『湖西考古學』30, 호서고고학회.

설은주, 2012a,『중부지방 원삼국~백제 심발형토기의 전개:오산 수청동 유적을 중심으로』, 숭실대학교대학원 석사학위논문.

설은주, 2012b,「오산 수청동 분묘군 출토 심발형토기에 대하여」,『烏山 水清洞 百濟 墳墓群』, 京畿文化財研究院.

成正鏞, 1994,『漢城百濟期 中西部地域 百濟土器의 樣相과 그 性格:洪城 神衿城 出土品을 中心으로』, 서울大學校大學院碩士學位論文.

成正鏞, 2000a,『中西部 馬韓地域의 百濟領域化過程 研究』, 서울大學校大學院博士學位論文.

成正鏞, 2000b,「中西部地域 3~5世紀 鐵製武器의 變遷」,『韓國考古學報』第42輯, 韓國考古學會.

成正鏞, 2002,「錦山地域三國時代土器編年」,『湖南考古學』第16輯, 湖南考古學會.

成正鏞, 2003,「百濟와 中國의 貿易陶磁」,『百濟研究』第38輯, 忠南大學校百濟研究所.

成正鏞, 2006,「百濟地域의 年代決定資料와 年代觀」,『한일 고분시대의 연대관』, 國立歷史民俗博物館·釜山大學校博物館.

成正鏞, 2007,「漢江·錦江流域의 嶺南地域系統 文物과 그 意味」,『百濟研究』第46輯, 忠南大學校百濟研究所.

成正鏞, 2008,「近畿地域 出土 韓半島系 初期 馬具」,『韓國古代史研究』49, 한국고대사학회.

成正鏞, 2010, 「백제 관련 연대결정자료와 연대관」, 『湖西考古學』 22, 湖西考古學會.

小田富士雄, 1982, 「越州窯青磁를 伴出한 忠南의 百濟土器 -4世紀의 百濟土器 其二」, 『百濟研究』 特別號, 忠南 大學校百濟研究所.

申敬澈, 1986, 「新羅土器의 發生에 對하여」, 『韓日古代文化의 諸問題』, 韓日文化交流基金.

辛閏政, 2012, 『漢城百濟期 盒·洗類의 研究』, 成均館大學校大學院碩士學位論文.

申鍾國, 2002, 『百濟土器의 形成과 變遷過程에 대한 研究 -漢城期 百濟 住居遺蹟 出土 土器를 中心으로』, 成均 館大學校大學院碩士學位論文.

申鍾國, 2011, 「백제 한성지역 출토 유개고배의 분류와 변천양상」, 『百濟學報』 제5호, 백제학회.

安順天, 1998, 「總合考察」, 『浦項 玉城里 古墳群 Ⅱ -나地區-』, 嶺南埋藏文化財研究院.

安承周, 1979, 「百濟土器의 研究」, 『百濟文化』 第12輯, 公州大學校 百濟文化研究所.

安承周, 1992, 「土器」, 『高句麗 百濟 渤海 考古學』, 書景文化社.

양기석, 2001, 「신라의 청주지역 진출」, 『신라 서원소경 연구』, 서경문화사.

양기석, 2007, 「백제의 사비천도와 그 배경」, 『백제와 금강』, 서경문화사.

양기석, 2013, 『백제의 국제관계』, 서경문화사.

梁基洪, 2014, 『日本 出土 百濟(系)土器 分布와 樣相 -大阪府를 중심으로-』, 公州大學校大學院碩士學位論文.

梁時恩, 2003, 『漢江流域 高句麗土器의 製作技法에 대하여』, 서울大學校大學院碩士學位論文.

梁時恩, 2005, 「환인 오녀산성 출토 고구려 토기의 양상과 성격」, 『北方史論叢』 3호, 고구려연구재단.

梁時恩, 2007, 「中國 內 高句麗遺蹟에서 出土된 高句麗土器 研究」, 『中國史研究』 第50輯, 國史學會.

梁時恩, 2011, 「남한에서 확인되는 고구려의 시·공간적 정체성」, 『고고학』 10-2, 중부고고학회.

梁時恩, 2013, 『高句麗 城 研究』, 서울大學校大學院博士學位論文.

吳厚培, 2002, 『우리나라 시루의 考古學的 研究』, 檀國大學校大學院碩士學位論文.

吳厚培, 2003, 「시루 形式分類와 變遷過程에 關한 試論」, 『湖南考古學』 第17輯, 湖南考古學會.

玉昌旼, 2010, 『百濟 橫穴式石室墳 研究 -전북지방을 중심으로-』, 圓光大學校大學院碩士學位論文.

왕준상, 2010, 「한국 서남부지역 이중구연호의 변천과 성격」, 『百濟文化』 第四十二輯, 公州大學校 百濟文化研究所.

禹在柄, 2005, 「5世紀頃 日本列島 住居樣式에 보이는 韓半島系 炊事·煖房시스템의 普及과 그 背景」, 『百濟研究』 第41輯, 忠南大學校百濟研究所.

尹大植, 2004, 『淸州地域 百濟 把杯의 型式과 用途』, 忠北大學校大學院碩士學位論文.

尹武炳, 1979, 「連山地域 百濟土器의 研究」, 『百濟研究』 第10輯, 忠南大學校百濟研究所.

尹武炳, 1992, 「連山地方 百濟土器의 研究」, 『百濟考古學研究』, 忠南大學校百濟研究所.

尹容鎭, 1990, 「韓國初期鐵器文化에 관한 研究 -大邱地方에서의 初期鐵器文化-」, 『韓國史學』 11, 韓國精神文化研究院 歷史研究室.

尹煥·姜熙天, 1995, 「百濟 三足土器의 一研究」, 『古代研究』 第4輯, 古代研究會.

李庚美, 2010, 「삼국 중기 주요고분의 편년 설정 -장식문양의 분석을 중심으로-」, 『韓國古墳의 編年硏究』, 서경문화사.

이건용, 2014, 『마한·백제권 통형기대 고찰』, 전남대학교대학원석사학위논문.

李南奭, 2001, 「百濟 黑色磨硏土器의 考察」, 『先史와 古代』 16, 한국고대학회.

李東冠·保元良美·小嶋篤·武末純一, 2008, 「彌生·古墳時代의 韓·日 鐵製農具 硏究 -따비와 살포를 中心으로-」, 『한·일 교류의 고고학』, 영남고고학회·구주고고학회.

李文炯, 2001, 『錦江流域 橫穴式石室墳 出土 土器 硏究』, 公州大學校大學院碩士學位論文.

李文炯, 2014, 「고창 봉덕리 1호분의 대외교류와 연대관」, 『고분을 통해 본 호남지역의 대외교류와 연대관』 (제1회 고대 고분 국제학술대회), 국립나주문화재연구소.

李丙燾, 1976, 『韓國古代史硏究』, 博英社.

이보람, 2009, 「금강유역 원삼국~삼국시대 환두도 연구」, 『韓國考古學報』 第71輯, 韓國考古學會.

李盛周, 2011, 「漢城百濟 形成期 土器遺物群의 變遷과 生産體系의 變動 -實用土器 生産의 專門化에 대한 檢討-」, 『韓國上古史學報』 第71號, 韓國上古史學會.

이성준·김명진·나혜림, 2013, 「풍납토성 축조연대의 고고과학적 연구 -2011년 동성벽 조사결과를 중심으로-」, 『韓國考古學報』 第88輯, 韓國考古學會.

이은정·방민아·전상학, 2008, 「타날시험을 통해 본 문양연구와 타날기법 검토 -호남지역 출토 3~6세기 타날문토기를 중심으로-」, 『야외고고학』 제5호, 한국문화재조사연구기관협회.

이의지, 2012, 「백제 멸망 전후의 토기에 관한 검토 -사비양식토기와 신라후기양식토기의 접점-」, 『제63회 백제연구공개강좌』, 충남대학교백제연구소.

李在珍, 2012, 『백제 사비기 흑색토기 자배기에 대한 연구』, 高麗大學校大學院碩士學位論文.

이창엽, 2007, 「中西部地域 百濟漢城期 木棺墓 變化 -烏山 水淸洞遺蹟을 中心으로-」, 『先史와 古代』 27, 한국고대학회.

이창엽, 2012, 「오산 수청동 분묘군의 특징과 연대」, 『烏山 水淸洞 百濟 墳墓群』, 京畿文化財硏究院.

李泰昊, 2011, 『三國時代 古墳 出土 傳世遺物 硏究』, 成均館大學校大學院碩士學位論文.

李漢祥, 2003, 「5~6世紀 百濟·新羅·加耶墳墓의 交叉編年 硏究」, 『國史館論叢』 101, 國史編纂委員會.

李漢祥, 2009, 『장신구 사여체제로 본 백제의 지방지배』, 서경문화사.

李漢祥·安敏子, 1998, 「宋山里墳墓群 出土 百濟土器」, 『考古學誌』 第9輯, 韓國考古美術硏究所.

李賢淑, 2011, 『4~5世紀 百濟의 地域相 硏究』, 高麗大學校大學院博士學位論文.

李浩炯, 2008, 「公州 丹芝里 橫穴墓群을 통해 본 古代 韓日交流」, 『韓國古代史硏究』 50, 한국고대사학회.

李弘鍾·許義行, 2014, 「漢城百濟期 據點都市의 構造와 機能 -羅城里遺蹟을 中心으로-」, 『百濟硏究』 第60輯, 忠南大學校百濟硏究所.

李暉達, 2010, 「中國 六朝靑瓷의 年代와 性格 -백제 출토 기종을 중심으로-」, 『硏究論文集』 第9號, 湖南文化財硏究院.

이희준, 2007, 『신라고고학연구』, 사회평론.

林永珍, 1996, 「百濟初期 漢城時代 土器研究」, 『湖南考古學報』 第4輯, 湖南考古學會.

林永珍, 2012, 「中國 六朝磁器의 百濟 導入背景」, 『韓國考古學報』 第83輯, 韓國考古學會.

全東賢, 2010, 『漢城百濟期 炊事容器의 形成과 變遷』, 崇實大學校大學院碩士學位論文.

全玉年·李尚律·李賢珠, 1989, 「東萊福泉洞古墳群 第2次 調査槪報」, 『嶺南考古學』 第6號, 嶺南考古學會.

井上主稅, 2006, 『嶺南地方 倭系遺物로 본 한일교섭』, 慶北大學校大學院博士學位論文.

정상기, 2013, 「高敞 鳳德里 出土 靑磁盤口壺의 製作詩期 檢討:中國 南京市 出土品과 比較檢討를 통해」, 『東垣
　　　學術論文集』 第14輯, 國立中央博物館·韓國考古美術研究所.

鄭鍾兌, 2006, 『百濟 炊事容器의 類型과 展開樣相 -中西部地方 出土資料를 中心으로-』, 忠南大學校大學院碩
　　　士學位論文.

鄭朱熙, 2008, 『咸安樣式 古式陶質土器의 分布定型에 관한 研究』, 慶北大學校大學院碩士學位論文.

조상기, 2006, 「청주지역 원삼국~백제시대 생활유적 토기 상대편년 연구」, 『先史와 古代』 26, 한국고대학회.

조상기, 2014, 『청주지역 3~5세기 토기의 전개양상과 정치체의 변동』, 단국대학교대학원박사학위논문.

趙榮濟, 1990, 「三角透窓高杯에 대한 一考察」, 『嶺南考古學』 第7號, 嶺南考古學會.

조용호, 2011, 「忠淸 內陸地域 百濟土器 一考 -有肩壺를 中心으로-」, 『科技考古研究』 第17號, 아주대학교박물관.

조은하, 2010, 『송원리고분 출토 백제토기 연구』, 고려대학교대학원석사학위논문.

酒井淸治, 2001, 「日本 關東地方 出土의 韓半島系 土器」, 『古代 韓日文化交流의 새로운 理解』, 경산대학교박물관.

酒井淸治, 2004, 「5·6세기 토기에서 본 羅州勢力」, 『百濟研究』 第39輯, 忠南大學校百濟研究所.

重藤輝行, 2010, 「九州에 形成된 馬韓·百濟人의 集落 -福岡縣 福岡市 西新町 遺蹟을 中心으로-」, 『馬韓·百
　　　濟 사람들의 일본열도 이주와 교류』(중앙문화재연구원 창립 10주년 기념 국제학술대회), 중앙문화재
　　　연구원.

池健吉, 1978, 「保寧·長峴里 百濟古墳 出土遺物」, 『百濟文化』 第十一輯, 公州師範大學附設百濟文化研究所.

池珉周, 2006, 「百濟時代 短頸甁의 變遷樣相에 대하여」, 『錦江考古』 第3輯, 忠淸文化財研究院.

淸水昭博, 2003, 「百濟 大通寺式 수막새의 성립과 전개」, 『百濟研究』 第38輯, 忠南大學校百濟研究所.

崔秉鉉, 2009, 「중원의 신라고분」, 『중원의 고분』, 국립중원문화재연구원.

崔秉鉉, 2011, 「신라후기양식토기의 편년」, 『嶺南考古學』 第59號, 嶺南考古學會.

崔榮柱, 2007, 「鳥足文土器의 變遷樣相」, 『韓國上古史學報』 第55號, 韓國上古史學會.

최종규, 1995, 『三韓考古學研究』, 서경문화사.

崔鍾澤, 1990, 「黃州出土百濟土器例」, 『韓國上古史學報』 第四號, 韓國上古史學會.

崔鍾澤, 1999, 『高句麗土器研究』, 서울大學校大學院博士學位論文.

崔鍾澤, 2004, 「남한지역출토 고구려 토기 연구의 몇 가지 문제」, 『白山學報』 第69號, 白山學會.

崔鍾澤, 2006, 「南韓地域 高句麗 土器의 編年 研究」, 『先史와 古代』 24, 韓國古代學會.

崔鍾澤, 2007, 「南韓 地域 高句麗 土器의 性格」, 『경기도의 고구려 문화유산』, 경기도박물관.

崔鍾澤, 2008,「고고자료를 통해 본 웅진도읍기 한강유역 영유설 재고」,『百濟研究』第47輯, 忠南大學校百濟研究所.

土田純子, 2004a,『百濟 土器의 編年 研究 -三足器・高杯・뚜껑을 중심으로-』, 忠南大學校大學院碩士學位論文.

土田純子, 2004b,「百濟 有蓋三足器의 編年 研究」,『韓國考古學報』第52輯, 韓國考古學會.

土田純子, 2005b,「百濟 短頸瓶 研究」,『百濟研究』第42輯, 忠南大學校百濟研究所.

土田純子, 2006,「百濟 平底外反口緣短頸壺 및 小型平底短頸壺의 變遷考」,『韓國上古史學報』第51號, 韓國上古史學會.

土田純子, 2009,「泗沘樣式土器에서 보이는 高句麗土器의 影響에 대한 검토」,『韓國考古學報』第72輯, 韓國考古學會.

土田純子, 2011,「日本 出土 百濟(系)土器:出現과 變遷」,『百濟研究』第54輯, 忠南大學校百濟研究所.

土田純子, 2012a,「百濟遺蹟 出土 中國 瓷器에 대한 傳世論 檢討 -中・日의 事例와 關聯하여-」,『韓國考古學報』第82輯, 韓國考古學會.

土田純子, 2012b,「百濟遺蹟 출토 倭系遺物에 대한 檢討 -백제토기와 공반된 자료를 중심으로」,『百濟와 周邊世界』(성주탁 교수 추모논총 간행위원회), 진인진.

土田純子, 2013a,『百濟土器 編年 研究』, 忠南大學校大學院博士學位論文.

土田純子, 2013b,「馬韓・百濟地域 出土 炊事容器 變遷考」,『百濟研究』第58輯, 忠南大學校百濟研究所.

하승철, 1999,「西部慶南土器에 대한 一考察」,『雨水里小加耶墓群』, 慶南考古學研究所.

한국고고환경연구소, 2011,「燕岐 羅城里遺蹟」,『한국고고학저널 2010』, 국립문화재연구소.

韓濬伶, 2002,『百濟 漢城期의 土器 研究 -城郭 出土 遺物을 中心으로-』, 檀國大學校大學院碩士學位論文.

韓濬伶, 2003,「百濟漢城期의 城郭出土 土器 研究」,『先史와 古代』18, 한국고대학회.

韓濬伶, 2014,「漢城百濟期 都城 周邊 地域 文化의 一樣相 -4~5世紀 炭川流域을 中心으로」,『文化史學』第41號, 韓國文化史學會.

韓志仙, 2003,『土器를 통해 본 百濟 古代國家 形成過程 研究』, 中央大學校大學院碩士學位論文.

韓志仙, 2005,「百濟土器 成立期 樣相에 대한 再檢討」,『百濟研究』第41輯, 忠南大學校百濟研究所.

韓志仙, 2011,「漢城百濟期 盌의 製作技法과 그 變遷 -서울경기권 출토유물을 중심으로-」,『文化財』第44권・제4호, 국립문화재연구소.

韓志仙, 2012,「新鳳洞 百濟古墳群 出土 土器遺物」,『淸州 新鳳洞古墳群 發掘 20周年 紀念 國際學術會議』, 忠北大學校博物館.

韓志仙, 2013a,「화천 원천리 유적의 토기를 통해 본 유적변천상 검토」,『백제의 변경(邊境) -화천 원천리유적』(한림고고학연구소 학술세미나), 한림대학교 한림고고학연구소.

韓志仙, 2013b,「漢城百濟期聚落과 土器遺物群의 変遷樣相 -서울과 京畿圈 編年樹立을 위하여-」,『中央考古研究』第12號, 中央文化財研究所.

한지선·김왕국, 2012, 「한성백제기 전달린 토기 연구 -耳附盤·耳附盌을 중심으로-」, 『漢江考古』 第8號, 한강문화재연구원.

한지선·이명희, 2012, 「한성백제기 기대 연구 -풍납토성 출토 원통형기대와 상협하광형기대를 중심으로」, 『考古學誌』 第18輯, 국립중앙박물관.

한지선·한지수, 2011, 「제2장 유물집성 중국」, 『한국 출토 외래유물』 1, 한국문화재조사연구기관협회.

韓芝守, 2010, 「百濟 風納土城 출토 施釉陶器 연구 -경당지구 196호 유구 출토품과 중국 자료와의 비교를 중심으로-」, 『百濟研究』 第51輯, 忠南大學校百濟研究所.

韓芝守, 2011a, 「백제유적 출토 중국제 施釉陶器 연구」, 『中國 六朝의 陶磁』, 국립공주박물관.

韓芝守, 2011b, 「196호 유구 출토 중국 도기류」, 『風納土城XII -慶堂地區 196號 遺構에 대한 報告-』, 한신大學校博物館.

咸在昱, 2010, 『韓半島 中·西南部地域의 古代 鐵鏃 研究』, 忠北大學校大學院碩士學位論文.

許眞雅, 2006, 『韓國 西南部地域 시루의 變遷』, 全南大學校大學院碩士學位論文.

홍보식, 2007, 「신라·가야권역 내의 마한·백제계 문물」, 『4~6세기 가야·신라 고분 출토의 외래계 문물』(第16回 嶺南考古學會 學術發表會), 嶺南考古學會.

洪鎭根, 1992, 「高靈 盤雲里 瓦質土器 遺蹟」, 『嶺南考古學』 第10號, 嶺南考古學會.

4. 國文 報告書

* 일부 저자명과 상관이 없이 발간 기관이 연속으로 기재할 경우 연도순을 고려하였음.

嘉耕考古學研究所, 2013, 『論山 定止里 遺蹟』.

京畿文化財研究院, 2009, 『龍仁 麻北洞 聚落遺蹟』.

京畿文化財研究院, 2010a, 『坡州 瓦洞里III 遺蹟』.

京畿文化財研究院, 2010b, 『廣州 墻枝洞 聚落遺蹟』.

京畿文化財研究院, 2010c, 『龍仁 新葛洞 周溝土壙墓』.

京畿文化財研究院, 2011a, 『烏山 內三美洞 遺蹟』.

京畿文化財研究院, 2011b, 『龍仁 書川洞遺蹟』.

京畿文化財研究院, 2012a, 『烏山 水淸洞 百濟 墳墓群』.

京畿文化財研究院, 2012b, 『金浦 陽谷遺蹟』.

慶南考古學研究所, 2002, 『泗川 鳳溪里 三國時代 集落』.

慶南考古學研究所, 2004, 『晋州 武村III -三國時代(1)-』.

慶南考古學研究所, 2005, 『晋州 武村IV -三國時代(2)-』.

慶南考古學研究所, 2009, 『金海 會峴里貝塚 I 』.

慶南發展研究院 歷史文化센터, 2004, 『昌原 道溪洞遺蹟』.

慶北大學校博物館, 2000,『慶州 隍城洞 遺蹟Ⅲ』.

慶北大學校博物館, 2006,『山淸 坪村里遺蹟』.

慶尙北道文化財研究院, 2000,『高靈 池山洞古墳群 -本文Ⅰ:竪穴式石槨墓-』.

慶尙北道文化財研究院, 2002,『浦項 鶴川里遺蹟發掘調査報告書Ⅰ』.

慶尙北道文化財研究院, 2006,『淸道 鳳岐里 遺蹟』.

慶尙北道文化財研究院, 2007,『달성 본리리고분군 발굴조사 보고서』.

慶尙北道文化財研究院, 2008,『浦項 虎洞遺蹟Ⅲ』.

慶尙北道文化財研究院, 2009,『浦項 大甫里 遺蹟(Ⅱ)』.

慶州文化財研究所, 1995,『乾川休憩所新築敷地 發掘調査報告書』.

啓明大學校 行素博物館, 2006,『星州 星山洞古墳群』.

고금님 · 장지현 · 박춘규 · 윤용환 · 정인숙, 2009,『고속국도 제27호선 전주-남원간 건설공사부지 내 문화유적 발굴조사 보고서』, 전북문화재연구원.

郭長根 · 趙仁振, 2001,「臥亭遺蹟 1次 調査內容」,『鎭安 臥亭遺蹟』, 全北大學校博物館 · 群山大學校博物館.

곽장근 · 조인진, 2004,『군산 산월리 유적』, 군산대학교박물관.

곽장근 · 조인진, 2005,『장수 삼봉리 · 동촌리 고분군』, 군산대학교박물관.

郭長根 · 韓修英 · 趙仁振 · 李恩廷, 2001,「鎭安 黃山里 古墳群」,『鎭安 龍潭댐 水沒地區內 文化遺蹟 發掘調査 報告書 Ⅳ』, 群山大學校博物館.

국립가야문화재연구소, 2011,『창녕 송현동고분군Ⅰ』.

國立慶州文化財研究所, 1996,『慶州 芳內里古墳群』.

國立慶州博物館, 1990,『慶州 月城路古墳群 -下水道工事에 따른 收拾發掘調査報告-』.

國立慶州博物館, 1995,『冷水里 古墳』.

國立慶州博物館, 2000,『慶州 隍城洞遺蹟Ⅰ』.

國立慶州博物館, 2003,『慶州 朝陽洞遺蹟』.

국립공주박물관, 1999a,『艇止山』.

국립공주박물관, 1999b,『大田 月坪洞遺蹟』.

국립공주박물관, 1999c,『日本所在 百濟文化財 調査報告書Ⅰ -近畿地方-』.

국립공주박물관, 2000,『日本所在 百濟文化財 調査報告書Ⅱ -九州地方-』.

국립공주박물관, 2002,『日本所在 百濟文化財 調査報告書Ⅲ -近畿地方-』.

국립공주박물관, 2004,『日本所在 百濟文化財 調査報告書Ⅳ -長野 · 東京 · 千葉地方-』.

국립나주문화재연구소, 2013,『羅州 伏岩里遺蹟Ⅱ』.

국립문화재연구소, 2001,『風納土城Ⅰ -현대연합주택 및 1지구 재건축 부지-』.

국립문화재연구소, 2007,『風納土城Ⅷ』.

국립문화재연구소, 2009, 『風納土城XI』.

국립문화재연구소, 2011, 『風納土城』(2011년 동성벽 발굴조사 현장설명회 자료).

국립문화재연구소, 2012a, 『風納土城XIII』.

국립문화재연구소, 2012b, 『風納土城XIV』.

국립문화재연구소, 2013, 『風納土城XV』.

國立扶餘文化財研究所, 1993, 『扶餘 舊衙里百濟遺蹟 發掘調査報告書』.

國立扶餘文化財研究所, 1996, 『彌勒寺 -遺蹟發掘調査報告書II-』.

國立扶餘文化財研究所, 1997a, 『王宮里 發掘調査 中間報告II』.

國立扶餘文化財研究所, 1997b, 『扶蘇山城 發掘調査中間報告書II』.

國立扶餘文化財研究所, 1998, 『陵山里』.

國立扶餘文化財研究所, 1999, 『宮南池』.

國立扶餘文化財研究所, 2001, 『宮南池II-現 宮南池 西北便一帶-』.

國立扶餘文化財研究所, 2002a, 『花枝山』.

國立扶餘文化財研究所, 2002b, 『益山 王宮里 發掘中間報告IV』.

國立扶餘文化財研究所, 2003, 『扶蘇山城 發掘調査報告書V』.

國立扶餘文化財研究所, 2006, 『王宮里 發掘中間報告V』.

國立扶餘文化財研究所, 2008a, 『陵寺』.

國立扶餘文化財研究所, 2008b, 『益山 王宮里 發掘中間報告VI』.

國立扶餘文化財研究所, 2009a, 『扶餘 官北里百濟遺蹟 發掘報告III』.

國立扶餘文化財研究所, 2009b, 『扶餘 官北里百濟遺蹟 發掘報告IV -2008年 調査區域-』.

國立扶餘文化財研究所, 2009c, 『王興寺址III』.

國立扶餘文化財研究所, 2011a, 『帝釋寺址 발굴조사보고서 I』.

國立扶餘文化財研究所, 2011b, 『扶餘 定林寺址』.

國立扶餘博物館, 1992, 『부여 정암리 가마터(II)』.

國立扶餘博物館, 2000, 『松菊里VI』.

國立扶餘博物館, 2007a, 『扶餘 論峙 祭祀遺蹟』.

國立扶餘博物館, 2007b, 『宮南池』.

國立扶餘博物館, 2007c, 『陵寺』.

國立全州博物館, 1994, 『扶安 竹幕洞 祭祀遺蹟』.

國立昌原文化財研究所, 1997, 『咸安道項里古墳群I』.

國立昌原文化財研究所, 2005, 『固城 內山里古墳群II』.

國立淸州博物館, 2000, 『淸州 明岩洞遺蹟(I)』.

국방문화재연구원, 2012,『양주 광석리유적』.

群山大學校博物館, 2002,『群山 堂北里 · 新觀洞』.

權五榮, 1991,『松菊里Ⅳ』, 국립중앙박물관.

權五榮 · 權度希 · 韓志仙, 2004,『風納土城Ⅳ』, 한신大學校博物館.

權五榮 · 韓志仙, 2005,『風納土城Ⅵ』, 한신大學校博物館.

權五榮 · 權度希 · 朴智殷, 2006,『風納土城Ⅶ』, 한신大學校博物館.

權五榮 · 朴智殷, 2009,『風納土城Ⅹ』, 한신大學校博物館.

權五榮 · 韓芝守 · 韓志仙 · 李美善 · 李恩姃 · 李善玉, 2011,『風納土城ⅩⅡ -慶堂地區 196號 遺構에 대한 報告-』,
    한신大學校博物館.

畿甸文化財研究院, 2003a,『龍仁 舊葛里 遺蹟』.

畿甸文化財研究院, 2003b,『대덕골 遺蹟』.

畿甸文化財研究院, 2005,『龍仁 寶亭里 소실遺蹟』.

畿甸文化財研究院, 2006,『龍仁 淸德里 百濟 竪穴遺構』.

畿甸文化財研究院, 2007,『華城 石隅里 먹실遺蹟』.

기호문화재연구원, 2013,『동탄2신도시 문화유적』(제6권/38지점).

김가영 · 이주연 · 최보람, 2012,『公州 德芝里 遺蹟』, 백제문화재연구원.

김건수 · 노미선 · 양해웅, 2003a,『高敞 鳳德遺蹟Ⅰ -방형추정 분 · 구-』, 湖南文化財研究院.

김건수 · 노미선 · 양해웅, 2003b,『高敞 鳳德遺蹟Ⅱ -주거지 · 구-』, 湖南文化財研究院.

金建洙 · 金永熙, 2004,『潭陽 城山里遺蹟』, 湖南文化財研究院.

金建洙 · 李暎澈 · 李恩政, 2004,『光州 香嶝遺蹟』, 湖南文化財研究院.

김경택 · 정치영 · 이건일 · 민은숙 · 주혜미 · 정은지, 2011,『松菊里Ⅶ』, 한국전통문화대학교 고고학연구소.

金吉植 · 南宮丞 · 李浩炯, 1991,『天安 花城里百濟墓』, 國立公州博物館.

金東鎬, 1984a,「東萊 福泉洞古墳群 發掘調查報告」,『上老大島』, 東亞大學校博物館.

金東鎬, 1984b,「固城 東外洞貝塚」,『上老大島』, 東亞大學校博物館.

金帛範, 2006,『扶餘 佳中里 가좌 · 산직리 遺蹟 및 恩山里 상월리 遺蹟』, 忠清文化財研究院.

金秉模 · 沈光注 · 許美娅, 1986,『京畿道百濟文化遺蹟』(地表調查報告), 漢陽大學校博物館.

김병모 · 김아관 · 안성민 · 박성남 · 구준모 · 황윤희 · 서유재 · 이미화, 2012,『漣川 江內里 遺蹟』, 高麗文化財
    研究院.

김병희 · 유용수 · 김정인 · 오운석, 2010,『忠州 豆井里 遺蹟』, 中原文化財研究院.

金成南 · 黃在焄 · 李花英 · 沈相六, 2010,『扶餘 佳塔里 百濟遺蹟』, 扶餘郡文化財保存센터.

김성남 · 이화영, 2012,『서천 저산리 · 수성리유적』, 부여군문화재보존센터.

김성남 · 이화영, 2013,『扶餘 관북리 160番地 百濟遺蹟』, 부여군문화재보존센터.

金承玉・李承泰・李澤求・李보람, 2010a,『上雲里Ⅰ -가・나・다地區 墳丘墓-』, 全北大學校博物館.

金承玉・李承泰・李澤求・李보람, 2010b,『上雲里Ⅱ -라地區 墳丘墓 및 나・라地區 木棺墓群-』, 全北大學校
博物館.

金承玉・李承泰・李澤求・李보람, 2010c,『上雲里Ⅲ -生活遺構 및 墳墓・總合考察-』, 全北大學校博物館.

김아관・구준모・황윤희, 2010,『烏山 內三美洞遺蹟』, 高麗文化財研究院.

김아관・소상영・이상걸・이왕호・박천택・손설빈, 2010,『加平 項沙里遺蹟』, 高麗文化財研究院.

김영국・이경열, 2011,『扶餘 北皐里 遺蹟』, 百濟文化財研究院.

김영국・정용준・최새롬・정선애・이미연, 2013,『燕岐 長在里 遺蹟』, 百濟文化財研究院.

金元龍・林永珍, 1986,『石村洞3號墳東쪽古墳群整理調査報告』, 서울大學校博物館.

金元龍・任孝宰・林永珍, 1987,『夢村土城 -東北地區發掘報告-』, 서울大學校博物館.

金元龍・任孝宰・朴淳發, 1988,『夢村土城 東南地區發掘調査報告』, 서울大學校博物館.

金元龍・任孝宰・朴淳發・崔鍾澤, 1989,『夢村土城 -西南地區發掘調査報告-』, 서울大學校博物館.

김은정・하승철, 2011,「제2장 유물집성 일본」,『한국 출토 외래유물 초기철기~삼국시대』2, 한국문화재조사
연구기관협회.

김일규, 2002,「고찰」,『慶州 隍城洞 遺蹟 -537-1・537-4・535-8, 544-1・6番地 發掘調査 報告書』, 韓國文化
財保護財團.

김정완・임학종・권상열・손명조・정성희, 1987,『陜川 磻溪堤古墳群』, 國立晋州博物館.

金載悅・金邱軍・辛勇旻・李根旭, 1998,『華城 馬霞里 古墳群』, 湖巖美術館.

金鍾文・金奎正・梁英珠, 2007,『高敞 南山里遺蹟』, 전북문화재연구원.

金鍾徹, 1978,「高靈 池山洞 第45號 古墳發掘調査報告」,『大伽倻古墳發掘調査報告書』, 高靈郡.

金鍾徹, 1981,『高靈 池山洞古墳群 32~35號墳・周邊石槨墓』, 啓明大學校博物館.

金亨坤・文栢成, 2000,『昌原 遷善洞古墳群』, 昌原大學校博物館.

金花貞, 2009,『淸州 石所洞遺蹟』, 中原文化財研究院.

東亞大學校博物館, 1970,『東來 福泉洞第一號古墳發掘調査報告』.

東洋大學校博物館, 2005,『高靈 盤雲里 木槨墓』.

羅建柱, 2003,『公州 花井里 遺蹟』, 忠淸埋藏文化財研究院.

柳基正・梁美玉, 2002,『公州 金鶴洞 古墳群』, 忠淸埋藏文化財研究院.

柳基正・朴大淳・柳昌善, 2003,『舒川 花山里 古墳群』, 忠淸埋藏文化財研究院.

柳基正・田鎰溶, 2004,『靑陽 長承里 古墳群』, 忠淸文化財研究院.

柳基正・柳昌善・朴大淳・梁美玉・田鎰溶, 2005,『扶餘 井洞里遺蹟』, 忠淸文化財研究院.

柳基正・徐大源・李尙馥・金虎範・朴根成・全유리・朴鍾鎭, 2012,『牙山 松村里 遺蹟・小東里 가마터』, 錦江
文化遺産研究院.

馬韓 · 百濟文化硏究所, 2012,『高敞 鳳德里 1號墳』.

夢村土城發掘調査團, 1985,『夢村土城發掘調査報告』.

문화재연구소, 1989,『익산입점리고분』.

박경식 · 서영일 · 김호준 · 방유리 · 田福凉 · 이재설, 2004,『이천 설성산성 2 · 3차 발굴조사보고서』, 단국대학교 매장문화재연구소.

박경식 · 서영일 · 방유리 · 김호준 · 이재설, 2004,『연천 은대리성 지표 및 시 · 발굴조사 보고서』, 단국대학교 매장문화재연구소.

朴大淳, 2010,『舒川 堂丁里 古墳群』, 忠淸文化財硏究院.

朴大淳 · 鄭華榮, 2008,『扶餘 雙北里 두시럭골 遺蹟』, 忠淸文化財硏究院.

朴大淳 · 池珉周, 2006,『公州 丹芝里遺蹟』, 忠淸文化財硏究院.

朴性姬 · 趙晟允, 2011,『論山 奈洞 遺蹟』, 韓國考古環境硏究所.

朴淳發 · 成正鏞, 2000,『百濟泗沘羅城 II』, 忠南大學校百濟硏究所.

朴淳發 · 李亨源 · 山本孝文 · 董寶璟 · 姜秉權 · 李販準 · 李昄燮, 2003,『泗沘都城』, 忠南大學校百濟硏究所.

朴升圭, 1994,『宜寧의 先史 伽倻遺蹟』, 宜寧文化院 · 慶尙大學校博物館.

朴升圭 · 河眞鎬 · 朴相銀, 2006a,『高靈 池山洞古墳群 II』, 嶺南文化財硏究院.

朴升圭 · 河眞鎬 · 朴相銀, 2006b,『高靈 池山洞古墳群 III』, 嶺南文化財硏究院.

朴升圭 · 河眞鎬 · 朴相銀, 2006c,『高靈 池山洞古墳群 V』, 嶺南文化財硏究院.

朴升圭 · 張容碩 · 禹炳喆 · 尹南淑, 2008a,『慶山 林堂洞 마을遺蹟 II』, 嶺南文化財硏究院.

朴升圭 · 張容碩 · 禹炳喆 · 尹南淑, 2008b,『慶山 林堂洞 低濕地遺蹟 II』, 嶺南文化財硏究院.

박영민 · 고금님 · 안효성, 2009,『全州 長洞遺蹟 III -II · III區域-』, 전북문화재연구원.

朴有貞, 2006,『燕岐 月山里 遺蹟』, 忠淸文化財硏究院.

朴有貞, 2010,『洪城 南長里遺蹟』, 忠淸文化財硏究院.

박정화 · 장현옥, 2008,『성주 시비실유적』, 慶尙北道文化財硏究院.

朴天秀 · 金在賢 · 李在煥 · 松永悅枝 · 諫早直人 · 崔允鉄 · 李炫姃 · 鄭朱喜 · 金奎運, 2009,『高靈 池山洞44號墳 -大伽耶王陵-』, 慶北大學校博物館.

백제문화재연구원, 2011,『행정중심복합도시 건설부지내 2-2지구 유적 문화유적발굴조사 약보고서』.

釜山廣域市立博物館, 1998,『釜山의 三國時代 遺蹟과 遺物 I -東萊貝塚-』.

釜山大學校博物館, 1983,『蔚州 華山里古墳群』.

釜山大學校博物館, 1985,『金海 禮安里古墳群 I』.

釜山大學校博物館, 1997,『蔚山 下垈遺蹟 -古墳 I』.

釜山直轄市立博物館, 1992,『東來 福泉洞53號墳』.

扶餘文化財硏究所, 1991,『扶餘 芝仙里古墳群』.

扶餘文化財研究所, 1994,『扶餘 百濟古墳 地表調査 I 』.

徐大源 · 李仁鎬 · 崔旭 · 朴根成, 2012,『扶餘 佳塔里 가탑들 遺蹟』, 錦江文化遺産研究所.

徐五善 · 李漢祥, 1995,「忠南 燕岐地域의 原三國時代 遺蹟과 遺物(1)」,『下鳳里 I 』, 國立公州博物館.

徐五善 · 李浩炯, 1995,『下鳳里 I 』, 國立公州博物館.

서현주 · 박성희 · 조성윤 · 전미란 · 김영, 2011,『仁川 雲南洞 貝塚』, 韓國考古環境研究所.

石村洞發掘調査團, 1987,『石村洞古墳群發掘調査報告』.

成正鏞 · 李亨源, 2002,『龍山洞』, 忠南大學校博物館.

成正鏞 · 辛正玉 · 韓辰淑 · 朴美羅, 2013,『扶餘 東南里遺蹟』, 충남대학교박물관.

成周鐸 · 車勇杰, 1984,『保寧 保寧里百濟古墳發掘調査報告書』, 忠南大學校百濟研究所.

成春澤 · 李晟準 · 土田純子 · 崔卿煥, 2007,『華城 半月洞遺蹟』, 忠南大學校百濟研究所.

손명수 · 김태홍, 2009,『槐山 儉承里遺蹟』, 한국선사문화연구원.

宋滿榮 · 李憲載 · 李笑熙 · 權純珍, 2004,『抱川 自作里遺蹟 I -긴급발굴조사 보고서-』, 경기도박물관.

宋義政 · 尹炯元, 2000,『法泉里 I 』, 國立中央博物館.

신라문화유산연구원, 2010,『慶州 東山洞遺蹟 II -1』.

심광주 · 정나리 · 이형호, 2007,『漣川 瓠蘆古壘 III 』, 한국토지공사 토지박물관.

심광주 · 이형호 · 김태근 · 이수정, 2014,『漣川 瓠蘆古壘 IV 』, 한국토지주택공사 토지주택박물관.

沈奉謹, 1982,『陜川 三嘉古墳群』, 東亞大學校博物館.

沈奉謹, 1986,『陜川 鳳溪里古墳群』, 東亞大學校博物館.

沈奉謹, 1987,『陜川 倉里古墳群』, 東亞大學校博物館.

沈奉謹, 1998,『梁山 平山里遺蹟』, 東亞大學校博物館.

沈奉謹, 2005,『固城 松鶴洞古墳群』, 東亞大學校博物館.

심상육 · 성현화, 2013,『성흥산성 II 』, 부여군문화재보존센터.

심상육 · 이미현 · 소현숙, 2011,『부여 세도 귀덕리고분 발굴조사 보고서』, 부여군문화재보존센터.

심상육 · 이미현 · 이명호, 2011,『부여 하이마트 유적 발굴조사 보고서』, 부여군문화재보존센터.

沈相六 · 李美賢, 2012,『扶餘 雙北里 146-7遺蹟』, 扶餘郡文化財保存센터.

심상육 · 이미현 · 이명호, 2012,『부여 구아리 319 부여중앙성결교회 유적』, 부여군문화재보존센터.

沈正輔 · 洪性彬 · 尹根一 · 崔孟植, 1996,「扶蘇山城 -竪穴建物址, 西門址, 南門址發掘調査報告書-」,『扶蘇山城』, 國立文化財研究所.

安承周 · 李南奭, 1987,『公山城 百濟推定王宮址發掘調査報告書』, 公州師範大學校博物館.

安承周 · 李南奭, 1988a,『論山 表井里 百濟古墳 發掘調査報告書 -1985年度 發掘調査-』, 百濟文化開發研究院 · 公州大學校博物館.

安承周 · 李南奭, 1988b,『論山 六谷里 百濟古墳 發掘調査報告書 -1986年度 發掘調査-』, 百濟文化開發研究院.

安承周 · 李南奭, 1993,『論山 茅村里 百濟古墳群 發掘調査報告書 -1992年度 發掘調査-』, 百濟文化開發研究院 · 公州大學校博物館.

安承周 · 李南奭, 1994,『論山 茅村里 百濟古墳群 發掘調査報告書(Ⅱ) -1993年度 發掘調査-』, 百濟文化開發研究院 · 公州大學校博物館.

양시은 · 김진경 · 조가영 · 이정은 · 이선복, 2009,『龍馬山 第2堡壘 -發掘調査報告書-』, 서울大學校博物館.

嶺南埋藏文化財研究院, 1996,『高靈 快賓洞古墳群』.

嶺南埋藏文化財研究院, 1998a,『浦項 玉城里古墳群Ⅱ -나地區-』.

嶺南埋藏文化財研究院, 1998b,『高靈 池山洞30號墳』.

嶺南文化財研究院, 2004,『高靈 池山洞古墳群Ⅰ』.

嶺南文化財研究院, 2005,『慶州 舍羅里 525番地遺蹟』.

嶺南文化財研究院, 2006,『高靈 池山洞古墳群Ⅲ』.

예맥문화재연구원, 2013,『華川 原川里遺蹟』.

吳圭珍 · 李康烈 · 李惠瓊, 1999,『天安 龍院里遺蹟 A地區』, 忠淸埋藏文化財研究院.

禹鍾允 · 成正鏞 · 孫明洙 · 張洪善 · 咸在昱, 2007,『忠州 金陵洞 遺蹟』, 忠北大學校博物館.

禹鍾允 · 李富性 · 朴洪根 · 孫明洙 · 李素榮, 2004,『淸州 佳景4地區 遺蹟(Ⅱ)』, 忠北大學校博物館.

윤덕향 · 강원종 · 장지현 · 이택구, 2002,『배매산』, 全北大學校博物館.

尹武炳, 1985,『扶餘 官北里百濟遺蹟發掘報告(Ⅰ)』, 忠南大學校博物館.

尹武炳, 1999,『扶餘 官北里百濟遺蹟發掘報告(Ⅱ)』, 忠南大學校博物館.

尹世英, 1975,「味鄒王陵地區 第9區域(A號破壞古墳)發掘調報告」,『慶州地區 古墳發掘調査報告書』第一輯, 文化財管理局.

尹世英 · 李弘鍾, 1994,『渼沙里』, 高麗大學校博物館.

윤세영 · 박준범 · 김일규 · 이창엽 · 정호섭 · 류지현, 2012,『可樂洞 2號墳』, 고려대학교박물관 · 서울문화유산연구원.

尹容鎭, 1975,「味鄒王陵地區 第1, 2, 3區域 古墳群 및 皇吾洞 381番地 廢古墳發掘調査報告」,『慶州地區 古墳發掘調査報告書』第一輯, 文化財管理局.

尹容鎭, 1978,『大伽郞古墳發掘調査報告書』, 高靈群.

尹容鎭, 1987,『陜川 苧浦里D地區遺蹟』, 慶北大學校考古人類學科.

尹淨賢, 2010,『瑞山 堰岩里 낫머리 遺蹟』, 忠淸文化財研究院.

尹淨賢, 2011,『天安 柳里 · 獨井里 · 道林里 遺蹟』, 忠淸文化財研究院.

尹炯元, 2002,『法泉里Ⅱ』, 국립중앙박물관.

殷和秀 · 崔相宗 · 尹孝男, 2004,「新安 內楊里古墳 出土遺物」,『海南 龍日里 龍雲古墳』, 國立光州博物館.

李康承 · 朴淳發 · 成正鏞, 1994,『神衿城』, 忠南大學校博物館.

李康承 · 禹在柄 · 李亨源 · 梁慧珍 · 姜胎正 · 韓辰淑, 2006, 『弓洞』, 忠南大學校博物館.
이강승 · 山本孝文 · 이현정 · 신정옥 · 한진숙 · 박미라, 2013, 『扶餘 雙北里遺蹟Ⅱ』, 忠南大學校博物館.
李南奭, 1997, 『汾江 · 楮石里 古墳群』, 公州大學校博物館.
李南奭, 1999, 『公州 山儀里遺蹟』, 公州大學校博物館.
李南奭, 2000, 『龍院里 古墳群』, 公州大學校博物館.
李南奭 · 徐程錫, 2000, 『斗井洞遺蹟』, 公州大學校博物館.
李南奭 · 徐程錫 · 李賢淑 · 金美先, 2003, 『塩倉里古墳群』, 公州大學校博物館.
李南奭 · 李賢淑 · 尹英燮, 2005, 『舒川 芝山里遺蹟』, 公州大學校博物館.
李南奭 · 李賢淑, 2009, 『海美 機池里 遺蹟』, 公州大學校博物館.
李南奭 · 李勳, 1999, 『公山城 池塘』, 公州大學校博物館.
李南珪 · 權五榮 · 趙大衍 · 李東完, 1998, 『龍仁 水枝 百濟 住居址』, 한신大學校博物館.
李南珪 · 權五榮 · 李基星 · 李明燁 · 申誠惠 · 韓志仙, 2003, 『風納土城Ⅲ』, 한신大學校博物館.
李尙燁, 2001, 『瑞山 餘美里遺蹟』, 忠淸埋藏文化財硏究院.
李鮮馥 · 金成南, 2004, 『馬霞里 古墳群』, 서울대학교박물관.
이선복 · 양시은 · 조가영 · 김준규, 2013, 『석촌동고분군Ⅰ』, 서울대학교박물관.
李盛周 · 金亨坤, 1990, 『馬山 縣洞遺蹟』, 昌原大學校博物館.
李秀珍, 2008, 『光明 所下洞遺蹟』, 韓國考古環境硏究所.
李承源 · 蘇東永 · 朴晋佑 · 金容乾 · 慶松顯 · 鄭孝妊, 2013, 『鎭川 九山里 · 石帳里 遺蹟』, 한국선사문화연구원.
李暎澈 · 趙希鎭, 2005, 『高敞 石橋里遺蹟』, 湖南文化財硏究院.
이영훈 · 이규산 · 신종환 · 윤동균, 2004, 『鎭川 石張里 鐵生産遺蹟』, 國立淸州博物館.
이융조 · 차용걸, 1983, 『淸州 新鳳洞百濟古墳群發掘調査報告書 -1982年度調査-』, 忠北大學校博物館.
李殷昌 · 梁道榮 · 金龍星 · 張正南, 1991, 『昌寧 桂城里 古墳群 -桂南1 · 4號墳-』, 嶺南大學校博物館.
李仁淑 · 金圭相, 1999, 『坡州 舟月里 遺蹟』, 京畿道博物館.
李印學 · 李秀珍, 2009, 『龍仁 麻北洞遺蹟』, 韓國考古環境硏究所.
이정호 · 이수진 · 홍민영, 2009, 『나주 화정리 마산 3호분』, 동신대학교 문화박물관.
李眅燮, 2006, 『舒川 楸洞里 遺蹟』, 忠淸文化財硏究院.
李眅燮 · 李仁鎬 · 金姚希, 2008, 『扶餘 井洞里 오얏골 · 펑바위골 遺蹟』, 忠淸文化財硏究院.
李憲載 · 權純珍, 2005, 『고양 멱절산유적』, 경기도박물관.
李浩炯, 2005, 『瑞山 餘美里 방죽골 墳墓群』, 忠淸文化財硏究院.
李浩炯 · 姜秉權, 2003, 『大田 月坪洞山城』, 忠淸文化財硏究院.
李浩炯 · 丘冀鍾, 2006, 『扶餘 陵山里 東羅城 內 · 外部 百濟遺蹟』, 忠淸文化財硏究院.
李浩炯 · 李眅燮, 2009, 『扶餘 雙北里 현내들 · 北浦遺蹟』, 忠淸文化財硏究院.

李弘鍾·崔鍾澤·金顯戫, 2002,『芙江里 遺蹟』, 高麗大學校 埋藏文化財研究所.

李弘鍾·崔鍾澤·姜元杓·朴性姬, 2002,『蓮芝里 遺蹟』, 高麗大學校 埋藏文化財研究所.

李弘鍾·金武重·徐賢珠·趙銀夏·朴性姬·趙鎭亨·李雨錫·庄田愼矢·朴相潤·安亨基, 2007,『牙山 葛梅里(Ⅲ地域) 遺蹟』, 高麗大學校 考古環境研究所.

이홍종·허의행·조보람·오원철, 2010,『燕岐 松潭里·松院里 遺蹟』, 韓國考古環境研究所.

이홍종·현대환·양지훈, 2012,『燕岐 大平里遺蹟』, 韓國考古環境研究所.

林炳泰·崔恩珠·金武重·宋滿榮, 1994,『渼沙里』第3卷(崇實大學校博物館篇), 渼沙里先史遺蹟發掘調査團.

林永珍·趙鎭先·徐賢珠, 1999,『羅州 伏岩里古墳群』, 全南大學校博物館.

林永珍·趙鎭先·徐賢珠·宋恭善, 2002,『羅州 德山里古墳群』, 全南大學校博物館.

林永珍·趙鎭先·徐賢珠·宋恭善, 2004,『咸平 禮德里 萬家村古墳群』, 全南大學校博物館.

임효재·최종택·양성혁·윤상덕·장은정, 2000,『아차산 제4보루』, 서울대학교박물관.

임효재·최종택·윤상덕·장은정, 2001,『龍院里遺蹟 C地區 發掘調査報告書』, 서울대학교박물관.

任孝宰·金成南·李眞旼, 2002,『華城 古琴山遺蹟』, 서울大學校博物館.

任孝宰·崔鍾澤·林尙澤·吳世筵, 1994,『渼沙里』第4卷(서울大學校博物館篇), 渼沙里先史遺蹟發掘調査團.

田鎰溶·李仁鎬·朴鍾鎭, 2012,『大田 伏龍洞 堂山마을 遺蹟』, 錦江文化遺産研究院.

田鎰溶·李仁鎬·尹淨賢, 2006,『舒川 楸洞里遺蹟-Ⅰ地域-』, 忠淸文化財研究院.

정상훈·강주석·박준오·이영희, 2012,『燕岐 大平里遺蹟』, 百濟文化財研究院.

정석배·김헌·신승철·조용선·마원영·김은옥·주혜미·정은지, 2010,『扶餘 陵山里寺址 제9차 발굴 조사 보고서』, 한국전통문화학교 고고학연구소.

정석배·이건일·김환희, 2013,『扶餘 佳塔里 錦城山 두시럭골 遺蹟』, 한국전통문화대학교 고고학연구소.

정석배·정치영·구혜미·이동희, 2011,『扶餘 陵山里寺址 제11차 발굴 조사 보고서』, 한국전통문화학교 고고학연구소.

鄭永和·梁道榮·金龍星, 1987,『陜川 苧浦里 古墳群(A地區)』, 嶺南大學校博物館.

정 일·전명훈, 2010,『康津 楊柳洞遺蹟』, 全南文化財研究院.

정해준·김미선·윤지희, 2009,『唐津 元堂里 文化遺蹟 發掘調査 報告書』, 百濟文化財研究院.

정해준·김가영·이주연, 2010,『論山 斗月里 遺蹟』, 百濟文化財研究院.

鄭海濬·尹智熙, 2011,『扶餘 雙北里 280-5遺蹟』, 百濟文化財研究院.

정해준·최병주·정선애, 2011,『唐津 佳谷里 遺蹟』, 百濟文化財研究院.

田鎰溶·朴鍾鎭·吳正泳, 2013,『扶餘 軍守里 耕作遺蹟』, 錦江文化遺産研究院.

趙榮濟, 1988,『陜川 玉田古墳群Ⅰ』, 慶尙大學校博物館.

趙榮濟·朴升圭, 1987,『陜川 中磻溪墳墓群』, 慶尙大學校博物館.

趙榮濟·朴升圭·朴鍾益·姜炅希, 1990,『河東 古梨里 遺蹟』, 慶尙大學校博物館.

趙榮濟·朴升圭·柳昌煥·李瓊子·金相哲, 1993, 『陝川 玉田古墳群Ⅳ -M4·M6·M7號墳-』, 慶尙大學校博物館.

趙榮濟·柳昌煥·李瓊子, 1997, 『陝川 玉田古墳群Ⅵ -23·28號墳-』, 慶尙大學校博物館.

趙榮濟·柳昌煥·宋永鎭, 2002, 『山淸 玉山里遺蹟 -木槨墓-』, 慶尙大學校博物館.

中央文化財硏究院, 2001, 『論山 院北里遺蹟』.

中央文化財硏究院, 2005, 『淸原 大栗里·馬山里·楓井里遺蹟』.

中央文化財硏究院, 2008a, 『安城 道基洞遺蹟』.

中央文化財硏究院, 2008b, 『軍浦 富谷洞遺蹟』.

中央文化財硏究院, 2010a, 『南楊州 長峴里遺蹟』.

中央文化財硏究院, 2010b, 『安城 新頭里遺蹟』.

中央文化財硏究院, 2011, 『大田 龍溪洞遺蹟』.

車勇杰·禹鍾允·趙詳紀·吳允淑, 1990, 『淸州 新鳳洞 百濟古墳群 發掘調査報告書 -1990年度調査-』, 忠北大學校博物館.

車勇杰·趙詳紀·吳允淑, 1995, 『淸州 新鳳洞 古墳群』, 忠北大學校博物館.

車勇杰·趙詳紀, 1996, 『淸州 新鳳洞 古墳群(-1995年度 調査-)』, 忠北大學校博物館.

차용걸·노병식·박중균·한선경, 2002a, 『淸州 新鳳洞 百濟古墳群 -2000年度發掘分 調査報告書-』, 忠北大學校博物館.

차용걸·노병식·박중균·한선경, 2002b, 『淸州 佳景4地區 遺蹟(Ⅰ)』, 忠北大學校博物館.

차용걸·박중균·한선경·박은연, 2004, 『淸原 南城谷 高句麗遺蹟』, 忠北大學校博物館.

차용걸·노병식·박중균·한선경, 2005, 『淸州 鳳鳴洞遺蹟(Ⅱ)』, 忠北大學校博物館.

차용걸·윤대식·강민식·김지은, 2005, 『淸州 新鳳洞 百濟古墳群 -2003年度 調査-』, 忠北大學校博物館.

차용걸·박중균·한선경·김정인, 2007, 『松節洞 遺蹟』, 中原文化財硏究院.

千昇玄·金羅美, 2012, 『論山 虎岩里 절골遺蹟』, 嘉耕考古硏究所.

최병주·최보람, 2013, 『唐津 佳谷2里 遺蹟』, 百濟文化財硏究院.

崔秉鉉·金性洙·劉銀植, 2004, 『華城 旺林里 遺蹟』, 숭실대학교박물관.

崔秉鉉·柳基正, 1997, 『大田 九城洞遺蹟』, 韓南大學校博物館.

崔秉鉉·柳基正, 1998, 『大田 梧井洞遺蹟』, 韓南大學校博物館.

최봉균·임종태·천승현·천윤정, 2010, 『扶餘 雙北里 602-10番地遺蹟』, 백제문화재연구원.

최성락·박철원·최미숙, 2000, 『장흥 지천리유적』, 목포대학교박물관.

최성락·박철원·최미숙, 2001, 『함평 월야 순촌유적』, 목포대학교박물관.

최성락·이영철·한옥민·김영희, 2001, 『영광 군동유적 -라지구 주거지·분묘-』, 목포대학교박물관.

최성락·이영철·한옥민, 1999, 『무안 인평 고분군 -학산·구산리 고분군-』, 목포대학교박물관.

최성락 · 고용규 · 이영철 · 최미숙 · 김미연 · 한미진, 2003, 『함평 중랑유적 I -주거지-』, 목포대학교박물관.

崔完奎, 1995, 『益山 熊浦里 百濟古墳群 -1992, 1993年度 發掘調查-』, 圓光大學校博物館 · 百濟文化開發研究院.

崔完奎 · 金鍾文 · 李信孝, 2001, 『群山 余方里古墳群 發掘調查 報告書』, 圓光大學校 馬韓 · 百濟文化研究所.

崔完奎 · 李永德, 2001, 『益山 笠店里 百濟古墳群』, 圓光大學校 馬韓 · 百濟文化研究所.

崔鍾澤, 1996, 『서울大學校博物館所藏 漢江流域採集 百濟土器類』, 서울大學校博物館.

崔鍾澤 · 李秀珍 · 吳恩娅 · 吳珍錫 · 李廷範 · 趙晟允, 2007a, 『紅蓮峰 第1堡壘』, 高麗大學校 考古環境研究所.

崔鍾澤 · 李秀珍 · 吳恩娅 · 趙晟允, 2007b, 『紅蓮峰 第2堡壘』, 高麗大學校 考古環境研究所.

崔鍾澤 · 吳珍錫 · 趙晟允 · 李廷範, 2007c, 『峨嵯山 第3堡壘』, 高麗大學校 考古環境研究所.

忠南大學校博物館, 1998, 『聖住寺』.

忠南大學校百濟研究所, 2002, 『錦山 水塘里遺蹟』.

忠淸南道歷史文化院, 2005, 『舒川 鳳仙里 遺蹟』.

忠淸南道歷史文化院, 2007a, 『錦山 水塘里遺蹟』.

忠淸南道歷史文化院, 2007b, 『牙山 葛梅里(II地域) 遺蹟』.

忠淸南道歷史文化院, 2007c, 『扶餘 東南里 702番地遺蹟 雙北里 243-8番地遺蹟(試掘)』.

忠淸南道歷史文化院, 2007d, 『牙山 草沙洞遺蹟』.

忠淸南道歷史文化院, 2007e, 『公州 濟川里遺蹟』.

忠淸南道歷史文化研究院, 2007a, 『公州 水村里遺蹟』.

忠淸南道歷史文化研究院, 2007b, 『東南里 172-2番地 一圓 遺蹟』.

忠淸南道歷史文化研究院, 2008a, 『扶餘 中井里建物址 扶餘 東南里遺蹟』.

忠淸南道歷史文化研究院, 2008b, 『瑞山 富長里遺蹟』.

忠淸南道歷史文化研究院, 2008c, 『鷄龍 立岩里遺蹟』.

忠淸南道歷史文化研究院, 2008d, 『扶餘 中井里(85 · 86-3番地) 百濟 土器가마 및 統一新羅 竪穴住居址 遺蹟』.

忠淸南道歷史文化研究院, 2008e, 『扶餘 雙北里 252-1番地遺蹟 · 扶餘 雙北里 499-4番地遺蹟』.

忠淸南道歷史文化研究院, 2011, 『牙山 鳴岩里 밖지므레遺蹟』.

忠淸南道歷史文化研究院, 2012, 『論山 院南里 · 定止里遺蹟』.

한국고고환경연구소, 2013, 『행정중심복합도시 중앙녹지공간 및 2-4 생활권(시굴 4-1지점) 문화재 발굴조사 약보고서』.

韓國文化財保護財團, 1999a, 「淸原 松垈里遺蹟」, 『淸原 梧倉遺蹟(I)』.

韓國文化財保護財團, 1999b, 『慶州 競馬場 豫定敷地 C-1地區 發掘調查 報告書』.

韓國文化財保護財團, 2000, 『淸原 主城里遺蹟』.

韓國文化財保護財團, 2005, 『松斗里遺蹟 發掘調查 報告書』.

韓國精神文化研究院, 1994, 『華城 白谷里古墳』.

한도식 · 허정화 · 김미숙 · 박정욱 · 김태형, 2009, 『慶州 芳內里 古墳群』, 嶺南文化財研究院.

한백문화재연구원, 2011,『오산 외삼미동유적』.

한백문화재연구원, 2013,『화성 청계리 유적Ⅰ -가지구-』.

한신대학교박물관, 2009,『용인 고림동 유적 발굴조사 2차 지도위원회의 자료』.

한얼문화유산연구원, 2012,『서울 우면동유적』.

한얼문화유산연구원, 2013a,『부여 동남리 136-4번지 백제유적』.

한얼문화유산연구원, 2013b,『부여 큰독골·오실골유적』.

한얼문화유산연구원, 2013c,『공주 신관동 78번지외유적』.

韓永熙·咸舜燮, 1993,「天安 淸堂洞 第4次 發掘調査報告」,『淸堂洞』, 국립중앙박물관.

해동문화재연구원, 2011,『陜川 安溪里 古墳群』.

허의행·김성욱, 2010,『燕岐 應岩里 가마골 遺蹟(A地區)』, 韓國考古環境硏究所.

湖南文化財硏究院, 2002,『益山 間村里遺蹟』.

湖南文化財硏究院, 2006a,『長興 上芳村B遺蹟』.

湖南文化財硏究院, 2006b,『高興 寒東遺蹟』.

湖南文化財硏究院, 2006c,『長興 新豊遺蹟Ⅱ』.

湖南文化財硏究院, 2006d,『群山 築洞遺蹟』.

湖南文化財硏究院, 2007a,『光州 東林洞遺蹟Ⅱ』.

湖南文化財硏究院, 2007b,『光州 東林洞遺蹟Ⅲ -溝-』.

湖南文化財硏究院, 2007c,『光州 東林洞遺蹟Ⅳ -竪穴·地上建物址·土壙·木造物·井-』.

湖南文化財硏究院, 2007d,『羅州 長燈遺蹟』.

湖南文化財硏究院, 2008a,『光州 山亭洞遺蹟』.

湖南文化財硏究院, 2008b,『光州 河南洞遺蹟Ⅰ』.

湖南文化財硏究院, 2008c,『光州 河南洞遺蹟Ⅲ』.

湖南文化財硏究院, 2008d,『全州 馬田遺蹟(Ⅳ)』.

湖南文化財硏究院, 2010a,『潭陽 台木里遺蹟Ⅱ(Ⅰ·Ⅱ·Ⅳ區域, 中玉遺蹟)』.

湖南文化財硏究院, 2010b,『潭陽 台木里遺蹟Ⅱ(Ⅲ區域)』.

湖南文化財硏究院, 2013,『益山 西豆里2·寶三里 遺蹟』.

5. 日文 論著

間壁葭子, 1988,「裝飾須惠器の小像群 -製作の意圖と背景-」,『倉敷考古館硏究集報』第20號, 倉敷考古館.

岡內三眞, 1983,「東アジア史上における百濟前期古墳の位置」,『展望 アジアの考古學』(樋口隆康教授退官記念論集), 新潮社.

高橋工, 1993,「黑姫山古墳」,『甲冑出土古墳にみる武器·武具の變遷』(第Ⅲ分冊 -近畿編), 埋藏文化財硏究會.

谷旬·安藤道由·白井久美子·大久保奈奈, 1993,「鳥山2號墳」,『甲冑出土古墳にみる武器·武具の變遷』(第Ⅳ分冊 中部以東編), 埋藏文化財研究會.

谷豊信, 1986,「樂浪土城址の出土土器(下) -樂浪土城研究その4」,『東京大學文學部考古學研究室研究紀要』第5號, 東京大學考古學研究室.

關野雄, 1983,「中國における文物の傳世」,『法政史學』35, 法政大學史學會.

橋本達也, 2006,「甲冑編年研究の日韓比較 -帶金式甲冑を中心として-」,『日韓古墳時代の年代觀』, 國立歷史民俗博物館·韓國國立釜山大學校博物館.

龜田修一, 2000,「百濟·新羅の高句麗系軒丸瓦」,『古代瓦研究Ⅰ』, 奈良國立文化財研究所.

九州前方後圓墳研究會, 2005,『九州における渡來人の受容と展開』.

宮川禎一, 1993,「新羅印花文陶器變遷の劃期」,『古文化談叢』第30集(中), 九州古文化研究會.

近藤廣, 1987,「裝飾付須惠器の傳播について -渡來人との關連を中心に-」,『花園史學』第8號, 花園大學史學會.

金鍾萬, 2008a,「日本出土百濟系土器の研究」,『朝鮮古代研究』第9號, 朝鮮古代研究刊行會.

內田好昭, 2000,「中臣遺跡(79次)の調査」,『第129回京都市考古資料館文化財講座資料』.

東潮, 2002,「倭と榮山江流域」,『前方後圓墳と古代日朝關係』, 同成社.

諫早直人, 2009,「中西部における馬具生産の展開とその特質」,『古代東北アジアにおける騎馬文化の考古學的研究』, 京都大學大學院文學研究科博士學位論文.

藤田通子, 2010,「第1章 蔀屋北遺跡古墳時代の出土遺物と遺構の檢討」,『蔀屋北遺跡Ⅰ』, 大阪府教育委員會.

鈴木一有, 2003,「中期古墳における副葬鏃の特質」,『帝京大學山梨文化財研究報告』第11集, 帝京大學山梨文化財研究所.

鈴木一有, 2007,「鐵鏃と甲冑からみた日韓古墳の並行關係」,『日韓古墳·三國時代の年代觀(Ⅱ)』, 國立釜山大學校博物館·國立歷史民俗博物館.

瀧澤誠, 2008,『古墳時代中期における短甲の同工品に關する基礎的研究』.

柳本照男, 1984,「豊中市周邊」,『日本陶磁の源流 -須惠器出現の謎を探る』, 柏書房.

末永雅雄, 1981,『增補 日本上代の甲冑』, 木耳社.

毛利光 俊彦, 2005,『古代東アジアの金屬製容器Ⅱ』(朝鮮·日本編), 奈良文化財研究所.

本村豪章, 1991,「古墳時代の基礎研究稿 -資料篇(Ⅱ)-」,『東京國立博物館研究紀要』第二六號, 東京國立博物館.

門田誠一, 1993,「百濟の地方支配と中國陶磁器 -東アジアにおける册封·除爵と領域支配の考古學的檢討のために-」,『貿易陶磁研究』13, 日本貿易陶磁研究會.

門田誠一, 1999,「百濟出土の六朝青磁と江南地域葬禮小考 -墓內における青磁羊形器の意味-」,『考古學に學ぶ -遺構と遺物-』(同志社大學考古學シリーズⅦ), 同志社大學考古學シリーズ刊行會.

門田誠一, 2006a,「百濟出土の兩晉南朝青磁と江南地域葬禮の相關的研究」,『古代東アジア地域相の考古學的研究』, 學生社.

門田誠一, 2006b, 「百濟と魏晉南北朝時代の中國との交涉」, 『古代東アジア地域相の考古學的研究』, 學生社.

白井克也, 1992, 「ソウル・夢村土城出土土器編年試案 -いわゆる百濟前期都城論に關連して-」, 『東京大學文學部考古學研究室研究紀要』第11號, 東京大學文學部考古學研究室.

白井克也, 2000, 「日本出土の朝鮮産土器・陶器 -新石器時代から統一新羅時代まで-」, 『日本出土の舶載陶磁』, 東京國立博物館.

白井克也, 2001, 「百濟土器・馬韓土器と倭」, 『枚方歷史フォーラム(百濟寺跡 史跡指定60周年記念)檢證 古代の河内と百濟』, 枚方歷史フォーラム實行委員會.

白井克也, 2003, 「新羅土器の型式・分布變化と年代觀」, 『朝鮮古代研究』第4號, 朝鮮古代研究刊行會.

白井克也, 2006, 「史料對比年代の方法と問題」, 『第18回アジア古代史・考古學研究交流會 豫稿集』, 東アジア考古學會.

寺井誠, 2002, 「第1節 韓國全羅南道に系譜が求められる土器について」, 『大坂城Ⅴ』, 大阪市文化財協會.

寺井誠, 2004, 「古代難波の對外交涉」, 『難波宮祉の研究』第十二, 大阪市文化財協會.

寺井誠, 2006, 「近畿地方出土三韓・三國系土器の再檢討」, 『大阪歷史博物館 研究紀要』第5號, 大阪歷史博物館.

寺井誠, 2008, 「古代難波における2つの瓶を巡って」, 『大阪歷史博物館 研究紀要』第7號, 大阪歷史博物館.

寺井誠, 2010a, 「近畿・瀬戸内における朝鮮半島系土器の樣相」, 『日本出土の朝鮮半島系土器の再檢討 -彌生時代を中心に-』(第59回埋藏文化財研究集會), 埋藏文化財研究會.

寺井誠, 2010b, 「難波に運ばれた加耶・新羅・百濟土器 -6・7世紀を中心に-」, 『東アジアにおける難波宮と古代難波の國際的性格に關する總合研究』(平成18~21年度科學研究費補助金研究成果報告書), 大阪市文化財協會.

寺澤薫, 2005, 「古墳時代開始期の曆年代と傳世鏡論(下)」, 『古代學研究』170, 古代學研究會.

山田邦和, 1998, 『須惠器生産の研究』, 學生社.

三上次男, 1976, 「漢城地域發見四世紀越州窯靑磁初期百濟文化」, 『朝鮮學報』第81輯, 朝鮮學會.

森下章司, 1998, 「鏡の傳世」, 『史林』第81卷 第4號, 史學研究會.

森下章司, 2005, 「器物の生産・授受・保有形態と王權」, 『國家形成の比較研究』(前川和也・岡村秀典編), 學生社.

西谷眞治, 1992, 「小野王塚古墳」, 『兵庫縣史』(考古資料編), 兵庫縣史編集專門委員會.

小林行雄, 1959, 「でんせい-ひん 傳世品」, 『圖解 考古學辭典』(水野淸一・小林行雄編), 東京 創元社.

小田富士雄, 1979a, 「百濟土器」, 『世界陶磁全集』17輯, 小學館.

小田富士雄, 1979b, 「集安高句麗積石墓遺物と百濟・古新羅の遺物」, 『古文化談叢』第6集, 古文化研究會.

宋桂鉉, 2004, 「加耶古墳の甲冑の變化と韓日關係」, 『國立歷史民俗博物館研究報告』第110集 國立歷史民俗博物館.

松木武彦, 2001, 『吉備地域における『『雄略朝』』期の考古學的研究』, 岡山大學文學部.

水野敏典, 2006, 「鐵鏃にみる日韓古墳時代の年代觀」, 『日韓古墳時代の年代觀』, 國立歷史民俗博物館・韓國國立釜山大學校博物館.

水野敏典, 2009, 『古墳時代鐵鏃の變遷にみる儀杖的武裝の基礎的研究』, 奈良縣立橿原考古學研究所.

柴垣勇夫, 1995, 「裝飾須惠器の特徵とその分布」, 『古代造形の美 裝飾須惠器展』, 愛知縣陶磁資料館.

辻田淳一郎, 2006, 「威信財システムの成立・變容とアイデンティティ」, 『東アジア古代國家論 プロセス・モデル・アイデンティティ』, すいれん舍.

辻川哲朗, 2013, 「近江地域における百濟系土器の一様相 -草津市谷遺蹟出土盌形土器について-」, 『紀要』 26, 公益財團法人滋賀縣文化財保護協會.

岩永省三, 2003, 「傳世」, 『日本考古學辭典』, 三省堂.

愛知縣陶磁資料館, 1995, 『古代造形の美 裝飾須惠器展』.

櫻井久之, 1998, 「鳥足文タタキメのある土器の一群」, 『大阪市文化財協會 研究紀要』 創刊號, 大阪市文化財協會.

楢崎彰一, 1966, 「形象および裝飾付須惠器について」, 『日本原始美術』 6, 講談社.

長友朋子, 2010, 「朝鮮半島における土器の技術革新と生産體制:民族事例の比較研究」, 『待兼山論叢』 史學篇, 第44號, 大阪大學大學院文學研究科.

齋藤忠, 1976, 『日本古代遺蹟の研究』 論考編, 吉川弘文館.

齋藤忠, 1998, 「土器」, 『日本考古學用語辭典』, 學生社.

田辺昭三, 1981, 『須惠器大成』, 角川書店.

田中史生, 2009, 『越境の古代史』, 筑摩書房.

田中清美, 1985, 「長原遺跡出土の特異なタタキメのみられる土器について」, 『考古學論集 I』, 歷史堂書房.

田中清美, 1994, 「鳥足文タタキメと百濟系土器」, 『韓式系土器研究V』, 韓式系土器研究會.

田中清美, 2010, 「長原遺跡出土の韓式系土器」, 『韓式系土器XI』, 韓式系土器研究會.

正岡睦夫, 1993, 「愛媛縣玉川町出土の杯付壺と鈴付椀」, 『古文化談叢』 第31號, 九州古文化研究會.

定森秀夫, 1989, 「韓國ソウル地域出土三國時代土器について」, 『生産と流通の考古學』(橫山浩一先生退官記念論文集 I).

定森秀夫, 1999, 「陶質土器からみた東日本と朝鮮」, 『靑丘學術論集』 15, 韓國文化研究振興財團.

酒井清治, 1993, 「韓國出土の須惠器類似品」, 『古文化談叢』 第30集(中), 九州古文化研究會.

酒井清治, 2002, 「第3節 關東の朝鮮半島系土器」, 『古代關東の須惠器と瓦』, 同成社.

酒井清治, 2006, 「須惠器の編年と年代觀」, 『日韓古墳時代の年代觀』, 國立歷史民俗博物館・韓國國立釜山大學校博物館.

酒井清治, 2008, 「韓國出土の須惠器」, 『生産の考古學II』(倉田芳郎先生追悼論文集編集委員會編), 同成社.

酒井清治, 2009, 「管ノ澤窯跡群の操業順序と年代について」, 『群馬・金山丘陵窯跡群II』, 駒澤大學考古學研究室.

酒井清治, 2013, 『土器から見た古墳時代の日韓交流』, 同成社.

竹谷俊夫・日野宏, 1993, 「布留遺跡杣之内地區出土の初期須惠器と韓式系土師器 -土壙(L.N.120)出土の遺物をめぐって-」, 『韓式系土器研究 IV』, 韓式系土器研究會.

中久保辰夫, 2010, 『古墳時代における渡來文化の受容と政治權力』, 大阪大學大學院文學研究科博士學位論文.

中野咲, 2007, 「畿內地域・韓式系土器集成」, 『渡來遺物からみた古代日韓交流の考古學的研究』(和田晴吾編), 立命館大學.

中野雅美, 1993, 「天狗山古墳」, 『甲冑出土古墳にみる武器・武具の變遷』(第Ⅱ分册 -九州, 中國, 四國編), 埋藏文化財研究會.

中原幹彦, 2005, 「平底瓶と提瓶」, 『肥後考古』第13號, 肥後考古學會.

中園聰, 2003, 「第1節 型式學を超えて」, 『認知考古學とは何か』(松本直子・中園聰・時津裕子編), 青木書店.

川越俊一・井上和人, 1981, 「瓦器製作技術の復原」, 『考古學雜誌』第67卷 第2號, 日本考古學會.

Colin Renfrew, Paul G. Bahn(松本建速・前田修 譯), 2007, 『考古學 理論・方法・實踐』, 東洋書林.

土田純子, 2005a, 「百濟有蓋高杯の編年研究」, 『考古學雜誌』第89卷 第1號, 日本考古學會.

坂本經堯, 1979, 「荒尾野原古墳」, 『肥後上代文化の研究』, 肥後上代文化研究所 肥後考古學會.

蒲原宏行・多々良友博・藤井伸幸, 1985, 「佐賀平野の初期須惠器・陶質土器」, 『古文化談叢』第15集, 九州古文化研究會.

河野一隆, 1998, 「副葬品生産・流通システム論 -付・威信財消費型經濟システムの提唱-」, 『中期古墳の展開と變革 -5世紀における政治的・社會的變化と具體相(1)-』, 第44回埋藏文化財研究集會.

6. 日文 報告書

岡田敏彦, 1984, 「四ツ手山古墳」, 『四國縱貫自動車關係埋藏文化財調査報告書』, (財)愛媛縣埋藏文化財調査センター.

京都市埋藏文化財研究所, 2002, 「Ⅳ 中臣遺跡」, 『京都市埋藏文化財調査槪要』.

堺市教育委員會, 1991, 「四ツ池遺跡發掘調査槪要報告書 -YOB第100地區・第101地區-」, 『堺市文化財調査槪要報告』第18册.

九州大學文學部考古學研究室, 1993, 『番塚古墳 -福岡縣京都郡刈田町所在前方後圓墳の發掘調査-』.

今村善興・小林正春, 1983, 「新井原12號古墳」, 『長野縣史 考古資料編』全1卷(3), 長野縣史刊行會.

吉舍町教育委員會, 1983, 『三玉大塚』.

奈良國立文化財研究所, 1991, 『飛鳥・藤原宮發掘調査槪報』21.

奈良文化財研究所, 2010, 『河南省鞏義市黄治窯跡の發掘調査槪報』.

奈良縣教育委員會, 1962, 『五條猫塚古墳』.

奈良縣教育委員會, 1975, 『宇陀・丹切古墳群』.

奈良縣立橿原考古學研究所, 1976, 『葛城・石光山古墳群』.

奈良縣立橿原考古學研究所, 1981, 『新澤千塚古墳群』.

奈良縣立橿原考古學研究所, 2002, 『三ツ塚古墳群』.

奈良縣立橿原考古學研究所, 2003, 『栗原カタソバ遺跡群』.

大刀洗町教育委員會, 2000, 『西森田遺跡2 -Ⅳ・Ⅴ・Ⅵ地點福岡縣三町郡大刀洗町大字本郷所在遺跡の調査-』.

大野城市教育委員會, 1980, 『牛頸中通遺蹟群』.

大野城市教育委員會, 1987, 『野添窯蹟群』.

大阪文化財センター, 1986, 『城山(その2)』.

大阪府教育委員會, 1976, 『陶邑Ⅰ』.

大阪府教育委員會, 1978, 『陶邑Ⅲ』.

大阪府教育委員會, 1979, 『陶邑Ⅳ』.

大阪府教育委員會, 1980, 『陶邑Ⅴ』.

大阪府教育委員會, 1986, 『城山(その1)』.

大阪府教育委員會, 1987, 『久寶寺北(その1~3)』.

大阪府教育委員會, 1990, 『陶邑・伏尾遺跡A地區』.

大阪府教育委員會, 1995, 『堂山古墳群』.

大阪府教育委員會, 2002, 『鬼虎川遺跡 第22次調查槪要報告』.

大阪府教育委員會, 2010, 『蔀屋北遺跡Ⅰ』.

大阪府文化財センター, 2009, 『三宅西遺跡』.

大阪市教育委員會, 2005, 「大坂城跡發掘調查(OS03-13)報告書」, 『大阪市內埋藏文化財包藏地發掘調查報告書
        (2002・03・04)』.

大阪市文化財協會, 2002, 『大坂城跡Ⅴ』.

大阪市文化財協會, 2004, 『難波宮址の研究』第十二.

大和高田市教育委員會, 2010, 『土庫遺跡群』.

德島縣教育委員會, 1946, 『眉山周邊の古墳 -惠解山古墳群 節句山古墳群-』.

島田清・上田哲也・大久保强・河原隆彦, 1965, 『印南野』, 加古川市教育委員會.

東京國立博物館, 1994, 『東京國立博物館藏須惠器集成Ⅰ(近畿篇)』.

龍野市教育委員會, 1995, 『尾崎遺跡Ⅱ』.

末永雅雄編, 1991, 『盾塚 鞍塚 珠金塚古墳』, 由良大和古代文化研究協會.

福岡市教育委員會, 1973, 『片江古墳群 發掘調查報告書』.

福岡市教育委員會, 1977, 『廣石古墳群』.

福岡市教育委員會, 1985, 『博多Ⅲ』.

福岡市教育委員會, 1986, 『吉武遺跡群Ⅰ』.

福岡市教育委員會, 1987, 『堤ヶ浦古墳群發掘調查報告書』.

福岡市教育委員會, 1988, 『羽根戶遺蹟』.

福岡市教育委員會, 1998, 『金武古墳群』(金武古墳群吉武G群の調查).

福岡市教育委員會, 2001, 『吉武遺跡群XIII』.

福岡縣教育委員會, 1978, 『九州縱貫自動車道關係埋藏文化財調査報告 -XXIV- 福岡縣筑野市所在劍塚遺跡群の 調査』上卷.

福岡縣教育委員會, 1985, 『西新町遺跡』.

福岡縣教育委員會, 2009, 『西新町遺跡IX』.

福知山市教育委員會, 1994, 『カヤガ谷古墳群』.

北九州市埋藏文化財調査會, 1977, 『天觀寺窯跡群』.

杉山晋作・田中新史, 1989, 『古墳時代研究III -千葉縣君津市所在 八重原1號墳・2號墳の調査-』, 古墳時代研究會.

新宮町教育委員會, 1994, 『夜臼・三代遺跡群』第4分冊.

宇治市教育委員會, 1991, 『宇治二子山古墳 發掘調査報告』.

長崎縣教育委員會, 1974, 『對馬 -淺茅灣とその周邊の考古學』.

長崎縣教育廳原の辻遺跡調査事務所, 2004, 『原の辻遺跡』.

專修大學文學部考古學研究室, 2003, 『劍崎長瀞西5・27・35號墳』.

田原本町教育委員會, 2009, 『唐古・鍵遺跡 I 』.

前原町教育委員會, 1987, 『井原遺跡群』.

前原町教育委員會, 1992, 『井原塚廻遺跡』.

前原市教育委員會, 1994, 『井ノ浦古墳・辻ノ田古墳群』.

前原市教育委員會, 2002, 『三雲・井原遺跡 II 』.

宗像市教育委員會, 1995, 『富地原森』.

宗像市教育委員會, 2000, 『久原瀧ヶ下』.

津屋崎町教育委員會, 1996, 『在自遺跡群III』.

坂田邦洋・永留史彦, 1974, 『惠比須山遺跡發掘調査報告』, 峰村教育委員會.

八尾市文化財研究會, 2008, 『八尾南遺跡第18次發掘調査報告書』.

平安學園考古學クラブ, 1966, 『陶邑古窯址群 I 』.

豊中市, 2005, 『新修豊中市史』第4卷 考古.

豊中市教育委員會, 1987, 『攝津豊中大塚古墳』.

7. 中文 論著 및 報告書

姜林海・張九文, 2000, 「南京象山8號, 9號, 10號墓發掘簡報」, 『文物』第7期, 文物出版社.

古遠泉, 1990, 「廣東新興縣南朝墓」, 『文物』第8期, 文物出版社.

高至喜, 1959,「長沙兩晉南朝隋墓發掘報告」,『考古學報』第3期, 中國社會科學院考古研究所.

郭木森 · 劉蘭華 · 趙志文, 2007,「河南鞏義市黃冶窯址發掘簡報」,『華夏考古』, 河南省文物考古研究所 · 河南省文物考古學會.

郭菲, 2005,『中國古代碗的造型發展研究』, 江西大學碩士學位論文.

祁海寧, 1999,「南京市東善橋 "鳳凰三年" 東吳墓」,『文物』第4期, 文物出版社.

祁海寧 · 陳大海, 2008,「南京市栖霞區東楊坊南朝墓」,『考古』第6期, 中國社會科學院考古研究所.

祁海寧 · 華國榮 · 張金喜, 1998,「江蘇南京市富貴山六朝墓地發掘簡報」,『考古』第8期, 中國社會科學院考古研究所.

南京市文物保管委員會, 1965a,「南京板橋鎮石閘湖晉墓淸理簡報」,『文物』第6期, 文物出版社.

南京市文物保管委員會, 1965b,「南京人臺山東晉興之夫婦墓發掘報告」,『文物』第6期, 文物出版社.

南京市博物館, 2004,『六朝風彩』, 文物出版社.

魯怒放, 2000,「余姚市湖山鄕漢 -南朝墓葬群發掘報告」,『東南文化』第7期, 南京博物院.

覃杰, 2005,「廣州市西湖路光明廣場唐代城墻遺址」,『羊城考古發現與研究』1(廣州市文物考古研究所編), 文物出版社.

劉建國, 1989,「東晉青瓷的分期與特色」,『文物』第1期, 文物出版社.

劉濤 · 錢國祥, 2009,「北朝的釉陶, 青瓷和白瓷 -兼論白瓷起源」,『中國古陶瓷研究』第十五輯, 中國古陶瓷學會.

劉成基 · 馮孟欽, 2006,「秭歸何家大溝遺址的發掘」,『湖北庫區考古報告集』第三卷, 科學出版社.

劉岩 · 張慧敏 · 霍寶强 · 孫文俊, 2010,「山西朔州水泉梁北齊壁畫墓發掘簡報」,『文物』第12期, 文物出版社.

劉曉祥, 1997,「江西九江縣東晉墓」,『南方文物』第1期, 江西省文物考古研究所 · 江西省博物館.

馮先銘 主編, 1998,『中國古陶瓷圖典』(《中國古陶瓷圖典》編輯委員會編), 文物出版社.

範鳳妹 · 吳志紅, 1984,「江西出土的隋代青瓷」,『江西歷史文物』第1期, 江西省文物考古研究所 · 江西省博物館.

符杏華, 1992,「浙江紹興窯碧波潭發現紀年墓」,『南方文物』第4期, 江西省文物考古研究所 · 江西省博物館.

謝純龍 · 賀宇宏, 1992,「浙江慈溪窯頭山東晉紀年墓淸理」,『東南文化』第3 · 4期, 南京博物院.

謝純龍, 1999,「上林湖地區的青瓷分期」,『東方博物』第四輯(浙江省博物館編), 浙江大學出版社.

山東省文物考古研究所, 1984,「臨淄北朝崔氏墓」,『考古學報』第2期, 中國社會科學院考古研究所.

施成哲, 2010,「浙江溫州市甌海區發現東晉紀年墓」,『考古』第6期, 中國社會科學院考古研究所.

吳玉賢, 1986,「福建政和松源, 新口南朝墓」,『文物』第5期, 文物出版社.

阮國林 · 李毅, 2000,「南京司家山東晉, 南朝謝氏家族墓」,『文物』第7期, 文物出版社.

王奇志, 1997,「南京西善橋南朝墓」,『東南文化』第1期, 南京博物院.

王文浩 · 李紅 · 李娟, 2005,「崧縣果酒廠晉墓發掘簡報」,『中原文物』第6期, 河南省博物館.

王峰, 2011,「安徽當塗青山六朝墓發掘簡」,『文物』第4期, 文物出版社.

王上海 · 嚴振洪 · 李育遠 · 李國利, 2008,「南昌青云譜梅湖東晉紀年墓發掘簡報」,『文物』第12期, 文物出版社.

王善才, 1965, 「武漢地區四座南朝紀年墓」, 『考古』第4期, 中國社會科學院考古研究所.

王巍, 1997, 「從出土馬具看三至六世紀東亞諸國的交流」, 『考古』第12期, 中國社會科學院考古研究所.

王竹林, 1993, 「河南偃師兩座北魏墓發掘簡報」, 『考古』第5期, 中國社會科學院考古研究所.

王志剛, 2010, 「湖北襄樊市韓崗南朝"遼西韓"家族墓的發掘」, 『考古』第12期, 中國社會科學院考古研究所.

王志高 · 賈維勇, 2007, 「南京仙鶴山孫吳, 西晉墓」, 『文物』第1期, 文物出版社.

王志高 · 邵磊 · 許長生 · 張金喜, 2002, 「南京隱龍山南朝墓」, 『文物』第7期, 文物出版社.

王志高 · 張金喜 · 覃維勇, 2000, 「南京呂家山東晉李氏家族墓」, 『文物』第7期, 文物出版社.

王志高 · 張金喜 · 覃維勇, 2001, 「江蘇南京仙鶴觀東晉墓」, 『文物』第3期, 文物出版社.

王霞, 2007, 「南京市江寧上湖孫吳, 西晉墓」, 『文物』第1期, 文物出版社.

魏楊菁, 2008, 「六朝青瓷硯淺談」, 『學耕文稷集 -南京市博物館論文選-』, 江蘇人民出版社.

韋正, 2005, 「重慶忠縣大墳壩六朝墓葬發掘報告」, 『東南文化』第4期, 南京博物院.

韋正, 2011, 『六朝墓葬的考古學研究』, 北京大學出版社.

栗中斌 · 代詩寶 · 李敬華 · 江晨, 2004, 「馬鞍山林里東晉紀年墓發掘簡報」, 『東南文化』第5期, 南京博物院.

李擧綱 · 袁明, 2010, 「西安南郊隋蘇統師墓發掘簡報」, 『考古與文物』第3期, 陝西省考古研究所.

李桃元 · 向勇 · 夏豊 · 楊學安, 2005, 「巴東東瀼口六朝墓地發掘簡報」, 『湖北庫區考古報告集』第二卷, 科學出版社.

李力, 2005, 「山東臨沂洗硯池晉墓」, 『文物』第7期, 文物出版社.

李新全 主編, 2004, 『五女山城 -1996~1999, 2003年桓仁五女山城調查發掘報告』(遼寧省文物考古研究所 編著),
        文物出版社.

李永寧 · 許超 · 王瑋, 2010, 「奉化中心粮庫古代墓葬和窯址的發掘」, 『東方博物』第三十五輯, 浙江大學出版社.

李榮華, 2006, 「江西南昌縣小藍鄉西晉墓發掘簡報」, 『南方文物』第1期, 江西省文物考古研究所 · 江西省博物館.

李蔚然, 1976, 「南京太平門外劉宋明曇憘墓」, 『考古』第1期, 中國社會科學院考古研究所.

李殿福, 1983, 「集安洞溝三座壁畫墓」, 『考古』第4期, 科學出版社.

李珍, 2003, 「巴東西瀼口古墓葬2000年發掘簡報」, 『湖北庫區考古報告集』第一卷, 科學出版社.

張文霞 · 張家强, 2009, 「河南滎陽晉墓, 唐墓發掘簡報」, 『文物』第9期, 文物出版社.

張敏 主編, 2008, 『中國出土瓷器全集』7(江蘇 · 上海), 科學出版社.

張雪岩, 1979, 「集安縣兩座高句麗積石墓的清理」, 『考古』第1期, 中國社會科學院考古研究所.

張松林 · 劉彥鋒 · 張建華 · 趙海星, 1998, 「河南省鞏義市芝田兩座唐墓發掘簡報」, 『文物』第11期, 文物出版社.

傳多根, 1981, 「清江縣山前南朝墓」, 『江西歷史文物』第1期, 江西省文物考古研究所 · 江西省博物館.

傳亦民, 2003, 「浙江奉化市晉紀墓的清理」, 『考古』第2期, 中國社會科學院考古研究所.

浙江省文物考古研究所, 2002, 「上虞牛頭山古墓葬發掘」, 『滬杭甬高速公路考古報告』, 文物出版社.

浙江省文物考古研究所 · 諸暨市博物館, 2006, 「浙江諸暨牌頭六朝墓」, 『東南文化』第3期, 南京博物院.

浙江省博物館編, 2000, 『浙江紀年瓷』, 文物出版社.

鄭振香, 1988,「殷墟發掘六十年槪述」,『考古』第10期, 考古雜志社.

朱國平・韓建立, 1997,「南京衣業大學東晉墓」,『東南文化』第1期, 南京博物院.

周到, 1964,「河南璞陽北齊李云墓出土的瓷器和墓志」,『考古』第9期, 中國社會科學院考古研究所.

朱伯謙, 1958,「黃岩秀嶺水庫古墓發掘報告」,『考古學報』第1期, 中國社會科學院考古研究所.

朱伯謙, 2000,「三國兩晉南北朝燦爛的陶瓷器」,『中國陶瓷全集』4, 上海人民美術出版社.

中國陶瓷全集編輯委員會, 2000a,『中國陶瓷全集 三國・兩晉・南北朝』, 上海人民美術出版社.

中國陶瓷全集編輯委員會, 2000b,『中國陶瓷全集 隋・唐』, 上海人民美術出版社.

曹錦炎 主編, 2008,『中國出土瓷器全集』9(浙江), 科學出版社.

趙德林・李國利, 2001,「南昌火車站東晉墓葬群發掘簡報」,『文物』第2期, 文物出版社.

趙新來, 1965,「武漢地區四座南朝紀年墓」,『考古』第4期, 中國社會科學院考古研究所.

陳大辦・李宇峰, 1982,「遼寧朝陽后燕遏亘的發見」,『考古』第3期, 科學出版社.

陳綏祥, 2000,『中國美術史』魏晉南北朝卷, 齊魯書社・明天出版社.

蔡鋼鐵, 2000,「圖版」,『浙江紀年瓷』(浙江省博物館編), 文物出版社.

馮普仁・錢宗奎, 1985,「無錫赤墩里東晉墓」,『考古』第11期, 中國社會科學院考古研究所.

夏鼐, 1954,「清理發掘和考古研究 －全國基建中出土文物展覽會參觀記－」,『文物參考資料』9期, 中央人民政府文
化部文物管理局.

賀云翔・馮慧・李浩, 2008,「東亞地區出土早期錢文陶瓷器的研究」,『考古與文物』第2期, 陝西省考古研究所.

何漢生・翟中華, 2010,「江蘇句容春城南朝宋元嘉十六年墓」,『東南文化』第3期, 南京博物院.

許志强・馬濤・邰健勝, 2011,「南京市雨花臺區警犬研究所六朝墓發掘簡報」,『東南文化』第2期, 南京博物院.

胡維根, 1989,「杭州地區漢, 六朝墓發掘簡報」,『東南文化』第2期, 南京博物院.

華國榮・張九文, 1998,「南京南郊六朝謝琇墓」,『文物』第5期, 文物出版社.

華國榮・張九文, 2002,「南京北郊東晉溫嶠墓」,『文物』第7期, 文物出版社.

黃義軍・徐勁松・何建萍, 2005,「湖北鄂州郭家細灣六朝墓」,『文物』第10期, 文物出版社.

解立新, 2008,「青釉划花十系罐」,『中國出土瓷器全集』7(江蘇・上海), 科學出版社.

8. 英文 論著

Friedman, J. and Rowlands, M. 1977, Notes towards an epigenetic model of the evolution of civilization. in
    Friedman, J. and Rowlands, M. (ed.) The Evolution of Social Systems: Duckworth.

K. Ekholm, 1977, External exchanige and transtormation of Central African social systems, In Friedman, J. and
    Rowlands, M. (ed.), The Evolution of Social Systems: Duckworth.

初出一覽

이 책은 필자가 2013년 2월에 충남대학교 대학원 고고학과에 제출한 박사학위논문 『百濟土器 編年 硏究』를 골자로 한다. 초출 논문의 출전은 다음과 같으며, 책의 논지에 맞춰서 일부 수정 및 보완한 것이 있음을 공지한다.

Ⅰ. 序 論　新稿

Ⅱ. 百濟土器 編年 硏究의 現況과 課題 : 方法論과 觀點
　1. 百濟土器의 定義와 硏究의 時空間的 範圍　新稿
　2. 百濟土器 編年 硏究의 現況과 問題點　新稿
　3. 交叉編年과 傳世問題
　　2012. 03, 「百濟遺蹟 出土 中國 瓷器에 대한 傳世論 檢討 -中·日의 事例와 關聯하여-」, 『韓國考古學報』 82, 韓國考古學會, pp.114~148.

Ⅲ. 百濟土器 主要 年代決定資料
　1. 中國 陶瓷器와 共伴된 百濟土器
　　2012. 10, 「百濟遺蹟 출토 中國 瓷器의 시간적 위치에 대한 검토 -백제토기와 공반된 자기를 중심으로-」, 『湖西考古學報』 27, 湖西考古學會, pp.66~117.
　2. 倭(系) 遺物과 共伴된 百濟土器
　　1) 日本 出土 百濟(系) 土器
　　　2011. 08, 「日本 出土 百濟(系)土器: 出現과 變遷」, 『百濟硏究』 54, 忠南大學校百濟硏究所, pp.1~81.
　　2) 百濟遺蹟 出土 倭(系) 遺物
　　　2012. 10, 「百濟遺蹟 출토 倭系遺物에 대한 검토 -백제토기와 공반된 자료를 중심으로-」, 『百濟와 周邊世界』(성주탁 교수 추모논총 간행위원회), 진인진, pp.302~324.
　　3) 倭(系) 遺物과 共伴된 百濟土器의 時間的 位置와 變遷　新稿
　3. 新羅·加耶(系) 遺物과 共伴된 百濟土器　新稿

Ⅳ. 百濟土器의 成立과 展開

  1. 炊事用 土器

     2013. 08, 「馬韓·百濟地域 出土 炊事容器 變遷考」, 『百濟研究』 58, 忠南大學校百濟研究所,
     pp.155~185.

  2. 漢城樣式 百濟土器

    1) 主要 器種의 成立과 變遷

     2004. 04, 「百濟 有蓋三足器의 編年 研究」, 『韓國考古學報』 52, 韓國考古學會, pp.137~182.

     2005. 01, 「百濟 有蓋高杯の編年研究」, 『考古學雜誌』 第89卷 第1號, 日本考古學會, pp.32~67.

     2005. 08, 「百濟 短頸瓶 研究」, 『百濟研究』 42, 忠南大學校百濟研究所, pp.1~37을 기초로 새로 씀.

    2) 漢城樣式土器의 展開　新稿

  3. 泗沘樣式 百濟土器

     2009. 09, 「泗沘樣式土器에서 보이는 高句麗土器의 影響에 대한 검토」, 『韓國考古學報』 72, 韓國考古學
     會, pp.118~159.

Ⅴ. 結 論　新稿